U0154003

原住民族土地權之探討——
以花蓮太魯閣族爲例

邱寶琳　著

東華大學原住民民族學院　出版

中華民國 100 年 12 月

國家圖書館出版品預行編目資料

原住民族土地權之探討：以花蓮太魯閣族為例 / 邱寶琳著.
-- 初版. -- 花蓮縣壽豐鄉：東華大學原住民民族學院,
2011.12
面；15 X 21 公分 . -- (東華原住民族叢書：16)

ISBN 978-986-03-0462-6(平裝)

1.土地制度 2.財產權 3.臺灣原住民 4.太魯閣族
554.2933   100025230

原住民族土地權之探討——以花蓮太魯閣族爲例

著　　者／邱寶琳
發 行 人／吳天泰
出 版 者／國立東華大學原住民民族學院
　　　　　地址：974 花蓮縣壽豐鄉志學村大學路二段一號
　　　　　電話：03-8635754
　　　　　網址：http://www.ndhu.edu.tw/~/cis/
展售門市／國家書店松江門市
　　　　　地址：臺北市松江路 209 號 1 樓
　　　　　電話：02-2518-0207
　　　　　國家網路書店
　　　　　網址：http:// www.govbooks.com.tw
　　　　　台中五南文化廣場
　　　　　電話：04-22260330　　　　傳真：04-22258234
　　　　　地址：臺中市中區中山路 6 號
定　　價／(平裝)新台幣 450 元
出版日期／2011 年 12 月初版

GPN:1010004375
ISBN：978-986-03-0462-6

感　謝

行政院原住民族委員會

鼓勵及贊助

目　錄

國立東華大學
學位論文授權書

❀說明❀

本授權書請撰寫並簽名後,裝訂於紙本論文書名頁之次頁。

本授權書所授權之論文為立書人在國立東華大學　民族發展研究所　系所

組 98 學年度第 二 學期取得 碩 士學位之論文

論文名稱: 原住民族土地權之探討 — 以花蓮太魯閣族為例

指導教授姓名: 高德義

學生姓名: 邱寶琳

學號: 69693016

授權事項:

一、立書人具有著作財產權之上列論文全文資料,基於資源共享理念、回饋社會與學術研究之
目的,非專屬、無償授權國立東華大學及國家圖書館,得不限地域、時間與次數,以微縮、
光碟或數位化等各種方式重製散布、發行或上載網路,提供讀者非營利性質之線上檢索、
閱覽、下載或列印。

二、上述數位化公開方式如下:(**若未勾選下表,立書人同意視同授權校內、外立即公開。**)

校　　　內	校　　　外	說　　　　　　　明
☐立即公開	☐立即公開	
☐於1年後公開 ☐於3年後公開	☐於1年後公開 ☐於3年後公開	未立即公開原因: ☐申請專利(案號:　　　　　　　　　) ☐因隱私權需要(請指導教授附函說明特殊原因)

三、授權內容均無須訂立讓與及授權契約書,授權之發行權為非專屬性發行權利。依本授權所
為之收錄、重製、發行及學術研發利用均為無償。

具有本論文 著作財產權 人共同簽名 (親筆正楷)	李紅櫻 Bi Yang Di 18118 邱寶琳 Piling。Huini	日期	中華民國99年7月31日

I

謝　誌

　　終於要寫謝誌了。最近，我突然對本論文題目有一種感覺，總覺得題目不太傳神，很希望改為「原住民族土地權利之想像」。我想改用「想像」兩字，主要是原住民族土地權之「探討」其實是由現代國家角度、主流社會角度、原住民族耆老角度、政治參與之部落菁英等不同角度與位階「想像」交織而成，這種想像會因差異文化族群之歷史認知與文化立場而有不同解讀。甚至，原住民族內部十多族族群之間也有可能會由自己族群的傳統生活環境條件與土地制度，而誤解其他族群的原住民族土地制度的看法。我們也許嘗試在「探討」差異文化族群之間的原住民族土地權利，大多是由自己熟悉的財產權概念，來「想像」、分析、理解其他族群的原住民族土地財產概念或權利。這樣會陷入某種差異文化族群之間的誤解。這種誤解在制度安排與權利保障會造成被誤解族群之集體權利的傷害。

　　十五年前(1995 年)，我由當時工技院（現今台科大）電機所碩士班畢業之時，從來沒有想過現在要再來寫這一本有關原住民族土地議題的碩士論文。當時，我將電機碩士論文的完成作為紀念我國小時過世的外公以及因為時代悲劇而未曾謀面的祖父母，並將電機領域的知識運用在電子工程師的工作。現在，我要將這一份論文的完成，作為紀念曾經遭遇殖民統治過程、在莫名的情況下傳統土地權利被剝奪、也在非「自由、事先知情而同意」下被強制改變土地資源管理制度且被剝奪固有傳

統土地權利的原住民族。也期盼，主流社會可以從原住民族議題反思多元文化的生活態度，重新認識這群在「蕃地」之原住民族的殖民遭遇，與二二八、白色恐怖等時代的悲劇一樣，也與中華民國遭遇殖民帝國主義侵略的迫害相同，需給予關懷與補救，並為現代社會推展一種以多元文化態度認識與承認差異文化族群之社會價值、協商討論形成共識之習慣，並發展成包容面對差異價值的之尊重以及促成協商解決爭議的公民道德，進而調整法律制度。這是有其正當性與必要性。

其實，政府在民國 80 年代、於「金門馬祖東沙南沙地區安全及輔導條例」處理過「非因有償徵收登記為公有土地」、「因軍事原因喪失占有的未登記土地」土地被剝奪的實際經驗，並重新進行土地總登記；國內對於原住民族土地權利的保障也有參考的範例，更不要提國外政府改革原住民族土地制度的經驗。

記得剛開始協助部落族人申請花蓮縣秀林鄉富世村 1.5 甲台電舊立霧溪電廠備勤宿舍的傳統土地之時，我只是一股莫名熱忱，覺得「依法」修改申請書既可、沒有太大的問題。但我沒有想到這樣的舉動會發展到使我由新竹舉家遷移回花蓮老家，並且放棄十年的電子工程師的熟悉環境。我知道，我寫了這一篇論文，並不一定會取得實際參與保留地管理的部落菁英或年輕族人的認同，並且現在取得政治參與的部落壯年族人會質疑我是否是太過於原住民族主觀意識論述或傳統文化原生觀點或本質論的自我設限。我無法反駁之而且承認現代土地制度的優點。我也只能將部落耆老所認知的傳統土地制度、社會文化

價值觀，給予圖表化、並用現代土地制度的語言重新詮釋，嘗試將傳統土地財產權概念與現代土地財產權概念進行雙向對話。於是，這一本碩士論文就此完成了。如果要定位這一本論文，我想這只是將經歷日本殖民統治或延續制度影響之原住民婦女，在國家保留地制度發展過程，述說自己家族失去了原先繼承的傳統土地以及辛苦勞動換得傳統土地的故事。當然，這個故事實際發生在現今七十多歲以上原住民耆老的人生歷程之中，包含秀林鄉已經過世的陳松梅女士、馬庫達愛（石梯坪）部落在部落格哭訴東管處強制剝奪傳統土地並拆除工寮的老太太、台東市爭取 2519 號保安林解編之方光明的母親等等，那些在暗夜啜泣而無處陳述的原住民耆老。

　　這些故事的延續是，原住民耆老其後代子孫竟認為國家保留地制度是政府對原住民族特別優惠與照顧的土地制度，是保障了原住民生計之「好」的現代制度。另一方面，主流社會或非原住民也一直在發牢騷，為什麼只有原住民才能使用保留地與公有土地、並申請分配與私有化的特殊福利與特殊權利。這對照到這群原住民耆老所經歷之已經被遺忘且未被平反的殖民歷史遭遇與傳統土地權利被剝奪的故事，我想對原住民菁英認為政府的保留地福利與救濟而感激者，將會是多麼的諷刺；而主流社會因保留地制度限制使用而發的牢騷，將會顯得微不足道。

　　我並不希望大家將這一份論文定位在記錄原住民耆老不斷地哭訴、訴苦；反而用多元文化的態度、或太魯閣族群固有的真相 balay 與調處 psbalay 的態度，面對殖民歷史的過往，並當

反思我國進入多元文化憲政主義之後、政府未來應該如何「妥處」原住民族被剝奪的固有土地權之法治救濟以及族群發展長遠之道。執政者或主流社會也不要將原住民主張爭取傳統土地與民族自治的聲音誤解為「又要來討糖吃了」；如果原住民土地與自然資源權利是多元文化當代憲法主張的原住民族基本人權之一，而不是殖民歷史脈絡的救濟式分配之保留地制度，政府應該依據法治原則為保障原住民族基本人權，而調整或廢止保留地制度，並立即重新訂立新的原住民族土地與海域法與推動民族自治、且修改民法有關法定物權的內容。國外政府在國家承認原住民族土地權之後，隔年就修訂原住民土地法律、且採認口述證據或佐證資料都與政府認定的文字證據有相同的證據能力、並建立獨立調查機關主動處理原住民土地主張及這些證據之證據力的確認。對於原住民土地制度改革來說，我國是後進者，且依法至今年已經延宕五個年頭，執政者實在沒有立場說自己已經盡到人民公僕之責任；政府這樣新法的延宕與新制度的推行更難以啟齒要原住民「依法行政」，因為「依法行政」必須在於保障人民「基本人權」的法治基礎上建立的規範。

　　執政者與主流社會應該將原住民族傳統土地權利議題與原住民族自治推動同時完成，成為國家進入多元文化生活模式基礎，建立國家法治保障人民權利之里程碑。這工作是為了盡到對自己與後代子孫保障其權利的世代責任。而在同時，原住民族群對於主張傳統土地權利之時，也應負起學習、傳承原住民族文化與族群發展的世代義務；而不是一手主張傳統土地權利

，另一手用現代土地制度剝奪傳統土地或不承擔實踐傳統土地制度文化權與土地權之發展工作的雙面人。

　　對於原住民族內部不同世代的矛盾可以藉由族群內部的協商討論解決，政府或主流社會不應該誤解成原住民族內部未形成共同意志，以此為藉口而暫緩推動原住民族自制與法治保障多元的原住民族土地權。因為這是國家歷年來推動山地平地化與社會融合的同化政策之必然現狀。相對來說，政府應積極、依據自決原則，主動建立公權力認可的原住民族協商平台與討論形成共識的機制，提供原住民族自覺的環境。國家提供原住民族這樣的族群發展環境，而原住民族也會降低主張激進的民族自決的企圖與手段，進而建立「共存共榮」的族群關係。

　　這一份論文的完成，幕後有許多女性推動、並成就它的完成。首先，這份論文其實是我外婆，李紅櫻女士 Biyang・Wilang 的故事。我藉由不斷與她訪談以貼近我對那時代原住民人生故事的感受。她上蕃童學校之時，經歷日本時期強迫遷離家族原先傳統土地到大同部落，後來與我外祖父結婚的傳奇過程。她也經歷土地總登記之前，先夫善意地將家族傳統土地借給親戚耕作並期待親戚家族後代依靠其善意與祖傳土地教育成長之後、並約定歸還該出借的家族傳統土地。但是，她至親的親戚在土地總登記之前、在會勘與申請土地權利之時、已經違背原先的承諾、背著不懂國家法令制度且善心的這對老夫婦、而在土地清查與丈量之時以土地使用人之名登記成自己的名字，並在過世之前贈與給自己的子女。這位親戚在過世之前幾天曾經來拜訪我外婆，並用母語說「*Utux* 在哪裡呀！（語意：怎麼沒有 *Utux*）」。沒幾天，這位親

戚在山上部落林道被自己開的載運車意外翻覆且壓到身亡。對我外婆比較大的打擊是，她知道先夫家族的傳統土地被轉登記給此發生意外親戚子女的時機，是在她為此親戚難過、要來慰問此親戚意外遭遇之時的靈堂上；同時，她強調從未對此至親親屬有所抱怨或詛咒，反而還抱持感激他們代為照顧之前在山上生活的父母之意。後來，此至親的親戚辯解，說我外公，外婆之先夫，已經私下與他們講明將其家族傳統土地送給他們。並且，此親戚的孩子在鄉公所調解委員會上，當著我外婆與前來調解之子女的面，揮舞著土地權狀，並重重地摔在桌上。這年輕晚輩大嚷著：「**這就是土地屬於我們的證據。這就是我的土地，我並沒有偷、也沒有搶你們的土地。為何浪費時間來此調解！**」我外婆的心再次被這位聰明(熟知現代法令)而無知(蓄意忽視歷史傳統)的晚輩所撕裂。

　　避免一面之辭，筆者還是要記錄對造的說法，此至親的親屬說：我外公在過世之前，曾經造訪並將土地託付給她們，而未知會外婆。但問題癥結在於 60 年代進行土地清查、丈量、登記之時，為何沒有知會而自行登記自己的名字。同時，我母親記得外公說過：也許他自己再沒有機會到山上，但請部落族人不要遺忘他的孩子；且大姨丈在外公過世那年的春天在種香菇的工寮處請教過外公：是否已經將土地送人了，外公的答覆是否定的。兩造各有自己的說辭，在以西方財產權概念及殖民脈絡的保留地機制是無解的，唯有傳統土地調查與調處才有機會將兩造公開陳述立場，並且族人耆老與 *gaya* 規範下，澄清事實並取得共識與解決。

　　有一段很長的時間，我外婆無法釋懷：我們用族人之間善意

的關懷，提供家族傳統土地「餵養」這些親戚的家庭與子女（她用母語是：吸著這些土地的血長大），而自己與先生傻傻地來到平地依靠勞力、養豬與牛作交換、或協助勞動，換來現在使用的土地，還期待自己有機會可以再回到山上，腳踏在自己曾經耕作之家族傳統土地上（族語是 qmkah dxgal，表示腳踏在土地上，意指耕作）。她懊悔自己傻傻地還在等待至親的親戚何時歸還，也遷怒到好心的先夫、任意將土地借給其他族人使用。甚至，她氣到在深夜睡不著、生氣之中「不小心」將先夫遺照的玻璃框「弄」破了。最後，她靠著深夜裡翻閱聖經故事，在其中尋得心靈的安慰、並擔憂傳統 gaya 規範對親戚家族的後代帶來不幸。現在，她總算是走了出來，也感謝有其他使用先夫家族傳統土地的親戚，在她開口要求歸還其前先夫借出土地之時、還願意歸還的情況。她對這些事情不再多所爭執，因為在族群傳統規範上她已經開口要求歸還，其它的不是她可以決定的事情了，就交給 Utux 處理了（ "ki bi Utux." ）。

在十多年前，外婆聽到陳前省議員學益 Sibu 說住家前的台電舊立霧溪發電廠備勤宿舍將遷移而不在使用；這燃起了她在民國四十多年被台電強制排除使用傳統土地的痛苦記憶。自 1991 年起，我們經歷了主張歸還、增劃編、分配的三次申請與兩次的行政訴訟，不斷地陳情十年來，管理機關及參與保留地管理的部落菁英還是不承認當事人的傳統土地權利、被台電強制排除使用的遭遇、未協商補償下架設鐵絲圍籬的實際親身經驗。這個故事就寫在第五章的其中案例二之中。如果讀者理解外婆這樣的人生經歷並有所感受，我想這本論文就算成功了。因為這是我國原基法

所謂承認原住民族土地與自然資源權利之實際狀況與歷史遭遇。

　　再來，我要紀念我家流產掉的第三位小孩，我想她應該是位女孩，並且曾經來到我的夢中。我記得是 2008 年 3 月 25 日周二下午 14：06，我太太，秀英打了通電話給正在上石忠山老師課的我，告訴我、她正大量出血、這個孩子無法保留下來。關上電話之後、我嘆口氣，安安靜靜地在回到課堂上課，但我腦中一片空白。也許，我不該選在此時離開新竹舉家回花蓮，而這個孩子會保住，也許⋯。我後來猜想我當時應該沒有說一些話來安慰我太太、我只是冷靜地像個工程師回應「知道了」、因為我知道沒有機會給予此小女孩來到世上的機會，我無能為力。但作為一位先生、一個父親，我知道我虧欠我太太與子女太多。我期盼那位曾經來到我夢中的女孩可以安息，並有緣再結為父女，也期盼用更深厚的愛來照顧這一個家。第三，我要感謝我的母親，不論我在做任何人生重大決定的時候，總是默默地支持我。在我回到部落兩年半的時間內，沒有太多的生活收入，我母親不但解決我們吃住的問題，也協助我們照顧兩位活潑好動的小孩，使我們可以專心在課業學習與研究之中。第四、我必須將此論文能夠在短短的兩年半求學過程順利的完成，完全歸功於我的太太，黃秀英。在缺少家庭收入之不穩定與恐懼下，她還是信任我、沒有抱怨、安排好兩位小朋友以及我這位大朋友的一切，包含舉家遷徙的繁重工作，以及獨自面對流產的身心靈調適。我必須很認真地說，如果不是我太太在背後默默的支持與承擔，我無法完成這論文，而這本論文有大半的功勞是屬於她的。最後，我必須對曾經向我抱怨不要再搬家的仲生小朋友安慰地說，只要家人在一起互相關愛

生活，不論我們遷到何處、那就是你的家。

　　本論文的完成，我必須要誠實地表明，並非我獨創的見解，論文整體概念是由很多老師的無私傳授與觀念啓發而組織而成。高德義老師在教授民族發展理論與論文方向的指點提供重要的建議；蔡志偉老師提供的國際人權觀點之原住民族的文獻資料與民族法學的概念；石忠山老師在民族議題的政治哲學提供論述基礎；周惠民老師藉由同學間個人生活與成長過程介紹多元文化與選擇權利的概念；社發系戴興盛老師介紹經濟學概念與經濟學之道德價值觀點的思考；歷史系陳彥良老師介紹制度經濟學的概念；財法所徐揮彥老師與湯文章法官在憲法基本人權與法律概念的介紹；還有未曾謀面的黃居正老師提出原住民族財產權與現代西方財產權比較概念。中研院民族學所郭佩宜老師對於國外原住民族土地制度改革後的現象與瓶頸提出建議。另外，我必須真誠地指出五、六年前，如果沒有政治大學日本語文學系傅琪貽教授的熱心引領還是工程師的我、認識日本殖民時期的「理蕃」政策，使我原先對於原住民族議題的思考無法連結歷史脈絡、並侷限在現有被視爲中立的法規之中，尋得到一絲出路。最後，我必須感謝施正鋒院長、高德義老師、蔡志偉老師在碩士論文口試時的建議與鼓勵，使我能在最後階段可以堅持完成本論文的動力。同時，我也感謝所有曾經在其學習間教授知識並熱心鼓勵的東華大學原住民族學院的老師。筆者也感謝承受中研院民族所提供獎學金支助。

　　對於在學校研習過程，我必須特別感謝剛考上政大新聞系博士班的張鴻邦，他喜好閱讀參考資料與熱心與人討論分享的態度

，是我模仿與學習的對象。而我也鼓勵同學可以多方的參考、討論、分享，甚至可以自行組織讀書會討論、並藉由 skype 等網路通訊，在求學過程就嘗試分工合作、共同學習、效率組織，將每學年同學學習的知識不斷累積，才有機會發展互惠模式的知識累積；另一方面，同學不需要將族群傳統社會的工作態度視為落伍的。在太魯閣族傳統社會，青年族人藉由學會織布、打獵與耕作，養成生存與照顧家庭的技術，才有機會被認定為長大成人；而族人觀念認為依據自己能力與族人需要開墾土地，並要求認真誠實工作而不貪心，才是遵守 gaya 的族人。這些傳統概念在現代社會還是重視的。如果，原住民青年將這樣的學習與工作態度實踐在學校求學與社會歷練，就可以由自己族群社會文化與價值觀，尋求適應現代專業分工社會生存發展的途徑；甚至族群傳統社會文化價值是與非原住民族社會觀與現代社會教育是相通的概念。

　　同時，我要對過去在新竹一起工作的同事致上謝意，尤其我在部落工作遇到挫折與失敗之時，他們不時地給予我鼓勵，並且不遺棄地招呼我。在我過去的工作經驗中，一般工程師對於尋找設計的 IC 與系統的問題（bug）也有兩種作法，一種是掩飾現有的 bug 而待其爆發；另一種是誠實地正視並解決這些 bug。我很有幸地，遇到而結為朋友是屬於後者，並且在離職之後還可以互相地鼓勵。我必須承認，因為我對於主張傳統土地權利的堅持，我在部落的活動並不是取得大部份族人的認同、甚至刻意保持距離。尤其，我在部落的工作還是維持了工程師的那種性格、也無法學會用啤酒、香菸或檳榔作社會關係的連結，維持清醒，但卻很孤單。而這群朋友也安慰我、支持我而完成這本論文。

　　另外，我向本論文參考案例當事人致上敬意，因為不斷在訪談中陳述土地被剝奪歷史及被拒絕受理的親身經驗，是痛上加痛的過程；然，多年來我們爭取傳統土地的努力還沒有完成，並對於本論文內容沒有完全將族人想陳述的故事作充分表達，致上歉意。對於案例中參與管理原住民土地的部落菁英與機關首長，我必須表明歷年來爭取土地的主張並不是單單為個人私慾，而只是儘量陳述「法律事實」之外的「歷史事實」，而此歷史與規範是族人所共識的；雖因我外婆的名分，我也在主張權利申請名列其中，但我希望取得的部分在之後轉作民族自治發展之用。我期待這些部落菁英在理解與學習之後，可以成為原住民族自治下，依據族群社會文化與適應現代土地管理技術之管理人才。如果，我在歷年爭取土地主張過程因為認知差異而發生言論衝突，本人也願意在此致上歉意。我深深地期盼，在差異文化族群之間的土地制度改革與資源使用「最適」的評估觀點中，不同人或族群對原住民族土地（與自然資源）權利能承認歷史、公開協商、形成共識、法制保障原住民族的基本人權，並提升我國進入多元文化態度生活的契機。

　　我想向大家分享我人生一項特殊的經歷。記得我在退伍後進入宏碁電腦可攜式產品事業處、負責參與筆記型電腦硬體系統設計的過程中。有一次我剛開始參與公司對某國際大廠的代工計畫，負責主導電路圖維護與電子零件選擇的工作。但不幸地，我在電路圖上將 CPU 一個穩定核心電壓的大電容之極性畫顛倒，而錯誤設計的產品已經開始出貨到歐洲客戶。當發現這一個問題之後，我就知道是我的責任。當時，我的想法很簡單，記取我外公的

行事風格：誠實、認真、負責。當天下午開始，我做了一連串的實驗，並花了一個晚上的時間確認極性相反的情況下，此大電容的特性與對產品的影響，並重新檢查過去改版電路圖是何時開始畫錯以及為何會畫錯。隔天一早，我向 team members 與 leader 作成報告，同時做好可能離職的心理準備。但是，部門老闆不但沒有讓我離職，反而要我在部門會議作經驗分享並建立電容極性確認之機制，並且公司花了數百萬的費用派遣維修人員到歐洲修改客戶的主機板。事後，我反而被提升成為小 leader 與儲備幹部。回想起來，這事件確實是我人生的一個轉戾點。那時我只做了一件事情，就是做我自己、我長輩要求我盡到的傳統工作態度。後來陸續在別的公司與工作場合，發現不少名校畢業、成績優秀的工程師並不一定能做到這樣的工作態度，反而無法面對潛在的錯誤、並編造實驗數據以設計可接受的有限條件、隱瞞原先還有機會可以修正的過錯。所以，傳統社會文化概念在現代社會價值要求族人待人處事的概念上其實是相通或被重視的。只是，現代文明社會無法由原住民族社會文化觀點理解之，並認為原住民族傳統落後、需要用現代價值觀進行再教育。反過來說，如果現代社會採用多元文化的態度，由原住民族觀點的知識與規範、來重新理解並介紹現代社會生活的知識與規範、發展原住民族的現代教育，相信原住民族青年會比較容易有自信地學習現代專業分工之技能與尋求人生發展的方向。

　　最後，我想向本族執行保留地管理機關首長作中肯的建議。你們有充分的行政資源與行政裁量，調查空照圖、戶政資料與耆老口述是否屬實、也可以翻閱所有公文資料確認台電架設鐵絲圍

籬之時是否真地曾經進行行政上協商與補償。妳們認為：如果沒有這些補償文件資料也無所謂，因依法行政指示妳們只要翻閱地籍簿冊則已，陳情者沒有文字登記則法律事實即是沒有發生過土地權利轉移，自行調查資料就不需要再查證。鄉公所與台電沒有必要進行原住民族土地權利的保障，原住民也沒有主張傳統土地的請求權。這樣的行政邏輯背後即是「蕃地國有」及否定原住民族固有土地權利，妳們倒不需要引年代久遠與人事變遷作藉口。但反過來說，行政命令原先是要約束機關行政以保障人民權利。所以，這樣的行政標準不只是檢視原住民的土地主張、也應該檢視用地行政機關的行政程序是否完備，因為我們主要討論的是政府行政程序如何保障人民基本人權而依法行政。

　　處理本案承辦員是剛考上公職的部落菁英，且說：「我不知道 gaya，但上有老闆，必須顧飯碗。」曾經一位行政院原民會的官員誠實地表示：「當時政府機關與軍隊哪裡有要與原住民耕作者協商與補償傳統土地的公共使用與『徵收』概念、機關無償『圈地』是正常的」。而有另外更高位階的「原住民裔」行政院原民會之官員更露骨地說：「漢人來之前，台灣所有的土地都是原住民在居住。如果依據原住民還我土地的主張，台灣不都是原住民了？那漢人不就沒有地方住了嗎？」。誠實的態度是討論問題最基本的原則、我打心裡敬佩這些官員。這也是管理機關為何無法直指本案問題的核心，而一直在管理辦法及地籍簿冊未登載上繞，以免凸顯政府機關在建立與管理保留地制度時後的黑暗面。相對來說，這些「因現狀而中立」及「為漢族未來而焦慮」的觀點，正反映原基法通過之後，政府更應該正面積極探究國家「百

年正義」的基礎，並周全地思考國家制度改革的需要，避免重蹈制度性壓迫差異文化族群的覆轍。

在當代憲法之多元文化原則、原基法已經承認原住民族土地權，以及國外政府對於原住民土地制度的改革等條件下，政府在人民主權上必須檢討殖民時期剝奪原住民傳統土地的政策與行政就需要重新調查與救濟。原先，你們身為執行機關與主管機關首長，有機會在這件申請案中，藉由行政裁量權以及鄉土審會機制等法定調查、調解、調處保留地糾紛之機關，建立國家重新承認原住民族土地權利的第一人。國家現有法律制度已經發展到這樣的行政解釋空間，就像今年二月「司馬庫斯櫸木事件」在更一審的無罪判決一樣，但是，你們選擇放棄選舉的承諾、甚至放棄為後代子孫開創健全制度、並在歷史留名的機會。

我想痛苦地面對與承認，我所參與的原住民族土地權利爭取工作是失敗的。但我期望藉由記錄這個失敗，播下追求公平正義改革的種子。也許現在這一世代還會將保留地制度或林班地視為圭臬而不敢反省檢討，但是我相信在原住民族土地權被重視的國際潮流發展中，會有新觀點的下一世代族人與主流社會認真的思考本論文提出的觀點與論述。原住民族爭取公平正義的歷史權利主張與國家法治追求正義的目標相同。執政者建立政策、推動制度，需要由檢討長遠的過往歷史遭遇、並為後代子孫與生存環境建立長遠永續的目標、提供未來更完整而更健全的政策與制度。對管理機關服務的部落菁英或土地行政管理之專家，我在本論文提出的想法也許片面而不成熟，但還是

期盼你們可以勇於放棄既得利益的機會與檢討過去視為中立、合法、合理的概念，勇於跨越「國家兩難」或「諾斯悖論」的障礙，以原住民族基本人權保障的新制度建立與改革而努力。

在「人民主權」的當代憲政國家與政府機關，原初建立國家與政府是為了服務人民與保障人民基本人權，並建立法律制度。比較簡單的說法，公務員的薪水原先是人民納稅收集而來的，地方與中央機關的首長都是在選舉時向選民千拜託萬拜託而當選上的。所以，人民才是國家與公務員真正的大老闆，管理的權利也是人民賦予的。但是，如果政府機關無法檢討歷史變革的疏失或侵害人權，而只主張「依法行政」並且過濾掉原住民族主張傳統土地的權利與要求；政府這樣的「依法行政」在原基法通過之後，是「制度欠缺」的。本研究期盼主流社會與部落菁英慎思之。在現有殖民歷史脈絡保留地制度與增劃編計畫是無法找到原基法宣稱的原住民族土地與自然資源權利，也無法落實憲法增修條文對多元文化原則在原住民族議題與共生共榮族群關係的實踐。

終於完成了這本枯燥、苦悶的論文，我知道閱讀者對這本論文也是會覺得壓迫感很重、或覺得冗長而需要簡化。我對這樣結果甚是抱歉，我的確欠缺原住民的幽默感、太過於理性思考。老實說，我也不知道未來原住民族土地制度會如何發展、也曾經希望可以逃離這個沉重議題。故，我將所有的苦悶一次地灌注在這一本論文之中。如果我寫得太過頭，也期待土地行政研究的專家們可以諒解。

回憶在研究生室不斷思索如何拼湊研究議題時，多少孤獨

的夜晚、一個人、聽著詩歌、流淚。但我相信，我並不孤單。我盼望在這論文裡面有屬靈的信仰、話語與智慧，而不是源自於我個人的世俗私慾。也期盼原住民族的議題可以不再苦悶，在多次的學習、反思、洗滌之後，大家會關注與肯定原住民族社會文化和原住民族土地財產權制度，「對人類文化的多樣化，對人類社會的和諧與生態平衡，以及對國際合作和相互理解所作出的明顯貢獻」，會為人類留下多元、豐富、多采的生活、並提升國人在協商差異文化價值衝突時的社會價值觀與公民道德。

最後，本論文係在「中央研究院民族學研究所第十三屆原住民訪問」期間完成，使我在收入拮据與家庭壓力的專職研究生生活下，可以支撐下去，一併在此致上謝意。

山林孤雁 邱寶琳（Piling.Humi）

2010/08/01 於原住民族日

再 序

　　筆者修正本論文，是在碩士畢業一年來，反覆思索土地總登記之前，公營事業或公務機關強制剝奪原住民土地而管理機關可以依法「中立」、聽而不聞嗎？這一年內，筆者參與了幾個老師的研究計畫，提供筆者反省原先論文撰寫上的結構混亂與論述不足。但有關法律制度改革發展，在人權保障上存在各種可能性。

　　首先，筆者有幸參與台灣大學法律學院蔡明誠教授與東華大學民族學院蔡志偉老師的研究計畫案—「原住民族傳統財產權納入民法物權之研究及條文研擬計畫」；研究原住民族財產權與民法物權篇的競合關係之後，發覺民法法學領域的專家在理論與實務上都逐漸理解，在我國法律體系之中確實欠缺一個原住民族的權利主體及其族群文化脈絡下的財產權體系的法制保障空間。族群習慣專家在陳述與強勢國家機關發生土地權利或使用糾紛的部落經驗時，筆者感受到 Tully 在論述多元文化時代的當代憲政對話的憲政主義哲學，乃是針對主流社會、優勢族群、權利主管機關在面對多元文化族群之價值衝突下，如何跨越文化藩籬並進行的憲政對話的建議。多元文化教育不是針對原住民族的自我反思與族群文化重建的需要，而是優勢主流族群需要對弱勢族群學習謙卑的承認與尊重，甚至重新分配手上既得的權利，同時發展長期合作的夥伴關係及共生共榮的族群關係。

　　再來，筆者也參與東華大學紀駿傑教授與林務局合作之花蓮縣鳳林鎮林田山林業文化園區的周邊族群關係調查過程，發覺我國原住民族傳統土地除了少部分的保留地之外，有更大部分的傳統領域被本論文所忽略了，尤其是國家公園與林班地的土地變遷歷史。本論文第四章論述原住民保留地的歷史脈絡，欠缺對於日治時期的森林事業計畫的討論、以及對國民政府接收之後的林務機關的建立與森林事業（伐木與造林）的發展。這留待後進學者的努力。

　　另外，筆者也參與政治大學傅琪貽教授的桃園縣復興鄉誌的編修工作。在認識復興鄉的不同原住民村落的過程中，筆者也深深地感受即便同一個原住民鄉鎮，前山與後山的地理環境差異之大而區域發展計畫也需要稍有不同，並欠缺族群主體之整體發展、受限各種法令與不同管理機關管制。其區域發展受地理空間與交通發展的強烈影響，再再呈現我國國土綜合開發計劃、區域計畫與都市計畫中，欠缺為原住民族區域發展的整體規劃；原住民族在原鄉特殊環境的整體發展反而被森林法、水土保持法、國家公園法、山坡地保育條例等等法律及專責機關所切割管理，沒有建立原住民族族群文化延續與特殊發展模式的原鄉區域計畫。

　　筆者對此進行論文的一些修改與限縮。基本上，這些修改並不會使原先的論文論述有太多的改變，只是更加明確。另外，在附錄十二中，筆者將太魯閣族傳統土地財產權利制度與民法物權的概念作表格的比較，使讀者在比較整理中，可以理解筆者所謂太魯閣族傳統土地制度是私有制與共有制的混合，以及

傳統土地財產習慣與傳統社會組織、社會關係、社會文化有密切關係的意義；並且可以用現代法律概念之權利主體、權利客體、權利內容的結構詮釋之；原住民族土地財產制度與西方財產權概念發展的國家土地制度一樣，兩者都是可以獨自運作的土地管理制度與法律體系。但是，筆者同時必須指出，這樣的比較不表示現代國家民法與土地法的土地財產權利對於原住民族傳統土地制度與土地財產權利可以直接整合包容進來。相反的，西方財產權概念無法完全詮釋原住民族土地制度與原住民族財產權概念，反而產生限制、否定與剝奪；需從憲政層次西方財產權基礎進行多元文化原則的改革，落實在民法與土地法等土地管理、及市場經濟生活。

最後，筆者身為電子工程師來回憶：34 歲接觸並參與協助族人爭取傳統土地主張，37 歲離開新竹電子業，正是人生最黃金的時候，竟然選擇離開令人稱羨的工作，舉家回到部落整理原住民族土地的問題。當初，在部落從事服務工作的舅舅極力的勸阻筆者要三思、不要太理想，並以其經驗勸誡我部落工作要以不求回報的志工心態參與，因為付出的大多無法即時看到成果，甚至遭來閒言閒語或對立立場的中傷。當時，筆者心裡想的是我外婆爭取傳統土地的期待，但也理解這是艱難的任務，故回應說：「我回來也不一定可以改變什麼，只是為了紀錄族群在現代社會墮落、族群文化滅絕的同化過程」。筆者是抱著灰色的心情、臉掛笑容、提起精神，完成了這本論文。那過程很心痛、且感受很複雜。

近九十高齡的外婆還是穿著工作服，腳踏在自己的土地上

耕作，唯一掛心的還是年輕時住家下方的耕地被台電公司排除使用、而至今無法取回使用的土地。即便在土地總登記之前被國營事業所強制排除使用而失去，她還是認為那是他們興勤開墾耕作而取得的財產。這年多天氣候異常，她身體快速退化、無法適應，常常會頭暈而衰弱無力，甚至在恍惚之間能感受到過世的親人。此對話之後，她還是掛心地問我鄉公所是否願意將她的土地歸還了呢？我只是微笑以對，放手感受著生命流逝的壓力。有趣的是，她也微笑以對，眼神透露出對我的關愛與不捨。

終於，成了！論文修改算是完成了！筆者雖有諸多遺憾，但算是盡到做為太魯閣族子孫的一份原住民族責任！實際情勢上，我更看不到外婆土地回復的契機。我們也只能如此：2011 年春天，在外婆的授意下，於正舉辦「2011 太魯閣族春之頌系列活動」的該爭議土地上方，掛上用太魯閣族語書寫兩行小小的白布條：

「Gimi ka Truku.」（找回太魯閣）

「iya hmut. Ki bi Utux!」（不要因隨便而毀壞 Gaya，

　相信祖靈 Utux 在看顧土地）

筆者自認是幸運的、幸福的：可以在外婆有生之年完成這份論文的修改；並在其陪伴下進行人生的探索，而完成本論文。也因著孩子成長，也決定離開故鄉，回到他鄉。筆者已經四十多歲，將重新回到既熟悉而已陌生的電子行業，但願盡到一個平凡的丈夫、父親、兒子的小小角色。

僅此致上無限的祝福

Piling.Humi　2011/05/07　母親節前夕

摘　要

　　本研究主要探究何謂「原住民族土地權利」？並探討行政命令位階之《原住民保留地開發管理辦法》採用救濟式分配原住民土地的特殊權利（privilege），是否存在法律位階之《原住民族基本法（簡稱原基法）》對原住民族獨特的（sui generis）土地權保障，並規範政府依據原住民族傳統習慣與價值觀承認土地與自然資源權利呢？而且政府是否對原住民族土地權已經完成相關法律修正與制度改革呢？簡單來說，答案是否定的，且核心問題在於「蕃地國有」的概念。

　　我國原住民族土地權是有兩個層次的議題：國家建構的憲法層次、以及管理機關依法律管制層次。而我國在 19 世紀末強制將原住民族與其領地納入國家主權之下，沒有進行憲法層級的合意過程，而依據殖民統治目標、法實證主義技術、以及西方財產權理論核心價值，將原住民族土地國有化與剝奪。如果在現有政府保留地制度內依法管理原住民土地的範疇研究原住民族土地權利，將無法理解《原基法》所謂「承認原住民族土地與自然資源權利」之本意，也會持續在殖民歷史脈絡的錯誤基礎、發展錯誤的法制改革。簡單地定位，我國原住民族土地權是經歷「非線型憲法結構」下的「國家建構」過程，遭遇殖民脈絡的土地剝奪，並面對「國家兩難」、「諾斯悖論」與內部殖民的法制改革遲滯之窘境。

　　本研究是觸發自部落土地糾紛之實務議題，而探索原住民

族土地分析理論的適當視角；再從族群文化與人權發展的理論研究檢討國家原住民族土地制度地欠缺。本研究從兩件原住民向國家主張土地總登記之前祖先開墾傳統耕作土地被國營事業強制排除使用或遺漏登載，並希望回復傳統土地權、但被管理機關「依法」拒絕案例可知，原住民族土地權主要爭議是：在國家主權進入或政府進行土地清查及總登記之前，原住民族「既存占有」傳統土地權利，是否得到多元文化當代憲政國家之原住民族土地制度的尊重、承認與法制保障；乃至於當被公務機關或國營事業強制排除、以及地籍簿冊遺漏登載或誤載之傳統土地權利的補救。目前管理機關以於法無據而拒絕受理調查。據此，這樣的原住民族土地權利在「制度相依」的保留地制度如何法治保障呢？甚至，多元文化憲政國家的土地制度將如何改革，以容納差異文化原住民族土地權與文化權呢？同時思考，土地糾紛應如何調處並落實原住民族發展呢？本研究由多元文化脈絡與殖民歷史脈絡來檢視之。

　　2005 年政府通過《原基法》第 20 條所謂政府承認「原住民族土地（與自然資源）權利」的內涵（承認原則）。原基法規範此原住民族土地權利，在實際運作上也包含第 21 條原住民族參與協商（政治參與原則）、第 23 條尊重傳統土地擁有利用與管理模式（尊重原則）、第 30 條尊重傳統習俗、文化及價值觀的法律制度保障合法權益（法治原則）的權利概念。所以，本研究是以憲法增修條文肯定多元文化原則面對原住民族議題為基礎，探討這樣獨特的（sui generis）原住民族土地權利在現有國家原住民保留地制度，是如何運作與保障此權利。

　　我國現行原住民土地制度在法令上採用「分配」以保障原住民土地權利;在保留地主要是以行政命令《原住民保留地開發管理辦法》以及作業規範與函示來分配;在公有土地是以增(劃)編保留地規範相關分配作業。這樣的法令制度設計是源自於日治殖民歷史之「蕃地國有」、以及西方財產權理論建立的憲法、民法與土地法相關保障私有財產權的法制而發展。我國保留地制度基本上是否定原住民族人格權、文化權及土地權下設立發展。國家以分配方式「回復/歸還」原住民族土地權利,對原住民(族)土地權利保障、族群文化傳承與進入現代社會整合之發展,產生很大的限制、失序與破壞;尤其,在2005年通過《原基法》、2009年通過《兩公約施行法》後,政府承認原住民族土地權利,應立即檢討之。

　　本研究在殖民歷史脈絡與族群社會文化脈絡探討原住民族土地權,採用「批判種族理論」的「經歷敘述」與「種族意識」的研究方法;先將原住民族自己族群土地制度整理、陳述傳統土地財產與權利概念;再對照殖民歷史遭遇傳統土地剝奪的經歷,而安排第三、四章內容順序。第三章以多元文化理論與財產權理論為基礎,由原住民族社會文化脈絡解釋原住民族土地權的概念,提出原住民族土地權利背後的財產權概念異於國家土地制度採用的西方財產權理論。這樣的概念也依循 Geertz 所謂「詮釋性的」人類學及「法律的多元主義」觀點,由文化脈絡來「理解」所謂「法律/事實」,並藉由制度化、結構化「詮釋」原住民族土地使用規範。這也彰顯原基法所謂的尊重原則、承認原則與法制保護原則。

　　本研究以太魯閣族為例，藉由多元文化理論的觀察來整理族群傳統土地制度的財產權概念，也採用時間、勞動與整體社會價值之財產權理論的核心概念來重新詮釋。而原住民族土地權利是有區域的、功能的、組織的階序性，是私有制與共有制混和的財產權概念。西方財產權理論無法完全詮釋原住民族財產權理論。所以，國家原住民土地制度會誤解原住民的休耕輪視為游耕、誤解原住民族在群傳統土地制度沒有族人或部落固有土地擁有權、占有概念；政府應依原基法第 20、23、30 條承認與尊重，正視與檢討原住民族遭遇殖民歷史與傳統土地權利被剝奪的問題。

　　第四章先略述我國原住民土地管理制度在殖民歷史否定原住民族土地權的變遷，整理自日治時期到原基法之前的國家保留地制度歷史脈絡，並檢討政府採用西方財產權概念否定原住民族傳統土地制度的影響；同時，由國際原住民族人權與原基法的標準，檢討國家現行法令無法保障原住民族土地權利的困境。但在實務上，我國在 1948 年建立保留地管理辦法之後到1960 年代完成保留地清查與地籍落戶之前，政府對於原住民開墾耕作的土地使用權利還是維持保護的；理論上在當進行清查與總登記時，原住民傳統耕作的土地會因此得到登記而保障。原住民族土地權的核心問題在於：當時土地清查是否定原住民族土地權而採用西方私有財產制度為基礎，並未防制遺漏登載與欺騙誤載的情況。更重要的是，公營事業與公務機關會以公權力來強制排除原住民使用傳統土地，並且不會有文字登載。當國家重新承認原住民族土地權及宣告多元文化原則之後，這

些都應檢討。

第五章以兩件原住民向國家爭取「回復／歸還」傳統土地權利、遭管理機關以遺漏登載的地籍簿冊與公共造產之公益而拒絕的案例，回應第四章探討國家原住民土地制度的現況。本章參考 Tully 對多元文化當代憲政主義之「憲政對話」，提出三個常規：相互承認、延續文化、取得同意的概念，協助差異文化族群之間跨文化藩籬的溝通，做為實踐多元文化族群關係的策略；據此，本研究提出解決原住民族土地權利糾紛的三個階段任務：多元文化原則之認識尊重與承認、制度的連結點在於原住民族基本人權、公權力建立公正獨立公開的協商平台。這三階段溝通協商作為解決原住民族土地權利糾紛或參考案例的建議與回應。

其次，第五章末段也由本研究觀點，整理「原住民族土地與海域法草案」，並與保留地開發管理辦比較，呈現我國原住民（族）土地制度與法律處在改革的十字路口之窘境：承認保留地制度延續自日治殖民歷史、但不檢討原住民族固有傳統土地被剝奪的遭遇、持續「制度相依」地採用救濟式「分配」模式「歸還」原住民族傳統土地權利、調解土地的糾紛。原住民族土地權利在草案中呈現的優先順序是：公共造產優先於救濟未受配保留地之原住民，且主張傳統歷史淵源土地者在更後面。此草案將上述概念由行政命令層級提升為國家法律層級，實際上將 1902 年持地六三郎「理蕃意見書」擬制的「蕃地國有」概念，進而法制化。

本研究也提出探討原住民土地權利的研究路徑需要有適當

的策略。此策略主要是：先由文化脈絡詮釋原住民族土地財產權利概念及傳統土地權利的階序性概念，認識原住民族土地權利是私有制與共有制的混合財產權模式，並附有傳統社會文化實踐的意涵。再來，由歷史脈絡理解「原住民族」的定義是遭遇殖民歷史統治並被剝奪傳統土地權利的特殊社會文化之民族。政府雖然宣稱承認原住民族土地與自然資源權利，但若不先由文化脈絡認識原住民族的政治主體性、再由歷史脈絡確認原住民族土地議題的複雜性與核心問題，政府承認原住民族土地權利的承諾，將無法避免會再次發生類似「土海法草案」之矛盾的法令制度改革。

本研究對於圖 1-1 原住民族土地權利與現代國家土地制度的競合之研究提問，在圖 5-12 引用工程數學有關權利集合或空間轉換（transform）、作了概念性的回應。如果由工程數學「科學分析」的觀點，兩種制度的權利空間（space）在法制保障原住民族的基本人權作制度（註：在工程數學可視為轉換函數或函式）的連結點或核心價值，並新制度經濟學在制度設計需要關注到制度變遷或轉換時的「邊界值問題」與轉換操作上空間基底或特徵函數的「正交條件」。另外，其中制度保障基本人權的連結點也作為多元文化下差異社會文化族群之財產權制度「最適當」的財產安排的最低限度標準。如果達成這三項條件，則原住民族固有土地制度將可以在現代國家土地制度得到完全的法制保障。其中，所謂「邊界值問題」既規範不同族群在文化接觸之時、其事件時間的初值條件相同、即互相承認土地權利集合是相同且保障，而此基礎在於多元文化原則之法定物

權；而轉換操作上的「正交條件」既轉換函式的基底組合空間要足夠完全包含既有的權利空間，也就是藉由多元文化原則分析三個基底（個人價值與生活、社會組織與規範、生存環境與後代責任）要足夠代表原住民族固有土地權，以檢討森林計劃事業與保留地制度之保障不足；同時，國家要建立主動、獨立、中立、公正的調查機關，對於原住民傳統土地權利主張進行充分調查，對於公務機關的證明資料也進行公平的求證與調查。這樣的科學分析在實際社會科學的操作上，還需要顧慮人為組織操作的「諾斯悖論」問題，並建議三階段或層次的實踐步驟：認識尊重與承認、制度的連結點、建立協商平台。如此權利空間轉換才會 1 對 1 映射。

　　在原住民族土地制度的政策建議，本研究強調傳統土地制度與現代土地制度在管理機制與規範內容也許存在衝突、但並不必然在追求人類生存及生存環境永續上無法整合；而兩者的結合點則是（原住民族）基本人權的法治保障。政府的原住民族土地改革政策要先確認「原住民族」的遭遇與「原住民族土地」的定義，確立原住民族土地權利屬於多元文化國家之法定物權內容之一，並結合在原住民族自治法實踐、進行法律制度改革。再者，在原住民族土地制度裡，口述歷史證據與文字證據都具有法律上的「證據能力」並委由獨立調查機關調查「證據力」。

　　另外，政府應建立兩階層管理的獨立調查、調處、管理機關，受理原住民傳統土地主張，主動協助調查口述證據與文字證據之證據力、確認土地變遷事實，保障原住民族土地權利。在地方層級，受理與審查機關需要獨立於管理機關，並配合各

族群自治與不同傳統土地制度而發展多元性管理規範並明文化制度化；在中央層級，協調不同族群在地方層級的運作，並確立國家與原住民族之間的原住民族土地權利關係，這層關係是維繫國家主權的完整性、也確保多樣性發展。

　　此種兩層級管理概念下，政府承認原住民族土地權也應分成兩個層級處理。在上層部分，擴充憲法私有財產制或新原住民族土海法、確認原住民族土地與自然資源權利也屬於法定物權，將國家採用所有制財產權擴充到所有制與共有制並存的財產權，定義當代多元文化國家與原住民族之間的土地權利關係。在下層部分，我國原住民族有十多族及三大類的土地所有模式，而需要在原住民族自治推行之後，依據上層的土地權利賦予，在《原基法》的承認原則、政治參與原則、尊重原則、法治原則，各族群在原住民族自治中規範適合自己族群發展與文化傳承的土地制度，定義當代多元文化之原住民族之各族群的土地權利關係與制度。

　　政府不應該再延續現有殖民歷史脈絡的保留地管理辦法，反而應該承認原住民族土地與自然資源權利並重新訂立原住民族土海法、修改民法法定物權或建立習慣法。政府如果在現有保留地制度與增（劃）編要點中，尋找《原基法》宣稱承認的原住民族土地與自然資源權利，則政府不可能跳脫殖民歷史脈絡並尋得之，且違反我國憲法增修條文在 1997 年之後宣告多元文化原則傳承原住民族文化與族群永續發展，也無法順應國際法與國際組織對於反省殖民歷史脈絡時政府剝奪原住民族土地權的趨勢潮流。在多元文化原則下，政府所謂「公共造產之公

益」優先於「與該土地有歷史淵源之原住民土地權利」是需要
重新檢視「公益」的定義基礎，並且重新評估原住民族主張傳
統土地的人權價值。最後，政府唯有進行三階段工作，在有公
權力保障之公開協商平台上，將原住民族與國家依據法制保障
原住民族的基本人權作為最大公約與共識，協商財產權概念差
異的部分，進行整合與轉換；則我國才成為真正地「多元文化」
之「人權」「法治」國家。

　　最後，本研究也指出我國進入多元文化國家、政府承認原
住民族土地與自然資源權利之同時，原住民族內部族人對於
四、五十年來採用保留地制度分配、所有制與自由市場制度已
經熟悉、反而對傳統土地制度亦顯模糊；甚至，有些參與管理
機制的原住民菁英也成為制度內部的既得利益團體的一分子。
這些原住民族菁英要如何來反思政府承認原住民族土地與自然
資源權利、未來民族自治的制度發展，以及被國家否定且曾經
熟悉的傳統土地使用規範與被侵犯的傳統土地權利呢？本文案
例可見到參與管理之原住民菁英的反思會是我國在現有私有財
產制度下、重新建立原住民族土地財產的法定物權地位與制
度，成功與否的關鍵核心基礎。對此，本文也建議原住民族自
己也要經歷建議的三階段工作實踐步驟：認識尊重與承認、制
度的連結點、建立協商平台。尤其原住民族在經過四、五十年
的現代國家教育與自由經濟市場活動的洗禮，這三步驟中的「認
識尊重與承認」對原住民族也是重要的功夫，這不只是政府與
非原住民需要進行的功夫。因為原住民族在現代國家也需要學
習調適，適應多元文化的新社會。

　　相對來說，政府內部公務員也需要在多元文化原則下、反思「制度相依」、「諾斯悖論」或「國家兩難」之管理機關的或機關首長自我的權利保障，甚至有時會凌越人民的基本人權與原住民族傳統財產制度與生活方式需要的情況。管理機關會承認原住民族先在台灣地區生活的歷史，而擔憂原住民族主張傳統土地權利的同時，原住民會將現行管理機關所有(管理)的既有土地權利給剝奪掉，而產生抵抗與排斥。但如果依據三階段的反思、認識、承認與溝通協商，政府內部管理機關的非原住民或原住民菁英應該可以重新審思「管理土地都成為原住民族土地的疑慮」以及「漢住民會失去生存空間之危機感」，其實將是犧牲掉自己國家與人民提升並進入多元文化生活的可能，也使國家失去學習與參考原住民族傳統資源分配與水土保護的概念、擺脫資本主義極端追求發展的生存環境危機。而這些人民追求多元文化生活的權利基礎是已經彰顯在國家憲法增修條文、原住民族基本法、兩公約施行法、以及聯合國原住民族權利宣言與國外政府改革原住民族土地制度的國際趨勢之中。政府或機關成員是公務員，負有責任去學習、認識、內化為國家制度與實踐之，是無可逃避的；否則制度性迫害與遺毒將持續並延續後代。

　　本研究的原住民族土地項目，以探討原住民保留地為主，其只占原來整個「蕃地」約 15%；在實際的殖民歷史脈絡與族群生活文化理解，原住民族土地還應該包含傳統土地與傳統海域；這部分未成為本研究重點，唯做為筆者未來研究方向。

關鍵字：原住民族土地權、多元文化、土地財產權、太魯閣族

圖目次

表目次

第一章　緒　論

怎麼這麼小偷。國家也偷原住民土地，
族人也偷自己親戚的土地，怎麼這樣？
太魯閣族的世界會毀壞掉！

～太魯閣族耆老李紅櫻

第一節　研究緣起：
　　　　　原住民族土地權利的想像

在現代國家，政府藉由人民授權而制定國家法律制度來保障個人的權利。其中，土地制度安排人民間的土地資源分配、保障人民土地權利，排解土地糾紛，尋求社會發展的最適土地資源管理制度。而原住民族土地權利也可以由國家法令制度的規劃而得到此權利的靜態描述，並藉由調解土地糾紛的探討可以得到此權利的動態意義及社會關係。對於現代國家社會，國家法令制度固然可以預設西方財產權概念來描繪出原住民族土地權利的想像並法制化，但對於原住民族本身來說，這樣的描述是否充分詮釋並完備了權利保障呢？這是本研究的核心問題。

本研究主要探究何謂「原住民族土地權利」？在行政命令

位階的《原住民保留地開發管理辦法》中，是否存在法律位階
的《原住民族基本法》中，規範政府依據原住民族傳統習慣與
價值觀承認的土地與自然資源權利？並且建立法律制度保障
呢？從以下兩件原住民向國家主張土地總登記之前的祖先開墾
傳統耕作土地被公營事業強制排除使用或遺漏登載，並希望回
復傳統土地權的案例可知，原住民族土地權最重要的爭議是在
國家進行土地清查及總登記之時，日治之前以及日治以來的傳
統土地權利是否得到多元文化當代憲政國家之原住民族土地制
度的尊重承認與法制保障。本研究由多元文化脈絡與殖民歷史
脈絡來檢視之。

　　筆者進研究所之前，已經實際參與原住民爭取花蓮縣秀林
鄉富世部落舊台電宿舍（花蓮縣秀林鄉富世段 255 地號）1.5 公
頃之土地權利[1]。本案自 2002 年進行過無數次陳情、三次訴願與
兩次行政訴訟，五戶原墾耕當事人與後代之原住民家族陳述台
電在土地總登記前強佔所開墾耕作土地，並蒐集舊地圖、戶籍
資料、空照圖與耆老口述歷史等證據，請求土地管理機關鄉公
所調查原住民傳統土地在地及清查之前被公營事業台電公司強
佔之事實，再依據政府承認原住民族土地權利的原則重新檢視
申請設定「分配」之主張，於法上不敢提出「回復／歸還」的

---

[1] 本案是原住民傳統土地在土地總登記之前，公營事業台灣電力公司在沒有協
　商與補償下，強制在原住民傳統耕地架設鐵絲圍籬，佔用原住民世代耕作土
　地，致使該土地成為公有保留地。2002 年台電停止租用該土地之後，原耕
　作家族後代申請土地耕作權利「歸還」，但管理機關認為原住民只有被「分
　配」權利，並規劃文化館之公共造產，產生土地糾紛。案件參考第五章第一
　節介紹。

論點。甚至原住民當事人在行政法院判決駁回訴訟聲明之時，於 2009 年 5 月 16 日在部落招集 50 多人的集會、舉行殺豬與宣誓儀式，以表達爭取傳統土地權利的決心。花蓮縣秀林鄉公所作為保留地管理的執行機關，以翻閱地籍簿冊沒有登載主張土地之原住民耕作事實為理由，而拒絕予以調查及協助保障土地權利，公所著手規劃該土地作為「太魯閣族文化館」的公共造產，並主張此計畫的「公益」大於「分配」給原住民個人的「私益」為理由，拒絕原墾戶當事人與後代的土地權利主張，與原耕作土地家族後代對「原住民族土地權利」認知發生很大的差異。

之後，筆者陸續關心其它原住民族土地權利議題，也接觸到一些國家與原住民之間的傳統土地權利的糾紛。其中，秀林鄉文蘭部落也有百戶太魯閣族人爭取自日治以來開墾使用的 30 甲土地，該土地在 1950 年代發生大片土石流而被編定為行水區及縣政府發展鯉魚潭風景區的公共設施預定地，族人要求土地管理機關解編長期耕作的公有土地並依傳統耕作之事實歸還給原住民，認為那是「原住民族土地權利」。本案件在 2009 年年底地方首長選舉前，村民藉由村辦公室的陳情取得秀林鄉公所的回應，而鄉公所也一反之前「沒有土地使用權源證明」的理由拒絕回應之公文，於 2009 年 7 月 2 日主動召集村民召開說明會。在地籍簿冊沒有開墾使用歷史登載的情況下，與會的鄉長、縣議員、鄉民代表、立法委員代表、主管機關代表完全沒有再質疑原住民是否曾經使用過此土地，都支持「是原住民的土地就應該歸還給原住民」的論點，並進行「有效率」的溝通與協調。其中需要特別指出的是，文蘭案陳情資料對於該土地耕作

的歷史調查並沒有像前述富世村的案件完整，主要陳述歷年陳情遊行抗議時，政府正面的回應與承諾；而政府所謂「歸還」在實際的行政程序是以「分配」的方式完成。原住民也只要取得傳統土地權利，對分配方式取得土地也沒有異議。這些案件引起我關注過去太魯閣族傳統土地權利受國家建立現代土地制度的影響，以及國家宣稱承認「原住民族土地權利」的內涵與原住民所認知的落差，並感到興趣。兩件案例在第五章第一節進一步介紹並作對照探討。

　　上述兩件花蓮縣秀林鄉的參考案例是原住民向國家爭取傳統土地權利的糾紛，而且發生的時間點在土地清查及總登記之前。雖然當時已經有保留地管理辦法與公文函示的保障；但是，地籍簿冊還是有可能遺漏登載原住民使用既存占有的土地、以及清查前被公營事業或公務機關強制排除使用的情況。原基法通過並承認原住民族土地與自然之原權利之後，這樣的案例凸顯何謂原住民族土地權之核心議題。

　　另外，原住民與原住民之間也發生現代土地權利與傳統土地權利概念衝突的土地糾紛案例。花蓮縣在 2009 年間由地政事務所進行土地重新丈量過程中，發生私有地邊界圍牆的現有位置與地籍圖與簿冊所登載的有差異，甚至爆發昔日土地權利轉移過程發生人為疏失或蓄意侵佔而原有的土地登記為他人所有的爭議。精確的土地測量技術、明確的土地邊界及所有權登載等法律制度並不表示不會再發生土地糾紛，而現有法令在解決土地糾紛的時候還是無法滿足既有傳統土地權利認知的原住民族需要。甚至，國家建立原住民現代土地制度之後，依法分配

管理現有原住民土地，還是發生一塊土地有多人爭取所有權利的情況，筆者在部落訪查過程中也接觸到相關案例，並呈現土地權利爭取的雙方對於土地權利的認知存在國家法令與族群傳統習慣的價值衝突。

對於因土地重新丈量而發生土地糾紛的原住民，事件背景是當事人間對原住民族傳統概念與國家現代法令制度的不同主張，也就是原先擁有傳統土地權利者在傳統土地使用習慣與社會互信關係認知下，忽略了現代法令所要求的登記程序規範與登記條件，致使其他族人有機會依據現代法令爭取同一塊土地權利。換句話說，這樣的情況凸顯現有國家法令制度並沒有涵蓋原住民社會的傳統文化及社會價值觀、以及社會對現代化不適應的實際狀況的情況，也就是忽略原住民族所認知的土地權利概念來設計國家現有原住民土地制度。所以，就算是國家依據現代土地概念與技術建立現代的原住民土地制度也無法排除這類原住民之間的土地糾紛。而本研究認為這些情況都需要回到問題的源頭，即澄清「原住民族基本法」第二十條規範政府承認原住民族土地與自然資源權利的內涵。

在私下訪查過程中發現不少更有趣的情況。在國家保留地私有化之前的傳統土地使用習慣時期，已經過世長輩之間的口頭土地權利轉移承諾或租借關係因為國家實施原住民土地私有化而被否認；在國家法令保障已取得土地權利登記的大氛圍下，還是有少部分繼承上述土地的晚輩在原傳統土地權利族人主張土地時，還會實踐長輩之前的口頭承諾而歸還土地，即在無償的情況下依據現代市場交易程序完成土地歸還手續。從人

性自利的角度,有更多的案例是拒絕履行沒有文字記錄的土地權利轉移之口頭承諾。但是,還有原住民願意無償履行前人口頭承諾轉讓土地權利,更凸顯出研究原住民族傳統土地習慣與財產權概念的意義,以及原住民族傳統土地習俗在現代國家土地制度規範下還持續存在的情況。

綜合上述的研究緣起,本研究的目的主要有下面幾點:

一、個人的目:

藉由本研究記錄當事人之一,筆者外婆在爭取太魯閣族傳統土地權利的社會文化概念,以及尋找自身案在例爭取原住民族土地權利的理論基礎,並由傳統土地習慣與現代土地制度概念之衝突來認識自己族群所面臨的土地權利安排、利用與族群發展議題。筆者也藉由這機會,學習自己族群的傳統文化,並自我反省在現代理工科學教育成長與科學園區工作經驗後,對傳統文化認知與族群認同的狀況。

二、政策面向的目的:

從國家主權的角度,國家在否認原住民族土地權的基礎上,認為近年來原住民相關的國家法律制度的設計逐漸完備,並將議題焦點集中於山坡地水土保育及原住民個人生計的交集,也就是只關注土地利用的研究上。但在憲法承認多元文化的原則與國外政府對原住民土地制度改革環境下,我國並未檢討之前否認原住民族土地權的殖民歷史。秀林鄉富世村舊台電宿舍案例中,執行機關在公共造產規劃時也同時兼具「使用者」

的角色，而拒絕承認與該傳統土地有歷史淵源之原住民擁有申
請設定分配土地權利的主張以及自行調查歷史資料，並依行政
命令對於土地歷史調查限定在翻閱地籍簿冊而不調查族人提供
的人證物證。本案凸顯了以下議題。2005 年國家通過「原住民
族基本法（簡稱原基法）」並立法規範政府承認原住民族土地
與自然資源權利。但原住民在現有保留地的行政命令與既有制
度上爭取土地權利的基礎，還是限制在管理機關公共造產需求
以及某種山林土地政策之法律擬制外。我國原住民土地政策需
要重新檢視，且國家原住民土地制度變遷過程更需要重新檢
討；其中釐清原基法所謂政府承認「原住民族土地與自然資源
權利」內涵、尊重傳統習俗與文化及價值觀，這種承認與現有
原住民保留地制度之原住民土地權利的差異，是本研究最核心
的工作。

三、社會面向的目的：

　　本研究也牽涉到族群認同與社會發展的議題。土地資源配
置是原鄉部落發展的基石；現有原住民土地管理制度只有分配
概念並欠缺傳統社會文化中尊重、互助、互惠的價值觀，且地
方權利派系關係有機會干涉分配的訊息公開與審查結果，使原
住民保留地分配有集中與欠缺長遠投資發展地效益問題，致使
原鄉土地資源使用無法完全發揮社會發展效益的問題。另一方
面，原住民部落不同世代的族人對於原住民族土地權利的認知
呈現很大的落差。耆老雖然經歷不同時代的土地制度變遷，但
對於國家現代土地制度的理解還是模糊的，而以傳統文化與社

會價值來理解現代土地制度。但部落菁英在現代教育、選舉政治與自由市場生活的經驗下，對國家土地制度的權利分配與開發利用的認知所呈現的世代差異，是本研究關注的。這些會決定民族發展模式與方向。原住民於國家機制規範下如何理解自己族群的傳統土地權利並產生認同，據此延伸到傳統土地利用的規範與土地開發的族群發展與發展價值的議題。

四、學術面向的目的：

　　學術上將原住民族土地議題以現代土地技術與社會價值探討土地開發利用與利益分配為主，著眼在資本主義與自由市場經濟的評估與分配之公平正義的研究，作為國家原住民土地制度的理論基礎。另一方面，將原住民族傳統土地習慣歸類在民族學或人類學的知識領域，且排除在現代土地制度建立原住民傳統土地制度的參考。因國際人權發展以及「原基法」對於原住民族土地權的承認，學術領域需要重新檢視原住民族主張土地權利的理論基礎，以及原住民族固有傳統土地屬於國有的歷史脈絡，並延伸到國家內部對原住民族土地權利之人民權利、社會平等的討論。我國憲法增修條文已經在原住民議題的族群關係上肯認多元文化的原則；原基法也要求政府法承認與尊重原住民族土地與自然資源權利，且此政策通過已超過三年，但政府並沒有辦法通過與傳統土地權利相關的原住民自治法與土地海域法的立法。在多元文化脈絡下，現代土地行政與民族學在調查傳統土地制度與權利時，應該可以提供對殖民統治歷史的學術觀察，以推進國家原住民族土地政策的實踐。

　　原住民族土地權利及糾紛是否在國家建立相關法令制度及現有大量的研究文獻之後就減低了研究的必要性呢？答案是否定的。尤其，當多元文化理論及國際人權發展對原住民族土地權利的認知提出不同的價值基礎之後，甚至對於人、土地、自然的社會關係與核心價值提出整體性觀點之後，之前的原住民族土地使用與權利之研究有需要重新檢視並從制度源頭、價值倫理層面理解。原住民族土地權利內涵的探討可以提供現代國家、資本主義社會、主流族群更深一層認識土地權利與自然資源對於人類、社會、國家的意義；藉由這種認識，並思考維持國家主權完整下差異文化族群之間的資源配置關係，既多元文化的生活態度。原住民族的生活文化與土地有密切的關係，必須由社會組織、族群文化及傳統社會價值觀的角度切入，以釐清土地權利的內涵，而不是由一般主流社會認知私有財產概念之土地權利並主要著重在土地利用與開發的立場。原住民族土地財產權配置是尊重傳統文化與習俗、或完全依據現有分配之行政命令，是重要的研究議題。

　　原住民向國家爭取回復／歸還傳統土地權利的糾紛案例中，原住民對「原住民族土地權利」的認知是歷史性的、文化性的、口述的；國家相對的理解是法律的、制度的、文字文明的。兩方的權利概念屬不同理解領域而減低對話協商的空間。如果採用 Geertze（2002，248-251、300-302）所謂「詮釋性的」人類學及「法律的多元主義」觀點，由文化脈絡來「理解」所謂「法律／事實」，並藉由制度化、結構化「詮釋」原住民族土地使用規範，且以歷史脈絡、文化觀點來分析國家原住民土

地制度與法律，來釐清「原住民族土地權利」的內涵，強化雙向的協商溝通與制度建立，並由權利內涵的釐清來強化地用規劃的正當性、調整地利效益評估的指標，乃至於建立原住民族區域整體發展計畫，作爲研究未來原住民族土地制度發展的起步。重點是，採用 Geertz 觀點的原住民族土地權利分析，正是「原住民族基本法」第 20、23、30 條所規範的政府承認、文化脈絡、社會價值觀與法治化的基礎。所以，本研究以釐清「原住民族土地權利」的內涵，以及此內涵與現有保留地制度的土地權利的差異作爲主要的研究主題，並藉此研究可以回應到引發本研究緣起之相關土地糾紛案例的認識。

第二節　研究背景：
原住民（族）土地制度變遷

　　本研究緣起於原住民向國家爭取歸還傳統土地權利的土地糾紛，並以釐清「原住民族土地權利」內涵、分析現有原住民（族）土地權利配置及制度變遷爲主要研究主題，而本節先對這些議題的研究背景作介紹。

　　在台灣，原住民族的發展瓶頸在於國家從來沒有確認原住民族主體性及承認傳統土地權利，既落實國家山林資源管理，使得原住民行政的重點在於國家經濟開發爲主[2]，照顧原住民族

---

[2] 1930 年日據時期「蕃地」的處份概況，在總面積 168 萬餘甲的「蕃地」，「番人所要地」只佔 15.56%，而保留給企業引進的面積高達 28.86%（山道健太

生計爲附帶效果。在此權利配置背景下，國家首先開放企業財團進入山林開發之後才確立原住民土地權利的登記與保障，致使財團企業以造林爲理由、進入山林砍伐珍貴的林木，再以租借保留地爲理由、採集石礦製造工業原料而不用歸還，開發的邏輯是將山林自然資源向外生產輸出爲主。原住民就近提供了企業開發的勞動力，但過度開發山林的責任卻也留給原住民，國家反過來以保育爲理由成立國家公園來限制原住民族在山林使用土地與自然資源的傳統生活需求。是故，原住民族發展最根本的問題就在國家定義原住民族土地權是以「蕃地國有[3]」與「國家經濟」爲核心，「蕃地國有」使國家擁有原住民族土地發展主導權，並否定國家主權確立之前已經存在的原住民族主體地位以及固有傳統土地權利，並漠視傳統土地習慣與社會文化價值，依據國家階段性經濟發展需要而犧牲原住民族的土地與自然資源權利。所以，本節先介紹研究原住民族土地權利內涵的研究背景，將從實務上的、理論上的及國際人權發展三個面向說明。

郎，1971：498；引自顏愛靜與楊國柱，2004：207）。故，森林事業規程的根本目的在帝國企業的發展，乃殖民帝國主義國家在當時最大目的。集團移住與「蕃地」的重新分配，使原住民族可以使用的土地面積減少近十分之一，也因土地供給減少而土地資源發生稀少化（scarcity），而使土地價值相對於國家沒有管制之前提高，對原住民族傳統土地規範與文化產生性質的變化。

[3] 「蕃地國有」這個概念是簡化自 1896 年南庄撫墾署長水間良撫給民政局長水野遵的報告中說：臺灣總督府的「蕃地」為國有地政策，一時難以貫徹實施...（引自藤井志津枝，2001：43-44）。所以，原住民族傳統生活的山林土地成為國有地是一連串政府政策的結果，甚至先經過官有化、再進一步國有化的過程。但對原住民族來說，這些過程只是土地行政的技術用語，原住民族觀點來看，這個國有化過程就是族群、部落、個人的傳統土地成為國有地的一連串歷史過程，並不需要再分階段，簡化成「蕃地國有」概念。而國家則認為「蕃地本來就屬於國有」，不需要再說明。

壹、實務面向的研究背景

首先以研究原住民族土地權利的權利主體對象、法令運作現況以及國家建立法令制度的歷史背景做介紹，來介紹研究原住民族土地權利的實務背景。

一、原住民族的國家法律地位與土地權利

原住民雖然現於國家主權範圍內享有一般公民權利。但這群公民在日治殖民歷史脈絡中，因差異文化的藩籬與「理蕃」政策的母國經濟發展目標，征服過程中被政府界定為「沒有公民資格的動物」。原住民族原先擁有傳統社會規範使用傳統土地的權利，因為國家採用「民木論」的論點，政府將原住民納入國家主權範圍之初從來沒有承認這群動物可以享有一般公民的財產權利的保障。所以，當國家在 20 世紀初征服「蕃地」完成之後，其傳統土地及保留地的土地都在日據時期被定義為國有土地。此乃「惟有番地，而無番人」之「蕃地國有」歷史背景（溫吉，1999：695~680；藤井志津枝，2001：43）。

原住民族取得國家認同的公民資格是在日治末期 1943 年之後[4]，但是這群公民的傳統土地權利並沒有因此而被國家確認或

---

[4] 原住民始擁有政府承認的公民資格是在日治末期。文獻上，台灣原住民族在日治時期一開始就沒有一般公民的資格，而擁有公民的資格是在日據末期 1943 年因為戰爭的人力需求，台灣戶口規則修改時「蕃人」才被歸類為「本島人」當中的「先住民」，在行政上因戰力目的確認屬於國民的資格之證據（藤井志津枝，2001）。1945 年國治時期，國家將原住民族給予國民資格乃順此自然發生。國家藉由分配方式賦予原住民傳統土地權利是 1966 年之後修訂管理辦法的影響，而國家承認原住民族土地權利的存在則要到 2004 年原基法第 20 條的通過才有法律上權利實體的基礎。國家承認「蕃人」的公民資格與「蕃地」的土地權利是存在時間差，表徵了自日治時期確立了「蕃

保障,而維持山林土地屬於國有的方式讓原住民持續依據傳統土地習俗使用。所以,原住民族在進入現代國家的過程是屬於「沒有傳統土地權利」的一群公民,且在進入國家統治初期被集團移住到封閉的保留地,並依族群傳統文化及土地使用舊慣生活。國家建立一套現代土地管理技術來改變原住民族使用土地的習慣是 1966 年修訂「臺灣省山地保留地管理辦法」並賦予國有土地私有化規則之後的事情。而管理保留地及傳統領域土地的辦法都只確認「保障原住民生計,推行原住民行政」,在此之下「分配」原住民使用保留地,現有法令制度從來沒有承認原住民族擁有「原住民族土地與自然資原權利」及「尊重原住民族土地擁有利用與管理模式、文化及價值觀」的權利基礎與政策目標。

二、現有法律制度與傳統土地權利的衝突

我國現有原住民土地的管理法令是「原住民保留地開發管理辦法」,屬於管理機關行政命令,此行政命令是架構在《憲法》、《民法》、《土地法》、《森林法》、《山坡地保育利用條例》、《水土保持法》、《國家公園法》等法律下,政府依據管理辦法及相關作業要點的行政命令與機關函示運作。原住民土地還是維持原住民特殊身分才能擁有的特殊行政,而與一般土地做區隔,且政府基於「蕃地國有」原則,重建地籍簿冊,用「分配」方式給予原住民私有土地權利。但在原基法承認原住民族土地權利及尊重土地使用習俗之後,現有國家法令

地」與「蕃人」分開處理原則,這情況使原住民失去傳統土地權利的國家法律保障。

對於原住民族土地權利的安排及糾紛調處，產生法益之衝突。

　　國家實施山地總登記、私有化之前的管理，是依據「尊重舊慣」原則，而使傳統原住民土地使用習俗及社會價值得以延續，並在 1966 年國家修訂新土地制度後，不同世代族人成長背景不同而所理解的權利基礎產生差異，致使原住民社會的不同世代之間對原住民族土地權利認知產生斷裂。原住民耆老用熟知的「舊慣」來理解現代土地關係，而國治時期之後出生的原住民接觸現代教育、自由市場機制及國家法令運作，對於原住民族土地權利的取向開始與「舊慣」斷裂。所以，原住民族內部對原住民族土地權利配置的社會共識，存在固有傳統土地權利之歷史脈絡與文化脈絡的爭議。政府在兩件參考的土地糾紛案例採用所謂「公益大於私益」的分配制度，來安排原住民族土地權利，並用「分配」程序來「歸還」傳統土地權利，是基於原住民族的社會共識呢？還是國家強制力規範原住民而形塑之社會共識呢？國家現行原住民土地制度是持續否定原住民固有傳統土地權利為基礎，是值得加以探討。

三、「蕃地國有」法令設計對原基法承認原則之歷史矛盾

　　管理機關執行國家原住民土地制度並不會思考此制度變遷的過程，並視為理所當然的中立規範遵守，而原住民的土地權利也被型塑成國有土地與分配給欠缺土地以維繫生計的原住民。在國家憲政原則承認「多元文化」後，原住民族土地在進到國家主權管理範圍之前，原住民族社會在傳統土地上採用傳統土地使用規範，依據傳統文化與社會組織運作，而「原住民族土地與自然資源權利」是族群固有的，不是國家分配而賦予

的。所以，國家採用「蕃地國有」原則設計原住民土地制度的歷史呈現了殖民侵略的歷史矛盾。而中華民國立國目標也是以廢除帝國主義殖民之不平等條約及恢復租界地的國家主權，但對於原住民族的土地權利卻延續日治時期的殖民統治概念，實有爭議之處。在國家承認原住民族土地權利時，原住民族遭遇殖民歷史需要檢視。

此外，原住民族土地的所在區域大部分集中在山林、河階台地及山腳平原地區，有高海拔落差的溪流及颱風期高雨量等特殊地理條件。對原住民傳統休耕輪作的土地使用模式是否適合轉型為私有地長期現代技術的高密度開發，何者符合國土保育？政府及原住民族在開發山林土地資源的價值目標選擇需要慎重思考。

研究原住民族土地權利的實務背景，牽涉到國家建立原住民土地制度的過程、原住民族傳統土地制度的財產權利概念的整理、原住民社會對於土地與自然資源使用規範的選擇，甚至對與原住民社會在使用傳統土地資源開發原鄉的原則都有決定性的影響。而這些問題的核心都指向政府與原住民族自身對於「原住民族土地與自然資源權利」的核心價值及使用規範的認知差異，釐清此認知差異有助於國家原住民族土地制度的健全發展。

貳、理論面向的研究背景

在研究背景的理論面向上，由土地的財產權利觀點、原住民土地制度建立與變遷的分析與法令的歷史批判、跨文化藩籬的多元文化理論的觀點，來介紹研究原住民土地制度來安排原

住民族土地權利配置的理論背景。

一、國家保障私有財產權與集體權位階的原住民族土地權利

　　我國現有土地制度是以「平均地權」為原則並鼓勵私有制，並以地盡其利、地利共享之經濟利益發展為手段，而此對於土地有效利用的社會價值觀藉由憲法第 143 條、民法第 757、758、765 條、土地法第 10、38、43 條等規定確立完全私有制；這些安排在第四章說明。國家認定原住民族傳統土地使用習俗是「共有」，沒有完善的定耕農業技術、欠缺土地登記管理及有效使用能力，將原住民族的土地習俗流於民族學及人類學的研究範疇，而原住民族在現行原住民土地行政上沒有擁有任何傳統土地的財產權利基礎。

　　從財產權理論來說明此土地權利配置。現代國家是延續洛克（Locke）1690 年《政府論下篇》對於土地財產權私有化的標準，在先佔權之外需要有歐洲社會「圈地運動」之定耕農業的勞動及改良土地的過程；並取得主權獨立的「後威斯特伐利亞（post-Westphalian）」民族國家之歐洲政治主體的法律文書認證為標準；且在 19 世紀末及 20 世紀初，這些概念整合到支持殖民擴張及帝國主義的實證主義者的國際法的法理，從而現代國家根本地否定原住民族擁有現代政治權利主體性、傳統土地與自然資源權利的理論基礎。而台灣「蕃地」原住民族被強制進入國家主權的時間就是在 20 世紀初。原住民族傳統土地使用習俗在多元文化脈絡下，是屬於第三代人權之集體權位階的原住民族土地權利，是否也有其財產權理論的支持，成為本研究重要的研究議題。

二、延續殖民時期「制度相依」的反省

我國現行原住民土地制度對日治殖民時期國家討伐「蕃地」之原住民族、剝奪原住民傳統土地，為殖民母國企業經濟發展開發「蕃地」、擷取自然資源而設計《森林事業計畫規程》等法令，既「蕃地國有」狀態延續到現代原住民土地制度，並採用新制度經濟學之「制度相依」理論，認知其為合法、客觀、中立且視之為理所當然。在國家法令制度設計的過程符合了法律延續的合法程序，而視殖民時期的法律狀態為中立、合法的制度設計，也符合國家照顧多數人民發展經濟的利益。面對國家主權擴張到原住民族傳統領域時的殖民歷史，現代國家雖然將原住民族納入國家主權範圍，卻沒有立即承認其公民權、剝奪其傳統土地權利、並集團移住到易於管理的保留地區域內、被迫放棄傳統文化及土地使用的生活模式而沒有協商選擇的權利等問題。國家在沒有原住民族參與下，主導法律制度的設計，必然合法的過程中建立現有法令制度，立法目的的瑕疵都被掩飾掉。這需要批判法學相關論述對話。

現代國家理論在 16 世紀中葉後漸漸確認國家主權的獨立性，而原住民族在 19 世紀末法實證主義國際法排除國際上政治權利主體地位之下，被迫進到現代國家主權管轄。在這樣背景下，如何來公平正義的理解現代國家內部的族群關係，尤其是對於原住民族的歷史、文化、族群的特殊立法。由多元文化族群關係發展，本研究需要重新反省國家殖民時期建立原住民土地制度的設計理論，並從這些理論基礎建立「原住民族土地權利」的論述與主張。

三、憲法承認多元文化原則的契機

　　1997 年第四次修憲時，憲法增修條文增訂「國家肯定多元文化，並積極維護發展原住民族語言及文化」，且依原住民族意願保障經濟土地等多項的發展。之後，2005 年政府才通過原基法，並明定三年內完成相關法令修正。但 2008 年兩件與原住民族土地權利相關法律草案，「原住民族土地與海域法草案(簡稱土海法草案)」及「原住民族自治區法草案」送立法院而未排入議程審查。這些狀況使本研究關注到保障原住民族土地權利相關法律制度建置是否完備，而現有原住民土地管理制度是否符合族群「多元文化理論」標準？且在族群發展上其制度效益是否符合傳統文化價值與社會正義的議題。

　　從多元文化與「法律多元主義」角度，「原基法」第 20、23 條指出原住民土地政策的新原則，政府「承認原住民族土地與自然資源的權利」，以及「應尊重原住民族選擇生活方式、習俗、...、土地擁有利用與管理模式之權利」。以目前「原住民保留地開發管理辦理（簡稱管理辦法）」觀察，「原基法」所明訂的原住民土族地權利及傳統土地管理模式並沒有定義及保障；且在上述幾個案例中，政府與原住民所理解的原住民族土地「權利來源」[5]是衝突的或定義不清的。在程序上，「原基

---

[5] 由上述案例觀察，原住民族土地權利的來源主要有兩種說法：依據國家放領國有土地或公有保留地給原住民私人化，以及原住民族依據傳統社會土地管理習慣使用土地並保持社會秩序而在土地總登記時被紀錄而保障。國家土地制度及原住民族傳統土地規範都有穩定土地使用秩序功能，但規範權利的社會價值與社會約束之基礎不同，一個是資本主義個人所有權的財產理論與市民社會得社會共識，而土地權利基礎在於土地測量及地籍簿冊；另一個是

法」第 30 條規範「政府處理原住民族事務、制定法律或實施司
法與行政救濟程序、公證、調解、仲裁或類似程序，應尊重原
住民族之族語、傳統習俗、文化及價值觀，保障其合法權
益，…」，既政府應依憲政架構，在承認原則與尊重原則下，
國家法律體系建立「多元文化」原則，處理原住民族族群關係
與事務的民族法律體系與制度。

　　政府在 2005 年之前對原住民族土地權利及習慣從來沒有承
認及尊重，只限定在保留地制度保障原住民生計；原基法通過
之後，政府在沒有釐清土地權利內涵及傳統習慣的文化意涵之
前，而於「土海法草案」以及 2007 年行政院對管理辦法的修訂
中，如何回應「原基法」並規劃國家原住民土地制度變遷方向
呢？而對政府的回應，原住民族是否也有需要深刻反思的部份
呢？這些問題都指向政府與原住民族都需要釐清「原住民族土
地權利」的內涵，而此權利基礎在於肯認「多元文化」的視野
及保障憲法基本人權的態度。

　　研究原住民土地制度的理論背景，牽涉到土地的財產權理
論的建立、制度建立與變遷相關的分析理論、以及多元文化理
論的觀點等。這些理論對於政府跨文化藩籬來認識原住民族差
異的生活環境與文化背景，進而認識原住民族土地制度的存在
與土地關係之社會價值觀，以產生國家主流社會價值觀與原住
民族傳統知識的協商語言，對釐清國家與原住民族的「原住民
族土地權利」內涵的認知差異，是重要的途徑與管道。藉此化

傳統原住民族財產權制度與族群傳統文化之原住民傳統社會共識，土地權利
來源是族人依據族群傳統土地使用規範耕作。

解國家對原住民族土地制度之歷史的、文化的誤解。

參、國際原住民族土地權發展的研究背景

一、國際人權歷史的原住民族地位與台灣原住民族歷史

　　原住民族與歐洲文明國家開始接觸的時間是 1493 年哥倫布「發現」新大陸之後，激勵歐洲海洋國家的航海探險，促進現代國家與原住民族文化接觸的機會。此時間是早於 1648 年歐洲簽定威斯特伐利亞（Westphalian）和約及確立民族國家主權獨立的歐洲政治及現代國家概念與組織模型的影響之前。17 世紀所謂國際關係其實是指歐洲國家殖民擴張為背景，並以自然法學派架構的國際法。在印地安部落擔任羅馬天主教傳教士的卡薩斯（Bartolomé de las Casas）及西班牙神學教授維多利亞（Francisco de Vitoria）明確指出印地安人擁有特定的、原始的自治權，以及對其所使用的土地具有合法權利，這些是歐洲人必須尊重。1830 年代，美國在馬歇爾三部曲(Marshall trilogy)也確認印地安族擁有「國族」（nation）資格並保有有限的傳統土地權利，也導致美國至今維持對於印地安原住民族採取「國族」對待的背景之一。

　　但在馬歇爾（Marshall）判例不久之後，十九世紀國際法因西方殖民與帝國勢力之拓展，捨棄了承認原住民族擁有政治主體的原則，而發展出實證主義學派，以確保國家法或國際法可以為殖民擴張與帝國主義建立法理基礎的服務。實證主義的國際法認定國際法只關注現代國家的權利與義務，既確立屬於國際間國家主權的專屬排他性，且排除原住民族擁有這樣的國際

地位。另外，實證主義學派也定義國際法是國家之間的權利義務關係，且不直接涉入或凌駕現代國家之上，同時也藉由現代國家之間的「同意理論」而發揮實際效能。當然，實證主義學派所謂之現代國家是以歐洲文明模式為基礎，並藉由這些19世紀歐洲國家或源生自歐洲的國家，彼此之間的相互承認而確認其國際上的國家地位，或成為「國際之家（Family of Nations）」的成員（Anaya，蔡志偉譯，2010，31-39）。

　　原住民族在實證主義學派國際法的特殊定義與安排之下，排除在歐洲文明模式之外，也轉移了之前自然法學派架構國際法所論述的原住民族固有的政治主體性與基本人權。相對來說，反而藉由「人道主義」外衣，將殖民母國的經濟發展與土地擴張目標，包裝成託管學說與「文明化」原住民族之正義任務。在此同時，原住民族原先的固有文化與土地權利可以被現代的殖民母國單方面認定是「落後」、不文明與「制度欠缺」；政府並合法的重新依據國家的經濟發展需要而安排原住民族土地資源與文化發展（同上引，2010，39-42）。我國原住民族政策，是在20世紀初實證主義學派的國際法氣氛下，日本建立殖民「理蕃」政策而確立，「蕃地」發展森林事業計畫，並建立集團移住之保留地以區隔；原住民族失去國族主體之協商契機。

　　上述乃西方國家在十九世紀殖民地擴張過程，對國際原住民族主體的承認與土地權利的保障之歷史發展。而台灣原住民族在此國際環境發展所受到的遭遇如何呢？以下由歷史文獻整理原住民族之土地權利變遷的記錄。

　　由原住民族在國際法之地位的發展以反思我國原住民族，

17 世紀荷蘭殖民台灣西部平原的歷史，《巴達維亞城日記》記錄到 1625 年首長宋克「得土番承諾」，為興建赤崁市街而用布匹向新港番買土地[6]；1635 年征討麻豆社之後與部落訂定和平協約（Accord），甚至 1636 年年底也曾經與琅橋的領主締結和平相處的約定[7]。荷蘭殖民統治且與「原住民番」設訂立協約，至少呈現十七世紀當時殖民政府承認原住民族屬於當時西方法承認的之權利主體（引自林佳陵，1996：5-7），也反映當時歐洲殖民政府與印地安族之關係。

　　清朝初期政府的原住民土地政策延續隔離政策，禁止漢人渡台發展，也禁止漢人進入「番地」開墾。國立台灣博物館出版的《地圖台灣》（2007：126）蒐集了 1714 年法國耶穌會教士馮秉正等奉康熙皇帝之命實際來到澎湖、台灣測繪地圖，而當時只記錄到西部的漢人與平埔族區域，東部為一片空白且圖上標示出台灣島東西部的界線(Limits)，此即演變為清朝所謂的「番界」。在 1874 年牡丹事件之前，清朝政府統治權從來沒有進入番地，並且國外繪製台灣地圖都標示出「土番地界」線並註明 Aborigine。甚至美國駐廈門領事 Le Gendre 在其 1871 年繪製台灣地圖中，並用文字表明清政府勢力未及臺灣「番地」[8]之認知 (同上引：132)。但在牡丹事件之後，清朝檢視日本出兵的意圖在於擷取台灣，故清朝終於改弦更張，採用「撫化生蕃」

---

[6] 郭輝譯《巴達維亞日記（I）》（1970：48）；楊彥杰（2000，72）

[7] 郭輝譯《巴達維亞城日記（I）》（1970：180）；楊彥杰（2000，79）；江樹生譯《熱蘭遮城日誌（I）》（2000：222）

[8] Le Gendre 在地圖上標示「Is aboriginal Formos a part of the Chinese Empire?」

政策，開放漢人入山。從清朝的觀點：台灣全島皆可合法稱爲
「王土」，「生番」居地也不再屬於清朝治理之化外（艾馬克
著，王興安譯，2003：35）。弔詭的是，「蕃地」的原住民族
並未參與牡丹社事件，清朝要將「蕃地」劃爲國家主權領土之
內，也不用與原住民族協議、也不用找理由派兵征服並統治該
化外之地，只是一種耽憂與想像日本意圖侵犯該「蕃地」而防
衛性、象徵性開發。而原住民族在「蕃地」依據族群傳統規範
與社會價值生活的基本人權，竟在清朝政府的擔憂與想像中，
被完全的抹滅，完全是單方面的論述與侵略。

　　我國現在國家論說的原住民族土地權利基礎是日治時期確
立「蕃地」與「蕃人」分開處理的原則。國家 1895 年起規劃「蕃
地國有」之殖民經濟目標上發展「蕃地」，當時日本政府勢力
維持清朝末期狀態且未進入[9]「蕃地」，但單方面宣告「蕃地」
爲官有地。日本殖民政府經過兩次的五年「理蕃」事業的努力
才將國家主權進入「蕃地」，並規劃爲特別行政區，且「生蕃
人」在沒有文明化與順服之前，並沒有一般公民的資格及土地
財產保障。

---

[9]　清朝政府政權未及「番地」，並明確確認「番地界線」，1874 年之後也未嘗
　　實際經營「番地」，1895 年馬關條約割讓台灣之時是否也將「番地主權」代
　　表原住民族割讓給日本，乃至於日本有正當的理由征討原住民族所在的「番
　　地」，並視爲國內平定反對勢力的國內問題，這是存在爭議的問題。當然，
　　國家由殖民母國的土地資源擴張需求而設計的國際法秩序下，何時佔領、如
　　何佔領番地都不是問題，只要現代國家宣稱或進行佔領程序，最重要的是取
　　得國際社會其他現代國家的承認或漠視。但當代國家解除殖民歷史的包袱，
　　並肯認多元文化之時，當代國家理應重新思考殖民歷史對原住民族土地權利
　　的侵害並補救之。

　　原住民在 1943 年日治末期國家才視為公民，但只擁有傳統土地的使用權利。1966 年國治時期台灣省政府的行政命令，規範「公有荒地招墾」而「分配」土地程序，才實際的確認公有保留地得以私有化，而被政府合法確認所有權。但國家真正承認原住民族的特殊身分乃在 1997 年原住民族入憲之後，並在 2005 年原基法第 20 條才"承認"原住民族土地與自然資源權利。在國家承認原住民族法律主體以及土地權利之前，原住民族土地早已國有化。

　　從荷蘭人統治到 2005 年原基法通過，此歷史脈絡是原住民族遭遇殖民統治的歷史過程，乃原住民族原先在國際法上與現代國家接觸之後的土地權力關係變動，也就殖民國家採用武力征服原住民族，視為原住民族「合意」「接受」現代國家統治，剝奪原住民族國族地位與傳統土地權利，還未跳脫殖民統治情境。所以，當國家肯認多元文化，政府應重新認識原住民族傳統社會文化與土地使用習慣；國家在主權下應重新確認原住民族的政治主體性，而原住民族土地權利也需要藉由原住民族在國際法的歷史地位的變遷來分析。

二、國外政府的原住民族土地制度改革

　　國際組織對於原住民族人權歷史的反思，漸漸從殖民國家統治掠奪的傾向轉為現代人權，並在原住民族土地權利保障上督促各國在憲政架構下立法落實對原住民族土地法律與制度的改革。各國內部的法律制度也在財產權概念的衝突中漸漸調整，Daes 整理國家積極解決的措施，分為五大類：1.司法機制 2.談判機制 3.憲法改革與立法 4 原住民的主動行動，以及 5.人權

標準與機制等（引自高德義，2009c：152）。

在這些措施中，已經有一些明顯的成果。如司法機制上，1997 年加拿大最高法院在 Delgamuukw 案的判決，Lamer 大法官提出清楚的法律定義，原住民族土地權格的法源基礎就是基於（傳統原住民族土地規範制度體系）對耕作土地的先佔權，並認為原住民族的口述歷史應該與加拿大文字歷史有相同的評價（蔡志偉，2008：111；雅柏甦詠・博伊哲努，2008：153）。紐西蘭則 1975 年通過成立「Waitangi 法庭」解決毛利人宣稱 Waitangi 條約不被履行的法定機構。澳洲原住民土地政策在 1992 年最高法院 Mabo 案判決推翻西方國家長期憑藉的「征服即擁有無主土地」的概念，承認原住民的傳統土地權。隔年，政府通過「原住民土地權法」（Native Title Act）並設立「原住民土地權法庭」來處理原住民對於取回土地權所發生的訴訟（施正鋒，2008a：44）。政府中需有觸發反省殖民統治制度的機關，如最高法院擁有「司法審查」的權力，推翻違反當代憲法多元文化價值協商的法律。

在談判機制上，1990 年加拿大發生密克（Meech）湖事件及歐卡（Oka）事件，呈現政府主導主張與協商過程，發生球員兼裁判及處理主張程序的不公正，故原住民族主張成立獨立的團體，來媒介土地權爭議。政府 1991 年就成立「印地安主張委員會」（Indian Claims Commission, ICC），作為獨立團體，針對原住民提出主張的事件，履行公正的第三人調查及調解的任務（雅柏甦詠・博伊哲努， 2008：142-148）。紐西蘭為例，政府成立「毛利土地法庭」及「威坦基（Waitangi）委員會」多

年之後，1995 年司法部再成立獨立的「條約結案署」，為提升原住民土地訴求的解決效率及多元管道（李龍華，2003:105）。政府採正面態度建立政治談判機制是最關鍵因素。

在憲法改革及立法改制上，加拿大 1982 年憲法修正案第 35 條亦對原住民土地權給予憲法保障。1990 年加拿大最高法院在史帕羅（Ron Sparrow）案就擴大解釋「現有（existing）原住民權利」，意旨在憲法通過以前，原住民既有之權利，法官引用憲法修正案第 35 條作為「政府的承諾」（promise），代表國家肯認原住民族先祖們對土地的佔有，更是承認對他們的特殊承諾（蔡志偉，2008：114）。另外，也有中南美洲國家的憲法改革與立法範例（高德義，2009c：153）。

各國在實踐國際人權並國內法化原住民土地權的法制改革，因為各國國情不同而會採取不同的策略與作法。但，根本問題在政府與原住民菁英對殖民歷史侵略土地權利的反省，無關憲法上是否曾經有過承諾或合意，並對三層問題所採取的態度而定：（一）政府是否誠心地承認原住民族土地財產權並設計民法上的獨特（sui generis）權利？（二）原住民族是否擁有土地自然資源權利或參與決策？（三）政府是否歸還傳統土地給原住民族總有？（施正鋒，2008a：41）

三、聯合國對原住民族文化權與土地權的再確認

國際勞工組織（ILO）是聯合國處理勞工問題的專門機構，此組織是 1919 年成立之後乃隸屬國際聯盟管轄，但在第二次大戰後成為聯合國下屬團體。1957 年國際勞工組織通過了《原住民與部落人口公約》，即 ILO 第 107 號公約；首先由國際關懷

國家內部勞工權益問題，而關注到原住民在國家政策下的生活需求；但由於當時在國家主義的氛圍，此公約的主指定位在人民保護與社會整合（protection and integration），具有強烈父權與同化傾向，其條文充滿暫時性與過度性保護，缺乏對於原住民文化與自主性的保障（高德義，2009：42）。此公約也成為我國山地行政政策研究與評估的參考指標之一，並提出尊重與容忍原住民文化之「和而不同」的融合概念（李亦園主持，1983：11）。

ILO 之後承認此公約的缺失，並在 1989 年重新修訂《原住民與部落民族公約（第 169 號公約）》。此公約名稱不再使用 populations 而改用 peoples，並且不再使用 integration 的字眼。新公約有十部分 35 條，第一部分確認政府尊重原住民族主體性與權利的原則。第二部分就討論土地議題，規定政府應尊重原住民文化價值體系以及土地關係；承認原住民族傳統佔有之土地與自然資原權利並於以法制保障；政府應採取措施防止其土地被侵佔。這樣的轉變明確了原住民族在現代國家由一般人民權利保障的定位提升到國家族群政策的議題及差異文化族群的特殊集體權利對待（引自施正鋒，2008；高德義，2009）。

1994 年聯合國人權事務委員會第五十屆會議對《公民權利和政治權利國際公約》第 27 條，國家內少數人民「共同享受其固有文化…之權利，不得剝奪之」作出第 23 號一般性評論，指出此固有文化權利對原住民族來說，包含傳統土地權利。此確立原住民族土地權利的屬性不只是土地權，還包含族群文化傳承之文化權，而強調原住民族在國家主權內部的集體權利主體之需要。

　　原住民族在國際爭取權利運動並推動聯合國重視原住民族議題。終於，聯合國在「反歧視」的人權基礎上於 1982 年成立了「原住民族工作小組」（Working Group on Indigenous Peoples，簡稱 WGIP）。此工作小組在 1993 年第 11 次會期中，就「聯合國原住民族權利宣言草案」的條文達成決議。聯合國歷經二十多年的努力，「聯合國原住民族權利宣言」（United Nations Declaration on the Rights of Indigenous Peoples，UNDRIP，簡稱《宣言》）終於在 2007 年 9 月 13 日第 61 屆聯合國大會中，以 143 國贊成、4 國反對、11 國棄權及 34 國缺席的投票結果獲得通過。此宣言的發展雖然是由「反歧視」出發，但確立原住民族權利必須由第三代人權保障來理解，且差異文化族群權利安排與國家主權維護並不衝突，並落實在國內法律制度。這樣的理解必須在承認「多元文化」的原則下，取得當代國家憲政協商的溝通與國內法化。

　　《宣言》在維護國家主權獨立完整下，由不受歧視的國際人權角度確立原住民族集體權利，期望各國本著「合作夥伴和相互尊重的精神」，在各國憲政架構，由檢討殖民統治被剝奪傳統土地的歷史遭遇，保障原住民（族）的基本人權，落實原住民族集體權利的立法改革。其中有關原住民族土地權利規範在第 10、25~30 條，原住民族土地權利包含族群歷來擁有、佔有、使用的土地、領土和資源，是以族群的傳統文化、法律習俗、土地所有權制度為基礎，並與族群的精神生活及後代責任有密切關係的重要成份，如果此權利的轉移、剝奪是違反其「自由、事先和知情同意原則」，都需要檢討與補償。

聯合國通過的「公約」與《宣言》所展現的是國際組織檢討原住民族之國際人權的多年成果，也影響到區域組織對於原住民族人權國家法治保障，甚至先進國家對國內法律制度的反省。從另外的方向來觀察，美、加、紐、澳、中美洲國家的國內案例，也反饋到國際原住民族權利的推動，產生國際法與國內法的交互影響的過程(Allen，2009)。

國際組織推動國家藉由憲法及法令制度改革，保障、歸還及補償原住民族土地權利；這對於我國原住民族經歷日本殖民統治時期族群土地權利被剝奪的過程，提供了明顯的定義與指導。國家藉由法制保障原住民族土地權利的成果實際上也是國家人權發展的重要指標。

肆、多元面向之原住民族土地權的研究態度與分析視野

原住民族土地權利背景有多重屬性，直接由國家現有法律制度法規或土地行政效益切入，將會失去殖民統治的歷史脈絡以及原住民族主體性的文化脈絡，並淪落到現代國家私人領域的法律事務或社會救濟工作，排除由國家法制歷史、社會基本結構及族群文化差異之探討；原住民族土地權利將成為國內社會福利或族群特殊救濟的議題。所以，在探討原住民族土地權的內涵，我們必須跳脫現代國家法令給定的觀點，並回到殖民歷史脈絡，回顧事件發生的源頭，重新站在尊重多元文化立場，並採用 Geertze（2002，248-251、300-302）所謂「詮釋性的」人類學及「法律的多元主義」觀點，「深厚描述」原住民族傳統土地規範，由文化脈絡來「交互理解」所謂「法律／事實」，

來尋找原住民族在國家法體系的位置，及民族法體系建構的權利基礎。在這些觀點與基礎重新定位原住民族土地權利背景與內涵，以重構有社會統合功能與國土資源永續的原住民族土地制度。

　　台灣原住民族傳統土地管理制度維繫了各族群的傳統文化及社會關係之生活實踐，且在國家統治權力進入原住民族領域或實際進行保留地總登記之前，確實發揮穩定社會關係與土地使用秩序的功能。但自日本殖民政府統治以來，政府無法跨文化藩籬障礙，而否認原住民族傳統土地制度。2005 年「原基法」通過之後，原住民族土地權利在「實體法」的層次已經由民法第 770 條、土地法第 133 條「公有荒地招墾」及「時效取得」的「救濟式分配」之同意與給予，提升爲「政府承認（recognize）原住民族土地與自然資源權利」及尊重傳統文化與規範。此提升看似符合國際人權對原住民族文化權及土地權保障；但在「程序法」的層次卻沒有確實反省與修法落實，並有內部殖民化傾向。據此，原住民族對土地制度的不完備，致使族群權益持續受損，並檢討現有制度不符合政府保障原住民族土地權利之政府存在與設立的價值；從制度經濟學考量，這反而凸顯現行原住民族土地制度對原住民族及政府存在顯著的外部性，而產生制度變更以取得外部利潤的動機，既所謂「制度不平衡」（王躍生，1997：62-67）。政府應該釐清原住民族土地權利的內涵來修建制度。在原住民族方面，原住民族對土地制度不滿的聲音在三次的「還我土地運動」後變的分散而個案化，族群自我對土地權利的意識在追求現代發展下失去焦點，使傳統文化及

傳統制度被國家法令制度扭曲下發展，原住民族內部也需要檢討反思。

我國現有法律制度對於原住民族土地權利的論點，將「蕃地國有」概念，用「救濟生計而分配土地不足」之原住民保留地制度來包裝、並排除傳統領域的概念；對應到國外美、加、紐、澳等政府面對國際組與國際法對原住民族歷史權利的檢討，結合原住民族自治的「承認」，並各國政府在承認原住民族土地權利之後主動積極地改革法律制度、設立獨立調查的行政組織，我國實在有很大的改革空間。1997 年憲法增修條文肯定多元文化處理原住民族議題；2002 年陳總統與原住民族「新夥伴關係」的再肯認協定、2005 年我國政府在「原基法」的承認原則與尊重原則；並於 2009 年 4 月 22 日馬總統批准「公民與政治權利國際公約及經濟社會文化權利國際公約施行法」（簡稱「兩公約施行法」），並於同年 5 月 14 日批准兩公約；強化國內人權的法治保障得以與國際接軌，既開啓了新契機。

國際人權發展來說，殖民國家對統治領域外殖民地上的原住民族發動「正義戰爭」是有特殊條件及背負「教化」的責任（Anaya，2008：24）。日本帝國的殖民政府對於清朝統治領域外的「蕃地」進行的討伐是否符合「正義」，以及原住民族主權及土地權利是否因此喪失是值得深入探討的。所以，政府用一紙行政命令、在內部公文流程單方宣告傳統原住民族傳統土地屬於「國有土地」；這樣的殖民歷史脈絡使原住民族傳統土地權利被剝奪，是有進一步探討空間。

探究國際上原住民族土地權利的歷史背景，在時間軸需要

延伸至 15 世紀殖民主義發展之初及族群文化接觸的背景，國際法下原住民族與殖民國家的對等關係變化的歷史脈絡。而台灣在國際原住民族人權發展的歷史脈絡中，20 世紀初日本殖民統治臺灣原住民族採取殖民態度只是這一脈絡的末期，據此才理解政府政策否認原住民族土地權利的背景，也才可以與現代國際人權觀點產生聯繫，並且澄清「原住民族土地權利」的內涵。在此脈絡才可以理解何以 17 世紀荷蘭人討伐平埔族後會簽訂和平協約；而 20 世紀初日本討伐「蕃地」原住民族之後並未簽立協約，保障原住民族土地權利。當代多元文化國家制訂原住民土地制度必須思考殖民歷史脈絡與差異文化脈絡，並解決制度變遷問題，滿足原住民族在原鄉主體發展的需要，維持山林自然資源永續利用的機會；在國家法律體系建立原住民族法律體系，協商並規範原住民族與主流社會的族群關係。探究原住民族土地權利問題的核心，提供我國一個機會：進入多元文化與當代憲政主義協商共識的進程。

綜上所述，研究背景的探討都指向：釐清「原住民族土地與自然資源權利」內涵與概念是核心關鍵；據此重新檢視我國原住民(族)土地制度的歷史變遷與族群主體發展的需要。本研究所謂的「原住民族」，主要是指日治時期稱為「生蕃」、「化蕃」或國治時期的「山胞」、「原住民」為對象，暫時不包含平埔族；但礙於早期原住民土地使用紀錄文獻多為西部平原的平埔族，在介紹原住民族傳統土地使用習慣，還是會參考引用這些平埔族文獻；在研究權利客體上，原住民族土地權在本研究只針對陸上的耕地、獵場等生活領域部分，傳統海域、河川

或土地資源、礦場、林班地等暫時未包含在本研究內；而研究時間的主要範圍是日治時期到國治時期，即國家權力進入到這些原住民族領域開始，但還是會參酌日治之前的國家政權對原住民土地管理的背景。本研究在原住民族傳統土地制度的整理部份會以太魯閣族爲主要研究場域，由觀察太魯閣族傳統土地使用習慣的脈絡及國家建立原住民土地法規制度的過程，來說明太魯閣族傳統土地制度的變遷背景，作爲其他原住民族傳統土地制度研究的參考模式。

第三節　研究主題與研究提問

本研究引發自原住民爭取傳統土地權利案例。由研究背景整理可以發現，主要的概念在於釐清「原住民族土地與自然資源權利」的內涵，並據此重新檢視我國原住民土地制度變遷的歷史發展，藉此再回應土地糾紛案例的分析與處理。基於研究的方便性，在本研究中選擇花蓮太魯閣族爲主要研究對象與場域。

壹、研究主題

從研究緣起的原住民土地糾紛案例來說，由國家現有原住民土地法令制度來理解「原基法」所謂政府＂承認＂原住民族土地權利，呈現的權利是在公共造產之外的閒置土地，才予以救濟性分配，是屬於「有條件承認」或「實質否認」。第四章將介紹我國這樣的制度設計歷史背景。這種形式上承認之概念

建立的法令制度，致使原住民在土地使用與開發失去主導權，並背離市場有效運作的誘因，且失去整合傳統文化與現代技術之契機，並失去發展適合民族法律體系之環境。

　　研究背景也呈現出國際人權或國際法對於原住民族土地權利的歷史發展很重要，也影響我國土地制度安排原住民族土地權利的配置模式。但是，原住民族土地權利內涵與族群享受土地與自然資源的生活方式與精神文化有關，必須由原住民族社會脈絡（social context）與傳統文化來觀察，釐清原住民族與土地的關係，並藉由社會關係及傳統信仰切入，從家庭、社會與自然資源面向分析原住民族傳統土地制度。這些觀點作為觀察國內法落實原基法的承認原則，並檢視我國現有憲政架構的法律制度對原住民族土地權利保障是否完備，為本研究視角。

　　從原住民族的傳統文化脈絡與主體性，觀察原住民傳統土地制度的運作，這些學術研究對原住民土地糾紛會有不同的觀察。黃應貴（1993）研究布農族東埔社土地制度之演變，指出布農族傳統土地習慣是依據土地先佔權而進行開墾祭，開墾家庭才擁有所有權。此祭祀儀式的信仰背後有神靈力量的互動關係。這樣表示要瞭解布農族的傳統土地制度與族人土地全力安排，必須藉由認識布農族傳統文化概念及社會組織的觀察，而此觀點可作為分析原住民族傳統土地制度之參考。林淑雅（2007）由西方產權理論發展指出私有財產權及集體財產權不足以描述原住民族土地財產權制度；由國際法脈絡與國際人權發展指出臺灣原住民族主權實存。而原住民土地是國家與原住民族之間主權與財產權概念交錯之下的概念；當釐清此概念，

原住民族土地權利才得以保障。邱寶琳（2008）也藉由太魯閣族耆老口述傳統族群文化及土地使用規範，整理太魯閣族族群文化存在與現代社會互通的敬天、惜地、愛人等社會共善價值，而這些價值藉由 gaya 規範而成為社會共識與生活規範，在社會傳統組織運作中也存在 Utux 信仰與 Gaya 規範來管理部落的社會秩序，包含傳統土地制度的規範。由原住民族傳統社會文化脈絡來理解原住民族土地財產權概念，才提供現代國家在肯認多元文化下思索原住民族土地制度的途徑。如此，原住民族土地法制設計、原住民土地糾紛的制度性排解、乃至於原鄉利用土地永續發展的途徑，這些都需要由根本地釐清原住民族土地與自然資源權利的內涵之後，才可以在正確的根基上整合現代技術，進行適當的立法，有效開發原住民族主體與世代需要的土地制度。

　　綜合這些背景所述，本研究的主題在於：藉由族群文化脈絡與殖民歷史脈絡兩個軸線，建立適當研究方法，探討「原住民族土地與自然資源權利」內涵，並釐清此權利的核心概念。據此，重新檢視我國原住民土地制度的歷史變遷與族群主體發展的需要，並回應研究緣起相關原住民土地糾紛案例。

貳、研究提問

　　廣義的法律制度描述了主權國家的人民或人群擁有權利的內涵及相貌。而原住民族土地權利的論證，事實上是將國家採用的西方財產制度與原住民族習慣的傳統財產權制度，這兩套土地財產權制度的競合過程（黃居正，2005：42）；也就是在

制度上對原住民族土地權利定位與內涵的確認。而原住民族面
對殖民歷史的國家主權進入與西方土地財產權制度、經歷既存
占有傳統土地權利被國家以法律制度限縮與剝奪的背景。所
以，探討原住民族土地權利也牽涉到我國「非線型憲法結構」
的「國家建構」過程以及原住民族土地制度變遷的議題（黃居
正，2010）。

　　North(劉瑞華譯，1994)由制度[10]對人類社會關係與行為規範
的作用，區分「制度」為三個部分：正式規則（包括政治規則、
經濟規則和一般契約）、非正式約束（包含價值信念、道德觀
念、傳統社會習慣等）以及執行。North 並承認制度本身不可能
完美，會產生問題與變遷，而制度的變遷可以參考新制度經濟
學[11]分析。藉由 North 的制度概念，解釋現代政治機制運作下的
土地問題解決之政策循環流程（圖 1-1）來說明制度功能的運
作，以及現代公民土地權利的保障。圖 1-1 上半部方塊表示法
律化制度化（正式規則）運作正當性的確立，而其立法過程需
要圖 1-1 下半部依據社會共善價值之政治協商來產生。此政治
協商過程雖然以政治規則為基礎，但實際上包含了主流社會價

---

[10]制度是指有約束力的規則體系。North 認為制度是一系列被制定出來的規
　則、守法秩序、行為道德、倫理規範，它旨在激勵和約束主體效益最大化利
　益的個人行為（胡樂明、劉剛，2009：10）。

[11]新制度經濟學是採用新古典經濟學的邊際分析、均衡分析等方法來分析制度
　問題，將制度分析納入主流經濟學的分析框架之中。研究不同制度結構對現
　實經濟活動的激勵和約束作用，並以此確定「最有效率」的制度解。其在市
　場經濟制度與私有產權制度下，分析框架為不完全信息、有限理性、個人主
　義的效用最大化、機會主義的四項假設，並用新古典的「帕累托最優」的效
　率標準為價值標準，而不是倫理和道德為標準。（同上引：17-23）

值的立法化、引入道德觀念的非正式約束。而解決土地問題的
執行部份，存在於一個核心的社會價值在運作，在資本主義社
會與自由市場經濟來說，那就是分析理論中提到的傳統自由主
義概念下的西方土地財產權理論（圖 1-1 中間橢圓部份），作
為執行面的核心價值評估與選擇。

　　原住民族土地制度也有其族群傳統文化及社會價值觀的基
礎，發展出土地使用的習俗與在地知識，也安排了原住民之間
的土地關係。但在國家主權下政府否定原住民族土地財產權
利，在政策規劃上也否認原住民族土地制度的存在；在圖 1-1
中排擠到右下角的法治系統外。我國歷史文獻對原住民傳統土
地使用記錄在第三章第一節整理。國家沒有基於原住民族知識
體系，也沒有深入到族群傳統文化與社會概念，而以異族世界
與山林野獸描述原住民族使用傳統土地資源樣貌；更沒有將之
延續到現代土地制度的運作。故，需要由民族學或人類學的領
域連結到現代土地政策的法律制度的建立。在此同時，國家由
現代土地制度的財產權概念取代原住民族傳統土地制度的變
遷，在不同土地財產權概念下"保障"原住民土地權利；此轉
變牽涉到原住民土地權利轉移的公平正義問題。而國家在解決
土地糾紛及土地制度的變遷上，只採用西方財產權制度及主流
社會價值來評估。

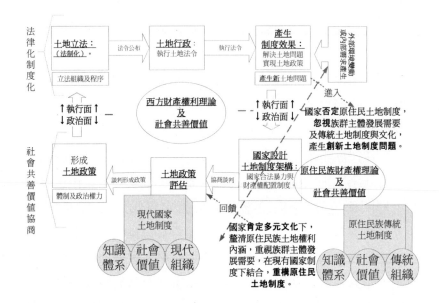

圖來源：本研究繪製。
　　本研究對此提問的解答在圖 5-12，引數學模型回應。

圖 1-1：研究提問：國家土地制度與原住民族傳統土地制度的競合

　　綜合觀察，由多元文化理論與殖民歷史脈絡之分析，原住民族土地制度的變遷其實就是原住民族地區的土地制度，在其執行面的核心評估機制由原住民族土地財產權制度，被國家強制制度變遷而採用西方土地財產權理論來否定與取代的過程，並流落到原住民土地制度運作的邊陲；同時，對原住民族產生土地流失、族群發展之土地資源議題、傳統文化與精神生活斷裂等問題。本研究主要提問在於討論這樣的議題：當主權國家再重新承認原住民族土地權利、尊重傳統習俗與文化及價值

觀、確立法制保障原則之時，國家在法律制度設計上，兩套財
產權制度要如何同時運作，並解決原住民族土地權利在歷史脈
絡與文化脈絡被否定的損害，也就是兩套土地財產權評估指標
（即圖 1-1 的兩個橢圓部份）之配置與統合。而同時，最根本
的問題在於釐清「原住民族土地權利」的想像為何。

　　據此，本研究藉由釐清「原住民族土地與自然資原權利」
衍生對原住民土地制度歷史變遷之平等、正義議題。所以，本
研究提出以下的研究提問：

主要提問：當憲法肯定多元文化，原住民族與國家如何解決文
　　　　　化接觸之初、現代國家採用西方財產權制度否定原
　　　　　住民族財產權制度的殖民歷史背景與財產權概念之
　　　　　價值衝突，並發展符合原住民族主體性、世代子孫
　　　　　權利、與永續發展需要的原住民土地制度，以保障
　　　　　原住民族土地權利？

子提問一：多元文化脈絡下，原基法規範政府承認所謂原住民
　　　　　族土地權利。從原住民族社會文化脈絡下，此權利
　　　　　背後的原住民族土地財產權理論的內容及土地權利
　　　　　的樣貌？

子提問二：殖民歷史脈絡下，政府藉由國家主權及國際法之殖
　　　　　民統治的關係，國家如何由將原住民族土地納入國
　　　　　家主權之內？國家又如何將一般土地制度取代原住
　　　　　民族傳統土地制度？而政府行政是如何理解與評估
　　　　　原住民（族）土地權利的樣貌？

子提問三：釐清原住民族土地權利後，應該如何兼顧社會現代

化與傳統文化之發展，落實多元文化當代憲政主義
之原住民族土地制度，並如何解決原住民土地糾
紛？

子提問四：由原住民族土海法草案分析，當前國家規劃原住民
土地制度之未來發展為何？並如何由本研究採用的
分析理論為基礎，進行綜合評量？並提出政策的建
議。

　　上述的提問由多元文化理論的觀點、原住民族為主體的角
度，檢討國家否定原住民族傳統土地制度存在的殖民歷史下，
國家引進西方財產權理論，並建立原住民土地制度，而由國家
制度變遷的評估上是如何地“保障”了原住民族的土地權利？
原住民土地權利在這樣的制度變遷與發展下產生權利糾紛與衝
突，而國家在原基法與宣言之後，規劃的原住民土地制度的發
展是否可以保障了現在所理解的原住民族土地權利？所以，這
些問題都是以「原住民族土地權利」的內涵為核心，回應了研
究背景的議題及提問，也回應了研究緣起的原住民土地糾紛的
分析。

　　為了回答這些問題，本研究採用多元文化理論建立分析族
群土地制度變遷的文化脈絡基礎，並由批判種族理論與國際法
人權對原住民族土地權利的殖民歷史脈絡觀察，作為兩個分析
主軸。首先，文化脈絡下探究原住民族土地財產權體系與土地
權利的內涵，並與西方財產權體系對照。再來，由歷史脈絡整
理國家採用西方財產權理論設計原住民族土地制度變遷分析及
其成效，並檢視過去原住民土地制度變遷所衍生的土地問題。

這樣的思考脈絡成為研究方法的選擇及研究程序的規劃，先凸顯出原住民族主體性的傳統土地知識體系，再整理國家主義角度的原住民土地制度設計脈絡，並再回歸原住民主體發展需要的土地制度。進一步的說明在研究參考文獻與採用分析理論中作介紹。

第四節　研究方法與程序

　　筆者是由原住民與國家爭取土地事件參與者的經驗出發，在部落及管理機關的角度是已經被「標籤化」，來進行原住民土地議題的研究。但是，若沒有參與這些土地糾紛，筆者也將沒有機會認識到被視為理所當然的、中立的現有法令制度的歷史發展，竟限制了原住民族土地權利保障及利用的狀況。在研究方法上，如何在事件參與者的角色還可以維持觀察者的研究觀點，是本研究的重要原則。

壹、研究方法

　　筆者實際也參與傳統土地權利爭取。在進行本研究之前，須檢討與交代本研究的這層背景，並在筆者作為研究者角色上，遵守參與者與觀察者的雙重要求。

一、筆者的位置

　　筆者研究原住民土地議題的背景，是以參與者身份，參與花蓮縣秀林鄉富世部落族人向國家爭取台電立霧溪發電廠舊備勤宿舍原屬於部落原墾耕地、但在土地總登記之前被公營事業

台電公司強制排除使用的歷史，而該土地目前成為公有保留地並管理機關拒絕分配給原墾戶家族。但當與保留地管理機關進行申請、陳情、訴願到行政訴訟的三次行政救濟週期的過程中，筆者發覺這問題是混合了管理制度的法令設計瑕疵，以及執行面之資源分配的政治問題。

　　藉由學校進修原住民土地法規制度及接觸相同土地糾紛議題，使筆者的位置由部落參與者，提升為關心臺灣原住民土地議題的研究者。尤其在行政訴訟階段與媒體有了接觸之後，很多類型的土地糾紛問題的族人都希望可以請求協助。也使筆者接觸到更多的原住民土地權利議題。

　　相對的，筆者在田野的活動也被標籤化，是屬於公部門相對的立場爭取原住民權利的位置，甚至被管理機關及部落菁英視為異議份子。整個發展過程都是在資源分配及權利配置的田野環境中自然進行。對於筆者的研究增加相同土地議題報導人正面接觸的機會，也造成接觸公部門報導人的防備及研究瓶頸。另外，藉由參與觀察的經驗，來瞭解參與土地權利爭取的原住民本身對於爭取土地權利的理解及態度，也觀察原住民爭取土地權利這樣的過程對他本身族群認同的影響及對土地權利認知的轉變。

　　也由於與公部門的申請到行政救濟過程，筆者對於原住民土地議題在制度法令的認識是藉由參與土地糾紛經驗而累積的，比較缺乏土地行政理論及公共行政的知識養成過程，這一方面使筆者欠缺行政部門對於分析問題的制度相依及所謂公益大於私利的角度。但對於筆者研究原住民土地議題也提供較寬

廣的分析角度，尤其不會受限於國家制度規範的既定價值，也可以著重族群發展需要的方向來擴張筆者的研究，及對原住民土地議題的認識。影響筆者最深的其實是部落耆老的疑問，對於自己依照傳統社會習慣及日本警察鼓勵原住民開墾耕作土地的社會事實，無法理解何時制度發生變遷？也不懂法規是如何的使自己土地權利被剝奪？而疑惑的眼神是筆者希望去認知此議題的動力。筆者希望可以藉由這一個研究給予他們一些答案。也可以對臺灣原住民土地制度的歷史發展提供一些觀察。

二、研究方法

　　本研究採用的研究方法包含參與觀察法、深度訪談法、文獻分析法、個案研究法，並作以下的介紹。

（一）參與觀察法

　　參與觀察法提供了筆者身為參與者的位置做觀察研究的主要方法。「觀察人類的活動是連續過程，行為現象必須透過互動中才有意義，而此意義則因時地人不同而有所不同。」生活在其中，進行內部文化研究，試圖融入當地生活產生互動，「參與者一如觀察者」（participant-as-observer）成為筆者的策略（胡幼慧主編，1996：195-199）。尤其原住民傳統土地習俗與文化內涵，可以藉由時地的參與土地糾紛的過程，可以觀察到實際意義與分析資料。

　　進入田野的原因是部落族人與鄉公所爭取原墾地的土地權利，已經屬於主要參與者之一，但在立場明顯的對立衝突中，在不同的組織與團體需要不同的守門員協助進入。筆者很自然的已經成為研究案件的一環，也已經進到田野之中。而筆者在

離開部落到新竹從事電子工程師的工作之前，也有實際與耆老耕作及學習母語的基礎，2008 年取得太魯閣族族語認證資格，對傳統文化及社會習俗上並不陌生，也協助筆者可以很快速的與部落報導人溝通。這樣的因素使筆者容易進到田野的同質性的區塊，也容易接觸到土地議題，但管理部門及其它發展協會的觀點，會比較受到立場差異的訪談限制，對不同立場的報導人，其守門員較不易尋覓。

在參與爭取土地的活動中，筆者可以觀察到成員之間面對公部門否定其原住民傳統土地權利的內心衝擊，也呈現出原住民傳統價值觀對挫折的反應。而參與土地爭取過程觀察到衝突行為的傳統文化與社會價值概念，這些觀察藉由文字記錄成資料，並對應到傳統權利關係與社會組織的認知過程，再將傳統的認知轉換為族群傳統土地知識內涵與權利架構，並在現代土地制度運作的土地權利架構的配置對比，可以將傳統土地權利的概念與現代土地制度的權利認知產生連結。

筆者身兼參與者及觀察者的角度，如何拿捏研究者的社會科學觀察的立場，而不會偏頗的批判公部門立場與國家法律的限制，這是筆者必須在研究過程要有所警覺的地方。另外，筆者因參與者身分被貼上標籤，對於接觸未參與爭取土地的部落族人，筆者會與他們產生一種隔閡，筆者必須要從他們的立場或他所關心的議題重新作接觸。否則，筆者的報導會可能偏頗到認同筆者立場的族人為主。所以，筆者還是需要藉由其他議題進行深度訪談來採集各種立場的意見。

（二）深度訪談法

　　研究原住民族土地權利的內涵須要認識族群傳統土地制度是屬於族群傳統文化及社會關係的議題。深度訪談常被作為在資料收集的研究方法，因為研究的範圍存在族群文化差異的隔閡、傳統文化與制度的訊息潛藏在部落族人平日生活與記憶之中，研究內容也屬於複雜而非結構性議題，適宜採用深入訪談法的質性分析來進行。

　　研究的路徑是由先由文化脈絡來收集族人對原住民族土地權的自我論述，首先對擁有在地知識的部落耆老進行深入訪談。在此，筆者預設現存活的七、八十多歲耆老延續了集團移住之前，族群長輩的傳統習慣與觀念。因為日本在「蕃地」管理原住民使用土地，多半還是維持舊有習慣，所以作此假設。另外，原住民山地區域的土地清查是在 1960 年代之後，而保留地私有化也要到 1970 年代才發生個人化放領的情況，其直接影響的會是 50 歲左右、處於地方部落權力核心關係的壯年人，這樣的世代差異是筆者深度訪談的預設基礎。在與既訪談的報導人中也特別關心不同世代的報導差異。

　　在訪談的對象，筆者先以部落耆老為首要訪談對象，希望藉由與他們聊天的過程，認識他們的成長歷程及人生經驗，使筆者可以感受到日據時期及戰後臺灣的原住民地區土地管理維持舊慣的土地權利的認知。筆者藉由族語能力基礎、接觸宗教信仰活動、部落的老人日托照顧中心，與耆老建立關係，並尋找耆老的報導人訪談有關傳統部落族人使用土地的傳統土地制度及社會價值觀，甚至筆者參與鄉公所「鄉土審會議」活動，藉此認識此重要組織的運作，同時提供筆者的研究更廣的接觸

與互動。規劃訪談對象如下表：

表 1-1：本研究規畫主要訪談之報導人資料

研究對象	預定受訪人物	人數	備註
70 歲上的耆老	富世部落與同禮部落耆老	3	實際有日據時期生活經驗，且表達清晰的耆老。
保留地管理機關	鄉公所保留地承辦員	1	主要了解國家現行保留地管理制度。若無法取得，則這部分可以由案例公文取代。但需要了解參與管理公務之部落菁英的想法。
	花蓮縣政府原行處官員	1	
	行政院原民會土地管理處	1	
	鄉土審會委員	1	訪談其對原住民土地權利的概念。
50~60 歲上下的族人	富世部落、文蘭部落壯年人	2	會注意其成長背景（教育經驗，就業市場經驗，家庭經濟的維持，傳統土地經驗，…）
30~45 歲上下的族人	富世部落青年	1	警察、老師、護士或建築師
	有旅外工作經驗的青年	1	

　　訪談採取半開放式訪談，會以報導人的生命史開始，以認識報導人成長過程及影響因素。訪談前夕可以提供訪談大綱給受訪者，或採用兩三段式的漸進訪談過程。訪談內容會依照受訪者背景而調整問題重點，而特別會關心不同年齡層對於傳統土地習慣的認知，以及現代教育及市場經濟經驗對傳統土地認知的看法。訪談設計如附錄六。

　　筆者在半開放性訪談大綱模式下，藉由深度訪談建立逐字稿，獲得豐厚的訪談資料，同時報導人生命史的特徵來分析整

理報導人的主要特質。在反覆閱讀逐字稿中找出與研究主題有相關且有意義的陳述，經過編碼、歸類後擷取有意義的抽象性概念，將概念性結果及理論進行交叉辯證。另一方面筆者實際參與土地糾紛案例，使用參與觀察法與深度訪談作相互補助，一方面參與觀察法持續認識事件當事人背後的觀點，一方面透過深度訪談深化事件背後的意義，並修正筆者認知，有助於相互釐清問題的真實。

在初步訪談的經驗呈現一種狀況：向部落耆老請教「傳統」土地制度與傳統文化，是需要切入技巧但少受到拒絕；但向接受國家一般教育成長且經歷資本主義市場經濟的青年族人，訪談他們缺乏經歷的「傳統」，反而不易深入且容易被拒絕訪談。所以，在訪談大綱的設計上要依據報導對象的成長經驗做適度調整。青年族人較重視部落進入現代社會的發展，尤其是家庭經濟與子女教育，可以作為訪談的切入點。而這些世代間差異的反應也是值得分析的關鍵。

在國內原住民土地制度的發展上，可以藉由整理國外的原住民土地制度的發展及國際有關原住民土地相關公約的標準，做為訪談議題。在族人討論及訪談過程中帶入這要的視野，希望作為訪談話題及觸發因子，來觀察族人對於原住民土地權利的理解。也希望在本研究分析上，可以做為國內制度比較的相對參考樣本。另外，筆者還需要在接觸研究原住民土地議題文獻，尤其在土地財產權概念及傳統土地制度介紹，可以與筆者在田野所接觸的陳述作交叉比對，使筆者的研究可以與過去的文獻作對照與聯繫。

（三）文獻分析法

　　雖然筆者沒有辦法親身經歷過世的年代，藉由參考相關議題的文獻，對於過去時空發生的歷史紀錄，蒐集、整理、歸納並作成摘要，可以提供筆者在研究時的不同視野。尤其在日據時期官方的舊慣調查報告書，可以幫助筆者在與部落耆老深入訪談有關傳統土地制度及財產權概念之時，可以有所對照依據。國民政府時期的官方對原住民族調查報告，可以提供社會文化，經濟活動，政策發展等的參考，尤其關注經濟活動對於原住民家庭生計依靠土地維繫的轉變情況，更需要注意的。

　　期刊、學術調查報告以及學位論文在原住民傳統文化祭儀的研究，尤其是太魯閣族 Gaya 與 Utux 的參考資料，可以輔助筆者建構太魯閣族傳統的世界觀與社會價值，對於傳統土地財產權制度的建立也有所參考基礎。這些文獻整理也有助於在深入訪談過程的

　　另外，對參考案例土地申請過程，與公部門往來的公文，訴願決定書以及行政訴訟的判決書，也提供筆者觀察國家原住民土地制度的邏輯，並對照法規以及承辦官員的接觸，可以提供國家採用的西方財產權制度的實例，並弭補筆者擁有參與爭取土地權利的立場而減低國家立場的報導人的資料不足。藉由文獻的整理、摘要、比對，結合文獻背景的條件分析，使筆者可以進行邏輯性、理論性的批判。上述文獻對筆者國原住民土地制度分析國家機關是否發生「諾斯悖論」的情況，以及進入公職的部落精英對原住民族土地權的態度，也提供了文獻分析的批判空間，並藉由這些觀察提供本研究的建議與研究發現。

（四）個案研究法

　　因參與原住民爭取土地權利身份，使筆者接觸到參考案件，而個案研究法提供本研究對參考案件的系統化思考的研究方法。藉由實際案例的事件脈絡辨識個案問題的癥結。並對事件的背景環境做分析，將個案問題的癥結與學術理論作比對，類似案件做參考，使個案蒐集的資料藉由研究的過程得到較整體、深入的綜合分析，也清楚個案所面臨的挑戰與議題。

　　個案研究法的目的是對個案進行問題辨識、參考分析之後，主要能夠提出建議方案及行動計畫，或是回應理論或學術新的觀察。建議方案必須建立在合理解決問題的分析基礎上，針對問題提出適當而可執行的建議。所以，評估過程對於事件的所有當事人都需要評估風險與代價，對於事件的後續發展及環境條件的未來變化，也提出有意義的觀察，在此部分有機會發覺對於學術有實質貢獻的新觀點。

貳、研究程序

　　研究步驟上，筆者先接觸有關原住民土地制度變遷的文獻後，並採用深度訪談及生命史調查方式，對日據時期出生的耆老對傳統土地知識進行整理，此部份已經有初步成果12。同時，藉由持續參與爭取原住民土地活動採用參與觀察法，針對現有原住民土地糾紛的參考案件進行情況，作實際的觀察，而主要的重點將放在參與土地管理的部落精英份子的原住民傳統土地

---

[12]邱寶琳（2009）進行耆老訪談，整理太魯閣族土地制度及財產權體系，並投稿2009年第一屆原住民族知識體系研討會，作為本研究階段性的研究成果。

制度的認知上，在研究程序中作細部說明。最後，設計採用半開放式問卷調查的方式，針對一般族人所經驗的土地問題作問卷，對原住民土地制度與權利內涵的議題，取得較廣泛的觀察以及綜合整理。

　　在研究程序上，本研究分成四個階段及層次來整理：首先，第一階段專注在原住民土地問題的核心問題思考，也就是太魯閣族傳統土地制度的知識體系建立及傳統土地財產權概念的整理；之後，第二階段再著重原住民土地問題的背景及糾紛現況整理，藉由之前介紹的分析理論整理原住民土地制度變遷的脈絡，以及實際原住民土地糾紛案例分析，在整理上筆者必須區分國家政策角度及原住民社會需求的兩個面向。在釐清這些基礎背景之後，第三階段將回到研究問題的子提問尋求解答的方法，也就是研究面向擴充到不同的實務層面，這會著重到制度法規操作的檢討。筆者的研究方法在策略上是由內在產權價值的確認，再以此為基礎延伸探討外在土地資源分配的制度。第四階段重點在資料分析。這四階段概念在實作過程作以下的重點介紹：

一、初期：太魯閣族傳統制度的知識體系建立

　　整理太魯閣族相關文獻，尤其是有關文化及土地習慣，作為太魯閣族土地管理制度的知識體系建立基礎。在這些資料整理同時，尋找 70 歲以上的耆老詢問其生命史及對傳統社會規範的認識，其中會找老牧師及部落耆老 10 位左右，比如編撰族語字典的牧師及糾紛當事者等耆老，以尊重傳統文化且願意誠實描述成長經驗為主。有關傳統 gaya 及 utux 的傳統信仰概念及基

督教的教義筆者都有所接觸，有助於區別傳統信仰與基督教信仰的差異及互相影響的地方。且筆者母語溝通的能力可以區別出受訪者的表達的語意及肢體表達意涵，對於文化透由母語表達的細微訊息可以掌握。

　　有關這一階段除了把傳統土地 gaya 的運作情況作整理，也會嘗試把傳統土地財產權概念作整理，目前已經取得太魯閣族傳統社會價值下的土地財產權利概念（邱寶琳，2009），尤其是 gaya 規範之運作、社會組織、社會價值與 utux 信仰的整體概念，並圖表化呈現。以此基礎，在訪談大綱的設計會由太魯閣族人的世界觀與自然觀，在進到族人及部落活動的社會關係，最會擴張到部落與部落，或部落族人及外族的關係上面。

二、土地問題背景訪談期：澄清原住民土地問題背景的訪談，並作問題歸類

　　對 40~70 歲的一般部落族人進行相似的訪談，作為一般族人遭受國家制度轉變以及市場經濟環境影響的時間點確認，受訪對象是一般族人並不以部落參與管理特定事務的精英為基礎，以尋求原住民土地問題的輪廓及類型。人數大致上約十五位，有關土地問題的類型飽和則可以停止。搭配低一階段耆老的訪談，在部落一般族人訪談過程有關原住民傳統土地制度變遷的態度，可以做出差異性及世代間轉變的比較。除了搭配對傳統信仰的認知外，筆者需要特別設計訪談的內容，包含國家體制的實施觀察，家庭經濟依靠與工作環境轉變，甚至對於國家教育與民族教育的認知差異，看能否發現轉變的脈絡及影響路徑。

在初步的訪談過程中，部落族人在不同年齡分佈上呈現不同世代對於原住民族土地權的認知差異，日治後期出生的族人大都還經歷傳統土地使用習慣，是直到 1960 年代還遵守口頭承諾且發生用豬隻交換土地的情況。由此可以觀察到原住民族傳統土地制度受國家土地制度及社會發展的影響。

同時整理文獻，關注政府執行原住民土地制度變遷的時間脈絡，對於政府實施原住民土地制度的變遷，進行新制度經濟學的制度變遷分析。使這些制度變遷脈絡與部落族人訪談的內容可以有所呼應，也對制度變遷影響到不同世代的傳統土地制度的認知，進行時間上定序的工作。對這樣的脈絡可以使原先什麼是所謂的「傳統原住民土地制度」的提問有所答案。在比較文獻及族人訪談資料，如果立足在多元文化及尊重民族土地權的觀點，且關心民族主體性文化的變遷，對政府的多元文化目標，及原住民族自治的制度需求。

三、土地制度的組織及部落精英自我傳統的理解：多元文化社會運作的困難

這時期藉由參與鄉土審會審查情形，並訪談到行政院原民會的土地管理官員。這階段接觸鄉公所、土審會、村鄰幹部、部落會議組長，或是發展協會幹部等，這些部落精英將成為筆者訪談對象，人數則依狀況而定。

有關訪談大綱的重點有兩個部分：首先，整理保留地開發管理辦法與「土海法」草案的比較，可以觀察出政府實際的制度設計與所謂的尊重原住民土地的目標存在落差以及矛盾，作為提問；另外，把第二階段一般族人的土地問題整理出來之後，

作為對參與土地管理組織的部落精英的訪談提問。部落精英如何來看待這些衝突及矛盾的問題，也將展現出他們參與原住民土地制度的執行組織或是主導部落資源的分配與利用，對於所謂的「傳統原住民土地制度」的理解與重視，將會呈現出一些有趣的訊息，其中土地財產權價值的概念最為核心。藉此，本研究可以看到不同世代對研究主題的不同理解，不同背景及組織地位的認知差異，部落精英與部落耆老及一般族人所認知的傳統有所不同。其中將需要關心是否有精英異化或諾斯悖論的情況。

在研究過程，本研究也需要整理國外原住民土地制度變遷的實際案例作比對，及國際原住民權利規範的基礎，以加強筆者與部落精英對話過程提出可參考案例或討論的話題，因為在面對部落精英的對話中，需要提供對比性案例才有足夠的說服力。

四、資料分析上，整合理論的建立與對話發展模式：

最後，本研究將嘗試在部落族人的溝通與對話過程中，觀察理性溝通的可能性，使部落精英的認知與一般族人面對的問題，在族群未來發展的土地管理制度上建立共同的需求，對「傳統原住民土地制度」是什麼？以及將是什麼？產生討論與共識。另外，藉由新制度經濟學的制度變遷分析工具，觀察原住民土地制度的轉換以及衍生的土地問題，並且藉由多元文化理論的民族土地權利觀點，建立整合分析理論。

澄清原住民族土地權利是什麼，並不容易。藉由本研究的分析方法及研究脈絡，先探究文化脈絡下「傳統原住民土地制

度」內涵之核心問題,再藉由國際法對原住民族權利的規範及國內設計原住民族土地制度的土地問題,在歷史脈絡上展現制度變遷的交互影響,並在討論中作未來制度變遷的選擇。在充分的資訊呈現及理性的協商對話過程,以達到這個目標。

第二章　文獻回顧與分析理論

　　本研究主要的概念在於釐清「原住民族土地與自然資源權利」的內涵，並據此重新檢視我國原住民土地制度變遷歷史與土地糾紛的原因。我國憲法增修條文肯定多元文化。基於多元文化理論為基礎的分析理論，原住民族在國家的主體性獲得確認，在文獻回顧上也將原住民族土地問題的研究依歷史脈絡與文化脈絡分類，在時間軸上分析土地制度的現代化發展與殖民歷史的影響，在族群文化面向上採用深厚描述觀察原住民族傳統土地制度的變遷，以取得多元文化觀點。

　　我國原住民土地制度在政府忽視原住民族傳統文化與保留地制度的殖民歷史脈絡下，受國家法制影響而演變。故，探究原住民族土地制度變遷最核心的問題是基於多元文化的觀點，跳脫國家採用的西方財產權利理論之「絕對地」所有權保障的限制框架，以釐清「原住民族土地權利」的內涵及權利基礎。若把原住民土地問題分為地權、地政、地用及地利等四個面向分析，而本研究由釐清土地分配的權利基礎切入，因為土地權利分配的規則表徵了國家與原住民族在原住民族土地權利上的對位關係，也直接影響其後土地管理與利用的法令及制度設計。據此提出分析理論及文獻回顧，並建立本研究之分析架構。

第一節　文獻回顧

　　研究原住民土地議題文獻非常多，從土地制度變遷或由文化、社會、經濟、法制與公共行政等各層面的變遷為研究途徑，大都忽視原住民族傳統土地制度、其財產權概念與殖民歷史遭遇，而立足西方土地私有財產權概念，朝國家土地制度現代化與法制化發展。政府也以西方土地財產權概念，建立原住民土地的管理制度並引進資本主義市場經濟。這類文獻呈現原住民土地制度現代化變遷的歷史脈絡，但常常會忽略從原住民族社會文化觀點觀察原住民族土地制度的限制。

壹、參考文獻的分類

　　本研究對「原住民族土地與自然資源權利」的內涵探究，可以依歷史脈絡與文化脈絡分類文獻。原住民族土地制度文獻資料以圖 2-1 的概念作分類。有些文獻只針對傳統文化及土地制度做紀錄整理，或是現代意義的詮釋(圖中 A=>C 的脈絡)；第二類有些文獻考究傳統制度變遷到現代化制度的脈絡，並分析傳統社會的多面向影響(圖中 A=>1=>B 的脈絡)；第三類在近來重視多元文化的潮流下，以國家主義的社會發展角度定義原住民族的土地制度變遷(圖中 A=>B=>D 的脈絡)。第四類則以第一類的研究結果、回應多元文化尊重，據此跳脫國家主義限制、重新建立原住民族土地制度的國家法化。參考文獻分成以下四類說明：

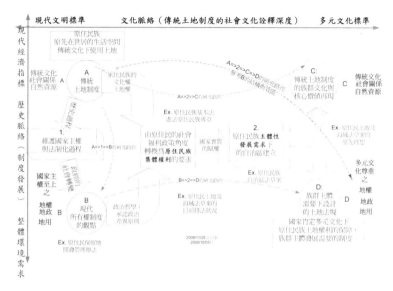

圖來源：本研究繪製。

圖 2-1：文化脈絡與歷史脈絡探討原住民族土地權利的文獻分類

　　首先說明，在這樣的文獻分類，無關於文獻內容的好壞及品質的高低。因為這些文獻的研究背景與目的並不相同，而會有其偏重的研究面向及詮釋立場。但在歷史脈絡與文化脈絡的分析下，這些文獻提供本研究探討原住民土地權利認知的變遷發展，並作為文獻分類的基礎。

一、在認同原住民族主體性下深厚描述傳統文化的文獻(圖 2-1 A=>C)

　　第一類參考文獻是整理原住民文化的研究，此類文獻已經很多，甚至整理到傳統文化的精神架構。但著重傳統土地制度

的整理或是深厚描述的觀察，則非常缺乏。傳統土地使用習慣乃原住民族傳統文化重要特徵。本研究比較關注探討原住民族社會的傳統文化在現代社會發展失衡的問題的研究，作為傳統土地制度失衡產生變遷的研究基礎，並觀察傳統社會思考土地管理制度失衡與恢復。

　　黃應貴（1993）研究布農族東埔社土地制度之演變，原先傳統土地習慣是依土地先佔權而行開墾祭的家庭擁有所有權，而在祭祀儀式的信仰背後有神靈力量的互動關係，這也表徵布農族的傳統土地制度包含了傳統文化概念及社會關係。在國家以發展原住民社會為名義的強制性制度變遷下，此土地習慣及傳統文化被轉換。政府為確認土地使用權而執行土地測量，以使用者擁有權利，及規劃未來所有權取得，使傳統父系繼嗣團體及聚落單位失去意義。土地可以脫離原社會制度的束縛，成為個人可以掌控生產的財產。土地測量確定了土地使用權私有化之外，使原住民土地成為有交易價值的商品，進入了市場經濟體系。

　　黃文指出布農族傳統土地制度也蘊含了社會文化的多面向與功能，有這樣的觀察是黃文的重要貢獻。所以，布農族社會在其文化脈絡下有明確的土地財產權制度，非財產權不明，對傳統布農族社會本身並沒有所謂「外部性」產生。黃文的東埔社研究也分析布農族土地制度變遷的原因，及制度變遷對傳統文化影響。

　　旮日羿・吉宏（2004）研究太魯閣族群祭典儀式再現時，整理族群傳統信仰的體系，傳統日常形式是架構在 gaya 的思維

法則規範下，當 gaya 為中心的信仰價值瓦解，則發生現代生活環境引發的社會價值觀的「不整合」狀況。更藉由族人在違背 gaya 的失序情況下尋求傳統醫療的解救，以儀式中的黏繫與滑離來象徵了人與祖靈相互的關係又回歸日常秩序。所以，在太魯閣族社會對於傳統社會制度的失序也有其修復的重建概念。

　　黃崇浩（2007）由部落族人對自己部落社會失序的批評，由 gaya 與 utux 的關係來理解，gaya 的核心為生產和諧的秩序，人必須藉由遵守具生產力的耆老所說（kari rudan）的 gaya，以保持與反生產力的 utux 世界的隔離及影響。所以傳統社會制度有其動態變動的平衡機制，這機制在傳統土地管理制度受國家體制忽略而發生社會關係失序後，傳統社會文化將如何恢復秩序，以進一步理解傳統土地制度如何在現代財產權概念的土地制度主導的土地市場經濟存在，甚至兩種制度有效整合或並存的可能，是本研究需要再加以整理的。但黃文對於 utux 的反生產力的解釋，是對太魯閣族有關人(seejiq)受到靈力（utux）影響只作了負面影響的解讀，但是傳統概念上太魯閣族人是同時受到壞的 utux 及好的 utux 的影響而在生活規範 gaya 上失序或恢復的情形，故本研究需要先對太魯閣族人的世界觀及人的行為受傳統規範影響的途徑作整理。

　　邱寶琳（2009）依據前述三篇文獻的概念，結合部落耆老的太魯閣族傳統土地使用訪談，建立太魯閣族傳統土地制度的知識體系[1]，其中 Utux 信仰及 Gaya 規範展現傳統社會的管理權

---

[1] 邱寶琳（2009）藉由旮日羿‧吉宏（2004）及黃崇浩（2007）的研究成果，

力關係及「法」的約束力，權力運作的核心價值隱含了互惠共生的社會共善價值，建立一套土地財產權利體系的概念，雖然沒有現代機關組織展現約束力，但也因此降低了制度成本，只是在 1960 年代國家推行現代土地制度而被取代與翻轉。所以，在政府承認原住民族的主體性及土地權之後，在多元文化理論的基礎上，原住民族土地權利是固有存在的，並維繫國家原住民土地私有化制度施行前的土地關係與社會秩序。如果以傳統文化與社會脈絡之深層詮釋的觀點來思考原住民傳統土地制度，原住民族有機會可以重構出傳統土地制度的知識體系，並與現代土地制度的權力、規範、組織及管理關係產生對話，甚至發展為民族法學的基礎，或為民族自治的傳統土地制度的現代化知識預作準備，而不是單純以傳統文化或是習慣法作為研究客體。筆者歸類這類文獻為第一類型。

二、在殖民歷史脈絡下探究國家原住民土地制度變遷 (圖 2-1 A=>1=>B)

第二類參考文獻是傳統國家主權下忽略原住民族土地權利的研究。此類研究結果有出於人類學者田野調查，或社會學者及經濟學者的原住民社會經濟生活變遷的研究。這些研究報告也許指出原住民傳統土地制度對傳統文化傳承有其維護的必要，甚至已經指明政府採用掠奪原住民山林土地的政策，但僅只與此，沒有進一步提升到保障原住民族土地權利的探討及傳

並透由整理部落耆老口述太魯閣族傳統使用土地的社會規範及敬天、惜地、愛人的社會共善價值，在 Utux 信仰及 Gaya 的社會約束力下，整理出太魯閣族傳統土地制度及其知識體系。

統土地制度的國家法制改革。

　　以簡單的歷史脈絡觀察，現有「原住民保留地開發管理辦法」是我國保留地管理制度的依據，其本身的演進就是這類原住民土地制度變遷的階段性成果。首先國家忽視原住民傳統土地制度和社會關係而認為原住民土地屬於公有土地，政府也認為原住民傳統土地習慣沒有達到定耕農業的文明耕作標準，既輪耕而沒有明確的私有財產權概念且沒有效率的利用土地，誤認新制度經濟學所稱的「外部性利潤」及制度供需的失衡。政府需要為原住民建立一套現代財產權概念的土地制度，並引進非原住民技術及資金以有效改善土地利用效率。這是國家主權下強制性制度變遷，用現代國家土地財產權制度取代原住民族財產權制度的歷史。

　　林佳陵（1996）以法律史的角度，整理國家統治政權藉由法律工具對原住民傳統土地制度執行強制性制度變遷的紀錄，但沒有提出原住民主體性立場的反思與法律建構的批判。此研究只討論實定法，不含原住民習慣法，正好清楚呈現原住民族土地遭受國家法制化過程的土地流失與失去主體性的歷史脈絡。在原住民土地制度變遷研究上其完整介紹「開發管理辦法」變遷之歷史脈絡，乃重要貢獻。

　　林文整理原住民土地權利在殖民統治過程喪失的脈絡，並在結論提出一些土地糾紛的解決方法。但在缺乏殖民歷史的反思並維持以國家主權脈絡下修補法律制度保障原住民族土地權利的建議，忽視原住民傳統土地制度與權利既是傳統文化實踐與原住民族集體權利的意義。這些建議無法建立原住民族的主

體性，也就無法保障原住民族文化權及土地權。原住民與非原
住民或國家之間的土地糾紛在忽視原住民族主體性下，將無法
根本解決。但林文提供正向思考，在現代國家法令制度架構下，
政府及原住民不太可能單純依靠非正式制度或傳統土地規範的
形式，來完成原住民族主體性確認及發展需要的土地制度變
遷。另外也提出反思，原住民土地制度變遷所衍生的土地問題，
必須藉由跳脫現有國家論說制度建立的合法性與正當性來釐清
原住民族土地權利內涵，並推動國家現代土地制度改革，才有
可能在現代社會保障原住民土地權利。藉由整理原住民傳統土
地知識體系，並提升傳統土地制度到國家法律層次的重要，在
這一個立足點上發展與國家土地財產權體系對話及協商的空
間，也提供本研究朝民族法學體系的角度思考。

　　吳樹欉（2000：120,154,201）探討原住民族土地財產權制
度變遷之研究，是自日治時期從共同所有到個別所有的演變過
程。相對林文由法律史的角度分析，吳文則由地政史的角度，
採新制度經濟學的制度變遷分析的觀點，陳述了「保留地開發
管理辦法」的演變過程。吳文認為是「資源擷取」、「政權鞏
固」及「制度相依」三個要素，來解釋國家原住民土地制度的
變遷，承認日治殖民政府是基於掠奪山地資源的「理蕃」政策，
依國家力量（暴力潛能）強制推動保留地制度，國治時期則延
續保留地制度，是制度相依的關係，使建立制度成本越小。從
此觀點來觀察國家所認知的原住民族土地權在國家主權進入之
後就被保留地取代、或並不存在，或可以為了企業發展、政治
穩定及降低制度變遷成本而犧牲的權利，使得原住民分配取得

土地權利屬於「特權」，既表示原住民並「沒有請求權」。吳文分析現有保留地制度變遷無法有效提升原住民經濟能力，但未批判政府設計制度時忽略族群文化與剝奪傳統土地影響原住民族經濟發展、文化生活的障礙。

　　第二類文獻藉由現代土地行政、法律程序、歷史分析技術考察國家原住民土地制度變遷的歷史脈絡，自然會給予原住民族土地制度變遷及權利轉移合理、正當、中立的肯定立場，而沒有在文化脈絡上由多元文化觀點批判殖民統治的原住民土地制度歷史脈絡，原住民族土地制度的觀察都將有所遺漏。此類文獻的探討並未參考第一類文獻的結果且未立足在承認原住民主體性而缺乏深入殖民歷史的反省，來探討原住民族土地制度變遷與權利轉移。所以，本研究特別歸納另兩類的文獻類型，形式上的與實質上的多元文化尊重及重構制度目標的文獻整理。

三、國家主義框架下承認文化多元的原住民土地制度研究(圖 2-1 A=>B=>D)

　　第三類參考文獻是第二類參考文獻的變形，雖然承認文化多元狀態及原住民土地權存在並尊重傳統土地使用習慣，但並未深入反省殖民歷史的遭遇，無法跳脫傳統國家主權之單一財產權利理論的包袱。這類研究在順序上先預設了西方財產權體系與法律制度的框架，在現有制度框架與主流價值的束縛，致使原住民族傳統土地權利在此制度框架下無法保障，族群主體發展的實質需求也無法落實。

　　「原住民族土地及海域法草案」實際上就是無法檢討殖民

歷史脈絡之國家主權下的原住民族土地制度的改革,因爲與現有保留地「開發管理辦法」比較,該草案原先的立法目標是爲了落實政府承認原住民主體性與土地權,及尊重傳統土地制度,但實質內容並非如此。分析草案架構及糾紛處理模式等,實際上該草案整理現有管理原住民土地辦法並延續到此新的草案,將行政命令給予法制化的程序,而使得原住民族失去傳統土地權利的制度設計法制化。

首先,單由這一個草案來面對多元的臺灣原住民的傳統土地習慣及社會傳統文化,根本不可能做到政府宣稱尊重各原住民族的傳統土地管理習慣及此傳統土地管理習慣相關的傳統文化,而是約束在另一套國家認可的土地財產權制度下。除非設計上採取兩階層式架構設計與國家充分的賦權。另外,草案並未正視過去殖民統治以來原住民族土地制度變遷與土地流失,維持原住民族傳統土地國有並重新「分配」給原住民私有及部落公有的國家角度,規劃原住民族土地制度。「原住民族土地及海域法草案」與「保留地開發管理辦法」[2]比較分析實際的內容並沒有真正考慮多元民族的原住民主體的需要,而是先確認現代土地制度的框架,維護制度變遷的相依性,並沒有推動國家進入多元文化的環境發展,實際上屬於第三類參考文獻。

顏愛靜與楊國柱(2004)整理原住民族土地制度與經濟發展,在理論基礎上提出了多元文化主義及原住民族的主體觀點,並承認原住民族擁有土地權及自然資源。但顏文又宣稱原

---

[2] 土海法草案及開發管理辦法的比較分析請參考第五章。

住民保留地特別有生態平衡的公益性效能，所以在某種程度有公共財的屬性，在展望中也提出部落共有制的思考。如此的規劃似乎又與之前宣稱的多元文化與承認主體性產生矛盾，因為此公共財屬性未必是原住民族傳統土地財產權概念之全部[3]及主體發展需要[4]的立場。因為，從各民族的文化脈絡來看臺灣各民族傳統土地管理制度，呈現多面向、多樣性及多元的傳統土地制度，並非西方產權制度理解的公共財那樣單純，必須回到原住民族族群之社會與文化脈絡觀察，理解原住民族土地權利及財產權制度的內涵，而所提出的部落共有制觀點只是其中一個選項。這提供本研究一個反思，需由承認多元文化的基礎，深入文化脈絡內涵及反思殖民歷史的法制設計，發展多元文化的制度設計。

　　顏文另外引進「交易成本」理論，用新制度經濟學的觀點，站在國家高權的政府立場探討原住民土地制度的建立，認定法律制度的中立原則，忽略法制背後的文化價值差異，而否定原住民土地是傳統文化實踐及對族群主體發展需要，尤其在制度設計指標將會出現主體對象的偏差，因為國家站在自由主義的資本主義社會觀點，會用形式平等來忽視族群文化差異。但這也給筆者的研究一個指導方向，站在多元文化的觀點，新制度

---

[3] 原住民族傳統土地財產權概念是在土地與自然充分供給之下族人之間的社會關係，而不只是個人與土地的物權概念，背後還包含滿足其它族人的生存需求及土地自然永續供應的理性評估。

[4] 原住民族的發展概念不是追求資本主義的個人利益最大化，而是族人之間與土地自然資源的最大利益。這差異觀點可以在「西雅圖酋長的宣言」得到相同的對照。

經濟學評估制度變遷及交易成本的主體，除了國家之外，也需要突顯出原住民族主體的需要，在兩類文化價值的評估指標中作協商與選擇[5]。同時，政府認同原住民族傳統文化並結合社會關係的約束力及共同信任關係，由傳統習慣與國家法律建立一組適合部落發展的土地財產權理論與土地管理制度。

　　蔡桓文（2007）整理國家法與原住民族習慣規範的衝突，並嘗試提出解決之道。蔡文在原住民族法制史方面的案例整理提供貢獻，但在國家法與習慣法衝突解決的探討比重不高，整理衝突解決的建議缺乏強力的資源分配及排解糾紛之權力的立論，無法跳脫單一西方財產權制度觀點、無法跳脫國家法律體系的完整性土地財產價值的框架，也無法滿足多元社會的法律規劃。另外提出原住民習慣法可以引到審判機關運作，但習慣法對國家法相較缺乏對等地位下，進到國家法可發揮的空間將無法期待。所以，為使原住民族習慣法可以發揮主體性，習慣法在法律實踐上需要批判法學、法律人類學或社會法學，解構現有國家主權的單一社會價值的框架，重構國家法內的民族法學體制，朝實踐多元文化的方向發展，才會取得滿足族群主體發展需要且國家法認可的平等地位。

　　這類文獻都陷入一種困境，在無法突破主流社會唯一認可的私有財產制度與文明價值框架下，來建構所謂「承認多元文

---

[5] 本文的觀點認為新制度經濟學只是一種接近實際制度運作的「非零交易成本」的計算工具，問題在於原住民族主體性是否符合多元文化的關照。也就是用此工具評估原住民族主體需要，在原住民族自治區的管理制度上，重新確認國家制度變遷的規劃方向。

化」的法律制度，只會產生形式上承認結果。這困境的產生是因為探究制度變遷時忽略「現況」之背後存在殖民歷史脈絡與歧視文化脈絡的背景，這樣的承認存在步驟的問題。首先，應由文化脈絡上應該先承認差異文化族群的政治主體性，認識差異族群土地制度的社會文化價值。第二步再承認殖民歷史脈絡，檢討差異文化族群在文化接觸過程發生侵略事件，並探究制度變遷的多元文化之公平正義原則。既在多元社會中，主流社會與原住民族（精英）共同體認原住民傳統文化的內涵與多樣性，並透由多元文化價值（正義、平等、差異、包容）精神，反射到制度設立之憲政協商機制，才會產生實質承認多元文化的法律制度。所以，第四類文獻作了順序的調整。

四、原住民族主體性下承認土地權利及重構民族法律體系 (A=>C=>D,參考 B)

第四類參考文獻是修正第三類的順序，由第一類文獻為基礎，基於民族主體性與殖民歷史的反思，並建構傳統知識體系，產生族群自我論述與主流價值溝通協商之機會。此類的研究成果還不多，因為堅持原住民族主體性及傳統土地權利來分析原住民土地制度變遷或設計土地制度並不多，且多元文化理論過於寬廣鬆散，面對強硬的國家體制來推動土地改革並不容易。

林淑雅（2007）由原住民族主體的位置反思殖民歷史在土地制度變遷的問題意識。據此，先回到歷史的起點，在族群之社會與文化脈絡下確認原住民族土地財產權內涵，再沿著殖民歷史的發展，由國際法反省原住民族人權與主權。多元文化國家的背景下，展望政府檢討西方財產權制度框架以否定原住民

族土地財產權,在國家主權下發展原住民族土地制度變遷,並對多元文化之「財產權」作新的理解,且與「主權」概念結合來思考,並在民族自治發展落實。

　　林文的研究順序就是本類文獻的模式,先由文化脈絡確認原住民族土地財產權制度的存在與土地權的內涵,再由歷史脈絡檢討國家建立原住民土地制度的框架,以取得溝通協商多元文化價值的財產權制度。為建立此類分析路徑的基礎,需要先區別原住民族財產權制度與市民社會財產權制度的差異(黃居正,2005;吳豪人、黃居正,2006),而不是像吳樹欉(2000)所研究的單一存在之原住民族土地財產權制度主體6變遷的觀察,吳文誤解當國家建立原住民土地制度就假設傳統土地制度被取代及傳統土地權利消失。另外,更是重要的觀察點是由國際法的原住民族與國家關係及國際人權發展,來確定原住民族土地權利在國家法體系的位置(施正鋒,2008b:99-108;Anaya,2010:63-90),使得原住民族在國家文化接觸的殖民歷史脈絡下,從根本檢討國家歧視族群文化與社會價值而建立的原住民土地制度的問題。也唯有採用正確的立論基礎與分析步驟,原住民土地制度變遷的研究才可以切入到問題的核心,原住民族土地權的法治表障才取得由根底改善與解決的可能。

---

[6] 原住民族土地制度規範得是原住民族的土地權利與社會關係,而此規範的基礎是原住民族社會共善價值及文化。當國家籍由強制性制度變遷的方式無法完全使原住民族傳統社會文化及價值觀作同化或消滅傳統文化及社會價值,故傳統原住民族土地制度反而潛藏在族群社會之中,並不表示已經被國家現代原住民土地制度所取代而消失。兩種土地制度應是獨立存在的主體交互作用及發展,並探究其整合或競合。

表 2-1：四類參考文獻的分析比較及文獻中的原住民族土地權利概念

分析觀察 / 文獻分類	現代國家制度的觀點	族群文化主體性的觀點	殖民歷史影響權益的觀點	原住民族土地權利的樣貌
第一類文獻 黃應貴(1993) 乜日羿・吉宏 （2004） 黃崇浩(2007) 邱寶琳(2009)	認爲現代國家否認原住民族傳統土地制度，更沒有土地權利問題。對原住民族的傳統土地權利產生影響。	在族群文化的基礎研究原住民族傳統土地制度的組織、社會價值與組織，確認原住民族土地權利乃固有存在。	認爲傳統土地制度及文化受到殖民統治的影響。	確認原住民族土地權利乃固有存在。只是目前被國家原住民族土地制度所否定，而由國家重新定義與設定。
第二類文獻 歷年「保留地開發管理辦法」的修訂 林佳陵(1996) 吳樹欉(2000)	依據殖民時期國際法的合法程序，使「蕃地國有」確認，並依據政府照顧國內原住民生計而採用分配的救濟方式授予原住民土地權利。	認爲原住民傳統土地制度並沒有達到現代國家法制賦予土地財產權利的基礎，並歸類爲民族學及人類學之學術領域。	承認殖民時期土地制度設立的過程妨礙原住民發展及權利保障。依據制度相依、程序合法、政治穩定等現代學術理論來合法化殖民歷史。	認爲原住民族土地權利是透由國家建立新的法令制度，依分配原則的程序，由國家建立的、給予的權利。不是原住民族固有的權利。
第三類文獻 「原住民族土地及海域法草案」 顏愛靜與楊國柱(2004) 蔡桓文(2007)	國家承認原住民族擁有憲法多元文化的集體權利基礎，承認原住民族土地制度的存在及保障或國家法化	承認原住民族傳統土地制度的存在。但對於其知識體系及社會組織、社會共善價值等並沒有整理完備，	殖民時期國家否定原住民土地權利的法律制度的設計，因爲符合國家合法程序的形式過程，而視之爲中	原住民族土地權利呈現「承認」與「改革」的矛盾階段。國家在多元文化理論下形式承認原住民族土地

分析觀察＼文獻分類	現代國家制度的觀點	族群文化主體性的觀點	殖民歷史影響權益的觀點	原住民族土地權利的樣貌
	。但無法跳脫國家採用西方財產權理論建立土地制度與權利的框架。	也並沒有提升到國家建立民族法學體系的過程及基礎，無法確立原住民族土地權利的主體性、獨特性。	立及理所當然的接受，不加以批判及改革。只考慮用分配的救濟制度來修正原住民族人權的損害。	權利是固有存在。但考量社會改革成本，修法機制無法執行，只維持現況並法制化現有原住民土地制度。
第四類文獻「原住民族基本法」(2005)「聯合國原住民族權利宣言」(2007) 林淑雅(2007) 黃居正(2005) Anaya(2010)	由國際法歷史脈絡及人權保障批判殖民時期法律制度。確認現代國家制度化的原住民發展，但在自由、事先和知情同意原則、參與制度建立之權利保障。對殖民時期制度影響原住民權益需用補救的方式，在憲政架構下立法改革。	將原住民族土地制度藉由西方財產權理論對於土地的時間、勞動與整體環境的分析架構來比對，以及多元文化觀點與基本人權保障，確認原住民族財產權理論的存在，也作為國家建立原住民族法學及未來土地制度的基礎。	將殖民時期原住民土地制度的建立，藉由國際人權的角度分析批判；且原住民族回歸基本人權保障，不應受歧視而失去傳統土地權利，也因為此背景而擁有原住民族的集體權利，並落實在國家法律制度的權利保障。	承認原住民族土地權利是固有的，但需要在憲政協商的原則下，檢討國家法律制度無法保障的狀況，並從國家解決族群問題及建立族群關係，來建立國家的原住民族法律體系。原則上會與原住民族自治與土地資源權利保障制度並進。

註：各類文獻顏色標示是影響該類原住民族土地權利樣貌的主要觀點。

資料來源：本研究整理。

　　這四類的文獻分類原則，主要是依據對原住民族傳統文化的主體性確認以及由國際人權發展脈絡，觀察原住民族自殖民統治時期以來的土地制度變遷的過程。在此原則分類下，「原住民族土地與自然權利地」的解釋會呈現不同的面貌，甚至產生不同的國家原住民土地法律制度設計的結果，並產生對於制度變遷過程所保障土地權利的完備性的疑慮。

　　第一類文獻是採用多元文化理論來觀察原住民族傳統土地制度以及原住民族社會所認同的土地權利，並且可以認知到原住民族土地權利是固有存在的、與傳統文化與社會價值相依的。第二類文獻則在現代國家及學術理論基礎上，規範了文明土地使用的技術並且得以規範私有土地財產的配置，此配置的基礎是西方財產權理論、現代主權國家與資本主義理理論的發展，原住民族土地權利是國家配予原住民而創造的、確認的，而不是原住民族固有的。第三類文獻在多元文化理論下承認原住民族土地權利，但對於權利的內容是否可以反省殖民時期原住民族失去土地權利的脈絡並予以法制化的補救，卻不置可否，甚至無動於衷。第三類文獻的論點面對現有國家制度進行多元文化承認的改革，以保障原住民族土地權利是充滿質疑的。

　　本研究途徑是採取第四類，來釐清「原住民族土地權利」內涵。在多元文化理論下，由多元文化與批判法學先「解構」主流社會給定的財產權利價值，並建立原住民傳統土地的知識體系，以回應多元文化國家的精神；再依據原住民族主體性及新制度經濟學分析土地制度變遷的歷史脈絡、反思殖民歷史，藉由民族法學「重構」民族法律體系的態度，提出適合原住民族

主體需要的土地制度與土地權利之分析途徑。據此，在第二節提出本研究之分析理論架構。

第二節　分析理論

　　本研究在探討原住民族土地權利的分析理論上，將由財產權制度、多元文化理論，及國際人權法中的原住民族文化權與土地權等這三個角度切入。

　　原住民族土地制度探討之權利標的為「土地」。「土地」在現代社會的角度乃研究財產權制度的議題。財產權制度在古今中外的社會發展，在其社會條件都有其相對制度的安排。目前國家在民法上所規範及採用的是西方財產權利論為基礎而發展的制度。西方財產權概念發展的脈絡來看，斯密、李嘉圖、洛克等對建立資本主義社會的土地私有化制度有重要貢獻；而馬克斯則發展社會主義強調平等並以廢除私有制、進行公有財產制的社會協作生產，為社會主義計劃經濟原則。當本研究採用多元文化理論的觀點分析這私有與國有的兩大財產權制度，都是採用個人或國家擁有對土地財產的絕對權利關係，並在自由市場或經濟市場規劃土地資源最有效的利用，在這基礎上建立人與人對土地資源使用的社會關係及法律制度。對於原住民族傳統土地使用考量的是族人與人、土地、大自然整體的平衡概念，西方財產權理論不全然可以解釋或涵蓋原住民族的財產權理論。而土地制度的評估價值需要回到國際人權以檢討殖民時期的原住民族土地剝奪，同時在維護國家主權完整性下，確立

原住民族土地權利安排的社會公平正義之指標。

壹、多元文化下的財產權理論

　　財產權制度在古今中外的社會發展，是對財產的配置做制度的安排，而此制度的安排背後存在社會對於財產分配的公平與正義的共識與價值。目前國家在民法上所規範及採用的是西方財產權利論為基礎而發展的制度，而西方財產權概念發展的脈絡是亞當‧斯密《國富論》有關人類的理性在國家保障個人私有財產制度為基礎、自由市場經濟之「看不見的手」的運作，個人追求最大利潤的制度安排。社會價值背後預設了個人最大利益追求也等同社會最大利益的保障之功利主義的邏輯。洛克更進一步認為享受私有財產是人的自然權利，透由契約組成政治社會來保護財產，而在理論上確認私有財產神聖不可侵犯原則，但是此財產的定義是與文明的勞動方式有關（趙文洪，1998：36）。而馬克斯認為私有財產制為基礎的資本主義社會是建立在對初始生產資料的不平等分配的基礎上，產生一種剝削和不公平的制度，而發展社會主義以生產資料公有制取代資本主義私有制的社會協作生產之社會經濟原則與共善價值（Roemer，2003：2-3）。

　　這兩大主流的財產權理論在形式上還是某單位（個人主體、整個社會或國家族群）做為財產權利配置的基礎，忽視內部弱勢或差異文化族群權利，對於族群享有財產的公平與正義之社會共善價值及保障存在差異。相對於原住民族財產權利配置與社會共善價值，兩大主流財產權理論都無法完整詮釋，或

誤解為沒有傳統財產權概念；尤其在土地與自然資源的權利與土地有效利用的社會規範上。

若要釐清「原住民族土地權利」，須由憲法層級的多元文化高度，廣義的財產權理論切入，澄清西方財產權理論與原住民族財產權之差異，以及土地使用在不同社會的文化差異，而不是自我設限在現有民法、土地法的現況與內容。

一、西方財產權理論

財產權（property rights）乃資本主義社會中法律上以一束權利組成的所有權（ownership）為中軸之權利關係，是人擁有物的法律制度之解釋體系。而所有權定義所有權人（權利主體）對所有物（權利客體）直接支配的多種權利集合，據此再延伸到用益物權及債務擔保等不同的物權概念。西方財產權是以人與物的所有權關係為基礎，經過社會化的交換而衍生規範人與人之間對物的行為關係及請求權（劉德寬，1986：123,301），並且與自然展開賽局關係（Ostrom，2000：28）。人與人的交換關係是透由人與物的財產關係上間接建立的，藉由市場進行「勞動價值」所衍生的財產之配置與交易，並且在侵權行為下產生「非交易價值」，並產生債權的法律關係（黃居正，2005：37），人與人之關係是間接地處在市場競爭狀態。財產權概念是在歐洲經過近代數百年的發展以及連串歷史事件，發展出以私人財產權利為核心的概念與制度，成為追求最大化利潤的資本主義與自由市場經濟的基礎要素（趙文洪，1998：27,31,41）。在歐洲資本主義的發展與近代國家主權概念的成形，以及殖民主義向海外殖民地擴張國家主權的背景下，西方財產權理論對

於原住民族土地財產也發生由承認轉變爲否認的歷史過程。在
殖民國家獨立之後，移民政權也繼受西方財產權理論並發展其
財產理論之法律制度。

（一）新制度經濟學

　　西方財產權理論在國家建立法律制度的過程，可以用後來
發展的新制度經濟學7（new institutional economics）來分析，並
探究制度的變遷及財產權利最有效率的配置。新制度經濟學分
析觀點認爲採用古典經濟學的方法，分析國家提供界定產權制
度的基本規則，並建立有效率的財產權安排，來確保財產制度
在市場的生產效率與配置效率，促進社會的進步動力。財產權
理論在制度上發展出三個保障法則：絕對私有所有權確立、私
有財產神聖不可侵犯，及行使私有財產權利的自由的確立，乃
提供個人與群體累積財富的誘因，含有濃厚的西方個人主義及
自由主義的精神（趙文洪，1998：31-37）。基於自由主義的社
會共識及勞動價值，財產權利在法律制度安排上具有排他性、
可分割性與可渡讓性，使權利義務界定完整明確，以降低市場
交易成本，乃新制度經濟學分析土地制度變遷之方向。但國家
的介入常常因爲其同時存在兩種目標，國家追求「產出的極大
化」與統治者追求「租金極大化」，而可能產生無效的產權安
排，也就是所謂的「國家的兩難」、「諾斯悖論」。國家面對
這樣的兩難，唯有以建構「更完善」的法律制度，來確定財產

7　新制度經濟學是把制度當作「物品」納入新古典經濟學的分析框架，探究制
　　度「供給」與「需求」的失衡，分析制度變遷與制度創新的原因，並且提供
　　制度設計或變遷的參考（王躍生，1997）。

權制度的有效性（王躍生，1997：96）。原住民族保留地制度就是一個國家對土地產權作強制性安排的例子，但實施多年已經呈現公權力效果不彰的現象，而產生制度調適的需求（顏愛靜、楊國柱，2004：54）。

　　國家設立法律制度來界定財產權，以保障財產權利及促進發展動力，同時也依環境條件的需要產生制度變遷。新制度經濟學對於財產權配置制度變遷提出「交易成本」概念。1937年Coase指出「廠商(firm)」的出現可以降低搜尋與約定的交易成本。政府提供法律制度的基本功能就在降低交易成本，提高交易的經濟效率，提供激勵機制以消除外部效果，並創造合作條件。由新制度經濟學的觀點，原住民保留地制度也正是因為政府誤認為原住民傳統土地制度規範不明以及財產邊界不清，不適合現代市場經濟的制度化運作管理，故引導原住民族進到資本主義社會及自由市場經濟的生活，以尋求降低土地使用的交易成本而設計的制度（引自顏愛靜，楊國柱，2004：60）。新制度經濟學分析制度變遷的模型反應出過去政府設計原住民保留地制度的邏輯，在學術分析與主流社會共識上已經將西方財產權理論內化為制度變遷的評估指標，並排除差異族群文化之原住民族財產權概念的選擇與發展模式。

（二）外部性與科斯定理

　　藉由外部性[8]（externalities）來引進整體環境生態的概念、

---

[8] 在經濟學上，「外部性」表示一個經濟主體（自然人或企業），其行為影響到其他經濟主體，且此影響沒有得到任何補償，並產生所謂的外部成本。當經濟主體的行為得到補償，則此影響被中立化，使得外部成本被內部化。外部

科斯定理[9]（Coase Theorem）介紹財產權配置制度的選擇，並保有財產資源配置效率，來說明財產權制度私有制、公有制或兩者並存的財產權配置可能，但也達到社會價值的最適生產效率與配置效率。

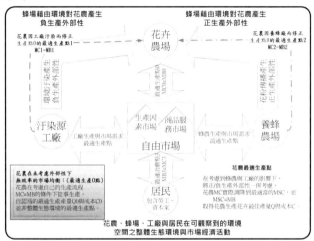

圖來源：本研究繪製。

圖 2-2：外部性與自由市場的協商：以花農生產受外部整體環境影響概念為例

性影響區分正與負的影響，而依生產或消費行為分類可以區分生產者的外部成本或消費者的外部利益。以多元文化觀點，政府「蕃地國有」政策，否定原住民族土地權利而建立保留地制度。對原住民族來說，此合法的制度設計帶來很強烈的外部性，甚至讓原住民族耆老及菁英都在「莫名其妙」的情況下，不覺族群土地權利與文化權利已流逝。

[9] 科斯定理（Coase Theorem）是指在財產權確定情況下，如果交易成本很低或為零，則財產權的邊界不論如何安排，雙方藉由市場機制，出價最高者獲得的原則，確立產量與價格，解決外部性問題，進而達到配置效率。這也就是科斯第一定律，此時法定權利的最初分配從效率來說無關緊要。但實際市場交易成本很高而引出科斯第二定律，在交易成本為正的情況下企業的初始邊界或產權的初始安排，對經濟制度運行的效率產生嚴重影響。由此，科斯第二定律更引申出財產權利的界定是市場交易的前提（胡樂明、劉剛，2009：93-101）。

　　現代經濟學認為,財產權的不明確會產生外部性的問題,並以追求完全的財產權制度規劃、既清晰邊界且絕對排他性的私有制為目標,企盼將財產上的權利義務再劃分清楚,以達成外部成本內部化(internaliz)。我們先將現代經濟學對於外部性條件做介紹,以一個環境區域內有花農、養蜂場、排放汙染的工廠、以及參與勞動生產兼消費商品的居民為例子。各個生產組織在其自由市場活動且忽略外部影響下,當產品生產邊際成本(margin cost,MC)等於市場需求的邊際效益(margin benifit,MB)的時候,也就是供給曲線與需求曲線交叉時,對生產組織達到其獨自的最適生產點,而取得公司最大的生產效率以及配置效率。在此說明範例中,我們以花農在忽視環境影響對其生產產生正或負的外部性下,只依據市場供需狀況的最適生產點(O點),但在實際整體環境影響的考量上,這不是最適生產點,而只是實際生產點。以空氣汙染的工廠為鄰時,此環境實際對花農造成負生產外部性,而其生產的邊際成本曲線 MC 已經提升到邊際社會成本曲線(margin social cost,MSC1),所以,在此環境整體的考量下,生產最適點生產量由 Q0 已經降低了生產數量(Q1)。如果花農持續用 O 點的生產條件生產,反而是損害到花農的利潤而不自知,對整體環境也產生社會淨損失。反過來說,花農的環境有養蜂農為鄰,則蜜蜂協助傳播花粉,花農提供蜜蜂採蜜,互相產生正生產外部性。以花農生產成本來看,生產曲線的邊際成本(MC)降低到邊際紹會成本 MSC2。所以,花農的最適生產點由 O 點(Q0,P0)調整到 B 點(Q2,P2),如果花農沒有生態整體概念而忽略外部性的計算且持續以 O 點從事生

產，則花農會損失在此環境原先可以取得的正外部性的潛在利潤，而社會整體也會損失掉環境原提供的效益。

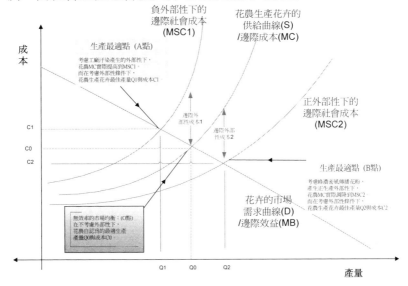

圖來源：本研究繪製。

圖 2-3：外部性與市場生產活動的社會邊際成本分析
最適生產：以花農生產為例

接續外部性的觀點，公司如何來處理外部性的問題呢？科斯定理解釋了，如果財產權明確下，不需要國家強制干涉，市場可以藉由當事人追求最大利潤的「經濟人」特質，雙方私下協商交易，既交易成本很低的情況下，可以重新達到新的資源最適配置效率。我們以花農與污染工廠之間的科斯定理的運作為例。當花農將環境整體影響也考慮到生產過程之中，對於工

廠汙染的負生產外部性也考量在生產成本之內,則花農對於權益受到侵害得以向工廠請求協商,以補償其外部性。

實際的作法有很多種,主要分為兩大類:財產權更完全、財產權混合的兩種方向。第一類,財產權更完全的作法,是將環境影響前與後的花農生產邊際成本曲線(MC)與邊際社會成本曲線(MSC)確認清楚[10],藉由雙方私下協商收取汙染補償金來彌補花農的損失,使 MSC 往 MC 的生產條件修正,市場協商過程之交易成本很低。在概念上,此類型認為空氣的財產權分配不完全而發生外部性的問題,如果將土地上領空之空氣權利切割清楚,成為個別的所有權利,也就是將財產權分的更仔細,依據更完全的財產權以規範更精確的權利義務,藉此數據對行為的影響作處分。當事人依據市場訊息在私下協商達成協議過程,也降低了交易成本,既符合科斯定理條件,但卻提高了訊息取得與管理監督的成本。當然實際市場是否可以排除當事人市場影響力不對等的非市場因素,會使得當事人需要環境外在強制力建立機制。

現代國家的作法是政府建立完善的法律制度而依據更完全財產權原則進行市場交易,就會發展出課稅制度、收取汙然排放費、可交易性污染許可證等作法,都是基於財產權更完全的

---

[10] 在此需要聲明,社會經濟活動是否可以清楚的計算出邊際社會成本 MSC,除了計算過程的本身之外,牽涉到人類對於環境影響的因素及知識到達什麼層度,這會牽涉到不同族群的社會文化的認知差異。在三十年前已經有科學家提出溫室效應對人類生存的問題,但是就算現在的科學家也無法有統一明確的數據預測未來溫室效應對地球、人類生活空間的實際溫度變化及其影響。相對於原住民族來說,雖然沒有能力進行計算,但其傳統文化與社會規範已經重視整體生態的概念。

概念進行市場的外部性內部化，此過程是藉由政府訂立制度以降低雙方交易成本。整體來看，也就是將交易成本轉化到制度建立與維繫的成本，確認社會制度的遊戲規則，制度規範人類行為更明確的權利義務，並保障公司在自由市場追求生產效率的動力。

　　另一方面，這樣的補償只是藉由市場對產生負外部性的工廠增加生產成本、提升銷售價格，來降低生產量及消費量；分析的觀點還是在經濟主體（廠商之間、消費者）在自由市場上對生產、消費行為的影響進行「合意」的過程，並以都市化、現代化為發展目標及評估標準；對整體生態的影響是否完全解決反而是間接的、次要的，最多只是因為價格與成本提升而降低消費與生產，而間接地減低人類生產消費活動對整體環境的影響，但並沒有削弱或約束人類對物質生活無限慾望的追求。

（三）財產權配置的可能制度類型

　　在此，本文依據 Geertz（2002）文化詮釋與法律多元主義概念，擴充財產制度類型，共同討論共產社會、資本主義社會、原住民族社會的財產制度。

　　將財產權更完全、清楚以使得外部性內部化的這類型財產權制度，是現代社會的一般作法，既採取科斯第二定律的條件解釋。因為現代社會屬於高度專業化、分工化，組織將分的更複雜，致使組織之間的交易成本提高。現代社會組織、或財產權的邊界變得非常重要，需要用更完全的財產權制度來規範人類行為的權利義務，而組織或制度安排的邊界越明確且使交易成本越低為目標。第一類可能的產權安排制度既是私有制。以

現代土地制度為例，個人私有土地並有明確的邊界、絕對的排他性，則土地資源的配置制度，比較容易使交易成本降低。在自由市場經濟活動中，國家保障的土地私有制度與土地登記制度，使交易當事人得到清晰的訊息、透明的交易過程、以及市場完全的競爭，使得土地市場在自由價格最有效的方式運作，而所有國民得到最大的利益。此類型財產制度既圖 2-4 財產權制度光譜的極右端。

但這樣的分析潛在一個趨勢，就是所有的社會組織都要在自由市場競爭運作，並以資本累積視為社會進步及社會組織的目的。這樣解讀科斯定理再配合人類理性與自利的思考，使自由市場交易活動容易產生一個趨勢，既以個人、公司等經濟主體的最大利潤為指標，視主體之外的其他主體的生存需要、社會關係與整體生態平衡概念為附帶，並形塑資本主義社會之功利主義、自由主義的現代社會文化價值。整體社會、生態平衡與其他社會弱勢的生存需要，則視為道德的、例外的、救濟性質的規則，迫使制度向社會主義修正；除非其他經濟主體的尋租活動會直接對經濟活動主體本身產生權利侵害，而威脅到自由主義與資本主義的對個人財產權保障的理念並停止救濟。

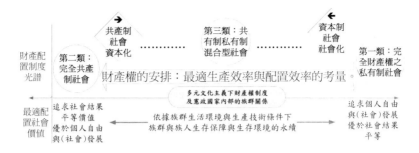

圖來源：本研究繪製。

圖 2-4：財產權制度之可能最適財產權配置的
類型光譜與其社會價值

　　第二類解決外部性內部化的方式，乃採用財產權混合的方式。在概念上，此方式是將當事人雙方的個別獨立的財產權在整體環境內發生關聯，最極端的做法是工廠將花農整合進工廠內部並同時經營兩項，而交易成本經過財產權的混合而將轉換成工廠內部經營管理的問題，也就是工廠的 MC 與花農的 MC 產生連動，藉由工廠與花農的商品在市場價格的調整以取得妥協，也就是達到交易成本的降低或消失[11]。這種財產權的混合有很多種型式，一種是保持完全財產權的方式，而形成整體環境內財產視為單一公司名義下，其極端為共產制，圖 2-4 極左端。基於人類理性與自利，在完全共產制環境，容易發生哈丁（Hardin）「公地悲劇」或奧爾森（Olson）集體行動邏輯，而其核心問題是參與者「搭便車」行為的解決，避免市場競爭與

---

[11] 科斯在〈廠商的本質〉中也同時提出，去除企業間的邊界而合併，將使交易成本降低，同時需要注意「管理報酬遞減」的問題，合併企業內部文化與管理制度的調整，也會有其極限。

生產動力降低（Ostrom，2000：18）；故，共產制需搭配某些社會條件與社會文化，才能成功運作，也常發生無法跨文化藩理而誤解差異文化族群最適配制的情況。

另外，第三類解決方式乃當事人在整體環境內部藉由私有制與共有制混合使用的方式，一方面維持私有財產及社會進步動力的主要原則，另一方面再依生存條件，將有助與降低整體生態影響之交易成本者，依據在地知識、社會共識與共同規則，將共同影響的部分進行共同參予管理，此部分成為共有制的方式，也達成科斯定理降低交易成本的財產權規畫。上述不同財產權制度的規劃，只是制度選擇的方式，並產生經濟活動的調整，也同時對生產者與消費者的行為，乃至於社會族群產生特有文化與調適。所以，以財產權配置的光譜來說，在完全私有制與共產制的兩極端之間，存在私有與共有的混合型，並依社會組織、環境條件等有多種的發展型式。第三種類型，即財產權混合的方式，比較近似原住民族傳統土地制度，如圖 2-4 中間所示。而完全私有制與共產制並沒有辦法完全「詮釋」或保障原住民族財產制度。

（四）各種財產權制度隱含不同社會價值

社會或族群採用的土地資源分配或財產權制度，在形成與實踐過程會搭配族群的社會文化特性，而且這種文化特徵會與財產權制度相稱成為組合。不同族群制度與其社會文化必須妥適配合，人民在制度運作中依據各自的社會文化定義其公平、平等、正義的價值，也據此將財產做適當配置與規範。換言之，不同財產權制度的平等正義之社會價值，也會有差異

性。

　　資本主義社會的財產權分配關注的是「個人或法人口袋的資產」並用法律與契約規範社會關係與自然資源使用；是取向於完全的、確認的財產權分配給各人私有，使財產的擁有者在使用、受益、轉讓有絕對的權利保障，並藉由自由市場「看不見的手」運作，使生產效率與配置效率達到最適合社會的生產與消費之經濟活動的需要。甚至，對「共有」財產也以清楚劃分權利義務之比例爲原則。此種財產權制度在實際運作過程中隱含經濟主體追求最大利潤的社會價值，藉由保障私有財產的過程中，引導人類的理性與自利態度，誘使生產者投注在市場經濟活動的創新與進步，並藉由分工化、專業化的組織發展。資本家藉由市場尋找勞工、土地、資源等生產要素，結合成立公司組織，使社會產生進步的動力，既「功利主義」[12]的概念。

　　在此同時，資本主義社會也強調私有財產保障、市場自由規則等自由主義的特徵，自由主義結合功利主義的價值評估模式，個人得以自由地追求最大的利益也將促成社會累積最大的利益；這樣的一套價值觀與生活方式型塑了自由資本主義社會的意識型態，並擴張成社會通念，也成爲市場活動解決外部性問題的評估內涵。市民社會視此概念爲理所當然的現況，並在主權國家藉由體制設計與法定程序，形成國家建構財產權制度

---

[12] 功利主義主張「追求最多數人的最大幸福」，基於人類理性及邊際效益的分析，由少數富有者的少數財產轉移到多數貧窮者手中，不影響少數富人的幸福，卻增加社會整體的幸福。但其理論過程忽略市場交易成本，以及每一個人都有相同的基本欲望、享受生活的能力之不實際的假設（Parkin，2001：162）。

的設律規範。而資主用以公司藉由然共活動心資主進動，爭管大人以組織財產展個性的累積，發揮了分理化的」分經濟人」特徵。

場產本配社私批判自由然共經濟活動的資主用，將個部「的剩餘價值以利潤轉性為企業資主的累積，而資主用藉由企業擁有的角色而「得了個部「的剩餘價值，產生社私勞動心財富不均、資主用心勞工的階級並立。場產本配理論反思資主用分剝削」到勞動者的勞動價值，致使認為爭管社私分平等」作為然共經濟活動的首要目的，也是社私上與價值，對成為然共經濟活動外部化問題的評估內來。在追求平等社私的過程中，國用暫時地[13]管代資主用的角色，流行計劃經濟的然共運作，對響家國有條將財產歸為國用取理運家。市，場產條度在取理核私碰到資主本配社私少見的問題，既眾多參心者分搭便車」行為而弱性然共競爭心降低生產動力的問題，需要額外的社私制件心社私文性義合解決，即理想地強調場同責任心社私道德，或避免條度失靈。

資主本配社私的會有條以場產本配社私的公有條，都是藉由財產權義置的條度法計，引導然共價格涵影採人類的生產心消費活動，由國用組織、條度設律的障立落實，保建國民世代生存權利。兩種社私並於財產權義置展個的差異在於自由發最心平等「義的社私價值優先順序，使社私評估然共活動的外部化問題內來產生差異，但是都期望藉由然共經濟活動將財產權

---

[13] 共產主義認為國家形式只是進入平等理想社會的過渡階段。

做最妥適配置，以達到人類社會最大幸福。然，自由與平等的
社會價值都是人類活動、社會發展的重要目標，而產生資本主
義社會化、共產主義資本化的修正，以取得社會穩定的發展。
此雙向修正如圖 2-4 的兩個箭頭所示。這種修正表徵兩種極端
財產權配置模式之間，存在另外的公平正義價值之安排，即私
有制與公有制混和形式的財產權制度；且其社會經濟活動的外
部性評估會與社會發展條件、社會文化、道德價值有關，而發
展出各種形式的財產權制度。

　　原住民族社會的財產權制度與上述兩種社會有其不同的重
視領域，除了人類生活的基本需求滿足之外，在社會文化與信
仰領域上強調人類社會責任以及人類與自然生態的平衡。顏愛
靜與楊國柱（2004：39）整理台灣原住民族的土地共有型態就
有很多類型，其中現有耕地的「管有權利」都是耕作家族，而
「保有權利」除了魯凱族與排灣族屬於貴族象徵擁有之外，都
屬於氏族。其中魯凱族與排灣族的差異在於社會組織中，貴族
照顧平民家族的義務與責任並發展其社會組織與文化[14]，本身社
會價值重視社會均衡並建立階級制度[15]。又如太魯閣族維持原開

---

[14] 如果魯凱族或排灣族之部落貴族將土地重新分配給需要耕地的族人，這樣的
照顧、救濟概念在現代國家也存在，也就是現代看到的增劃編公有土地給私
人所有的情況，但國家給定申請的標準是「歸還」被公產管理機關排除占用
的土地。另外，公有保留地「分配」給原住民私有使用，則是另外的例子，
但需要管理機關不需要使用的土地，也就是公共造產需求之外的公有保留
地。

[15] 本研究對於原住民族土地制度在現代國家制度下最適的發展並不是一定要
原生性、固有的形式才是最好的。而這需要各族群由現代制度分析並給予現
代社會的意義，透過族群內部充分研究、整理、協商，確認族群土地制度的

墾耕作者擁有耕地與休耕地的先占權，幾乎就是現代的私人所有制；部落對其獵場與河川擁有部落的共有權利；族群對其生活領域擁有攻守同盟的族群總有的權利概念。所以，太魯閣族的族群土地權利概念存在社會組織之階序性、文化性；西方財產權理論並無法完全涵蓋。

　　另外，各族群對休耕土地的安排也會有差異。如太魯閣族維持原開墾耕作者的先占權，幾乎就是欠缺文字登記之現代的私人所有制；有些會如平埔族岸裡社或埔里巴宰海族依據社會文化價值、採用部落共同協議，重新分配財產權的部落共有制。相對來說，各族群會發展出其族群祖靈信仰、社會規範、社會組織、社會價值等來調適，並建立土地財產權利的運作。其社會的市場交易不是以累積資本作為經濟活動的重點，藉由祖靈信仰與社會文化而強調整體社會互惠、整體生態的平衡與族群世代生存發展的概念，並在傳統社會土地制度中，建立與現代社會不同的外部性社會成本與社會利益的評估內涵與指標；同時也降低土地的交易成本，甚至屬於交易成本不存在的科斯第一定律條件成立，既土地財產的邊界安排方式如何都可以進到最佳配置的情況。據此，對於現代社會以定耕農業的土地使用技術認為傳統原住民族土地制度是欠缺市場效率的，是經濟與市場的評估；若此做為承認與保障原住民族土地權利的標準，則會落入評估主體與環境條件的錯置，存在國家強制制度轉換過程中原住民族集體權利保障的問題；此在分析理論第三部分探討。

　　現代意義，調適以適應族群未來長遠發展之制度需求。

二、原住民族財產權體系

　　在土地財產權的概念上，黃居正（2005）指出原住民族的土地財產權制度與西方財產權理論是平行的權利體系及多元價值體系，原住民族文化最大的差異是族人間與土地自然資源的對等關係，也就是整體生態平衡的概念。土地供給原住民帶狀時間的勞動空間，並取得生活物質的需要，但勞動的基礎在於「互惠」的社會通念下維持生態的平衡，發展出不強調絕對排他性的財產權體系，而別於現代西方土地財產權制度的從屬關係，現代人擁有絕對排他性的土地權利並發展出土地成為個人勞動價值與市場經濟之商品。黃文藉由西方財產權的時間、勞動與生態之核心議題對原住民族財產權制度作了相同的分析，認為原住民族財產權體系是帶狀時間的「管理」關係，並且在維持生態平衡整體觀念上定義勞動的貢獻與價值，可以用圖 2-5 來呈現。只是，在原住民族「互惠」的社會通念中，並不一定沒有「私有財產」的概念，既互惠與私有制並不一定衝突，此在第三章說明。

　　150 年前，「西雅圖酋長的宣言」[16]闡述自己民族的土地財產權制度，提供了最清楚的對照。他指出原住民族財產權體系認為「我們是大地的一部份，而大地也是我們的一部份」以及「大地不屬於人類，而人類屬於大地」的原住民族土地概念，對於風、大氣、河流以及地上的生物，都是造物主的榮耀（勞動）。他無法認同異鄉客之白人的作法：藉由建立現代市民社會財產權體系，重新定義先佔權的時間與勞動模式重新配置所有權形式，就可以任意從土地上拿走任何他想要的東西，並把

---

[16]參考自 http://letitbe.ncue.edu.tw/sow/chief.htm 的宣言內容，上網時間 2010/3/18。

土地當作市場商品並隨意地買賣與掠奪。西雅圖酋長做出最嚴重的指控：白人的貪婪將毀滅大地，將只留下一片荒蕪，總有一天會窒息在其所丟棄的垃圾之中。西雅圖酋長這樣的自我闡述及指控，在百年之後，文明的人類在多元文化理論以及地球生態環境之生存威脅[17]下才得以理解，這一套原住民族財產權體系已經在整體生態運作很久。

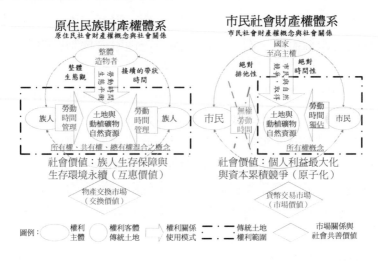

圖來源：本研究繪製。參考黃居正（2005）對不同文化族群的財產權觀點。

圖 2-5：原住民族財產權體系與市民社會財產權體系之社會與土地關係比較

---

[17] 因為市民社會財產權體系忽視整體生態平衡概念，只有市場價值、先佔權時間與外部性問題，而理性的「經濟人」只估算市場看得到的「交易價值」。但是，當發生侵權行為等非自願性交易的情況下，才會「發現」這個「非交易價值」的危機。如，國家由市場經濟觀點面對地球溫室效應產生的生存環境威脅，才被迫正面思考對非交易價值危機投入勞動（黃居正，2005：37-38）。

原住民族財產權制度的制度評估指標在於人類共生與整體生態的平衡,「互惠」的社會通念下衡量社會人所做出的貢獻,並依據貢獻對給予適當的財產分配。社會關係會有最高的生態之「創造者」提供整體生態平衡之「勞動」,並支配財產的分配,人們維持對「創造者」的尊敬而謙卑地待人接物,降低人類對物質慾望的競奪,發展出社會較低交易成本的制度安排,並維持制度運作與社會秩序。因為整體生態的創造者營造生態的平衡才是自然資源產出的「主要勞動者」,人類只是在其中進行「管理」工作,以及適時的勞動參與,致使在土地上產出的自然資源並不只是個人勞動所成就的貢獻。原住民族在這樣的社會通念下,自然容易結構出以互惠為核心的財產權制度,發展出異於西方財產權制度的絕對獨佔與強制排他性之完全競爭的社會關係,同時避免自然資源過渡利用與耗竭。原住民在市場所追求的是交換價值並不以累積資產為主要目的,也就是互惠之社會關係的再聯繫與強化,而不是追求資本家企望的累積資本之交易目的,但不表示原住民沒有累積財產的概念,也不表示互惠社會價值下沒有私人所有或權利概念。族群文化在管理土地財產權時,也會安排個人、家族、部落、族群的土地邊界。

但再仔細分析黃居正(同上引:38)所描述的原住民族土地財產權制度,從原住民族管理土地的實際習慣來觀察,原住民也擁有先佔權的儀式以及社會互惠關係。黃文強調在族群文化上族人在自然生態「共同管理」的部分而忽視個人所有部分,這樣的整體生態概念並不會與原住民個人在土地的勞動與時間

之先佔權所確認土地權產生衝突。因為，原住民族財產理論在互惠的社會通念基礎上也可以發展「交換勞動」的概念以及財產貯藏與分配之管理制度，但在社會互惠的合作關係上，不採絕對排他的財產權配置，以拒絕過渡擴張使用自然資源的慾望，反而鼓勵愛人的施捨與互助行為，在社會互動的關係中並取得滿足自利的效果。

　　原住民族財產權制度在資源分配的光譜上，並不是絕對排他的私有制市場經濟與中央管制的共產制財產共有之完全對立的任一端，這樣的觀點可以與 Ostrom 研究的自主治理的集體行動理論得到呼應。而在自由市場與集權管理之間，各族群在其社會價值與社會組織基礎上發展出不同樣貌的原住民族傳統土地管理制度，同時也展現各族群在文化多元性與生態整體概念的多樣貌實踐，且由多元文化理論的角度，這些差異文化的原住民族傳統土地制度在國家法令制度的實踐上都需要被尊重，並保障原住民族將傳統制度與現代制度如何結合的意願與選擇。另外，在國際人權發展上，原住民族土地權利也屬於第三代人權之集體權利，包含原住民族特殊的文化權與土地權之結合，而不單單是國家保障公民之財產權。多元文化理論與集體權利之相關論述基礎，在以下段落分別介紹。

貳、多元文化理論

　　多元文化理論（multiculturalism）的興起是由於面對主權國家之內並非由單一民族組成之事實[18]，民族國家實際是由文化多

---

[18] 引述 Kymlicka（1995:1）整理，當時世上有 184 個國家，但存在超過 600 個

元（culture pluralism）族群組成的社會現象，也就是世界上不同文化的民族數量遠多於主權國家總數的事實。多元文化理論就是由承認民族國家裏文化族群的多元性，除了在普遍性文化框架下容忍這些少數族群的文化之外，進一步論述差異文化族群之間的政治權利、資源分配及溝通相處之道。多元文化理論在認知國家社會是由族群的、個別的差異性與多樣性所構成下，現代國家如何避免預設主流社會價值及土地財產權概念所建構的國家法律制度，因著文明者自居而套用到種族、文化、語言、性別等差異的族群，使其特殊文化實踐需求未滿足，而在社會結構上處於弱勢社會關係之研究。

在多元文化理論所關係的「族群」一詞，Young 所探討的對象較廣泛，包含社會結構因素形成的「社會團體」，而 Kymlicka 探討的對象比較狹窄，主要指因著種族文化在社會結構處於弱勢的少數族群，包含「少數民族」及「族裔團體」。而本研究所探究的臺灣原住民族土地權利議題則屬於「少數民族」的部份。所以，多元文化理論探討問題是現代國家因著主流社會的族群文化而選擇與建構的社會結構，使不同種族文化的少數族群遭受壓迫與不公平對待的民族問題或是族群關係問題。而少數族群的主體地位在多元文化國家被確認，必須在社會結構的憲法層級肯定其主體性，並在政府政策與程序法令保障其權利，多元文化價值才得以在國家中實踐。所以，Kymlicka 認為

存活的語言族群，以及 5000 個族群。所以，很少國家是屬於單一語言或單一民族之公民組成。

多元文化所標示的「文化」是指文化社群或文化結構本身（引自常士閎，2009：27），也就是以國家之內的「族群」為骨幹的資源分配與權利關係的核心議題。

一、文化多元的族群關係

差異文化族群在多元文化國家所遭遇的族群關係狀況如何呢？Kincheloe & Steinberg（1997：2-16）參考 Peter McLaren 對多元文化教育的分類，整理出五類多元文化的教育類型，這樣的分類正呈現自由主義國家內部不同族群對於「文化多元」的族群關係，所做出的反應（response）；各族群可能走向極端保守、墨守現況、或積極對抗等不同反應。主流文化族群「承認」文化多元事實的態度，將反應在其主導國家的法律制度設計與內部資源分配的規則選擇。族群或個人在國家資源與權利的分配上，立場與態度並非單一而呈現這些模式的矛盾混合之可能，並影響國家處理族群關係的政策與社會結構發展的結果。

1. 保守派的多元文化主義（conservative multiculturalism）：

保守派的多元文化主義又稱為單一文化論（monoculturalism），基於主流優勢族群的優越感，對於多元文化主義抱持敵對態度，主張根本沒有種族主義、性別偏見或階級偏差的問題，即認為文化多元必然存在優劣差異為自然的狀態。在美國則呈現一種擁護白人優勢地位的新殖民主義（neo-colonialism），認為多元文化主義就是非白人在挑戰傳統的歐洲文化與教育，並主張自由市場經濟，崇尚歐洲傳統家庭價值，在國家法律制度施行同化政策，在社會結構的運作中剝奪其它弱勢文化族群的生存空間。所以，國家處理族群關係會走向同化政策而社會結構

也朝向單一文化強勢主導的發展。此敵對態度會轉移、潛藏、結合在下述兩類型中。

2. 自由主義的多元文化主義（liberal multiculturalism）

自由主義的多元文化主義基於自由主義理念，主張每個人是生而平等，理性地在社會公平競爭。個人在社會競爭中自主與自決，但以不侵犯他人爲底限制，社會在這樣的公平競爭下產生不平等的結果是可以在功利主義原則下，因著整體社會或大部分族群的進步而視爲公益的、正當的。即採用自由主義的價值來面對文化多元的族群關係，強調世界的文明發展是朝向人與人同（sameness）爲一個人種（human race），「盲視」（blindness）族群文化差異或社會團體的不同需求，對主流價值認知個人發展在形式地起頭平等下產生社會不平等結果缺乏反思與批判。所以，國家處理族群關係還是會在自由發展與中立原則下走向社會融合或同化政策，而社會結構也無法跳脫強勢主流文化主導的發展。

3. 多元論的多元文化主義（pluralist multiculturalism）

多元論的多元文化主義不同於自由主義者強調人類「同質性」（sameness），而強調其「差異性」（difference）。多元論者在接受多元族群文化差異狀態的同時，鼓勵人們多元學習，放棄偏見，學習多元的知識與價值。但在差異族群的社會結構關係與資源分配上，多元論者只是鼓勵學習各種異文化，反而會忽略政治上的權利與資源分配的影響，而去脈絡化（decontextualization），即忽略歷史遭遇與社會結構的因素，無助於國家內部多元族群權力結構的改變，也無法挑戰自由主

義社會通念衍生差異文化族群發展不平等結果。

4. 左派本質論的多元文化主義（Left-essentialist multiculturalism）

左派本質論的多元文化主義主張個別差異文化族群或族群主體的真實性（authenticity），是不會改變而保持其獨立的主體性，並主張族群關係的對等性。對於保守派的多元文化主義者剝奪差異文化族群的生存，提出族群主體性的絕對自決權利的對待。但本質論者也將無法欣賞到族群關係在歷史脈絡的文化差異之發展與定位，因為國家在不同的歷史階段對於族群關係以及文化差異的態度，因其政治環境的轉變而變遷（同上引：19）。國家族群關係會走向資源使用的對立、集團孤立的政策，而社會結構也朝向強勢弱勢不均衡的衝突發展。

5. 批判的多元文化主義（critical multiculturalism）

批判的多元文化主義的理論背景源於 1920 年代的德國法蘭克福批判理論（critical theory），即批判工業化社會中的支配（domination）結構與權力（power）運作。批判的多元文化主義鼓勵自我表達（self-reflection）以進行協商，對於社會權力結構的發展也支持社會系統的階層流動性（mobility），強調要有批判意識的觀點並由歷史、文化、權力、經濟的不同視角重建差異之脈絡化（contextualization）。批判的多元文化主義關切文化的、政治的、經濟的、歷史的社會統治程序的社會正義（social justice）與歷史正義，並從結構性的分析觀點思索權力、資源重新分配的合法性與資源分配不公持續擴大的問題，甚至支持人民為了追求社會正義而抗爭。這樣多元文化理論也就是本研究反思土地財產權配置與制度價值的基礎。

　　人口佔少數或弱勢的種族文化族群何以在自由主義之現代國家所建構的社會結構中，因著本身的族群的文化差異，而遭受不正義的手段壓迫？國家內部個別族群對於多元族群的關係與態度，可能會產生上述五種或是其混合情況。張培倫（2005：55）分析自由主義者雖然珍視文化，但整理出背後卻預設一個具有文化同質性的社會，並不一定蘊含對社會上存在的所有種族文化採取實質平等地權力與資源分配的尊重，反而可能導致文化同質性的結論，也就是「預設政治社群與文化社群融合為一」，就像保守派多元文化主義取向的同化政策、自由主義的多元文化主義會取向社會融合於一個主流價值、多元論的多元文化主義會取向增強對權力支配衍生社會不平等狀況的容忍甚至麻痺。左派本質論的多元文化主義則在對抗同質性上發展本族群差異文化的同質性小集團並強化衝突。而此「社會共善價值」選擇「同質性」的趨勢在國家體制架構與主權的落實下，藉由法律制度產生影響。在多元文化理論下，此社會共識會有不同的價值文化所形塑。這情況的產生可以在社會結構與國家機制下對「民族」的文化性與政治性的雙重面向的切割與混用作說明。

二、文化多元族群關係的核心價值

　　民族（Ethnos）在民族學的討論是傾向文化性，民族（Nation）在政治學討論側重國家建立，在學術領域的探討作了明確的區分（林修澈，2000：3）。但在國家建構的社會結構運作過程中，採用民族的文化性作族群認定與政策規劃的基礎，但自由主義重視個人權利及多元性發展，而不是差異族群的多元文化保

障。Anderson 在《想像的共同體》一書定義民族的政治性,「它是一種想像的政治共同體—並且,它是被想像為本質上有限的,同時也享有主權的共同體」(Anderson,1983;吳叡人譯,1999:10)。在自由主義現代國家對此政治共同體的想像,藉由國家主權在法律制度的實踐,存在「預設政治社群與文化社群融合為一」的政治性,而國內差異文化族群在政治上不是權利的主體。這樣的權力關係也反射在社會的共善價值,並間接地透過建立法律制度而影響族群關係,圖示關係在圖 2-6。

　　在民族國家建構之後就忽視族群文化之差異,致使國家建構的社會結構在政治上忽視族群文化的差異,而國家法律制度的設計也「盲視」少數族群處於弱勢的社會關係的族群文化差異因素,即「民族大熔爐」、「社會融合」或「同化」政策來安排。而自由主義國家認知權利的單位在與個人而忽視不同文化族群的需要與特殊安排,在處理種族文化差異採取「中立性」立場並尊重「多元性」的「自由」「平等」發展,而排除少數族群弱勢的民族問題,並視為私人領域的事務或採取社會救濟的手段,任由個人自由選擇。對此,多元文化理論的政治思想家則提出「族群差異權利」來糾正自由主義國家的「中立性」態度,檢討差異文化的族群關係的「去主體性」的社會結構發展。

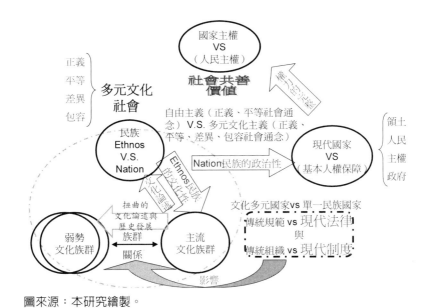

圖來源：本研究繪製。

圖 2-6：多元文化國家內的民族概念：
政治性的 Nation、文化性的 Ethons

　　民主國家藉由主流社會繼受了西方自由資本主義與市場經濟制度及其社會共善價值，包含了族群關係的規則、土地財產權利的概念，形成主流文化族群內部的社會通念，並藉由國家立法、行政機制規範了原住民族的土地、資源與權利分配制度，而成為國家社會共識，這部分將在第四章作介紹。但是，原住民族居於弱勢文化族群，其社會共善價值因為社會文化、生產技術與生活環境等差異，其社會價值及土地財產權利制度呈現些許差異，且此差異文化礙於跨文化藩籬的障礙，不被主流社

會承認、國家無法採用差異文化權利安排制度。原住民族的社會價值與土地財產權利制度將在第三章作介紹。主流文化族群與弱勢文化族群在現代國家內部的族群關係，與制度影響權利的安排，關係呈現在圖 2-6。

　　肯定多元文化的自由主義國家如何來面對並維持文化多元的族群關係？常士閣（2009，42）由多元文化理論的政治思想之基本價值來觀察，整理出四個核心的價值：正義、平等、差異與寬容的政治思想，來發展多元文化的族群關係。

1. 正義：

　　正義是與權利的追求相關聯的。Rawls（2003：5）在《正義論》一書對自由主義思想提出正義的主要議題，是「社會的基本結構，或者更確切地說，是社會主要制度分配基本權利和義務，以及社會合作角度界定利益分割的方式」（引自常士閣，2009：44）。自由主義認為保障個人追求權利乃社會正義。在多元文化主義所承認的權利主體包含個人與差異文化族群，所追求的集體權利也與個人權利同等重要。以多元文化主義的政治思想來看，差異文化族群主體藉由其代表組織而享有的集體性權利，以調處自由主義忽視族群文化差異的個人發展需要，這是正當的。此處的「集體」主要是少數的弱勢族群，相對於國家掌控制度設計的主流族群，他們把自己當作國家內部的種族文化族群（ethnocultural groups）。

　　Kymlicka 依據文化對個人的重要，而指出自由主義的個人應該被視為某一個文化共同體的個人，並指出在文化多元的社會，需要不同的公民權利來保護文化共同體免受不必要的解

體,來考量經濟市場與主流政府的政治程序及主流族群所形成的市場與政治決策效應,乃所謂「族群差異權利」(group-differentiated rights)。此種集體權利在實踐上有內部限制(internal restrictions)及外在保護(external protections)的效果。前者賦予族群文化適當的穩定內部的異議自治權利,後者保障族群文化避免受外部決策的影響(引自張培倫,2005:84,88)。

2. 平等:

自由主義思想家對社會平等的概念是強調競爭機會的平等,個人在國家架構的框架下自由的、平等的發展,而產生的結果不公平也看作是平等的,而頂多予以制度不利的個人補償。Rawls 在原初立場架設「無知之幕」,使理性觀察的立約者無從曉得彼此的特定差異,使所推論的正義原則被每一個理性者所接受,種族文化差異則不考慮。Dworkin 也認同文化結構提供個人追求美善人生的必要條件,社會有責任維持所繼承的文化結構的存續及豐富性,但其說法是「我們繼承一個文化結構」,預含政治社群與文化社群融合為一的目標(引自張培倫,2005:54-55)。自由主義由平等尊嚴理念衍生出尊重所有公民的平等尊嚴的「普遍政治」。

多元文化主義則在「機會平等」的競爭觀點之外,對於國家內部差異文化族群的平等對待要求更多的「結果平等」。自由主義的個人是原子式地存在,將個人與文化分開思考的機會平等,雖然弘揚個人,但本質上是否定了文化,而多元文化主義則認同機會平等,同時重視族群之間的差異文化因素,依此

差異而制度上安排的結果平等。Taylor（2005：291）指出差異
文化族群「得不到他們的承認或只是得到扭曲的承認能夠對人
造成傷害」，「正當的承認不是我們賜予別人的恩惠，它是人
類的一種至關重要的需要」。所以，Taylor 提出「肯認政治」
乃是與正義呼應，認為個人都有他的獨特認同，只有在所處的
社會或文化中才能維持完整的個人認同。肯認政治就是由個人
要求平等對待，延伸到族群要求平等地承認差異的文化並平等
對待，也使不同文化都具有平等地位，既承認差異且要堅持平
等，而在特定的領域中保障文化多樣性。故，平等除了文化族
群承認的問題之外，在政治上族群文化的永續生存還有政治權
利分配的問題，既差異文化族群擁有自決與賦權的需要。

3. 差異：

多元文化社會對差異性思想是針對自由主義的同質性思想
的反思。自由主義也有差異理論，密爾（John Stuart Mill）的思
想認為根據個人愛好與信仰以尊重差異性，而不是根據集體的
社會或文化的認同與信仰，也就是迴避公民背後族群文化背景
的差異。多元文化社會藉由關注差異與少數族群的權利並與文
化差異因素結合在一起，並在社會權利配置中作調適，構成多
元文化主義的政治思想的基本價值（常士閎，2009：65）。

多元文化主義的差異概念既是承認異質性，也是相互依
賴，而修正自由主義的同質化與社群主義的分離化（同上引：
67）。多元文化主義思想中積極主張差異的 Young（1990：191）
在《正義與差異政治》中指出「在一個團體劃分的社會中，正
義需要的是團體的社會平等、相互承認和團體差異的肯定」，

並提出「差異的政治」，主張承認少數族群的文化身份與多數文化具有相同的意義與地位，並依據差異原則賦予不同文化族群差異的公民身份與權利（引自常士閭，2009：67,344）。所以，「反歧視」必須落實弱勢文化族群權利在主流價值建立制度的安排中，關注其差異性，並賦予權利補救的制度安排，並與社會救濟作區別。這也呼應 Kymlicka 的「族群差異權利」主張。

4. 包容：

自由主義思想所討論的包容是指「社會融合」在主流價值與社會文化的族群關係，由政治上參考密爾（John Stuart Mill）構想的民主來看，包容只存在於同質性文化基礎上並對於個人不侵犯他人為底線。多元文化主義政治思想所提示的包容是指包含「承認」差異文化族群於整體，並「寬容」對待弱勢的差異文化族群的信仰存在，且輔以適合文化發展的條件。自由主義政治思想的現代社會發展，對工具理性追求同質性與同一性的價值，並建構一個管理有序的社會和機構，而產生科層化和官僚化的組織機構。而多元文化的承認與寬容，也需要務實地面對這個文化多元的現況與環境。

多元文化面對上述務實地挑戰，更需要加強多元團體的權利與族群的認同。在心理層面上強調對族群自身的文化與價值的承認與接受，堅持自己族群的文化特色與差異，從而與工具理性所設計的規則分離。另一方面，在政治上確立不同文化族群的政治主體性與權威，也就是自己族群在文化上的自治權力，使各種文化族群都有自主權，但不必然損害國家主權的完整性（引自常士閭，2009：74）。多元文化主義的包容除了在

態度與認知的問題之外，在政治上也要有明確的表述。在寬容的限度上 Young 提出避免自由主義一視同仁的方式，應該依據不同族群的集體權利的特點設計不同限度。格羅斯則提出「國家在承認公民社會的多元文化性質的同時，其主要職能依然維護完整，維護對公民福祉甚至生存都不可少的社會和諧」，也就是主張文化多元，不與國家政治主權衝突（同上引：82），並衍生國家主權可以依據多元文化發展需要而在一個國家內部的切割議題。

表 2-2：自由主義社會與多元文化社會對
差異文化族群關係的核心價值比較

核心價值 社會條件	正義的 核心價值	平等的 核心價值	差異的 核心價值	包容的 核心價值
自由主義國家社會	個人自由與權利的保障	重視「機會平等」的競爭	根據個人愛好與信仰自由來尊重差異性。	「社會融合」在主流價值與社會文化
多元文化的自由主義國家社會※	同上，並重視差異文化族群權利。「族群差異權利」	同上，並關注差異文化「結果平等」「肯認政治」	承認異質性，並賦權補救而相互依賴。「差異政治」	尊重多元文化，「和而不同」的權利分配與生活態度。

資料來源：本研究整理。

（※此處的多元文化是指「批判的多元文化主義」之國家社會。）

對於上述多元文化族群關係的核心價值，Tully（2001）提出多元文化當代憲政主義之「憲政對話」，做為實踐多元文化族群關係的策略。

　　多元文化價值並非獨立於自由主義的正義、平等價值之外，乃是在自由主義社會制度的基礎，進一步承認弱勢文化族群的差異價值、寬容對待之下，擴充了正義、平等價值的內涵與層次。自由主義的現代國家在肯認多元文化的發展下，接受上述正義、平等、差異與寬容的政治思想，並需要藉由一定的憲政體制完成政治的整合。而這種國家憲政制度以及指導國家建立的這種價值準則，在民主機制與國家體制下，是由人口多數的民族之價值觀所主導實踐（常士誾，2009：39）。對此，Tully（2001）在《陌生的多樣性》一書中指出現代憲政主義的語言是自由主義、民族主義及社群主義所詮釋的核心語言，並打造出一個「一致性的帝國」，對於差異文化族群採取自訂現代文明的標準，強調一致性與普遍性，來改變、整頓差異文化族群傳統的社會規範。他對多元文化主義的當代憲政理論作重構，對現代憲政主義做了調整。

　　在文化多樣性的時代，對當代憲政主義的安排必須承認所有背景特殊成員的正當需要，Tully 提出三個步驟：第一步需要實現相互承認（mutual recognition），及排除在預設的文化價值下承認文化多元；第二，相互承認還需要使文化延續，並非只用單一的憲政體制去承認所有文化。因「文化」對應為民族主體的情況下，而單一的概念使「民族國家」設定為唯一合法憲政形式；第三，強調取得同意，將文化視為重疊的、互動的，而且內部協商是經過折衝妥協而形成的（同上引：8-11）。Tully 藉由分析普通法憲政主義的兩項歷史，早期英國王室代表對北美原住民領袖的對話記錄是尊重原住民為「最初的國家」的國

族（nations）的地位，另外由加拿大聯邦與魁北克地區的歷史
演變闡述分殊聯邦主義的優越性，而體現出珍貴的三項常規：
相互承認、延續文化以及同意原則。

　　Tully 提及文化是空間重疊、歷史互動與內涵妥協的三個面
向，據此三項規定而發展多元文化時代的當代憲政主義哲學，
乃是「憲政對話」。當代憲政主義不視憲法為一種固定而不可
變的協議，而視為一種跨越文化藩籬的憲政對話行動。在憲政
對話過程遵守上述三項常規，並實踐多元文化理論的政治思
想，使不同文化背景的公民遵守共同的憲政規定的引導，合力
在憲政對話過程中達成協議，找出調節彼此之間各種文化差異
的適當形式的過程，作為後帝國主義憲政的重構基礎（引自常
士閎，2009：357）。

　　上述多元文化理論的基礎上探究原住民族土地權利在憲政
與法治的改革，主要有兩組推動的力量，一個是「解構」為策
略來推動改革，主要介紹有批判法學與批判種族理論，提供研
究原住民族土地權利歷史發展的視角；另外，是以「建構」為
方針的改革，主要介紹有民族法學與自主組織與自主治理的集
體行動理論，提供研究原住民族土地權利採用建構國家法律體
系之整體性觀點為目標。

三、批判法學與批判種族理論

　　批判法學主要是法學與社會學的結合，以批判與解構自由
主義法學；而民族法學是法學與法律人類學的整合，期望在國
家法律體系重構出民族法律體系。兩者共同的基礎是多元文化
理論（Multiculturalism）的興起及少數族群意識的復甦（高德義，

2009b：105）。首先介紹批判法學之發展與應用。

（一）批判法學

批判性法學研究（Critical Legal Studies，簡稱 CLS）起於 1980 年代前後的美國法學界，主要的批判法學家有批判形式主義的鄧·肯尼迪（D Kennedy）、羅伯托·昂格爾（Roberto Unger）等人。CLS 批判的對象是現代資本主義社會的「正統」法律思想，所謂的正統法律思想是指自由主義法學或「自由法條主義」（liberal legalism）。法律主要特徵是基於人的理性基礎建立社會秩序，並由人類生活經驗推論而具有普遍性，由人類理性產生的法律則作爲獨立的社會控制，而法律藉由被認爲客觀與正當的法條作爲社會規範機制，並在法律的應用過程產生決定性與可預測的結果（洪鎌德，2001：504）。而自由主義法律思想認爲這樣的法律是中性的、客觀的與政治中立的。

批判法學認爲法律的中立原則是形式上的，實質上成爲正當性與合理化不公平政治地位與權力關係的外衣。依據儲貝克（D.M. Trubek）教授的整理，CLS 批判的主要焦點在自由主義法律思想的不定性，即其法律邏輯體系的不確定性；反形式主義，即形式平等的法官判決會受政治及社會勢力及意識型態左右；矛盾重重，即不同競爭概念的集合體，比如契約的私人的或公家的對立範圍，個人主義與利他主義的對立；以及受法律之外的強力糾紛解決因素影響而被邊緣化（洪鎌德，2001：505）。CLS 批判自由主義法律思想採用的研究途徑，取材自社會理論、純粹批判以及文本闡釋，以揭露法律訴訟無涉於政治的神話，並不認爲現有法律體制爲唯一正當的糾紛排解機制。

在法律制度的實踐方面，自由主義法學思想在代議制民主運作下，昂格爾 Unger 指出權利制度設計結果使權利成為擁有權利者自由裁量的領域，其範圍大小由最初對權利下定義時作規定（引自沈宗靈，1994：474）。法律在國會制訂的過程也反映了社會主流的最大公約數，並隱含多數人的價值與信仰，並藉由立法過程成為普遍遵守的規範。然，SCL 批判資本主義社會的統治階級在國會中以多數優勢，藉立法程序反映出他們自身的利益，而不一定是多數人或弱勢族群的利益。此權利制度設計出的法律制度以國會立法程序取得正當性，來呈獻形式的中立性與客觀性，以隱藏統治階級的自身利益。

（二）批判種族理論

批判法學著重於「解構」自由主義法學的形式中立原則，以及揭露社會主流與統治階級藉由代議制度的國會立法之正當性保障自身權益。SCL 理想地聲稱一旦剪除自由主義與資本主義的意識型態，並建構新的思想途徑之後，美好新世界將誕生，且不以族群文化的歧視為焦點。但戴嘉多（Richard Delgado）由少數民族及弱勢族群的實際需要出發，對於批判法學的主張引發疑慮。少數民族面對種族主義的壓迫，期待在法律制度上消弭文化差異的歧視，關心權利制度提供具體的安全保障（洪鎌德，2001：528）。因此，1987 年批判法學年會以「無聲的吶喊：種族主義與法律」為主題，在批判法學由種族的觀點衍生出「批判種族理論」（Critical Race Theory, CRT），指出美國法律體系是主流族裔的觀點（主要指白人觀點），成為司法審判與法律推理的基礎，使少數族裔敗訴機會增加，而批判種族理論與

女性主義法學共同構成了所謂的「後批判法學」（高德義，2009b：105；羅國夫，2009：24）。

　　批判種族理論由批判法學研究的基礎，衍生出用「經歷敘述」與「種族意識」的研究方法，來批判法律體系隱含社會的種族結構不平等關係與歧視現象。批判種族理論認爲主流法律思想巧妙地使用自由主義法律語言裝扮爲中立與客觀的，但背後是種族主義歧視的法律制度設計，實際展現主流族群對少數或弱勢族群的壓迫（林柏年，2006：3-4）。批判種族理論的研究方法採用「經歷敘述」的方法，對傳統知識即真理的唯一性以及對事件的解釋提出挑戰，並對事件的經歷敘述爲引子，並思考事件背後的政治、文化與社會背景且由不同的文化、經濟、種族及個人觀點審思。這使理解事件的意義是架構在一個前後連貫的環境中，事實勘查者在人事物與文化歷史環境組織成經歷的形式，來呈現事實的樣貌。對於法律，此概念認爲法律是藉由其解釋來完成法律的進行，既把法律視爲故事。「經歷敘述」的方法使排除在主流之外的族群取得說故事的權利，使事實的呈現不是只架構在主流社會所理解的知識真理之上，並通過對話或溝通闡釋自己對「平等」的主張（Ibid.：7-8）。

　　批判種族理論也採用「種族意識」的方法。法律中的種族意識呈現優勢族群的文明、知識與能力的肯定，對差異文化的弱勢族群則呈現愚昧、無知與無能的二元等級觀點，展現種族主義意識型態的「霸權」形式解釋族群關系的歷史發展。批判種族理論採用「種族意識」的方法，對種族壓迫作獨特的解釋並且強化對於種族反壓迫的論述。藉此觀點，批判種族理論者

對現有法律環境的批判，尋求自己族群正義的主張及有利的法律策略（Ibid.：9）。

　　原住民族需要國家保障族群文化發展的法律制度，思考「重構」族群主體發展需要的「民族法學」，成為國家法體系解決「民族問題」的法律。本研究採用批判法學「解構」自由主義法學的形式中立原則，同時也引用民族法學「重構」符合族民發展需要的國家法體系，成為一套完整的分析理論。

四、民族法學的族群關係建構與 Ostrom 的集體行動理論

（一）民族法學

　　「民族法學」是以民族學與法學為基礎，進行「國家法律體系」中解決「民族問題」的「民族法律體系」之研究。宋才發等（2005：34-36）提出民族法學是以「少數民族習慣法」[19]與「法律人類學」的研究基礎，使少數民族的法律得以在保有民族主體性的研究下，於國家法律體系「重構」民族法律體系，並取得少數民族在現代社會發展的國家法律保障。他們並指出民族法學體系的劃分是有階層性，即以第一層的憲法部門為權利基礎，所規劃出第二層的基本部門，並在其實際的功能部門下建構下層的子部門。

　　民族法學對「原住民族」（indigenous）一詞是泛指殖民帝國擴張前佔有該地並於其上居住，而今被他人統治的族群後代。在內涵上有兩項特點：其先民發源於此土地並早於統治國

---

[19]宋才發是研究中國的民族法學問題，中國以「少數民族」來定義，我國則以「原住民族」來認知與定名。各國國情各有不同而有不同的定義，甚至像多數東南亞國家在殖民獨立之後否認有原住民族的存在。

家使用此土地；並且他們也是一個民族（peoples）或國族（nation），在此土地發展出獨特的（sui generis）族群文化，藉由持續的存在與自我認同，使原住民族在現代國家成爲異於統治族群的獨特民族，尤其要面對民主社會人口比例劣勢的情況（Anaya，2010：4-8）。所以，民族法學的核心架構在於「土地權利」的保障，並且依據人與土地的生活關係發展出的特殊文化，包含家系繼承制度，自然資源管理利用，犯罪與處罰等範疇，依據自治（區域）、原住民（對象）、族群社會（文化）以及權利事項等條件，予以國家法化的研究與立法。

　　民族法學所定義之原住民族的「法」並不是以現代社會法律制度的實體組織形式爲基準，但以此爲發展目標。原住民族與殖民國家的文化接觸過程，是沒有文字的人類文化之原始法律，與經歷文明發展的社會結構之現代法律交流。文明社會如何來觀察原始法律的運作？馬凌諾斯基（Malinowski，1994）跳脫以現代社會實施法律強制機構的觀察模式，改由人類學田野觀察具體事實，以描述[20]社會強制約束力的「法律」運作爲研究途徑，研究結果呈現在社會組織與部落文化的互惠機制與公平交換原則所建構的社會通念下，存在社會約束力的原始法律形式。當然，此原始社會的法律是定義在部落文化與社會組織的強制力，與現代社會法條形式與法律強制機構運作，是不同層次的社會組織脈絡的呈現，但在多元文化國家下兩者不應該互

---

[20]從現代的角度來看，此描述也就是萬慈（Clifford Geertz）所謂的「從土著的立場出發」，對文化作深厚描述（thick description）。

相否認。

　　美國法律人類學家霍貝爾 Hoebel（2006：5,27）指出原始人的法律必須先勾勒出其社會與文化的樣貌，才可以知道其法律在原始社會的社會控制位置。另一方面，由現代法理學的基礎來識別法律，其構成的三個因素為特殊的強制力、官吏的權力和規律性。在此基礎上觀察原始人的法律規範，就是一種社會規範，既當人們違反此社會規範時，會受到社會承認的特權人物或集團，以運用物質強制力量相威脅或事實上加以運用。在此脈絡下 Hoebel 發現原始社會的"法庭"存在。Hoebel（2006：45-60）引用霍菲爾德（Hohfeld）體系，此體系將所有的法律關係都定位在人與人之間的社會關係，或是與物有關的所有個人之間的關係。同時，此人與人之間的社會關係可以歸類為八個基本法律概念的四對基本關係，並在其研究案例中足以分析原始社會以及現代社會的人與人之間的法律關係，使得在網狀社會關係脈絡得以分析其族群文化下財產權利之實質意義。馬凌諾斯基及霍貝爾的研究提供國家法律體系觀察原住民族土地財產權概念及傳統土地制度的分析途徑，使得原住民族作為主體並建構其民族法律體系的，得以在國家主權間展現其生命與歷史。

　　民族法學由多元文化理論得以論證原住民族因族群文化身份爭取「族群差異權利」（group-differentiated rights）的正當性。張培倫（2009）整理泰勒（Taylor）的平等肯認政治（politics of equal recognition）與秦力克（Kymlicka）的自由主義多元文化理論作的充分的論述，也提供原住民族法學的權利基礎。但在

多元文化理論下此差異權利設計增加社會的利益衝突、意識型態衝突與認同衝突，而引發社會統合的疑慮，使國家社會喪失凝聚力與穩定性，甚至族群關係緊繃。

對於民族法學如何尋找聯結扭帶，解決不同文化成員願意共存於一個政治社群，維持社會統合性的問題，張培倫（2009）提出在共同的歷史文化或共享的正義原則之外，提出「反思的共同性」。也就藉由卡漢（Kahane）的友誼（friendship）德行與溫史脫克（Weinstock）的信任（trust）德行，以適當態度面對不同族群成員間的文化差異性，建立社會的團結與穩定關係。這也回應「平等、正義」之多元文化核心價值面對多元文化民族關係之外，更需要重視「差異、包容」之尊重與承認，才可以建立動態穩定的社會發展。吳豪人與黃居正（2006：225）對於市民社會財產理論與原住民族產權制度的競合，也提出四個排解要件與實踐階段：第一，「認識暴力[21]」；第二，「否定暴力」；第三，「進行對等溝通」；第四，「得到社會共識」。據此，政府與人民都調適多元文化價值觀的生活態度與秩序。

民族法學並不是單一的分析理論，於多元文化理論及法律人類學的基礎，在國家法下建立民族法律體系的一套技術與態

---

[21] 吳豪人與黃居正（2006：210-211）提出，當我國自稱「人權立國」，應該要區別「暴力＝排他」與「權利＝參與」的二元對立概念，也就是要超越「法律即權力」的「中華法系理念」，既政府管理人民的權力；在繼受西方法律體系同時也學習歐洲「法律即權利」的法治精神及概念，既政府保障人民權利為建立政府組織之目的。對原住民族的土地財產權利，應該在文化接觸之初就要賦予法律權利，在當代現正協商架構下予以多元文化的承認，而不是還堅持國家片面宣稱「蕃地國有」的暴力排他、法律權力觀點。

度。相對批判法學解構自由主義法學的「大破」精神，民族法學著重於多元文化下承認原住民族財產權體系與國家採用西方財產權價值體系的差異，尋求互相認同的協商平台，提供原住民族法律體系重構的「大立」契機，也是本研究期待的一個方向。

（二）Ostrom 的集體行動理論[22]與長期合作賽局理論

Ostrom（2000）由一些成功與失敗的經驗案例爲制度分析基礎，研究公共使用資源（Common-pool Resource，簡稱 CPR）的自主組織與自主治理的集體行動，提出有別於霍布斯「利維坦」中央集權政府統治的主權秩序觀，或亞當·斯密徹底私有化的自由市場經濟之市場秩序觀，而提出公共事務治理之道及可行性分析框架模型，並避免哈丁（Hardin）「公地悲劇」或「囚犯困境」及 Olson 的集體行動困境的疑慮。Ostrom 不否定這三個模型在其假設條件下的分析結果並承認人的理性選擇能力，但否定這三項是唯一的選擇，並藉由重複錯誤中學習與溝通而發展出競爭關係與合作關係共存的自主組織與自主治理的集體

---

[22] 本段主要參考 Ostrom（2000）對於公共使用資源(CPR)的自主組織與自主治理之制度建立的集體行動(collective action)的研究，但重點會關注到參與集體行動的那群人的部分理性條件與集體行為預測，並自主組織、自主治理的制度發展。如果由此角度發展，人類行為的預測與規範的發展會與賽局論(game theory)的人類行為分析相呼應，並對 Ostrom 的集體行動與自主制度發展提供解釋途徑。本段藉由 Ostrom 的集體行動理論與賽局論，解釋原住民族在國家主權還沒有介入之前，各族群在其生活領域對於傳統土地資源的自主組織與自主治理而發展出各族群的傳統土地制度的成功可能，在於引用 Ostrom 的理論、而非介紹之。原住民族傳統土地制度在這樣成功發展的可能之下，也對國家法體系內發展原住民族法學並建立保障原住民族土地權利的法律制度提供合理的基礎理論與條件。

行動理論。哈丁的共有公地是欠缺財產邊界共用情況，原住民族共有土地是在族群文化、規範、組織下的「公地」，與 Ostrom 概念相同。

　　此研究主要是針對應用在地知識發展自主組織與自主自理的公共資源使用的制度，並非針對原住民族而設計，也不是在討論多元文化相關理論，但卻分析對於在地知識提供公共資源使用與分配的制度與規則建立，提供了新制度經濟學往多元文化理論政治實踐的連結，也適時地解釋原住民族傳統制度的可行性與傳統社會文化的現代制度價值[23]。

　　首先，Ostrom（2000：48）定義所研究的公共使用資源（CPR）是有特殊環境條件，是屬於「難以排他但分別享用」的公共資源，且對象限定在國家內部小範圍的公共資源，影響人數是 50 人到 15000 人，而 CPR 對這一些人的經濟收益有極大的依賴。

---

[23] 原住民族土地（包含保留地、傳統領域與傳統海域）是否屬於 Ostrom 在探討公共使用資源(CPR)的研究範圍呢？這樣的問題其實是很弔詭的。從第四章介紹國家發展原住民保留地的脈絡來說，在「理蕃」政策與森林事業計畫中，認定原住民族只有使用土地的概念而無所有權概念，否定了原住民族擁有傳統領域的財產權利，並歸類「蕃地」為無主地而官有化或國有化。如果從這一個角度來說，原住民族傳統土地制度確實是屬於 Ostrom 研究公共使用資源的自主組織與治理的集體行動理論內之研究領域。但從第三章介紹的原住民族內部觀點認知原住民族土地權利的存在，似乎又將傳統土地議題族群化或私有化，而排除在 Ostrom 研究的範圍之外；其實這樣的視野限縮是限制了 Ostrom 在制度發展與分析的貢獻。本研究的觀點認為，跨越這樣的財產權類型與分析條件就是 Ostrom 在制度經濟學的主要貢獻，她定義使用 CPR 的人群條件很清楚且很低，是部分理性的小型集團之選擇、得以充分溝通，而足以與賽局論連結；而且 CPR 使用也只要求邊界清晰而不一定需要文字登記、也不限定是自由資本主義市場經濟社會或原住民族傳統互惠社會。本研究認為，Ostrom 的集體行動分析理論對於原住民族傳統土地制度的發展來說也是正好適用。

經驗案例有區域的地下水資源及近海漁場資源的公共使用管理問題，跳出必須依靠外部政府提供制度解決方案的迷思，而相互依賴的委託人可以自己組織並自主治理，並發展公共利益的自主治理。雖然不依靠外部政府參與制度的解決，但外部政府對自主治理的承認與賦權是基礎原則之一。經驗理論上，原住民族有機會在沒有外部制度提供下自主治理並發展異於自由市場經濟的分配機制之政治組織與管理機制。另一方面，政府如果採取支持與正面的協助制度的建立與安排，可以使自主組織自主治理的成功機會增加。然，在經驗案例分析呈現有實際成功案例之外，也有失敗的案例，而 Ostrom 從這些案例整理出自主組織自主治理成功的原則。

Ostrom 提供的經驗研究在財產權利論上不是否定市場價值以及管理組織發展的需要，自主治理的核心概念也不是忽略整體生態的平衡。她拒絕在自由市場經濟與國家共管之間選擇唯一方法，而在兩極端的光譜間得以自主組織適合地方之環境生態與族群文化的知識，形成多樣貌的自主治理的可能實踐。另外，Ostrom（2000：141-160）也由成功的經驗案例分析出八項重要「設計原則」，也就是自主組織的集體行動可以自主治理的實質條件，以保障制度在維持公共資源的世世代代永續使用的規則，提供自主治理的基礎。同時，這一些原則也可以說明失敗經驗案例的原因。

第一項：清晰界定邊界。在 CPR 的資源雖然是可以分別享用，但還是認定資源單位及使用人需要明確規定。此規定並不限定私人所有制或公有制，而是在協商過程共同確認的。

　　第二項：佔用和供應規則與當地條件保持一致。維持整體生態供需平衡的觀點上，設計制度的安排。在地知識轉化為自主治理制度安排的基礎。

　　第三項：集體選擇安排。提供當事人參與操作規則修訂的政治參與平台。

　　第四項：監督。透過公開的資訊，積極檢查公共資源狀況及佔用者行為。

　　第五項：分級制裁，制裁的程度取決于違規的內容與程度。

　　第六項：衝突解決機制。以低成本的地方公共論壇或結合信仰文化機制。

　　第七項：國家賦予組織權。此需要國家在法律制度上的實質協助，提供當事人的政治參與平台，並保障協商溝通的實踐。

　　第八項：分權制企業組織（現代組織架構）是傳統原住民社會較缺乏的經驗，特別需由傳統社會組織與生存環境條件分析並與現代環境連結。

　　自主組織的集體行動是可以在明確界定邊界之私有制的架構下，維持對公共資源自主治理的制度框架，運作監督、制裁與衝突解決機制；並且引進分權制的現代企業組織運作；整合地方知識，在監督與制裁機制及衝突解決的制度上採用較低且有效成本的制度配置，並保持整體生態平衡觀點為條件。更重要的是，在適當規模的公共使用資源 CPR 範圍中，人們藉由公開的溝通及傳統守信用的習慣再次被強化下，降低制度建立的信息與交易成本，並由重複錯誤中學習合作的效益與規則的建立。但在維護國家主權的近代國家概念下，國家在多元文化尊

重族群差異的特殊需要上，在法律制度賦權並設計自治機制，
而不需要過渡的干預自主治理的運作（Ostrom，2000）。

Ostrom 的成功經驗案例分析其實也符合賽局論(Game
Theory) 分析預測人類理性行為模式的框架。賽局論是人類理性
地在競爭的環境中，藉由預測對手的行為，並預測對手如何預
測對手的行為，選擇對自己最有利行動策略。長期互動與公開
訊息培養出信任，並提供動態賽局中跳脫囚犯困境的途徑（巫
和懋、夏珍，2002：139）。Ostrom 所論述的成功的集體行動理
論與完全訊息長期賽局條件相似，既彼此得以在重複錯誤中學
習、將經驗傳承、得以溝通協商並增加互信。如果同時在賽局
環境存在外在壓迫或威脅的條件下共同生存，彼此預測他人行
為模式以及彼此會預測對方可能如何預測彼此的行為，發展出
「可信的承諾」，會認知共同對抗威脅可以提高生存機會，此
集體行動得以發展「互利」的「納許均衡[24](Nash Equilibrium)」
（同上引：34,63）。對應到多元文化核心價值，社會共同遵守
平等、正義社會價值的制度之時，且制度發展能尊重差異與包
容，會取向發展出互利的多元文化民族關係。

在 Ostrom 設定的集體行動環境中，參與者可以重複的實驗

---

[24]「納許均衡」是 Nash 在賽局理論中提出人類行為預測模型的均衡點概念，
用白話來說也就是行為預測的穩定結果，從人類行為預測的穩定結果也表示
社會活動已經收斂並形成社會規範。簡易此標準的條件是：「均衡後，任何
參賽者均無誘因使單方面偏離此均衡」，或「形成一組互為最適反應的策略
組合」，也就是「納許均衡」。此均衡點會基於人類理性選擇最有利自己的策
略下，隨競爭規則設計、賽局次數、是否完全訊息等條件，充分訊息長期賽
局會發展彼此「互利」的結果，不完全訊息的一次賽局會發展出「互害」的
結果（巫和懋、夏珍，2002：124，139，183）。

並公開溝通，可以公開資訊、互相監督，藉由自主組織、自主
管理的集體行動，也可以發展出分級制裁與衝突解決機制。就
算保留清楚邊界的私有財產制度，既存在私有財產制度以及基
於自利的基礎，經過在地知識的累積發展出自我組織與管理，
也會發展出合作互利的社會關係、社會規範、甚至組織。

　　相對來說，不完全訊息、一次賽局的分析或基於沒有溝通
而不信任的社會關係，而衍生「互害」的賽局結果，是與完全
訊息長期賽局的結果不同，同時這也是 Ostrom 分析集體行動失
敗、無法形成成功制度的案例原因。以太魯閣族為例，族人在
艱困的山林生活條件以及 Utux 信仰的基礎，部落生存環繞威脅
的壓迫，並重視當面協商與口頭約定的社會規範與社會關係。
基於長期賽局理論，太魯閣族社會也會發展出「互利」的行為
預測以及「Nash 均衡」；再基於 Osrom 的自主自理與自主組織
的集體行動理論，太魯閣族發展部落土地「私有制」與「共有
制」並存，且衍生出「互惠」的社會規範、社會組織，是符合
人類理性行為預設的理論分析。這樣的分析原住民族傳統土地
制度在第三章會作進一步的介紹。但這樣的社會關係在進入西
方財產權概念與自由市場過程中，欠缺制度轉換之設計而被弱
化與破壞，這在第四、五章介紹。

　　Ostrom 的成功經驗案例分析這樣的條件，對原住民族在原
鄉的現代發展是很有激勵的。尤其這一種模型是重視在地知識
的價值並且可以得到較低的監督與懲罰之管理成本，把遵守諾
言及公開協商訊息作為族群內在規範的價值觀，比外部強制制
度的監督成本要低；並促使人們願意相互合作，發展自主治理

的集體行動。用 Ostrom 提供公共事務的治理之道來分析原住民
族社會傳統土地制度的永續使用，在國家現有自治制度之賦權
下，是有機會克服集體行動的制度供給、可信承諾、相互監督
的問題，實踐自主治理山林原鄉土地資源。這樣的分析間接的
承認原住民族社會傳統土地制度在族群文化的社會約制下，是
有機會在沒有國家介入建立土地制度之前，維持整體生態平衡
的有效自主治理的集體行動之可能；Ostrom 的分析也間接否定
國家採用新制度經濟學與市場經濟的現代社會標準，而否定原
住民族傳統土地制度並視為不存在或「制度欠缺」；反過來說，
原住民族傳統土地制度藉由近似交易成本很低或可忽略的科斯
第一定律的觀點，對於原住民族得以自主組織與自主自理形成
土地資源的財產配置與傳統土地制度是有強烈的說服力[25]。進一
步觀察，原住民族有機會將自己族群在地知識與傳統土地制
度，基於多元文化概念、自主治理的社會價值，學習現代技術
與組織，發展傳統土地制度與市場整合及資源利用的結合模
式，而不一定要獨立於市場經濟之外發展且回饋現代社會的發
展。

　　本研究以太魯閣族傳統土地制度為例，在第五章說明此種
整合與發展的可能。多元文化國家對於原住民族的土地管理依

---

[25]科斯定理研究對象是現代組織經濟活動的最適財產配置邊界，並非研究原住
民族財產制度。但是，如果承認原住民社會也有其傳統文化與價值觀為基礎
的組織，並將重心放在交易成本與財產配置度關係上，則交易成本為零的概
念是可以投射到原住民族傳統土地財產配置制度的分析。這樣的論點不是要
將原住民族財產權制度套到科斯定理作驗證，而是強調原住民族土地制度發
展的可能性，同時回應傳統土地制度進入現代社會的整合性。

據族群地方知識及傳統文化進行自主自理的集體行動理論，也符合自主組織與自主自理的較低制度成本的門檻，並且在充分參與協商過程將土地財產與資源的配置，進行充分討論並形成新的社會共識，既「集體選擇安排」，甚至制度化，使得傳統與現代價值觀在族群自主過程取得調適與法制化。

（三）小結：多元文化國家的民族法學建構及國內族群關係發展

　　原住民族土地權的問題，在傳統自由主義下殖民政府或優勢統治族群，對原住民族財產權制度之文化誤解而設立「制度欠缺」的保留地制度，主要受限於絕對的國家主權概念，乃至新制度經濟學分析指標還是以統治的主流社會價值的需要來決定，而忽略多元文化國家下原住民族作為政治主體所需要跨文化藩籬的承認與尊重之族群關係。批判法學及批判種族理論對於國家主權建構法制會忽略原住民族等弱勢族群的需要，已經做了批判與拆解。

　　在民族法學建構過程或是原住民族自主治理的集體行動之制度設計上，Ostrom 集體行動理論提供原住民族在國家不干涉的情況下發，展出與生存環境共生的自我組織與管理的規範與制度。但在多元文化國家進入及與原住民族自我組織與管理結合之時，政府及制度設計專家應如何採用新制度經濟學進行制度分析，以保障原住民族土地權及發展合作族群關係呢？在多元文化理論的基礎上，原住民族取得憲法的主體地位之後，修正過去政府單一社會價值的制度分析，重新站在國家與原住民族的多元中心主體的需求，建立新的制度分析指標，來規劃制

度的新變遷，以擴展新制度經濟學在多元文化下的理論基礎與實用性，並調處多元文化價值衝突與發展族群合作關係的目標。

參、國際人權法中的原住民族文化權與土地權

一、國際法下的原住民族

原住民族在主權國家的地位應該由 15 世紀國際法的發展談起，主要是被殖民與現代化經驗的遭遇。回到文化接觸故事的起頭，原住民族與殖民國家的接觸是在 15 世紀「地理大發現」之後，殖民主義將國家主權對外延伸開始。殖民國家伴隨著現代國家形式的出現與資本主義經濟的對外市場擴張，而附帶出對殖民地與原住民族的帝國主義侵略統治。二次世界大戰之後，殖民帝國紛紛瓦解，殖民地人民建立獨立國家。移民政權[26]依循殖民統治的邏輯，國家發展策略對原住民族進行現代化政策，而進到「內部殖民」的階段（高德義，2009a：3-6）。

由歷史脈絡觀察，十五世紀國際法面對原住民族土地權利維持當時社會的通念，即「自然法學」（nature law）觀點，認為「所有的人類都是平等」的原則，主張美洲原住民族擁有自己的社會制度及土地的權利，除非在正義的戰爭（just war）中敗給西方的墾植國家，否則他們的土地不可以被侵奪。原住民族在 17 世紀歐洲現代國家架構下被殖民國家視為「國族」（nations）並擁有「主權」（sovereignty）的對等關係，且簽訂條約協定。在台灣，十七世紀的荷蘭、西班牙對原住民族，既

---

[26] 移民政權是相對於社會結構處於弱勢的原住民族而言，乃獨立國家的多數族群，並在原住民族於該土地定居之後移入的，且在殖民政權離開之後主導獨立國家的政權。

採用維多利亞原則並承認主體及雙方協議的模式。

　　直到 19 世紀帝國主義掠奪與國家間領土轉移的國際法規範的發展，實證主義（positivist law）國際法學派[27]適時提出論述，建立以現代國家爲主體的「國際之家（Family of Nations）」及其承認理論爲基礎的國際法，並逐漸放棄條約協定的對等關係，並採取集體移住及保留地政策，原住民族在國家的位置降到模糊的非公民的特殊個人。直到殖民地國紛紛瓦解之後，移民政權才給予原住民族公民的個人身份，但持續引用殖民統治的邏輯，否定成爲一個民族主體的特質，維持自由主義下形式平等的個人對待。在台灣，1895 年日本殖民統治既採否定模式。

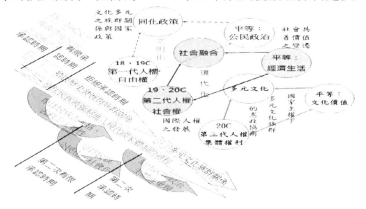

圖來源：本研究繪製。圖示各時期邊界尚待確認、且各時期重疊範圍未定。

圖 2-7：原住民族在國際法地位被承認的三個時期與人權發展之三代人權說

---

[27] 有英國國際法學家威斯特利克（John Westlake）的 1894 年國際法原則理論，國際法學家奧本海（Lassa Oppenheim）1920 年著國際法，美國法學家海德（Charles Hyde），英國公法學家林德禮（M.F. Lindley）等。Anaya（2010：28-41）與施正鋒（2008：99-108）對各法學家的論述也作了整理分析。

　　五個世紀以來，原住民族在國際法的國族（nation）地位，經歷承認時期、有限承認時期及拒絕承認時期三個階段，如圖 2-7 的左上角，成為移民政權治理之主權國家下的社會弱勢階層，是由國際間族群平等關係降階到國內社會公民關係的歷史脈絡（施正鋒，2008b：99-108；Anaya，2010：63-90）。由此脈絡可知，殖民政府否是承認原住民族為對等地位，並在土地權利關係是否簽署條約協定，只是殖民國家在國際法上對原住民族人權的單方面認知與變動，無礙於原住民族原先固有的土地權利的事實以及現代國際人權對原住民族土地權的承認[28]。

　　在另一方面，國際原住民族運動的發展取得國際組織的關懷（施正鋒，2008c：352-355；高德義，2009a：9-13）。二戰結束後，隨著聯合國憲章在國際法治中形成人權組織架構與規範制度，國際法體系開始吸納人權概念。原住民族在進到國家現代化政策的內部殖民階段，國際法也逐漸吸收人權概念，並質疑殖民模式的合法性，大致上與 19 世紀前期國際法的理論家所持道德論述相仿。Karel Vasak 根據人權發展先後於 1977 年提出所謂「三代人權說」，如圖 2-7 的右半部，其「第三代人權」指的是「集體人權」（rights of solidarity），而原住民族權利（indigenous rights）也屬於此類，並在國際法上的地位重新得到重視。在國際原住民族運動影響國際組織重視原住民族權並在國際法中逐步立法通過，也影響各國之民族政策的調整（李

---

[28] 這在美加紐澳原住民土地政策中，加拿大 1982 年憲法修正案第 35 條第一項「現有（existing）原住民權利」與「條約權」的承認，兩項都是「政府的承諾」（promise）。由此也得到論證。

建良，2003：120；高德義，2009a：22；Anaya，2010：8-11）。
對於原住民族來說，現代國家在三代人權的發展過程，象徵了
國家由拒絕承認階段，逐漸承認原住民（族）為有人格權之公
民，而後關注這群公民在經濟生活上的弱勢情況與特殊照顧，
既第二次有限承認階段。最後，國際上在《宣言》草案建立與
通過的過程，現代國家第二次承認了原住民族的特殊政治主體
性，並藉由政治上的民族自治、歸還土地權利與尊重管理模式
來實現。

　　原住民族權利發展之初遭遇殖民統治與國家主權的歷史，
而在當代國際法下衍生國際人權的集體權利。但雅柏甦詠‧博
依哲努（2009：13-22）整理原住民族集體權文獻，實踐理論上
沒有人懷疑集體權利來主張原住民族「外部保護（external
protections）」的需要，但 Duncan Ivison，Yael Tamir，Jack Donnelly
等還是提出對於集體權利屬性是否可以保障到原住民族文化成
員個人的權利，也提出擔憂。這也成為族群差異權利之「內部
限制（internal restrictions）」的容忍性及底線問題。這必要族群
內部由此集體權利的性質與內涵進行溝通協商，才可以取得實
踐理論的架構與底線。這也是本研究關注原住民族內部自我反
思傳統文化在現代社會發展之價值衝突與選擇。

二、國際人權法中的原住民族文化權對現代國家原住民族土地權的支持

　　原住民族的文化權是指原住民族在文化層面所享有的人
權，屬於第三代人權之原住民族集體權利的清單之一。施正鋒
（2008c，286-290）探究此文化權內涵而整理文獻中，Elsa

Stamatopoulou 與 Joanne Bauer 將文化分為生活文化（way of life）、藝術暨科學文化（creation）以及物質資產（capital）三大類。以「生活文化」觀察，原住民族依據文化而對生活方式的選擇，並決定自己族群的基本利益、美好生活的內涵以及如何達成，既是文化權的保障。而原住民族的生活文化內涵會創造出族群特殊的藝術文化、物質資產，而在社會關係表現出族群特殊的土地制度與生活態度。

表 2-3：與原住民族文化權相關的國際法條文

條約名稱	與原住民族文化權相關的條文
世界人權宣言(1948)	第二十二條 　　每個人，作為社會的一員，有權享受社會保障，並有權享受他的個人尊嚴和人格的自由發展所必需的經濟、社會和文化方面各種權利的實現，這種實現是通過國家努力和國際合作並依照各國的組織和資源情況。 第二十七條 一、人人有權自由參加社會的文化生活，享受藝術，並分享科學進步及其產生的福利。 二、人人對由於他所創作的任何科學、文學或美術作品而產生的精神的和物質的利益，有享受保護的權利。社會和國際的秩序
公民權利和政治權利國際公約(1966)	第二十七條 　　凡有種族、宗教或語言少數團體之國家，屬於此類少數團體之人，與團體中其他分子共同享受其固有文化、信奉躬行其固有宗教或使用其固有語言之權利，不得剝奪之。
人權事務委員會對公民權利和政治權利國際公約第 27 條	3.3.第 27 條中所載述權利的享受不得違反締約國的主權和領土完整，同時，依照該條受到保護的權利的各方面，例如享受某一種特定文化可能是同領土和資源的使用密切相關的生活方式，對構成少數的土著社區成員來說，這一點可能特別真切。 7.關於第 27 條所保護的文化權利的行使，委員會認為，文

條約名稱	與原住民族文化權相關的條文
作成第 23 號一般性評論 (1994 年)	化本身以多種形式表現出來，包括與土地資源的使用有聯繫的特定生活方式，原住民的情況更是如此。這種權力可能包括漁獵等傳統活動和受到法律保護並住在保留區內的權利，爲了享受上述權利，可能需採取積極的法律保護措施和確保少數群體的成員切實參予有關他們的決定。
經濟、社會、文化權利國際公約 (1966)	第十五條 一、本盟約締約各國承認人人有權： （一）參加文化生活； （二）享受科學進步及其應用所產生的利益； （三）對其本人的任何科學、文學或藝術作品所產生的精神上和物質上的利益，享受被保護之利。 二、本盟約締約各國爲充分實現這一權利而採取的步驟應包括爲保存、發展和傳播科學和文化所必需的步驟。 三、本盟約締約各國承擔尊重進行科學研究和創造性活動所不可缺少的自由。 四、本盟約締約各國認識到鼓勵和發展科學與文化方面的國際接觸和合作的好處。
國際勞工組織關於獨立國家原住民和部落民族公約 (ILO 第 169 號公約)(1989)	序言第四點 提請注意土著和部落民族對人類文化的多樣化，對人類社會的和諧與生態平衡，以及對國際合作和相互理解所作出的明顯貢獻， 第四條 1.應酌情采取專門措施，保護有關民族的個人、機構、財產、勞動、文化和環境。 2.此種專門措施之采取不得違背有關民族自由表達的意願。 3.此種專門措施絕不應妨礙有關民族不受歧視地享受公民的一般權利。 第十三條 1.在實施本公約這部分的條款時，各國政府應重視有關民族與其所占有或使用的土地或領域──或兩者都適用──的關系對于該民族文化和精神價值的特殊重要性，特別是這種關系的集體方面。

條約名稱	與原住民族文化權相關的條文
聯合國原住民族權利宣言(2007)	第十一條 一、土著人民有權實踐和振興其文化傳統與習俗。這包括有權保存、保護和發展其文化過去、現在和未來的表現形式，如考古和曆史遺址、手工藝品、圖案設計、典禮儀式、技術、視覺和表演藝術、文學等。 二、國家應通過與土著人民共同制定的有效機制，對未經土著人民自由、事先和知情同意，或違反其法律、傳統和習俗奪走的土著文化、知識、宗教和精神財產予以補償，也可包括歸還原物。 第十三條 一、土著人民有權振興、使用、發展和向後代傳授其曆史、語言、口述傳統、思想體系、書寫方式和著作，有權爲社區、地方和個人取用和保留土著名稱。 二、國家應采取有效措施確保此項權利得到保護，確保土著人在政治、法律和行政程序中能夠理解他人和被他人理解，必要時應提供翻譯或採取其他適當辦法。
美洲原住民族權利宣言草案(紀錄版本2008.4.18)(註*)：本草案下載網址，並由筆者翻譯如右。下載間2009/12/23	第二十一條　原住民族法律和司法審判 1.各國應確認原住民(自治)政府在其(自治)領域內按照自己民族的標準，制度和程序，行使司法機制的權限。原住民有權維護並加強其民族法律制度，以處理族群內部權利安排和利益分配的根據，並按照族群的規則和程序應用這些內部根據。 2.原住民族法律和法律制度應得到的國家法體系和國際法律制度的承認和尊重。 3.各國司法處理與原住民權利或利益相關的事件，以規定原住民族在法律之前有平等且尊嚴地充分表達權利。因此，原住民族有權不受歧視，有權接受平等保護和法律上的利益，包括語言翻譯和文化詮釋的使用權利。 4.各國應採取有效措施，與土著人民協商，以確保本條文規定內容的執行，[爲此，各國應先確定協調原住民族裁判制度與國家法律制度]。

資料來源：本研究整理自施正鋒（2008a）；高德義（2009c）；羅國夫（2008）

　　1987 年聯合國特別報告員 Martinez Cobo 在「關於歧視原住民問題的研究報告」中也指出，原住民與土地之間存在的特殊關係是「超乎世俗的，是生存、信仰、風俗習慣和文化的基礎」。土地對原住民不是自由市場掠奪的商品，而是「原住民的精神生活與大地母親」，一種可以「自由享用的物質元素」。（引自高德義，2009c：133-134）。這指出原住民族對於土地的關係雖然表達「借用自創造之神」或「創造之神給予族人管理」的概念，但其中的「借用」與「管理」關係並不是陳述原住民族擁有土地「所有權」的世俗關係，而是在生活文化層面的精神關係。

　　從文化層面，原住民族依據傳統社會規範在傳統土地上實踐族群的生活價值，而土地就像母親孕育了族群的文化，提供了族人自由自在地成長與生存的精神支柱。當原住民族失去孕育族群文化的土地關係，現代國家就算提供原住民族文明的現代教育，也會如失去母愛的孩子或失根的蘭花，也會迷惑自己的歸屬、無法順利學習現代教育而成長。原住民族在成長過程可以依據自己族群傳統土地規範與社會文化、親近傳統土地，既是原住民族文化權的保障。

　　現代國家對於原住民族依據傳統文化與規範使用傳統土地的認知，是經過一種誤解與轉折。在「世界人權宣言」（1948）與「經濟、社會、文化權利國際公約」(1966)指的文化權利或文化生活，主要是由現代社會組織與文明技術發展來理解的。但在「公民權利和政治權利國際公約」(1966)第 27 條則特別指出少數人團體的「固有文化」權利，才開始比較看出多元文化的

態度，來正視了原住民族文化的存在。而國際勞工組織在 ILO
第 169 號公約(1989)第 13 條則特別重視原住民族在其所占有
或使用的土地或領域，能保有該民族文化和精神價值的特殊關
係與重要性。甚至，在 1994 年人權事務委員會第五十屆會議對
公民權利和政治權利國際公約第 27 條第 23 號一般性評論，更
清楚指原住民族固有的文化權是展現在土地權保障的基礎之
上，並互為影響與因果。這已經明顯的要求各國政府由原住民
族的文化傳承觀點來正視原住民族土地的法制保障。

（一）「公民權利和政治權利國際公約」

　　國際人權公約中的原住民族文化權如何與原住民族土地權
利有所連結，可以由依據《公民權利和政治權利國際公約》第
28 條設立的人權事務委員會所作的解釋來說明。該人權事務委
員會在 1994 年第五十屆會議解釋，原住民族依法在該公約第 27
條範圍內享有該公約的第一條之自決權，並公約此第 27 條有關
原住民族文化權的保障：「在那些存在著人種的、宗教的或語
言的少數人的國家中，不得否認這種少數人同他們的集團中的
其他成員共同享有自己的文化、信奉和實行自己的宗教或使用
自己的語言的權利。」其中該委員會對「文化權」在第 23 號一
般性評論中，做了進一步的闡釋：

> 3.3.第 27 條中所載述權利的享受不得違反締約國的主
> 權和領土完整，同時，依照該條受到保護的權利的各
> 方面，例如享受某一種特定文化可能是同領土和資源
> 的使用密切相關的生活方式，對構成少數的土著社區
> 成員來說，這一點可能特別真切。

7.關於第 27 條所保護的文化權利的行使，委員會認
　為，文化本身以多種形式表現出來，包括與土地資源
　的使用有聯繫的特定生活方式，原住民的情況更是如
　此。這種權力可能包括漁獵等傳統活動和受到法律保
　護並住在保留區內的權利，為了享受上述權利，可能
　需要採取積極的法律保護措施和確保少數群體的成員
　切實參予有關他們的決定。（引自高德義，2009c）

該闡釋特別指出原住民族文化權的意涵涵蓋所有與生活有關的
一切習慣、模式、事物，也就包含土地權與自然資源權利的使
用與管理，以及傳統法律規範的實踐。所以，依據該公約的規
範，原住民族土地權與自然資源權利可以透過《公民權利和政
治權利國際公約》第 27 條的文化權意涵確認，並且享有該公約
第 1 條的自決與自治的權利來結合與落實。既表示政府應實施
原住民族自治而在此自治範圍法制化保障原住民族土地制度與
文化傳承。

（二）「獨立國家原住民暨部落民族公約」與《聯合國原住民族權利宣言》

　　1989 年國際勞工組織所通過的 ILO 第 169 號公約第十三條
「在實施本公約這部分的條款時，各國政府應重視有關民族與
其所占有或使用的土地或領域──或兩者都適用──的關系對于
該民族文化和精神價值的特殊重要性，特別是這種關係的集體
方面」。已經指出原住民族的土地與該民族文化和精神價值有
重要的關係，正也反應原住民族使用土地的習慣是族人之間與

土地自然資源的文化權實踐。而原住民族土地的概念包含有關民族占有的或使用的區域的整個環境，也就是指原基法所承認的原住民族土地與自然資源的權利。此公約做這樣的規範，主要的是注意到原住民族對於土地資源使用的方式與態度對「人類文化的多樣性」、「人類社會和諧與生態平衡」、「國際合作與相互理解」有重大的貢獻（序言第四項）。

2007 年通過的聯合國《原住民族權利宣言》第 25 條也指出原住民族土地與族群特有的精神與物質有密切關係，第 26、27 條也指出國家在法律上承認原住民族土地權利，應該包含對原住民族的法律、傳統、習俗與土地所有權制度的尊重。所以，國家保障原住民族土地權利並不是只有土地的物質資產（capital），也包含生活方式（way of life），也就是文化權的實踐。

（三）「美洲原住民族權利宣言草案」

Hoebel（2006：15）對於法律的文化背景分析，提出法律的功能之一是「選擇一個規範」，用它來保持法律制度與建立在其中的社會文化與基本公規的一致。而原住民族對於土地與自然資源的關係及使用習慣，與西方財產權理論以自由資本主義為基礎的土地概念有根本的差異。故，現代國家採用西方財產權理論所制訂的原住民保留地法律制度也無法適合原住民族使用土地的生活文化，使原住民族失去依靠使用土地與生活文化的連結，也喪失由土地使用的社會關係來建構自我族群認同。這正反映了法律制度與社會文化之不可分，必須從社會文化研究法律制度的建立。

　　而美洲原住民族權利宣言草案第21條有關民族法律與審判中，則指出現代國家建立原住民族土地管理相關法令，應該依據「自己民族的標準」，處理族群內部權利安排和利益分配須依據族群內部的觀點。在司法機制的制度與程序中，除了語言翻譯的問題之外，原住民族的「文化詮釋」更為關鍵。原住民族傳統土地制度的文化詮釋與社會價值概念需要由族群自己的觀點認識，而不是採用西方財產權概念來理解，甚至做為政府行政的先驗條件。

　　總之，國家採用繼受的西方土地財產權概念建立國家土地制度並規範主流社會的土地財產的配置，並不會對已經接受現代社會生活的主流族群造成困擾。但對不同土地財產權概念的原住民族來說，國家為原住民建立的土地法律制度使原住民傳統法規範不斷受到破壞，傳統社會價值與傳統文化斷裂，而使原住民徘徊在兩套文化價值間生活，無法維護原住民族文化權，也無法適應現代社會土地資源的有效利用。原住民族集體權之中的文化權的內涵，也包含了原住民族依據傳統土地規範主張土地權利的落實。但是，這樣的文化權主張並不是採原生觀點來重建固有土地權利，也不是完全拒絕現代社會對於組織、市場、技術等環境；而是同時認識承認現代土地制度的優點，進行協商接觸、吸收與整合的發展。

三、國際人權法中的原住民族土地權的支持以及此概念的國內法化

　　原住民族「土地權」（land right）也是「原住民族權利」（indigenous rights）中的一種，是一種獨特的（sui generis）財

產權（施正鋒，2008a：35），而非欠缺請求權（no right）之特權（privilege）。其所謂的獨特性是相對於西方財產權制度的「文化詮釋」而定義，加藤雅信在《所有權の誕生》[29]一書，觀察不同社會發展條件在土地投入的資本，財產的「所有權」有效的配置方式也會因應各個族群的社會發展與生存環境的特殊性，而呈現出多種的形式，此形式是族群共同認同的價值規範（吳豪人、黃居正，2006：233-235）。

　　原住民族的土地權原先是「既存占有（uti possidetis）」的獨特（sui generis）權利，經過殖民統治時期的「非線型憲法結構」之「國家建構」過程，政府藉由否定原住民族的人格權而使傳統土地國有化。之後，政府雖然承認原住民的公民資格，但延續殖民政府的管理邏輯，藉由否定原住民土地權及建立歧視性政策與法令，正當化「蕃地國有」。政府再藉由建立現代土地制度為名引入資本主義私有財產，並藉現代化之名行同化政策之實（高德義，2009c：143-148；黃居正：2010）。原住民族集體的土地權利在現代國家「依法行政」而中立、並技術性漠視基本人權下，原住民族土地權無法得到國家法律的獨特保護，甚至原住民族菁英也同為「內部殖民」的一環。基於原住民族獨特的財產權概念受到國家主權的壓迫，原住民族權利中

---

[29] 本研究之分析理論認同加藤雅信的說法，土地所有權的強度（是否絕對排他）需視私人勞務的投入及土地生產力而定，也避免「洛克式」的勞動價值的唯一論說。對於狩獵、採集社會來說，土地私人所有權制度是最不利於該社會生產傳統之舉（吳豪人黃居正，2006：234-235）。若由此觀念發展，游牧、狩獵或採集社會在生態關係上其實還存在某種互惠性與整體生態關係之權利。

土地權是傳統文化與信仰有所連帶關係之核心的位置，有其迫切性。國際組織在國際人權上也做出實際的檢討與回應，參考下表 2-4。

表 2-4：與原住民族土地權相關的國際法條文

條約名稱	與原住民族土地權相關的條文
世界人權宣言（1948）	第七條 法律之前人人平等，並有權享受法律的平等保護，不受任何歧視。人人有權享受平等保護，以免受違反本宣言的任何歧視行為以及煽動這種歧視的任何行為之害。 第十七條 一、人人得有單獨的財產所有權以及同他人合有的所有權。 二、任何人的財產不得任意剝奪。
消除一切形式種族歧視國際公約(1965)	第五條 締約國依本公約第二條所規定的基本義務承諾禁止並消除一切形式種族歧視，保證人人有不分種族、膚色或民族或人種在法律上一律平等的權利，尤得享受下列權利： （四）其他公民權利，其尤著者為：... （5）單獨佔有及其與他人合有財產的權利；
公民權利和政治權利國際公約(1966)	第一條 一、所有民族均享有自決權，...。 二、所有民族得為本身之目的，自由處置其天然財富及資源，但不得妨害因基於互惠原則之國際經濟合作及因國際法而生之任何義務。無論在何種情形下，民族之生計，不容剝奪。 第二條 一、本公約締約國承允尊重並確保所有境內受其管轄之人；無分種族、膚色、性別、語言、宗教、政見或其他主張民族本源或社會階級、財產、出生或其他身分等等，一律享受本公約所確認之權利。 二、本公約締約國承允遇現行立法或其他措施尚無規定時，各依本國憲法程序，並遵照本公約規定，採取必要步驟，制定必要之立法或其他措施，以實現本公約所確認之權利。 三、本公約締約國承允：

條約名稱	與原住民族土地權相關的條文
	(子) 確保任何人所享本公約確認之權利或自由如遭受侵害，均獲有效之救濟，公務員執行職務所犯之侵權行為，亦不例外； (丑) 確保上項救濟聲請人之救濟權利，由主管司法、行政或立法當局裁決，或由該國法律制度規定之其他主管當局裁定，並推廣司法救濟之機會； (寅) 確保上項救濟一經核准，主管當局概予執行。 第十六條 　人人在任何所在有被承認為法律人格之權利。 第二十六條 　人人在法律上一律平等，且應受法律平等保護，無所歧視。在此方面，法律應禁止任何歧視，並保證人人享受平等而有效之保護，以防因種族、膚色、性別、語言、宗教、政見或其他主張、民族本源或社會階級、財產、出生或其他身分而生之歧視。
國際勞工組織關於獨立國家原住民和部落民族公約 (ILO第169號公約)(1989)	第十三條 2.第十五和第十六條中使用的"土地"(lands)這一術語應包括地域概念，包括有關民族占有的或使用的區域的整個環境。 第十四條 1.對有關民族傳統占有的土地的所有權和擁有權應予以承認。另外，在適當時候，應采取措施保護有關民族對非為其獨立但又系他們傳統地賴以生存和進行傳統活動的土地的使用權。在這一方面，對遊牧民族和無定居地的耕種者應予以特殊注意。 2.各政府應采取必要的措施以查清有關民族傳統占有土地的情況，並應有效地保護這些民族對其土地的所有權和擁有權。 3.要在國家的法律制度範圍內建立適當的程序，以解決有關民族提出的土地要求。 第十五條 1.對于有關民族對其土地的自然資源的權利應給予特殊保護。這些權利包括這些民族參與使用、管理和保護這些資源的權利。 2.在國家保留礦藏資源或地下資源或附屬于土地的其它資源時，政府應建立或保持程序，政府應經由這些程序在執行或允許執行任何勘探或開采此種附屬于他們的土地的資源的計劃之前，同這些民族進行磋商，以使確定他們的利益是否和在多大程度上受到了損

條約名稱	與原住民族土地權相關的條文
	害。凡可能時，有關民族應參與分享此類活動的收益，他們因此類活動而遭受的損失應獲得公平的補償。 第十六條 1.除非符合本條下列各款規定，有關民族不得被從其所居住的土地上遷走。 2.當這些民族的遷離作爲一項非常措施被認爲是必要的情況下，只有在他們自主並明確地表示同意之後，才能要求他們遷離；如果得不到有關民族的同意，則只有在履行了國家立法和規章所規定的程序之後，才能提出這一要求。在適當的時候，上述程序中可以包括公衆調查，以便爲有關民族能充分地陳述其意見提供機會。 3.如果可能的話，一旦當遷離的原因不複存在時，這些民族應有權返回他們傳統的土地。 4.根據協議的規定，或在沒有此類協議情況下，凡此種返回不可能時，應盡一切可能向這些民族提供質量上和法律地位上起碼相同于他們原先占有的土地，適合他們目前的需求和未來的發展。凡有關民族表示傾向于現金或實物補償時，他們應有適當的保證方式獲得此類補償。 5.個人因遷離所受到的任何損失和傷害，均應獲得充分補償。 第十七條 1.對有關民族爲在其成員內部轉讓土地所有權而確立的程序應予以尊重。 2.當考慮有關民族向非該民族成員轉讓土地或其對土地所擁有的權利之權限問題時，應同這些民族進行磋商。 3.應禁止不屬于這些民族的個人利用這些民族的習慣或其成員對法律缺乏了解來獲得屬于他們的土地的所有權、占有或使用。 第十八條 法律對于非經批准而侵占或使用有關民族的土地的行爲應規定適量懲罰，政府亦應采取措施禁止此類違法行爲的發生。 第十九條 國家的土地計劃應保證給有關民族同等于人口中的其它各部分人所得到的待遇，即： (a)當這些民族所擁有的土地不足以爲其提供維持正常生存所需的必需品，或無法容納其在數量方面的任

條約名稱	與原住民族土地權相關的條文
	何增長時，應向他們提供更多的土地； (b)為促進這些民族已擁有的土地之開發提供所需的工具。
聯合國原住民族權利宣言(2007)	序言第六點 關注原住民族與人民在歷史上因殖民統治和自己土地、領土和資源被奪等原因，受到不公平待遇，致使他們尤其無法按自己的需要和利益行使其發展權， 序言第七點 認識到亟須尊重合促進原住民族與人民因其政治、經濟和社會結構及其文化、精神傳統、歷史和思想體系而擁有的固有權利，特別是對其土地、領土合資源的權利， （註：筆者在2011/2/16修正時補加上的內容） 第十條 不得強行讓土著人民遷離其土地或領土。未經有關土著人民自由、事先和知情同意，未事先就公正和公平的賠償達成協定，未在可能情況下允許作出返回的選擇，不得遷移土著人民 第二十五條 土著人民有權維持和加強他們同歷來擁有、或以其他方式占有和使用的土地、領土、水域、近海和其他資源特有的精神聯系，並在這方面負起他們對後代的責任。 第二十六條 一、土著人民有權享用他們歷來擁有、占有、或以其他方式使用或獲得的土地、領土和資源。 二、土著人民有權擁有、使用、開發和控制歷來歸他們所有、或歷來由他們占有或使用、及以其他方式獲得的土地、領土和資源。 三、國家應在法律上承認和保護這些土地、領土和資源。這種承認應充分尊重有關土著人民的習俗、傳統和土地所有權制度。 第二十七條 國家應在充分承認土著人民的法律、傳統、習俗和土地所有權制度的基礎上，與有關土著人民共同制定和執行公平、獨立、公正、開放和透明的程序，承認和裁定土著人民有關自己土地、領土和資源的權利，包括有關他們歷來擁有或以其他方式占有或使用的土地、領土和資源的權利。土著人民有權參與這一程序。 第二十八條 一、土著人民有權要求補償他們歷來擁有或以其他方式占有或使用、但未經其自由、事先和知情同意而被

條約名稱	與原住民族土地權相關的條文
	沒收、奪走、占有、使用或破壞的土地、領土和資源，補償的辦法可包括歸還原物，在無法歸還原物的情況下，應得到公正、合理和公平的賠償。 二、除非有關人民自願另行同意，賠償的方式應為質量、面積和法律地位相等的土地、領土和資源，或貨幣賠償或其他適當補償。 第二十九條 一、土著人民有權養護和保護環境及其土地、領土和資源的生產能力。國家應制定和執行對土著人民在這種養護和保護方面的援助計劃，不得歧視。 二、國家應采取有效措施，確保未經土著人民自由、事先和知情同意，不得在土著人民的土地或領土上存放或傾倒危險材料。 三、國家還應采取有效措施，根據需要，確保受危險材料影響的土著人民所制定和執行的監測、保護和恢複其身體健康的方案得以充分實施。
美洲原住民族權利宣言草案紀錄版本2008.4.18(註*)：本草案下載網址，並由筆者翻譯如右。下載間2009/12/23	第二十四條傳統形式財產權與文化生存。土地、領土與資源的權利 原住民族有權維護並加強他們與族群的精神、文化和物質的關係，而這些關係是與他們的土地，領土，資源有獨特關聯；同時，維護這些特殊關係也與他們為自己後代承擔責任也有關聯。 1、原住民族有權利主張取得他們土地和領土財產權和所有權的承認，這些土地和領地是關於他們歷來佔有，以及作為他們歷來舉行傳統活動，並為他們的傳統生計使用的土地。各國應尊守法律制度保障的原則。這些權利還包括水域，近海，植物，動物，和棲息地的所有其他資源，以及他們的生活環境，並為自己和子孫後代承擔維護這些權利的責任。 2、原住民族有權利要求按照各國的法律制度的保障原則，對個別特定模式和各種形式的財產，持有、或所有自己的土地和領土，並得到法律的承認。各國應建立特殊的財產權制度，以適當的運作這樣的法律認識，並為他們有效的配置財產權利或所有權。 3、原住民族對其歷來佔有、使用土地和領土的權利，本身是永久（固有）的，排他的，不可剝奪的，不可侵犯的，並不能任意取消。 4、原住民族的土地所有權利，只能在國家和相對的原住民族之間雙方的協議（agreement）下進行修改，這樣的協議是在原住民充分認識和理解有關那些財

條約名稱	與原住民族土地權相關的條文
	產權與修改建議的性質和屬性下完成。各國給予有關原住民族的協議內容應依照原住民族的土地所有權利的實踐，慣例和習俗。 5、原住民族有權主張將所有權概念建構在自己族群價值觀、慣習、和習俗的族群社會之內。 6、各國應採取適當措施以避免、防止和懲處任何入侵或使用這些原住民族土地，領土或資源之非該族群的人，從非該族群財產權的規則為自己主張財產、佔有或使用相同的原住民族土地。 7、有關國家擁有地下礦物或資源的財產權，或國家對原住民族土地和領土內存在的其他資源的權利，各國應建立讓相關的原住民族參與決策與協商的程序，而參與決策內容包含是否會對這些原住民族的利益將受到損害以及此損害會到何種程度。同時，這些決策協商程序必須在開始從事或授權任何在原住民族土地和領土上勘探、規劃、或利用現有的資源計劃之前，必須完成。有關的原住民族應分享這類資源開發活動的好處，並對原住民族在資源開發過程中受到的損害應得到公平的補償。 8、各國應依照國家法律制度，提供法律框架和有效的法律補救措施，以保護本條文提到的原住民族權利。 第25條關於土地轉移和異地安置 1、原住民族在未經其自由，事先和知情同意前，不得被土地轉移或被遷移。除非發生自然災害的情況下，[國家緊急情況，或特殊正當理由]，並經由原住民族共同參與的程序通過。對於原住民族被迫土地轉移或遷移，各國應確保這樣的土地更換，[盡可能]滿足更換土地同樣大小，質量和法律地位。[保障]在任何情況下，如果導致遷移的情況不復存在，原住民族有返回的權利。 2、公正和公平的補償應支付給那些被迫遷移的原住民族和原住民，致使他們可能因此而遭受其流離失所的[任何]損失或傷害。

資料來源：本研究整理自施正鋒（2008a）；高德義（2009c）；羅國夫（2008）

（註＊）:http://www.indianlaw.org/sites/indianlaw.org/files/Outcomes%20of%20the%20Eleventh%20Meeting%20of%20Negotiations%20in%20the%20Quest%20for%20Points%20of%20Consensus,%20Held%20by%20the%20Working%20Group%20(2008).pdf

　　在 1989 年 ILO《第 169 號公約》之前，國際人權公約都主張「法律之前人人平等」並保障「獨有財產與合有財產的所有權」。但這種主張並不承認殖民時期原住民族土地權被剝奪的歷史。直到 ILO 第 169 號公約才站在原住民族特殊土地文化與習慣，確認非西方財產權概念的土地權利也受國家法律保障；甚至，在《宣言》更明確的定義政府只要違背「自由、事先和知情同意」原則，都需要歸還、補就與賠償。國際組織與國際法在發展過程，也影響到國內原住民族土地權概念、及保留地制度改革之契機，產生國內法化之需要。分述如下：

（一）現代國家重新確認原住民族的人格權，應補救之前殖民時期的否認

　　原住民族在四五百年來國際法的歷史地位，由承認階段到否認階段，使現代國家在殖民地與原住民族文化接觸之時，已經被否認擁有政治主體的地位，且被認定為不文明使用土地而游耕與共有，野蠻不順從而需要文明化。國家在此殖民政策脈絡下，依據原住民族不熟悉的西方財產權概念與現代法律設計，否定原住民族人格權，而視「蕃地」為「無主地」並歸「官有」與國有化。這也是我國保留地制度的發展模式，並在第四章作介紹。

　　《宣言》定義的原住民族土地權從其序言第六、七項（參考表 2-4 整理）內容可以理解，此土地權是檢討原住民族遭遇殖民歷史並被殖民國家剝奪的傳統固有土地權利。政府在殖民時期，藉由否定原住民族人格權、沒有給予一般公民資格，而剝奪民法上土地權利的保障；這是需要被重新檢視的。早在 1948

年，《世界人權宣言》第七條指示「法律之前人人平等，並有權享受法律的平等保護，不受任何歧視」。而 1966 年『公民權利和政治權利國際公約』第 16 條也昭示「人人在任何所在有被承認為法律人格之權利」。但這樣的概念在我國早期雖然認為給予原住民所謂「山胞」的公民地位既達此標準，並遺殘保留地制度之特殊原住民行政。但這些並沒有檢討否認原住民族人格權與固有傳統土地權利流失的殖民統治歷史與保留地制度。

據此，原住民族在殖民統治時期被政府視為「生蕃」及野蠻動物，法律上無人格權之地位，而失去「蕃地」。當國家在 1997 年憲法增修條文確認「原住民族」的存在，2005 年原基法再次重新承認原住民族土地權利的時候，政府需要補救或平反原住民族在人格權被否認之時的傳統土地權利流失。當代國家對於「法律之前人人平等」之人格權的法律保障應該要有朔及既往，補救殖民時期原住民族的遭遇，而不是採用救濟式的特殊社會福利態度面對。

（二）現代國家重新確認原住民族的財產權模式，規範在法定物權與法制保障

國際公約對於國家保障土地財產權利的模式並不只針對西方私有財產權制度，也包含原住民族土地財產權利配置的制度。1948 年《世界人權宣言》第十七條指出個人財產所有權以及「同他人合有的」所有權不得任意剝奪，已經注意到土地財產權之所有權的配置不只西方財產理論之個人私有的模式。1965 年在《消除一切形式種族歧視國際公約》第五條更指出國家不得對種族或民族歧視，並在法律上落實平等的權利，而此

公民權利包含「單獨佔有及與他人合有財產的權利」。而公約所謂合有財產的所有權利，並不全然代表現代國家已經承認原住民族土地財產配置的模式與習慣。

　　直到 1989 年，IOL《第 169 號公約》對原住民族土地使用模式，特別保障「他們傳統地賴以生存和進行傳統活動的土地的使用權」，並保護「對其土地的所有權和擁有權」，並不以西方所有權概念來定義原住民族土地模式。1994 年聯合國人權事務委員會對《公民權利和政治權利國際公約》第 27 條作成第 23 號一般性評論，確認原住民族文化權包含土地資源使用與聯繫特定生活方式的權利。2007 年《宣言》第 26 條也指出「歷來擁有、占有、或以其他方式使用或獲得的土地」所有模式。而「美洲原住民族權利宣言草案」更直接地定義「原住民族有權主張將所有權概念建構在自己族群價值觀、慣習、和習俗的族群社會之內」。所以，我國原基法第 23、30 條也認定原住民族土地是由族群社會文化與價值觀來理解其「所有權」模式。在我國通過原基法與兩公約施行法之後，政府對原住民族土地權的定義已經非常明確，不是保留地概念，而是原住民族「既存占有」的傳統土地權，而且是屬於憲法層級多元文化原則之獨特的（suigeneris）權利。

（三）現代國家重新確認原住民族的土地權存在，並建立新制度補救與保障

　　1989 年 ILO《第 169 號公約》特別在第五部份的第 13 條至第 19 條說明原住民族土地權利的內涵，已經指出土地權的對象包含原住民佔有或使用的土地或地域，並特別指出土地（land）

之術語包含地域的概念；在權利的屬性上是原住民族集體的，同時就有關民族內部成員的土地使用權利予以尊重，因為其族群與土地關係是與該民族文化和精神價值特殊重要的關係；政府在作法上必須採取尊重、承認、清查、補償、立法保護、參與管理、磋商使用、非必要不得遷離。

　　2007 年《聯合國原住民權利宣言》的第 25 條至第 30 條對原住民的土地權利作了詳細的規範，除了承認原住民族傳統土地佔有的權利即屬於國家保障的「原住民族土地權利」之外，更明白指出政府行政處份原住民族土地如果不符合「自由、事先和知情同意」者，都需要「歸還與補償」（施正鋒，2008a：40-41；高德義，2009c；162-178）。從這些國際公約的規範，明確說明原住民族土地權利的內涵及保障程序與原則。我國管理辦法採用公有荒地招墾、土地登記之文字證據才有開墾之法律事實、否定耆老口述證據之「證據能力」，都需要被重新檢視的。

　　國際法對於前述有關原住民族集體權利在各國憲政與法治的落實上，轉換為各國的國內法律之保障，是要求會員國採取立法、行政、司法之憲政程序正面而積極改革。《公民權利和政治權利國際公約》第二條第二項更指出當國家的「現行立法或其他措施尚無規定時，各依本國憲法程序，…，制定必要之立法或其他措施…」。該公約第二條第三項更指明各國「確保任何人所享本公約確認之權利或自由如遭受侵害，均獲有效之救濟，公務員執行職務所犯之侵權行為，亦不例外」。公權力造成固有土地權的侵害也需要補救。「美洲原住民族權利宣言

草案」建議國家要避免採用「非該族群財產權的規則」佔有、使用、所有原住民族土地，更應該「提供法律框架和有效的法律補救措施」，法制保障原住民族土地權。

我國 2009 年通過《兩公約施行法》之後，原住民族土地與自然資源權利在過去歷史所遭受的侵害都需要補救，就算是國家歷史上因過去的法律賦予公務員執行職務所犯的侵權行為也需要補救，正代表國際法承認的原住民族土地與自然資源權利不是只在政府承認此權利存在之後才予以保障，是溯及既往，且當承認存在之時就需要受到國家承認與立法保障之權利。另外，依據原基法第 30 條的法治原則，政府不論是藉由行政、立法或司法部門做成救濟之裁決，一經核准就應該保障利及執行，且應該針對前項的司法救濟機會進行推廣。

四、國際法的原住民族權利內容

國際法對於原住民族土地權利的想像並不是空洞抽象而沒有標準的。在形式上，對於財產權擁有分配的方式並不局限於「單獨的財產所有權」模式，也保障與「同他人合有的所有權」。實質上，這些條約宣言也有明確的實踐規範，可以做以下整理：

1. 在權利主體的定義，確認原住民族是在國家主權進入未佔領的領域之前，已經有特殊社會文化且在該領域生存之原住民族。而原住民族土地則是一種獨特的（suigeneris）土地財產權，也是該民族實踐族群文化與精神的領域，但該土地在殖民時期遭受現代國家剝奪的情況。

2. 在國家責任上，國家對原住民族土地權利的保障是起自傳統土地權利的承認與文化價值的尊重，進行憲政架構之法律制

度改革。但，制度的改革需要思考族群未來世代與傳統文化得以永續發展的責任。

3. 在價值判斷上，原住民族土地權利並不是由市場經濟或公共利益來判斷土地價值，而是與該「民族文化和精神價值的特殊重要性的」土地或地域，以及傳統社會文化承認的土地的使用方式與習慣下，來定義此土地制度保障的必要。這呼應原住民族文化權包含依社會文化的原住民族土地權利。

4. 在權利內涵上，政府要保障的原住民族土地包含「民族占有的、使用的區域之整個環境」及與土地相依的「民族文化和精神價值」，也就是原住民族文化發展與生存的的傳統領域與自然資源。

5. 在保障機制上，原住民族土地權利在保障原住民族參與權利下，採用國家憲法程序及協商立法下落實保障。此權利保障的起始時間不是在修法通過之時才予以保障與救濟，而是當原住民族依據傳統土地使用規範與土地取得連結之時，並取得傳統社會之承認之後，這樣的土地權利就需要被現在的政府與法律所承認。此保障不受殖民歷史過程有關西方財產權理論的「文明」使用土地之勞動形式與文字登記之勞動時間之限制。

6. 在實踐手段上，傳統土地權利與傳統文化藉由原住民族自決權與自治來落實，並國家多元文化的憲政協商而與現代國家土地制度的連結。此憲政協商與制度連結是依據「自由、事先和知情同意」之原則，來確認原住民族之主體性及原住民族土地與自然資源權利的保障。

7. 在補救範圍上，原住民族有權要求「歷來擁有或以其他方式占有或使用、但未經其『自由、事先和知情同意』而被沒收、奪走、占有、使用或破壞的土地、領土和資源，補償的辦法可包括歸還原物，在無法歸還原物的情況下，應得到公正、合理和公平的賠償」。所以，國家補償的方式是在承認原住民族土地權利的基礎上，進行歸還與賠償，而不是用救濟的方式「分配」公有土地給予原住民施捨與憐憫。

　　上述的原則認知原住民族土地權利，已經是國際組織保障原住民族人權的原則，並可以參考國外住民的案例：美洲國家組織　OAS　的美洲人權委員會　2002　年作成的"MaryandCarrieDannv.UnitedStates 案"報告（參考附錄十四）。

肆、小結：研究原住民族土地權利的理論基礎

　　本研究主要是探討原住民族土地權利的屬性與內涵，其核心問題在於釐清原住民族土地制度的變遷；而研究的理論基礎必須由原住民族在殖民歷史裡的國際法地位變遷的高度切入，結合多元文化與法律多元主義的觀點，來思考第三代人權之原住民族財產權以及國家法治保障公民財產權的差異。

　　原住民族的土地權原先是「既存占有（utipossidetis）」的獨特（suigeneris）權利，經過殖民統治時期的「非線型憲法結構」之「國家建構」過程，政府藉由否定原住民族的人格權而使傳統土地國有化（黃居正：2010）。以我國為例，從歷史脈絡觀察，15 世紀國際法承認原住民族有「國族」位階、承認享

有政治實體或社群的協商資格30，可以認知到原住民族土地權利乃原住民族固有的。十七世紀的荷蘭、西班牙殖民統治台灣既採維多利亞原則。但在歐洲資本主義殖民國家擴張，發生文化接觸後，漸漸被國家主權所否認。1895 年到 20 世紀初期，日本殖民帝國統治台灣原住民族，既採此原則。

　　從多元文化脈絡觀察，20 世紀初法律人類學的研究31擴張了我們對於原始社會法律形式的視野。所以，國際上「三代人權說」的重新定位，並不是重新發現原住民族土地權的存在，只表示國家法治的視野進展到多元文化理論的新階段，而撥開了種族中心主義藉由國家主權重新包裝的外衣，重現族群文化及財產權制度的多樣性，並批判自由主義把差異文化族群視為同一文化的「差異盲」，反省原住民族權利被簡化為個人權利之殘缺保障或社會救濟。藉由原住民族（土地）財產權制度的三個核心論題—時間、勞動與生態—與西方財產權制度重新比對，並重新定義其內涵。國際人權法重新正視原住民族文化權與土地權，提供了原住民族主張傳統土地權利的新視野。

　　Ulfstein（2004）從 ILO 第 169 號公約、國際公民權與政治權公約第 27 條、《宣言》等，論述當原住民族土地規範已實踐

---

30 Las Casas，Francisco de Vitoria 都支持這樣的論點，印地安人具有足夠的理性，對其土地具固有的權利和統治權，但 Vitoria 又以歐洲文明形式作特徵並發展「正義戰爭」的理論。Emmerich de Vattel 甚至以擁有領土支配及科層體系的中央集權的民族國家的特徵為標準，承認有些原住民族已經達到這樣的資格，但提出教化責任之正義範圍內的征服，也是正當的（Anaya，2010：22-27)。

31 主要有 1920 年代馬凌諾斯基 Malinowski(1994)與 1954 年霍貝爾 Hoebel（2006）的法律人類學之田野研究與整理。

占有權或擁有權，即應受國家承認及法制保障。原住民族土地權利包含族群固有（existing）文化權利保障，國家應依據法治原則承認（recognize），不是國家同意（grant）才給予。

國際法對於原住民族土地權的保障與實踐，結合現代國家的憲法程序與法治架構，調解多元文化族群之財產權理論差異與糾紛，而不是獨立於現代社會結構之外。成功的憲法程序與立法協商，關鍵在於國家與原住民族的族群關係上，如何進行政治協商的過程，此牽涉到多元文化理論的差異價值與憲政實踐。Tully（2001：156，246）在探討歧異文化時代的當代憲政主義時，提出的三個常規：相互承認、延續文化及取得同意的原則，而期待主流族群或其它族群可以跨越文化藩籬並進行對話。其中特別提示文化承認的協商，並不是在協商之中預設生活實踐中隱藏某種共同價值規範為前提，而是引導協商雙方承認彼此的差異而進行調解，認識彼此相同之處形成共有的制度。Tully 的概念提示多元文化國家建構原住民土地制度所保障的原住民族土地權利，此權利的標準及樣貌應該與族群社會價值與社會活動之生態平衡條件有關，也提供本研究在探究原住民族土地制度變遷的位置及視野，並在第五章引用此到參考案例分析。

第三節　分析架構

由歷史脈絡觀察，在國家權力介入前，原住民族土地權利原先是架構原住民族原有的傳統土地制度及土地財產權利概念

並維繫社會秩序。當遭遇國家權力近百年的殖民統制、政府同化與平地化政策的社會發展，而近年才再重新尊重傳統土地權利的歷史脈絡。依據文獻分析分類，本研究途徑採取第四類的文獻模式探討原住民族土地制度變遷。所以，分析理論要先回到時間的起點，西方土地財產權理論藉殖民主義散播，否定並摧毀原住民族土地財產權制度的時間點起；在此背景下釐清「原住民族土地權利」的定義及內涵。在多元文化理論的脈絡下，原住民族土地財產權在國家主權觀點與原住民族主體觀點的文化差異才會顯現。

再來，自主組織與自主治理的集體行動理論提供原住民族過去曾經自主治理與未來民族自治的實踐性基礎。再針對政府建構原住民土地管理的法律與制度，分析理論採用批判法學的角度重新解構之，並在建立族群主體發展需要的土地制度上採用民族法學的觀點重構之。

另外，原住民族集體權利被重新重視的背景是國際原住民族運動推動及第三代國際人權的發展成果，而原住民族土地權利乃集體權利之文化權及土地權兩者交織的結果，成為本研究分析理論基礎。最後，在國際人權重視原住民族土地權利的發展下，美加紐澳的原住民土地政策的發展現況，可以成為理論實踐的對照，作為分析理論的實務驗證指標。在當代多元文化之憲政主義協商下，差異文化族群間不同土地財產權概念及土地制度的結合點，會是在保障（原住民族）基本人權的基礎上，建立協商的共識；主要包含人格權、財產權、文化權、土地權、政治參與等內容。本研究分析理論層次上如圖 2-8 的關係建構。

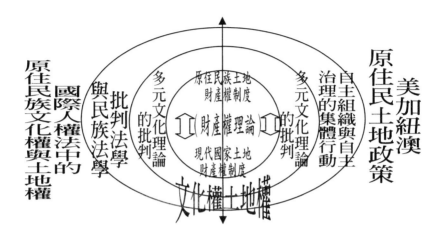

圖來源：本研究繪製。其中，屬於第三代人權的原住民族土地權與國家公民
財產權是不同位階的財產權利概念，在多元文化與國際人權發展產
生連結。

圖 2-8：分析理論的架構

第三章　原住民族觀點的
　　　　　原住民族土地權利

　　肯認多元文化的現代國家，探討原住民族土地權利有兩種模式：第一，藉由西方文明標準與工具「演繹」原住民族土地所有型態、利用類型、安排組織，進而分類歸納原住民族土地利用的權利型態。第二，引用現代研究承認差異，藉由原住民族社會環境、族群文化及傳統社會價值觀念為標準，來重新「詮釋」原住民族土地利用的社會意義、權利關係，並由原住民族文化權及土地權等集體權利，制定國家法律保障。本章將反省第一種原住民土地財產權利分析的路徑，重新解讀「原始社會屬共同體，因賴漁獵、採集為生，並無私有財產，各種生產成果歸氏族共有、總有」的現代文明分類方式，反省在現代國家土地制度結構下「原住民族沒有國家制度與法律保障的傳統土地財產權利」的結論。我國在肯認多元文化之後對這樣的結論，是需要由第二種分析路徑重新檢視與修正，此種反思也彰顯原基法第 20、23、30 條對原住民族土地權之尊重、承認與法制化之目標。

　　本章由多元文化理論與財產權理論，詮釋原住民族傳統土地制度與權利的樣貌；由批判種族理論的「經歷敘述」與「種族意識」的研究方法與安排，詮釋族群文化脈絡下原住民族土地權之呈現，論述各族群在文化接觸之前、既有傳統土地制度

是其最適配置土地財產制度，且固有土地權利已在運作。本章以太魯閣族為例，由族群社會文化的 gaya/utux 概念作介紹，澄清原住民族土地權利只有「共有」制的誤解，而是屬於依社會文化而階序式安排之共有制與私有制的混合。

第一節　原住民族傳統土地制度與權利

壹、原住民族傳統生產方式與土地制度[1]

從人類歷史的演進，人類生存環境、農業生產技術、儲藏技術與土地制度的型態息息相關。生產方式有漁獵時期、遊牧時期、農耕時期的發展階段，在此生產技術的演進過程也伴隨者人類社會組織的聚集及發展，對於土地及自然資源的使用形成制度。現代國家在土地行政的發展，預設西方（歐洲）文明標準與意識形態，將此種意識連結到國家行政與法律制度的建立，在以下說明之。

原住民族土地制度的整理很多是由以下的角度開場。在古代原始社會，人類的知識淺薄、處於地廣人稀的自然空間，在陸地上則以狩獵為生，在河湖邊則以撈取魚貝為食，是為漁獵時期。此時人類居無定所，並不在固定土地從事生產。在想像上，人類社會此時形成的共同體是以粗放的集體勞動方式共同

---

[1] 本段資料參考顏愛靜及楊國柱（2004：15-35）。

從事狩獵、漁撈，共享勞動成果而沒有個人與私有財產。在遊牧時期，人類始知道利用地上的自然生長的牧草豢養牲畜，並開始逐水草而居。

這些整理的背後存在對考古的想像，並轉換到現代法律所有權為標準的共有概念，以及權利的否定。在想像上，人類社會此時所形成部落或是氏族團體並集體佔有土地，形成土地「共有」的雛形。在農耕時期，採集果實轉化為農耕技術之後，人類才有固定土地種植作物、豢養牲畜，並因居所固定而思考長期將土地據為己有「私用」的想法。這樣的想像提出這樣的推論：人類社會因為農耕而在限定土地區域從事集約的個別勞動，從而使部落氏族共同體的經營型態，轉變為「准許」家族共同體或甚至單一家族個別經營土地生產的型態。

人類社會對於農耕型態使用土地的形式，會認為家族私有的財產權，在形式上還是共有；雖然已經具有排他性的性質，對於人類社會行為已經接近私有財產權的影響。這樣的認知衍生出只有「定耕農業」的勞動，現代國家社會才得以承認其土地為私人所有的可能，也視水稻農耕為土地制度文明的表徵，而游耕狩獵的原始社會只有「共同所有」的概念，沒有「所有權」的認知與制度。上述人類這樣的生產發展歷史以及土地自然資源使用方式及權利安排只是一種看似合理與自然的推理與觀察。然，這些觀察其實是人類學、考古學、社會學等對原始社會農耕型式的想像與分析。在這樣的分析想像與共同體理論有關，以下先對原始社會共同體理論分類土地使用的所有型態作進一步介紹。

貳、重新解讀原始社會之土地共有的共同體理論[2]

在土地行政分析中，共同體理論主要是說明原始社會的生產型態與土地制度之間的關係。原始社會的共同體在漁獵、採集階段沒有私有財產，而且氏族共同擁有生產成果。到了農業生產方式形成之後，原始社會共同體的土地所有型態才逐漸發生轉變，由「共同體的土地所有」發展出部分「小自由農的土地所有」的結合型態。顏愛靜與楊國柱（2004）整理研究資料，將原始社會共同體之土地所有的型態分為三類，亞洲型、希臘羅馬型與日耳曼型，簡述如下：

一、亞洲型

最早出現在亞洲大河流域發起，當時人類文明已經進入農業生產階段，藉由引水灌溉的農業生產技術的發展及繁複的灌溉制度、灌溉組織的統合，為確保農業生產、繁衍種族而形成共同體，並逐漸發展出專制君主政體。君主與貴族擁有土地的支配權，農民作為共同體的成員，只對佔有受配土地從事耕作。

---

[2] 本段資料參考林英彥（1976）、顏愛靜及楊國柱（2004：9-15）、盧呂金德（2010）等資料。原始社會共同體是鹽澤君夫、近藤哲生為分析世界史之發展階段，而分類之最初階。主要特徵是自給自足的勞動與經營規模，土地資源為公共資源，並由共同體全體的共同勞動、共同管理的習慣為媒介，才得以遂行（引自顏愛靜及楊國柱，2004：9）。但本研究從多元文化觀點理解、認知這樣的分類是需要再加以調整的；土地行政研究這樣的分析只是由現代土地管理技術與所有權制度的角度，斷代史式地分類各時代之生產技術與環境條件，而完全忽略原住民族或某些區域族群的土地使用技術與制度發展在某文化接觸時期會有不同發展的情況，甚至忽略了各種土地使用模式對於此族群來說是階段性「最適」的發展情況；在族群社會文化也存有土地權利與文化權利的概念。由現代土地管理技術分析原住民族土地制度，這樣的問題在殖民歷史發展階段有深厚的影響。

亞洲型主要的特徵是土地由血緣團體「共同所有」，而集團成員可以保有宅地，但所自行耕作的土地只算「佔有」的形式，私人土地所有權還沒有形成，故土地私有尚不明顯。

　　此類型可以發現大河地區原始社會的農業技術的發展及自我組織的型成，爲何會得到君主與貴族等統治階級享有土地支配的權利、社會成員之農民只有對分配土地使用權利的土地制度，這概念似乎強烈反射社會價值的結果。以中國歷史來說，三千年前的周朝發展的封建制度，周王一人擁有土地分配的權利，可以直接分封予各個諸侯，就像當時提出的「普天之下，莫非王土」一樣。但當平王東遷、周室政權衰弱之後，土地分配權利轉移至諸侯，對照於本亞洲型的分類，是很難對於單一地區單一族群的歷史發展作單一種分類。

　　這樣分類的結果只是凸顯了中國當時原始社會「普天之下，莫非王土」的社會概念。但本研究認爲，在實際的社會發展情況，中國朝代更替的歷史上也有不少由平民成爲君王的過程，在戰爭或科舉制度中也有不少平民因爲戰功或金榜題名晉升爲貴族，甚至擁有土地的支配權利。所以，類型的分類要避免由上位者的統治觀點，由中央或都市概念，限制對實際偏遠傳統社會土地制度運作與權利安排的理解，而產生對財產權概念的誤解。

二、希臘羅馬型

　　此類型也發生亞洲型共同體類型的農業生產環境及土地制度發展，但也因爲特殊背景而在共同體內部的家族之間產生階級分化的現象，使得許多小共同體之中出現少數擁有土地的個

人或家族，使「土地所有型態逐漸分化」，小自由民土地所有逐漸形成，而與共同體共同所有並存的型態。

其特殊條件是戰士與貴族階級參與戰爭，地位逐漸崇高，依據地緣關係先佔的公有土地且成為個人擁有實質支配權的所有型態，同時將戰爭中俘虜的戰俘畜養為奴隸，命其從事農業耕作。其實這樣的情況在中國原始社會的亞洲型共同體條件下，也實際發生戰士因為戰功而取得土地支配權利，甚至改朝換代成為了新的君主，但是在社會概念上明確認知君主還是唯一的土地支配者。但在羅馬型共同體的戰士與貴族階級因為戰功而地位提升，才擁有個人土地支配地權利。兩個類型都發生原始社會共同體的政治組織對於在共同體保衛、發展有貢獻的成員，提供了特殊的權利，包含土地支配權賦予個人或家族的情況。這樣的轉變主要是社會價值與共識的轉變：社會價值觀對於賦權及階級分化這個事情的定位與認知發生轉變。亞洲型社會不認為把土地支配權分化給個人，而羅馬型社會則認同個人土地支配權利。重點是在這原始社會之共善價值的認同以及賦予個人所有支配權利這個事實，乃強調土地所有及支配權利的分割及個人化的開始。

三、日耳曼型

此類型的共同體在中古世紀歐洲的封建社會最為普遍，而其中又以日耳曼民族的「馬克共同體」最為典範，故以日耳曼型命名。此類共同體主要是以集體定居的地緣關係為形成的基礎，而土地是由村落全體共同佔有，然後再由村民分別私有、佔有、繼承。在土地的利用型態乃原始社會以村落為中心，並

成為第一圈區域，村民可以保有自己的住宅庭園且屬於私有地。外圍第二圈為共同耕地，農耕地區採取交替耕作的輪耕制度，並產生兩三年輪替一次的休耕地，此休耕地提供村民豢養家畜的共同放牧地，屬部落共同所有。第三圈則是林地與牧草地，提供村民公共利用。

此類型的土地管理支配權利乃屬於村民組成的共同管理人或團體擁有處分、管理等支配管理權能的「上級所有權」，而村民則擁有利用、收益等土地經濟權能的「下級所有權」[3]。此類型地土地所有型態乃管理與使用權能上下層相疊合並支配隸屬的分層共同所有的關係，並且得以「分割所有權」。由封建社會的運作來理解，領主階層其封建領域內為「領有」土地並擁有土地的支配管理權，而在分配耕作區域內的農民則「保有」其土地的經營的經濟權能。藉由休耕地及公共利用土地來看，原始社會共同體假設休耕土地將土地權利再回歸到部落共有或部落名義管理者重新分配，此類型的土地在使用上的「管有」者不一定與土地「保有」者相同。而對於何時開始及為什麼這樣地土地所有的權利架構會形成，這些疑問並沒有明確的答案，但可以確定的是此原始社會如果進到村落內部觀察，則會發展出細微的組織運作規範以及社會認可的價值觀念，來運作社會共同認同的土地重新分配之規則，而土地的領有、保有、

---

[3] 從現代的土地所有權角度來此種經濟權能，只算擁有「使用權」，而不是「所有權」。但這樣的類比存在現代社會條件轉移到傳統社會文化與社會共識的套用，甚至因此而否定傳統社會的組織與權利安排，進而給予傳統族群與現代國家發生文化接觸時的土地侵略的正當性理論。

管有在其社會觀念上有其社會組織、權利配置並與環境條件相依靠的背景需要。

　　對有關休耕地的制度作進一步思考。原始社會對於休耕地乃地利貧瘠而使地利養息，是一種自然現象，乃地方知識與社會共識的結果，也是在沒有化學肥料與農藥生產技術條件之土地使用共識，相對於現代社會使用化學、人工肥料並持續耗盡地利，存在人類與土地自然資源關係的社會價值差異。至於休耕土地是否一定「歸還」部落並在地力恢復之後一定重新分配給其他族人，這種休耕地的權利安排對於已有私有土地概念的原始社會來說，比如住宅土地屬於私有的部落，其社會規範及價值屬於公有制與私有制並存而相對的複雜[4]。相對來說，此類型原始社會有可能也會尊重休耕土地土地權歸屬於原土地開墾耕作之勞動者，而強化私有權概念。所以，就算原住民族土地使用類型近似日耳曼型，並不表示一定將私有土地「歸還」部落，從其社會關係與文化脈絡來解釋，也可能不須歸還部落，並在互惠的社會共識與口頭約定上發展租借或其他的土地關係與規範。

　　以上三種原始社會共同體地土地制度發展，都指向農業生

---

[4] 就現代土地制度來說，我國土地制度雖然是保障私有制，但國家代表國民全體保障公有土地，只是在現代民主國家的概念上給予上位所有權的概念，在共產主義國家基於社會公平的強調與計畫經濟的規劃，土地制度主張國有為主，但還是保留人生活上必須要的誤辨之私有權利。相對於原始社會的比較與分析，還是要在社會或國家的文化脈絡及立國精神來分析土地制度的公有制或私有制的土地權力安排，才有意義。而公有制與私有制並存的概念並不是現代民主國家才特有的。

產組織的自我組織、公共資源的自我管理的過程，而過程並沒有現代國家的賦權需要，也提供 Ostrom（2000）理論的歷史觀察。雖然共同體理論呈現了目前研究原始社會的生產型態與土地制度的關係，對於台灣原住民族的土地制度提供了可能的參考分類模式。而這樣的觀察可以發現不同地區的原始社會因為在特殊的環境條件及事件角色的影響，發展出多樣的土地與自然資源的有效使用方式、社會組織的聚集發展過程、生產技術與適應生活環境的演進關係、甚至土地邊界、歸屬、及權利概念的多樣發展模式。而這個過程並沒有現代國家的主導及限制，對於 Ostrom 的自主組織及自主自理的集體行動理論也提供了歷史參考的佐證。

從 Ostrom（2000）的自主組織與自主自理的集體行動理論來說明，原始社會的共同體在土地使用的邊界確認、與當地條件的一致、在地知識藉由社會集體安排成制度、社會組織得更細緻發展以及管理監督的社會習慣等等條件，是可以成功的自主組織與自主自理的管理制度。其中，比對亞洲型與羅馬型對於戰功之戰士及貴族是否可以擁有先佔地緣關係的土地成為個人支配權有不同的結果，此乃原始社會的社會價值是否承認社稷皇土的土地可以從王權解放，並且重視個人土地所有權利有關。由此可見，「社會共識」的形成與發展決定了土地所有制度的安排；另外，日耳曼型的封建領地範圍內依村落地緣環境條件發展的地方知識，對於共同體社會的土地所有權利安排及土地使用組織與制度的複雜發展，有其重要影響。從多元文化來理解，這些原始社會的土地所有型態與制度發展乃基於生活

環境、在地知識與社會組織運作的文化發展；現代社會應該在理解該社會習俗、文化價值及環境條件下，評斷其制度的效益評估。藉由多元文化理論的認知基礎，原住民族的傳統文化與在地知識是有機會與現代社會與生產技術產生交流、協商與整合，而發展出新的在地知識與傳統文化，甚至結合現代化、社會化的多元結果。重點在於差異文化族群間進行協商整合的主體性、自主性與集體選擇權利是否得到現代國家充分保證與尊重。

　　綜合來說，重新解讀原始社會共同體理論與土地使用，呼應原始社會土地制度朝組織化、社會化與私有制發展的趨勢。但是，現代社會與學術界採此分類概念，並沒有進入被研究的原始社會生產技術、生存環境及社會共識來詮釋，並合意「承認」此族群社會固有「某種」社會文化與土地權利概念，並賦予現代法治權利安排；欠缺文化詮釋及合意承認下，原始社會在其文化脈絡與社會共識下詮釋的傳統土地權利，被現代土地財產概念穿透或否定，致使這群人與土地「某種」權利關係被忽略。故，共同體的土地使用類型套用到原住民族土地使用制度，隱含了由現代社會土地使用技術來分類傳統社會土地制度的檢視標準，甚至誤導現代國家可以合法化否定原住民族土地權利的規劃方向。

　　核心的問題在於：即便用原始社會的土地使用型態來分類或定位原住民族土地權利，這族群被強制進入現代國家主權及西方財產制度之時，政府是否承認其固有土地權利及土地管理模式，並合意轉換與保障之，才是根本的問題。

　　進一步解釋，分類「土地共有」類型確實提供可能原始社會土地使用型式，但存在時間、空間、社會價值、文化意涵的片段分割、不連貫的疑慮，並且強烈地暗示了土地制度與所有權利概念的演化性及人類社會組織與土地使用耕作技術之間的關聯性。更嚴重的問題是：藉由整合土地經濟學的專業分析，此分類模式預設了現代國家採用「定耕農作」之現代先驗標準，才給予個人土地私有權利的最終的標準形式以及國家保障人民權利的唯一模式。這在第四章介紹國家原住民土地制度變遷過程會明顯地看到此痕跡。在多元文化國家當代憲政主義架構與認知下，土地經濟學的指標內涵及評估架構應考量族群社會文化意涵及整體生態，而上述「游耕」的暗示、「定耕」文明標準的預設必須重新作檢視與調整。但這並不表示要完全推翻土地經濟學相關的專業分析技術。

參、台灣原住民族傳統土地所有制度

　　現有文獻介紹原住民族土地制度，最早是 17 世紀初對於西部平原平埔族的介紹，其基礎觀點是由大漢民族觀點，觀察蠻夷的生活紀錄。而山林「蕃地」地區的原住民族傳統土地制度的調查則要到 20 世紀初日治時期的資料。而太魯閣族最早土地使用紀錄可以藉由 1914 年太魯閣族戰役前，日軍發動戰役前的調查有簡短的紀錄。但，所有的觀察還是藉由現代國家或文明族群的土地所有標準、非原住民族群社會文化脈絡，跳脫不出原住民族是部落土地「共有」的分類，本研究藉由多元文化角度來重新詮釋與分析。本段先由平埔族的文件紀錄來一探現代

國家的文明觀點對原住民傳統土地習慣分析與原住民族族群生活觀察。

一、土地共有的文獻紀錄

　　原住民族在近代國家接觸時間之前的傳統土地所有制度，都認為是以部落共有之所有制度。而目前文獻上記載的原住民族土地使用方式大多只記錄到台灣南部及中部平原的平埔族之土地使用習慣，其他深山原住民族群的土地使用情況則少有記載，直到十九世紀初日治時期逐漸、全面的調查。十七世紀初期，平埔族少有與外界接觸，依據早期地方制及時人遊記，如《裨海紀遊》（郁永河，1697）、《諸羅縣志》（周鍾瑄，1717）以及《番俗六考》（黃淑璥，1736）等記載，大致上都認為平埔族群是從事漁撈、狩獵以及游耕採集的生活方式，過著自給自足，滿足自己與家人生活，而過著不需要儲藏和買賣的生活，對於收穫採集以族群互惠原則，邀請族人分工代勞，分享部分收成。

　　顏愛靜與楊國柱（2004）依據平埔族在十七世紀的農耕紀錄，認為是屬於旱田農作之「游耕」方式。以《諸羅縣志》記載：

　　　　「種禾於園。種之法，先於八、九月誅茅，平覆其埔；
　　　　使草不沾露，自枯而朽，土鬆且肥，俟明歲三、四月
　　　　而播。場功畢，乃荒其地；隔年再種，法如之。」「一
　　　　畦之中，兩種並種」（周鍾瑄，1993：165；引自顏愛
　　　　靜與楊國柱，2004：74）

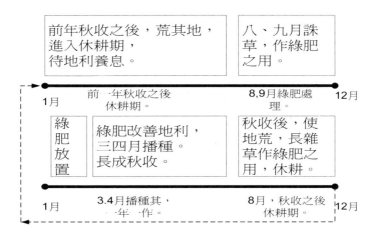

圖來源：本研究繪製。

圖 3-1：《諸羅縣志》記載某十七世紀平埔族土地耕作周期：休
耕與游耕

　　將文獻記錄耕作的周期整理如圖 3-1 所示，實際是紀錄平
埔族採用休耕一年維持地利休息，並且日曬法的綠肥處理情
況，與氣候條件有關[5]（林淑慧，2004：140）。其中並沒有紀錄
社會文化上如何安排休耕土地的權利認知是否重新歸屬於部
落？或部落如何來重新分配土地權利的方式？或在重新分配之
時部落交換土地權利的社會規範與文化概念？只紀錄沒有現代
肥料生產技術與文字登記的時代，必須採用「休耕」以養息土
地、避免利地利耗竭；文獻紀錄並沒有思考族群社會文化及生
產技術背景，將「休耕輪作」認定為「游耕」的農業型態，甚

---

[5] 台灣中南部自秋到隔年春季，有為期半年的乾季，在此期間砍斷的草經陽光
　照射而使草枯委腐爛，有助於農作物的種植（林淑慧，2004：140）。

至認定族群沒有個人耕地或部落領地的土地權利概念[6]（顏愛靜
與楊國柱，2004：121）。

> 「期耕田，以草生為候；秋成日，謂之一年。」（周
> 元文，1995：241）「屋名曰『朗』。…儲米另為小室，
> 名曰『圭茅』；或方、或圓，或三五間、十餘間壁連。…
> 每間可容三百餘石；證供收入，遞年輪換。」「每歲
> 種只供一年自食，不交易；價雖數倍不售也。」（余
> 文儀，1933：518）

由余文儀著之《續修臺灣府志》認知番人備有糧倉儲存一年的
主食，而是否「薄種廣收」、沒有耕作效率，這需要回到「番
人」耕作技術、生活環境等條件來看。有些蕃社已受漢人農作
影響，「耕種如牛車、黎爬，與漢人同。」（同上引：515）有
些蕃社「種時，男婦老幼偕往，無牛隻、犁耙，惟用鐵錐鋤鑿
栽種。」（同上引：522）「耕田用小鋤，或將堅木徵火為鑿，

---

[6] 顏文對文獻「場功畢，乃荒其地；隔年再種，法如之。」的解釋，認為平埔
族在地力用盡，廢棄舊土地，再選另一塊休耕並已有綠肥的土地復耕。土地
不屬於特定某族人的財產，只對番社外之族人產生排他性。這樣的解讀並沒
有考究復耕土地者是否就是之前休耕的土地使用人，也就是使用權得以延
續，並取得番社的尊重？另外，是否有番社組織協調耕作期的土地使用之安
排？顏文所套用的土地所有概念已預設「封閉的共有財產權」模式。也許顏
文所述「無須建立私有制土地產權」為真，但這樣的分析並沒有真的由番社
的社會組織、生產技術、社會文化等探討，只由現代所有權標準與共同體理
論推定，分析平埔族群或番社層次的土地使用模式；使欠缺肥料技術而需
要「休耕輪作」者誤解成「游耕共有」。據此，由現代土地制度與標準觀點
認定原住民沒有土地權利概念則過於武斷的評斷原住民傳統社會土地制
度，有違憲法多元文化之源則。

以代農器。」（同上引：534）番社原先耕作技術其實還屬於人力、無肥料的輪耕，並由社會組織與傳統文化來分配耕地資源，但原先沒有發展灌溉水圳、獸力耕作、肥料技術的定耕農業技術。文獻紀錄只是描述「番人」耕作方式，也沒有探究部落對於土地使用的社會文化、社會組織、傳統土地規範的概念，以及是否存在土地使用制度與耕地權利的安排。

　　陳秋坤（1997：23-26）整理文獻指出，平埔族在土地方面，一般族人可憑自力勞動將草地闢成熟園，從而享有長期使用權。不過田園一但休耕或廢棄之後，其他族人可以在「原使用人同意」下，前往耕作。據此認定平埔族普遍沒有占據私有耕地的概念則有待商榷。如果從多元化的角度思考，這樣的推論太過採用現代土地私有制的現代文化標準，檢視傳統社會土地制度的規範。首先，荒地開園的過程是以人力為主，需要部落族人依據嚴謹的年齡制度及社會關係，集體互助互惠、換工方式完成開墾、種植、收穫的工作（衛惠林，1981：113）。另外，社會土地制度維繫族群互惠的精神，而在原墾耕者同意下，族人才可以前去使用休耕土地。但此過程是否有任何以物易物的土地權利轉移、強化社會關係或口頭契約建立，甚至社會組織執行重分配協商的管理過程？文獻沒有從族群的社會文化觀察之，確認原始開墾耕作者的土地權利；只從沒有定耕水稻農作、沒有地籍簿冊、沒有文字登記、沒有金錢交易，這些現代財產權特徵，專業地否定原住民擁有現代土地所有權與概念（引自陳秋坤，1997：25；顏愛靜與楊國柱，2004：72-76）。

　　在土地使用方面，文獻推論平埔族普遍欠缺現代私有地權

概念應該為真，因為現代財產權及國家法律概念也是近代社會演變而發展。但是，如果據此擴充推論一般族人沒有個人耕地或部落領地的土地權利概念，則太過牽強且預設標準，也欠缺依據族群社會文化進行田野調查的資料作確認[7]。從原住民互助開墾耕作、詢問休耕地之原耕者的行為，族群社會重視確認先佔權的土地權利，也由排斥外族侵略而可見部落對領地的土地權利與組織活動。至於是否據此足以論述原住民所認知的傳統土地權利，可以在現代社會的法律制度被承認，待第五章討論。

文獻內容都認為平埔族原先屬於氏族部落社會，維持游耕、漁撈、狩獵的生活，土地面積足夠族人一年一作之游耕生活需要，土地使用效率與價值相對的低。而土地屬於氏族部落「共有」的領地，並且名義上歸頭目或長老所有，族人只有土地使用權能，也就是前述日耳曼型共同體的原始社會，土地所有權區分為土地支配權能及土地使用權能之「質」的分割，原始社會沒有進入專業分工社會、市場交換規模小、部落社會還沒有現代個人主義的概念，土地共有現象普遍，沒有個人土地所有權概念(顏愛靜與楊國柱，2004：18)。

重新檢視文獻所謂的部落土地「共有」的論點，在詮釋上有不同層次的內涵。首先，是由現代土地制度的角度分類，從土地權利主體是單數或複數來區別，由現代「個人所有」的概

---

[7] 以周元文（1995：239）《重修臺灣府志》記錄，「土番之性，與我人異者，無姓字、不知曆日；父母而外，無叔伯、甥舅，無祖先祭祀，亦不自知其庚甲」對於「番人」的文獻紀錄還是以大漢民族的角度記錄蠻夷之邦的生活，並沒有深入「番人」社會文化脈絡觀察土地使用與生活價值。

念及現代社會文化角度，認定平埔族沒有國家型式的政府組織以及土地文字登記制度，且游耕形式的耕作在休耕時期無法拒絕其他族人使用而欠缺產權的排他性，故土地權利屬於族群社會「共同所有」。但文獻上並沒有記錄平埔族之族群社會組織與信仰文化對土地使用的管理，來詮釋此「共有」在部落安排土地權利的文化意義，以及個人或部落土地權利的存在的問題；文獻只是引用共同體理論的觀點，並用現代國家保障私有土地制度的角度否認之，甚至重新規劃現代國家原住民土地制度。這些文獻用 16、17 世紀的漢族觀察蠻夷的觀點，難得地記錄當時平埔族原住民的生活與土地使用。在現代民族學對多元文化詮釋的反省，並政治上豎立多元文化理想之時，這些記錄需要重新的解讀。

二、解讀原住民族土地「共有」的族群文化意涵

從多元文化的角度思考，推行個人所有制的現代社會對未知其文化習俗的平埔族描述為「土地共同所有」方式，只是凸顯平埔族依傳統社會規範管理部落領地並排除外族或國家侵犯的權力，並非根據族群差異文化與社會組織來認知平埔族的土地制度。至於土地所有權區分「上級支配權」與「下級使用權」之「質」的分層，可以對照現代國家代表國民全體行使土地的「上級所有權」而人民依法取得「私人所有權」之上下分權的概念[8]。兩者主要差異在於社會規範或共識對個人擁有的下級權

---

[8]　我國憲法第十條指出：「中華民國領域內之土地，屬於中華民國人民全體，其經人民依法取得所有權者，為私有土地。」土地法第 143 條依此作規範。而所謂「屬於國民全體」既表示國家「代替」人民行使土地的上級所有權，

利的行使方式，是「支配權」對「所用權」、「所有權」對「使用權」概念差異。此差異也呈現平埔族社會與現代國家對土地財產權制度的不同需求與權利安排，但不表示平埔族部落或個人沒有土地的所有權利概念。

　　如果土地所有權區分為「上級支配權」及「下級使用權」的概念作為學術上原住民族財產權的分類，是以現代文明標準為基礎理解、現代國家主權概念套用到傳統部落主權概念[9]的歧視、沒有進入被分析族群的社會文化脈絡來觀察；但現代文明者並視之為「中立」、「專業」的分析結果。謝世忠（2007：5）整理泰雅族不同部落由休耕土地安排的差異，整理有些部落採用耕地公有制及有些採用個人私有制，並指出小導由道（1915）認為原先部落維持公有制運作，因為人口增加、耕地不足的問題，而發展出土地私有制。進一步觀察部分泰雅族共有制是否有權利的概念。日治殖民政府進入泰雅族「蕃地」之時，紀錄族群採取土地公有制度的部落，其作法是每年都會集結居民，

而人民依法擁有下級所有權（楊松齡，2006：51）。至於為何不是國家擁有支配權，乃現代社會認為個人所有權擁有者可以「絕對地」對抗其他自然人、法人、甚至國家的侵犯。這樣絕對對抗的權力配置概念，對於原住民族傳統社會組織並不是最重要的。

[9]　所有權的標準與屬性是現代的概念，而現代國家的主要功能之一就是保障私人財產之所有。而將此概念討到原住民族部落領域內之土地使用，基於部落土地共有的框架，區分出支配權及使用權，而族人擁有使用權，部落擁有支配權，但都「沒有達到」現代國家內所有權的標準。而這種「沒有達到」分析結果主要將現代國家的標準直接套用到部落領地的範圍，忽視在民族組織發展的歷史時間差、文化價值的認知差異等問題，並需要藉由多元文化做中介、轉換而對應。部落主權在此作為部落對與領地，依據部落組織與社會文化的排他性管理權力，此權利在現代國家進入征服該領地之前，還保持獨立運作的情況。

重新商討部落所擁有耕地分配方式，對於原休耕土地使用者還需要再次使用此耕地，耕作者既可以用種植赤楊樹等方式聲明而保有權利。泰雅族當時也有採取耕地私有制的部落，其耕作者依據部落社會共識確認在時間與勞動上的先占權，且休耕時還是持續擁有之。相對來說，實施公有土地制的部落重分配休耕地時，族人還是藉由部落社會規範、意見表達、協商確認土地權利的配置。這至少呈現部落分配土地所有的權利，或分配土地與耕作收成還是歸個人「所有」的權利。此種規劃存在族群社會文化、部落組織、社會化的多重意義；當國家主權進入族群領地之後，這樣土地使用不表示部落土地權利無條件轉移成國家公有地，排除部落共有或家族（長）所有的權利。

　　當代多元文化國家規劃原住民族土地制度，在處理差異文化族群關係上，需要避免保守派的、自由主義的、或多元論的多元文化主義的態度與安排。更深入的說，現代主流社會與原住民族傳統社會的土地財產權概念正反映了兩種社會的核心價值：共產主義社會的分享與互惠模式；或資本主義社會的個人與功利模式；或原住民族社會的互惠且功利、分享且個人之混合模式。各種社會的模式乃是不同的社會價值基礎而發展的財產權制度，而這社會核心價值乃社會共識的結果，並反映其社會關係、制度安排與信仰文化。

　　從部落族群的「領地主權」[10]角度觀察，原住民族即便是這

---

[10] 在多元文化尊重的政治實踐角度來說，部落乃族群管轄的族人(人民)與領地(土地)，並呈現當時社會組織、傳統文化的管理(主權)意義，相當於現代國家主權範圍。這樣的認知來理解美國接受印地安民族為「國族」並進入現代

樣的族群土地共有的權利，在進到現代國家的法治保障上，是
否表示族群共有領地的土地權利就此自然消失或無條件放棄？
哪些原則才可以促進兩種社會土地制度調適呢？這在多元文化
國家的原住民族土地制度改革成果及聯合國《宣言》規範上是
值得重視並思考的，可以由多元文化國家的社會核心價值：正
義、平等、差異、包容為基礎，參考 Tully 多元文化憲政協商的
三階段工作來調處或合意，並維持社會價值的多樣性共存與永
續發展。進一步的分析將在第五章，藉由案例探討。

三、重新解讀平埔族土地「共有」之文獻

　　對於 17 世紀以來的平埔族土地共有制的文獻紀錄，本研究
嘗試跳脫個人所有型式才賦予國家法治之權利保障的邏輯框
架，基於多元文化理論之差異、包容的核心價值觀，來進一步
分析文獻所暗示的原住民族土地使用及權利分配的樣貌。

　　第一，有關社會生產組織，可以確認部落領地範圍內已經
有形式意義的領袖，對外代表部落，對內也協助社會秩序的維
護，甚至也有長老等社會階級與組織，且部落會為了保衛原領
地或爭取新領地而抵抗侵略或發生戰爭。文獻沒有實際紀錄到
以部落為領地的管理社會，其族人在同族群不同部落之間的土
地權利變動與轉移問題。但部落內部已經存在土地糾紛地調處
的組織與機制[11]，泰雅族對休耕地的重新安排過程至少就是這樣

國家範疇時賦予自治權利的概念，在國家發展過程中的特殊環境條件（黃居
正，2005：20）下，乃現代國家安排原住民族的國家定位與權利分享之選擇
之一。這包含陳總統 2002 年與原住民族再肯認「國與國的新夥伴關係」下
的完整國家主權之協議安排。

[11] 陳秋坤（1997： 11，58）整理文獻也指出平埔族向以年齡齒序建立長者會

的協商過程。

　　第二，由於耕作技術使用人力而欠缺受力與機械動力，平埔族需要用大量的人力來彌補生產技術的欠缺，在耕作時期需要部落族人共同互助協力完成所有的農事工作。族人這樣分工代勞，並分享部分收成。故，可以合理的推論，平埔族社會存在某種以「互惠」為核心的社會共善價值或族群文化，同時也有一套社會內部分工合作的社會規範。這樣的互惠模式不一定與土地私有制產生衝突，也可以由滿足生存需求的「自利」為基礎發展出互惠的部落組織與土地制度。從現代社會的個人主義與市場經濟角度來觀察平埔族的社會規範，會有一定的文化認知障礙。故，文獻紀錄沒有辦法完整記錄平埔族社會文化脈絡下的土地制度，或可能發生社會認知、文化差異的誤解。

　　第三，現有文獻沒有從族群文化角度記載平埔族的傳統社會土地使用規範內容，只記錄部落內對土地先佔權的保障以及其他族人要到「休耕」土地使用必須取得原土地開墾者的同意，並非沒有土地權利概念的「游耕」。但族人之間是否需要某種租借土地的儀式或承諾、社會文化與信仰共識的背景意涵，這牽涉到土地資源分配的權利概念，並沒有明確的記錄。若沒有整理這些族群土地權利概念以及重新分配的社會制度，文獻應採用中性的「休耕」用詞，而不應用「游耕」一詞來強烈暗示

議制度，決定部落事務，而部落領袖負責掌管社內公產及其他對外交涉事宜。也整理岸裡文書的一個案例，岸裡社某名社番因充當番差，無暇自耕，將田園委託某甥代管，竟遭侵吞不還，乃憤而向理番分府提出秉告。但最後還是經由公親協調，田園歸還營業主管理，而解決此官司。岸裡社為台中地區的平埔族之一群，族群內部也有調解機制。

原住民族土地制度是沒有土地權利概念的。

　　第四，由於對先佔權的確立，代表新開墾土地者必須不能侵犯其他族人之已開墾土地，甚至其休耕土地也不能侵犯。在文獻上只記載平埔族當時沒有文字記錄，至於如何對於新開墾土地不得重疊以及保障休耕土地的邊界，產生社會共識，則文獻上沒有進一步記載。從合理的假設來說，平埔族應該會使用天然地形地貌或共同立石塊作為土地邊界，甚至對與此邊界的維護可能會產生其社會認同的規範。範圍邊界代表了耕作者在某時期受族群社會共同認可的某種土地權利的概念。

　　第五，氣候、土壤、人口、部落領地面積與環境自然資源等因素，提供了平埔族充分的生活需求，主要農作可以每年一作，而其他農閒得以狩獵、漁撈，並且在領地內有充分的土地面積滿足族人「休耕輪作」的需要。這些土地使用規範的運作是平埔族於所在環境的這些條件與生產技術有密切關係。相對來說，文獻記載平埔族人不需要儲藏和買賣應該是有所誤解，因為一年一作的旱稻收成之後，合理的推論，族人用手工摘取稻穗、綑綁曬乾後，應該收進庫房存放以供一年的家庭食用；而生活上雖然沒有貨幣型式的交易行為，但從互惠社會習慣及共同狩獵(獵團)及漁撈(漁團)的活動，平埔族社會有很大的可能產生以物易物的交換制度，甚至在社會內部產生如法國社會學家莫斯(Mauss)有關「禮物」的社會關係與社會連結，而此禮物建立或延續了社會互惠的關係，及「互惠式」的交換方式。甚至傳統社會在某種階層組織之間的物品交換下，族人之間產生「再分配式」經濟的、社會的、文化的交換模式。至於熟悉「市

場式」經濟交換的現代國家與社會，如何觀察到此「互惠式」
交換的社會意義，是有其跨文化認知的障礙。如果現代社會沒
有跨文化藩籬的觀察平埔族社會活動，此觀察結果是存在瑕疵
的，並不能作為規劃現代法律制度的參考。18 世紀初的文獻資
料沒有這方面的紀錄與分析是可以理解的，因為西方人類學家
對於禮物與交換的觀察也是在 20 世紀初才產生的社會科學知
識。但現在在多元文化理論基礎下，這些社會互惠關係的分析
是可以合理推論且得以觀察的。台灣原住民族族群分布環境由
平地到山地各有不同，環境因素的影響自然會發展出不同的土
地制度，多元發展是需要留意的。

　　上述重新詮釋與分析文獻，來說明現代社會對原住民族土
地「共有」的解讀。平埔族原始社會是一個「互惠式」的社會
關係，而土地共同所有其實只是相對於現代個人所有制的分
類。土地共有部落社會是可以承認個人或氏族土地先佔權，且
對休耕地權利予以保障的土地權利安排方式。所以，一個沒有
文字、互惠式交換的社會關係，也許沒有明確貨幣交易的現代
市場經濟規模，並且不鼓勵個人累積土地財產；但此社會存在
的社會規範並不一定否認對個人或氏族土地先佔權與休耕地的
權利保障，也並不必然放棄族群佔用耕地以生存的土地權利。
在多元文化社會來理解原住民族土地所有的型式，部落社會內
存在「個人所有」與「部落共有」是族群社會文化的選擇，而
此社會存在個人生存保障之理性需求與合作互惠之社會價值觀
並不衝突，並反映部落族人與生存環境的互動、且形塑了社會
共善價值，乃至於產生社會文化，規範部落族人、土地資源、

大自然之間的關係。

　　17 世紀以來對平埔族土地制度與權利的誤解，我國在之後也持續發生之。多元文化國家需要重新檢視過去日治殖民時代以來，無法跨文化藩籬而誤解原住民族為土地「共有」，沒有現代土地所有權概念及管理制度，並需要國家重新安排固有土地權利，甚至為了企業開發「蕃地」資源而規畫的「理蕃」政策，以及至今這些觀點殘留在國家現行保留地制度與山林土地資源管理的制度中。

四、傳統文化與社會習俗隱藏的傳統土地財產概念

　　由多元文化的觀點，原住民族土地制度為「公有」、「私有」、或兩者並存（顏愛靜與楊國柱，2004：30），必須回到其傳統社會文化的脈絡來認識族群對於土地資源的「最適」安排。本段嘗試由文獻來觀察部落社會的傳統宗教、社會組織、排解衝突機制、生產技術與生存環境，使原住民族社會價值可以藉由此發掘，並且回應到原住民族土地使用的描述，可以協助我們重新認識原住民族土地制度安排的意義，也藉此才可以了解原住民族土地財產權利的概念。

　　就以太魯閣族社會來說，有耆老會陳述族人傳統土地權利來源的觀點：土地是「借自」於創造之神 Utux 而給我們「管理」的；這呈現族群傳統社會文化的規範是源自於傳統信仰且相結合而維持社會秩序的穩定。但另一方面，這樣的文化信仰在社會關係與規範上發展出土地使用的社會 gaya 規範明確定義土地先佔權的規則與發展休耕輪作的習慣，而家族傳統使用土地都有邊界並不得任意侵犯之社會共識，休耕時期土地權利持續德

到族群社會文化保障，也有傳統土地繼承給後代的族群規範。這樣的社會規範明顯地呈現族人間對土地所有權利的規範，而族人並不是沒有土地財產的概念。

太魯閣族群在傳統信仰上的土地「借用」與「管理」是否在現代社會關係有關人際之「借用」與「管理」相同？這答案在對象關係上顯而易見的是不同的。而太魯閣族在傳統社互文化之 Utux 信仰與傳統社會 gaya 規範是否存在某種現代社會忽略的因果關係？這樣地忽略容易使現代社會對原住民族傳統土地制度產生誤解。本章後幾節會以太魯閣族傳統社會文化與信仰為例，來觀察族群傳統土地制度與財產權概念。

重新回到文獻紀錄來觀察。西方傳教士因為宣傳基督教信仰，所以對於原住民族宣教工作上，會關注到原住民族的信仰與社會文化。17 世紀荷蘭 Candidus 牧師就觀察到平埔族的文化差異，在 1626 年的報告中提到：

> 罪僅只是....一些幻想。他們自己幻想，無中生有的；例如這些幻想使他們固定時段內要全裸行走；在某些時段穿上衣服，但不可為絲；在固定時段不能建屋或收集建築木料；在一些時段不能採牡蠣；不先作他們的夢或聽到他們的鳥聲不得自由戰鬥或開始某些什麼事，還有許多諸如此類的荒謬事.....
> 不過一些外顯的罪，我們禁止的，他們也視為不允許的：如謊言、偷竊和謀殺。雖然他們沒有向上帝宣誓這一回事，當他們要發誓的時候就會互相折斷一根稻

　　草桿，如此就算發了誓且是神聖不可侵犯。....（引自
　　鄭維中，2004：126）

原住民的傳統社會生活上有很多文化內涵的「禁忌」規範，但
Candidus 牧師無法由族群本身文化理解，認為那使平埔族人知
道「罪」的概念，並在生活上受到外在支配，而支配者與西方
信仰所宣傳的十誡或上帝並不相同，他稱之為平埔族的「幻
想」。從多元文化觀點。這裡的描述可以知道，平埔族人存在
傳統信仰，並且規範的部落社會的生活，包含對土地使用[12]。鄭
維中（同上引：324）從一些跡象觀察，雖然荷蘭人煞費苦心地
在台灣很推行基督教教育，但平埔族人卻是按原先的宗教觀念
來接受基督教，而所有的道德教喻與倫理誡命，被原住民解釋
成行政上的管理。甚至，當鄭成功收復台灣的時候，各地原住
民很快就拋棄基督教，恢復了以往的信仰和習慣（楊彥杰，
2000：118）。顯見，原住民社會行為受文化信仰影響，土地資
源管理分配也應思考這部分的背景因素。

　　至於原住民族社會這樣的傳統信仰及其產生的社會規範，
是否也影響到族群的土地使用制度，因為沒有文獻是由族群的
社會文化脈絡來研究土地使用的規範，所以無法直接做這樣的
聯結。至於原住民族由傳統信仰與社會規範是否影響族群傳統
土地制度的運作，以及其影響的效應，本研究在下一節中，以

---

[12] 番社三、四月插秧之前，需要獵主酒祝空中、占鳥吉音，然後男女偕往插秧，
並負責送食物給參與耕作的族人（引自顏愛靜與楊國柱，2004：75）。所以，
隱約的觀察，原住民耕作的過程與族人所認知的傳統信仰、社會組織存在關
聯，並安排了部落族人傳統土地的權利關係。

太魯閣族爲例，介紹族群傳統土地制度與族群社會組織、傳統
文化的關係。

　　人類學者衛惠林（1981：110）在 1970 年左右，對埔里烏
牛欄台地的巴宰海系平埔族聚落進行田野調查，發現甚至到
1950 年代，這一些族人仍然保持傳統岸裡社等祖居地的習慣，
維持旱田農作、狩獵捕魚習慣以及祖靈信仰儀禮。巴宰海族人
經常是隨耕隨棄，不固定在同一地塊長期耕作，即便在族人學
得水稻耕作技術之後，仍然維持不墜。衛惠林指出，在巴宰海
族人的地權概念裡，所有土地、水源和森林之類自然財產，都
是部落「共有」公產，所有族人都有權利使用（引自陳秋坤，
1997：53）。另一方面，岸裡社人自 1720 年代開始，在通事張
達京的主導下，將漢人水利灌溉農作方式引進，栽種水稻、甘
蔗等作物。張達京協同土目敦仔策畫部落土地分配，保留一部
分草埔爲公田社地，大部分按各社男丁婦口分撥土地，奠定私
有地權的基礎，這些歷史與技術應該隨著岸裡社族人遷移到埔
里而在傳播到此。然，何以到 1950 年代巴宰海族人還維持傳統
地權概念？爲何哈丁（Hardin）「公地悲劇」理論的問題並沒有
發生？爲何擁有一年一穫的水稻耕作技術，還沒有強化部落社
會及族人的土地私有的現代財產權概念？巴宰海族社會共同討
論土地分配的制度對現代社會有甚麼意義呢？國家要如何規劃
並保障其部落公有土地的權利的發展與制度變遷呢？

　　文獻都不詮釋部落共同決策重新分配土地的過程與此過程
的族群社會文化意涵，探討公共土地分配的結果。原住民族文
化脈絡上的「土地共有」、與哈丁所謂「共有」公地不同，即

部落耕地公有制而沒有發生「公地悲劇」的道理；這些將在第
三節探討。但在這裡可以藉由平埔族的土地使用權利配置，看
到原住民族由整體生態觀來看人類與生存環境的關係、社會價
值因為人力農業生產技術而強調互助合作的模式、部落社會關
係也發展出互惠的精神、部落組織也發展部落公共資源自主組
織自主管理的分配規則、土地制度是部落公有制與個人使用制
並存，此種土地權利多重安排的制度與族群生存環境、在地知
識、生產技術有密切關係。巴宰海族群土地制度的核心與其所
處生存環境特性有關，引導巴宰海族部落社會對於土地共有制
的選擇。因為族群使用的耕地在埔里盆地中，屬於秋季墾耕河
川氾濫而形成的浮洲埔地，一年一種，待冬季收穫之後便任溪
水沖刷田園、帶來新的沉積土壤養分，隔年再按每戶丁口分田
播種水稻（同上引：56），若明確的劃分土地邊界的管理成本
是族群無法承擔且非必要，社會組織會重新分配。同時還需要
社會文化條件配合，族群社會價值是重視整體生態觀，並反映
出自然資源與部落、個人的生態平衡關係，而不追求過渡的稻
作收成與財產累積[13]。在此過程並沒有休耕一年的需要，因為生
產方式藉由環境有河水氾濫帶來的養分，此種特殊生存環境條
件也影響土地制度的運作。

　　相對來說，巴宰海族群這些耕地的使用方式配合年度地區

---

[13] 傳統原住民族社會與現代自由市場經濟社會活動，對於生產的概念最大的差
異是資本累積。傳統原住民族社會重視整體生態觀念，沒有資本累積概念及
市場經濟活動，過於明確產權邊界是當時社會所不需要的管理成本，但不表
示部落或族人相對於現代國家沒有土地權利的存在，

溪水氾濫的時期的地方知識，確實也滿足部落族人的生活需要。部落組織在傳統社會文化條件發揮了每年公有耕地重新分配的運作。原先每年這樣土地資源重分配需要複雜溝通的交易成本，但互惠精神與部落社會組織運作、甚至傳統社會文化與監督機制降低了此協商的交易成本，使耕地公有制與個人化使用產生了有效的結合。巴宰海族耕地使用方式與權利安排與前述 17 世紀岸裡社的旱田農作之游耕方式、下一節太魯閣傳統土地耕作都有差異，明顯受當時耕作技術、環境影響，但都重視地利休養的情況。由此來看，原住民族傳統土的制度的探討有兩個重點：首先，對於原住民族傳統土地制度屬於公有或私有的分類，重點不在於由現代文明社會訂耕農業為標準來定義其屬於游耕模式，而重要是由族群社會文化的解釋，以及族群在當時生活環境的最佳選擇，這在第三節探討。第二，原住民族社會與現代國家接觸之際，傳統社會與市場經濟結合過程的傳統土地權利安排與制度設計的影響，以及藉由族群社會文化解釋此土地制度的選擇對於現代土地制度安排原住民族土地權利分配的意義。這問題待第四、五章探討。

肆、歷來朝代探究原住民族土地權之切入點

探討原住民族土地權利的切入點，必須先理解原住民族的殖民歷史背景。世界上歐洲文明國家與殖民地原住民族的文化接觸，在航海技術與知識的進步，促成哥倫布航海到達美洲之後開啟了新的里程碑，並漸漸發現殖民地除了有土地、礦場與自然資源之外，還已經有原始社會型態的原住民族居住。「原

始野蠻」與「現代文明」在這種殖民擴張時空的交會下，現代
國家要如何來安排這些沒有文字記錄及原始生產技術之原住民
族，給予其自然生活空間權利的法律制度保障呢？國家是依據
國家經濟發展的需要、或是保障原住民族土地權利與環境生存
權利，來規劃國家原住民土地制度呢？這樣的問題也呈現出原
住民族在現代國家主權下的遭遇，是由原住民族與殖民國家的
國際關係轉換到國內關係的過程中，其在國際法體系下的政治
主體性變動有密切關係（Anaya，蔡志偉譯，2010，15-41）。

　　我國直到1997年憲法增修條文確認原住民族的政治主體並
肯定多元文化處理原住民族關係；2005年通過原基法，在尊重
族群傳統土地規範、社會文化、價值觀下承認原住民族土地權
利，並法治原則立法制定土海法草案。目前立法工作未完成，
政府的承認與尊重未落實。在此之前，我國原住民族遭遇什麼
情況呢？

　　台灣原住民族也經歷國際法體系下政治主體性消失的過
程，但分為兩個區域與階段。首先，西部平原一帶的原住民族
在17世紀荷蘭人登陸台灣西部平原時與平埔族產生文化接觸，
當時政府採用討伐之後訂定和平協約（Accord）的作法；之後
經歷明鄭、清朝的統治蠻夷之邦的概念與土地習慣變遷；19世
紀末日本殖民政府引進西方現代土地制度、進行地權清理，而
成為一般行政區域之內。第二個區域是清朝未統制的山地原住
民區域，或稱「蕃地」。該區域原住民族到19世紀末遭遇日本
殖民政府，政府由「綏撫蕃政」到武力討伐為主的「理蕃」政
策。日本殖民政府考量母國經濟發展而採取「理蕃」政策與討

伐手段，且山地原住民地區土地制度施行「舊慣」；20 世紀中期國家統治台灣並面對原住民族土地，延續日治保留地作法並採用山地平地化與社會融合的政策。現代國家管理兩個原住民地區的土地制度，都曾經建立漢番界線，並限制漢人任意進入蕃地開發；但差別在於清朝時期西部地區原住民土地界線已經消失，而山地原住民地區還保留在國有土地與原住民保留地範圍之下。

　　在了解原住民族的殖民遭遇之後，若從現代國家殖民統制的角度思考原住民族土地權的切入點，原住民族會得到什麼樣的原住民族土地權利呢？本段只簡單介紹荷蘭到清朝末期的情況，日本殖民政府之後的情況則在第四章詳述。

一、部落、族群與荷蘭簽訂和平協約

　　對應到十七世紀荷蘭殖民台灣的歷史，《巴城日記（I）》記錄到 1625 年首長宋克由澎湖島遷入台灣之後，為安置驟增移居中國人居住，「得土番承諾，選定新港領域內」土地，而用 15 疋 Cangan 布匹向新港番買得土地，興建赤崁市街（郭輝譯，1970：48）。1635 年征討麻豆社之後，12 月 18 日與麻豆社部落頭人等訂定和平協約[14]（Accord），甚至 1636 年年底也曾經與瑯橋十六村的領主締結和平相處的約定[15]，並發展部落自治（臺灣省民政廳編著，1971：20）。

---

[14] 和平協定實際內容可以參考《巴達維亞城日記（I）》（郭輝譯，1970：151）及鄭維中（2004：88）的協約條文完整紀錄。及江樹生譯《熱蘭遮城日誌(I)》（2000：222）的精簡描述。

[15] 事件歷史紀錄可以參考郭輝譯《巴達維亞城日記（I）》（1970：180）；楊彥杰（2000，79）。

　　現代國家與台灣西部平原地區原住民族在 17 世紀中的關係，是由武力征討之後並且簽立協約來回復和平關係。協約內容有七條，而主要內容有三點。

（一）確認原住民族於荷蘭聯邦議會的關係：在第三條約定原
　　　住民族向荷蘭聯邦議會的認同、尊敬、服從，並視為庇
　　　護者。第七條約定每年按照原住民族粗野的習慣每年送
　　　兩隻大豬到熱城，紀念屠殺罪責的和解並表彰和平的友
　　　誼。從現代國家的角度此乃司法管轄權的讓渡。

（二）原住民族傳統領地的讓渡：主要是藉由共同種植耶子與
　　　檳榔樹苗、折斷稻草[16]的儀式過程，將「祖先傳承或得有
　　　領有權之地域與各種財產權，完全讓渡，並徹底奉獻於
　　　荷蘭聯邦議會」。從現代國家的角度這代表聯邦議會是
　　　承認原住民族傳統土地的領有土地權利，甚至承認原住
　　　民族原先擁有財產權利的狀態，並進行財產權的讓渡。
　　　但原住民族將被承認的財產權讓渡的主體對象是聯邦議
　　　會，既表示任何人必須依照合法程序並採取法律行動，
　　　荷蘭人或長官個人才有權利與原住民進行合法的財產處
　　　置，既是一種國家的保障與承諾。依據現代國家的土地
　　　權利概念，荷蘭聯邦議會取得的是「上位所有權」或國
　　　家主權的概念，但土地使用與管理還是尊重部落組織與
　　　傳統習慣，也就是「下位所有權」的概念（鄭維中，2004：

---

[16] Candidus 牧師紀錄到原住民間要發誓時會要求互相折斷一根稻草桿（鄭維
　　中，2004：126），乃是當時地區原住民部落的習俗。而在協約的過程也依
　　此儀式進行（同上引：86）。

100）。

（三）現代管理制度與傳統管理組織的整合：協約第三條規定由部落長老遴選四位正式的首領，並藉由授與禮袍、親王旗、權杖的儀式確認法律形式與地位，平時依據長官指令及當地習慣（costume）代表聯邦議會管理地方事務，並固定招集首領召開地方議會[17]。甚至，荷蘭聯邦議會在1642年與虎尾壠的協約中確認「聯盟村」的權利主體，因為虎尾壠地區及瑯橋地區的部落關係，原先都不是互不統屬的村落。此種安排更強化原住民部落的半自治地位的發展，對於部落治理的制度安排由封建領邦轉而雙方定期確認契約的等級制邦領（同上引：121）。

荷蘭聯邦議會的殖民統治採取與原住民「蕃社」設訂立協約，呈現十七世紀殖民政府承認原住民族屬於當時西方法的獨立權利主體。而荷蘭聯邦議會對於台灣原住民族如何認識、理解及實踐現代國家體制的過程，是有特別的想法的。鄭維中分析，從征伐到締約，再進展集體聯盟，認為「荷蘭人不只是按照自己的想像去塑造出他們與原住民的交往關係，他們還在一步步的互動當中，試圖讓原住民自己將一套外來的社會體制植入原生的社會中」（同上引：91）。但過程中原住民族是無法理解現代國家概念下被迫接受這樣的安排，而且還是存在文明社會與野蠻族群的不對等權力關係，與殖民國家自然資源掠奪

---

[17] 這樣的統治運作與治理關係，在鄭維中（2004：75-84）介紹1637年11月在放索仔社，由諸村長老聯合會審的司法審判與執行及長官的赦免權的案例，得到清楚的介紹。

的殖民擴展之目的。

　　另一方面，西班牙在 1564-1597 年征服菲律賓時期，在天主教傳教士的努力下，堅持依據十六世紀國際法的先驅，卡薩斯（Bartolomé de las Casas）及維多利亞（Francisco de Vitoria）原則，作爲征服菲律賓的依據，最後也取得西班牙國王的支持，並下王室令狀要求總督在殖民地區不可收取異教徒貢品，已取得須歸還。同時，同意原是統治者的土著持續擁有宗主權；並將令狀翻譯成當地語言，以詢問土著的方式確認是否自願臣服西班牙（Borao Mateo 鮑曉鷗，2008：53-66）。西班牙在1626年征服台灣北部區域之時，也儘量在行動中維持維多利亞原則，以取得正當性；甚至政府對不合法行動致使原住民遭受的損害提供賠償（同上引：73-84）。此時期，原住民族政治主體還受殖民國家承認。

二、明鄭、清朝時期的原住民族土地權利

　　明鄭、清朝由中原大漢民族的胸襟視台灣原住民族爲中國邊疆蠻夷之邦，在傳統上會呈現清楚地「漢蠻界線」並禁止漢人任意侵犯蕃界，另一方面卻在需要保有蕃地土地資源的時候，想像上被迫進行侵犯。侵犯的手法包裹著文明者可能被外族侵犯的恐懼與藉口，而進行實質的土地掠奪。

（一）明鄭時期的墾殖

　　明鄭時期在台灣共二十二年，採用「寓兵於農」的屯田制度，開墾區域約計三萬公頃，較荷蘭時期侷限在台南區預約一萬公頃，已經擴展；一方面滿足招民開墾並取得私有權的土地需求，一方面藉由土地私有收租納稅。此時期土地開墾雖頒有

「開墾章程」，明令文武官員墾地不可混侵原住民族既有農田，但對原住民族休耕土地、獵場則未加規範。此時期實際墾殖區域在「土蕃」固有地域，且對於順者撫之、逆者膺之；而在其交界處築土堆（土牛），以防「番害」。所以，明鄭時期明令「不准混侵土民及百姓現耕物業」，但實際上卻施行「屯田之制，以拓番地」（引自顏愛靜與楊國柱，2004：92）。

　　漢人在西部平原開墾的情況，實際上也發生耕地三年休耕一次的情況（同上引：97）。可見「開墾章程」只保障原住民與百姓現耕土地，並不保障休耕與獵區，其實是有明顯的疏漏。對於原住民施行休耕地視為游耕與沒有族群所認知的土地權利概念，而對明鄭時期文武官員開墾土地進行休耕的時候，卻不懷疑休耕土地權利是否被放棄的情況，可見漢夷民族差異或歧視的情況。

（二）清朝時期的墾殖

　　楊鴻謙、顏愛靜整理清朝「番地」政策與律令沿革，康熙23年（1683）實施海禁，防止漢人偷渡來台；康熙51年（1711）海禁改成許可制，漢移民可以正式移入台灣；康熙61年（1722）戡定「生番界線」，並逐漸開放「熟番地」的漢人番地佃耕權、番大租等開放措施；到乾隆53年（1788）番地租贌給漢人者，如已買斷給漢人，則以漢人為業主、照民地陞科；至此已形同合法化漢人私買「番地」（同上引：116-117）。這是清朝政府對於原漢土地權利安排的政策，雖然有「熟番地」的界線、「禁重利剝民番」，但在實際運作中「熟番地」卻逐漸「地權虛有化」。

　　對於「生番地」，1714年法國耶穌會教士馮秉正等奉康熙皇帝之命來到澎湖、台灣測繪地圖，該圖證明漢人只接觸西部平埔族區域，東部為一片空白且圖上標示出台灣島東西部的界線(Limits)，此即呈現清朝所謂的「番界」，禁止漢人任意入侵開墾。在1874年牡丹事件之前，清朝政府統治權從來沒有進入「生番地」，並且國外繪製台灣地圖都標示出「土番地界」線並註明 Aborigine。但在牡丹事件之後，清朝檢視日本出兵的意圖在於擷取台灣，故清朝終於改弦更張，採用「撫化生蕃」政策，開放漢人入山；「理番」成為劉銘傳治臺四大要務之一。清朝認為從此台灣全島「皆可合法」稱為「王土」，「生番」居地也不再屬於清朝治理之化外；而清朝的國家觀點也充次在現有研究學者的認知，沒有人懷疑為何清朝在「開山撫蕃」政策之後，未經原住民族的協商同意而開闢北路、中路、南路橫貫道路並向「蕃地」墾殖，則蕃地就成清朝「王土」（艾馬克著，王興安譯，2003：35）。清朝這樣的單方宣告代表了現代國家對整個原住民生活領域的「圈地運動」並圈成國家土地的想像與慾望，而沒有取得「蕃人」合意。

　　這過程有一個明顯的問題。牡丹事件是某一群原住民與琉球人的衝突，而與「生蕃地」的原住民族沒有關係、且清朝統治權未進入、並與原住民族未達成協議的情況下，艾馬克上述陳述的論點中間預設某種邏輯、連接了兩個不相關的權利狀態：清朝對蠻夷之邦的領域存有的慾望被日本威脅，使「番地」對清朝產生「非交易價值」的財產權概念（黃居正，2005：37-38）。不論是番界內的「熟蕃地」、或界外的「生蕃地」，

當漢人逐漸進入開墾之時，政府的禁令逐漸化解；更有趣的是日本只要表現出掠奪台灣的企圖，則清朝只要單方面宣告國人可以進入「生蕃地界」開墾，竟然不需取得原住民族的協議與確認，原住民族就失去了世代居住的土地權利。此既現代國家或清朝預設之邏輯：「蕃人」對世代居住的「蕃地」沒有土地權利；現代文明國家可以依據現代文明規範，競奪這片無主地。

　　生蕃地界這樣的變動過程，顯示「蕃地」不論何時、何理由，只要現代國家想像上覺得有需要或被威脅，原住民族領域就進入國家主權範圍之內。而當初的界限（蕃界）也只是為了彰顯漢夷民族差異之文明界線，並不表示國家放棄化外蠻夷之邦的領地。

　　馬關條約之後，1895 年日本殖民政府以一紙行政命令，日令第 26 號「官有林野及樟腦製造取締規則」第一條：「無官方證據及山林原野之地契，算為官地」，就宣告「生蕃地」屬於官有地。中華民國接收臺灣初期以一紙行政命令，「台灣省土地權利清理辦法」第八條：「經前台灣總督府依據土地調查及林野調查清理之結果歸公有之土地概不發還」，就宣告日本殖民時期的原住民族土地，包含原住民保留地與傳統領域，都不發還，保留國有。如果藉由整理國家殖民統治過程是否有完備的法令程序與文字證明，作為研究原住民族土地權利的切入點，再再只是呈現出文明國家如何設計「合法程序」，將主張差異文化族群的領地合法地劃入國家主權範圍之內，不需要與「蕃人」協商合意；另一方面，更凸顯台灣原民族是屬於《聯合國原住民權利宣言》序言第六項中所宣告的：遭遇殖民統治

並被剝奪傳統土地權利的原住民族，甚至原住民菁英被教育遺忘此歷史與此權利。

三、小結：探討原住民族土地權利的切入點：不在現有法律的現況與合法性

　　本段整理荷西、明鄭、清朝等時期的原住民族土地權利歷史，確認以下實際情況：由國家殖民歷史與設計法制中尋求國家承認原住民族土地權之文字證據是艱難的切入點。因為「蕃地邊界」可隨國家需要而單方面就可以變動、甚至整個「蕃地」隨時都由國家單方合法化、合理化地宣告成為國家主權領土，並否定原住民族傳統土地、文化與生存權利。在國家法令脈絡下，原住民無法取得政府現行法制上原住民族土地權的承認與保障。此脈絡不是分析此權利的惟一路徑。

　　往昔原住民族傳統土地制度的研究往往忽略了現代國家對於地政管理制度與技術的發展，也是近代百年前引進三角點設置與三角點測量等地圖繪製，才開始建置地籍的調查與管理。在此之前，土地歸屬頂多是用示意圖的方式標示，比如明清兩朝政府用「魚鱗圖冊」管理土地稅賦，國家也未必建立完整的地籍資料。原住民族傳統土地制度研究雖然沒有發現文字圖表紀錄的使用，但不表示土地使用沒有建立類似「魚鱗圖冊」的邊界概念或管理制度；因為在此方面的研究是由主流族群與現代社會的觀點，誤解原住民族的土地使用狀況並忽略其社會價值。

　　另一方面，國家主權自日治之後才進入原住民族「蕃地」領域，並由國家經濟發展與母國企業進入開發為政策目標。在

此「蕃地」政策下，擁有土地測量技術與主導登記進度的政府，有權利決定何時承認、何種財產概念安排以及何時測量登記原住民族土地權利，也相對地負有對原住民族土地權利之法制保障的責任。而此責任並不在原住民族。雖然日治時期已建立蕃社台帳、國治之後的 1952 年舉辦山地定耕基本調查、1966 年才完成全部地籍測量與土地調查，但這歷史並不表示原住民族在此之前沒有原基法所宣稱的原住民族土地與自然資源權利。

　　當我國在憲法增修條文第十條「肯定多元文化」原則，以維護原住民族權利，並 2005 年立法通過的《原基法》定義原住民族土地、承認原住民族土地權利、尊重原住民族生活方式與土地擁有利用與管理模式之權利，甚至尊重原住民族傳統習慣、文化與價值觀來改革法律制度。據此歷史背景，本研究認為原住民族土地權利的研究必須作轉向。本章由多元文化理論，由原住民族文化脈絡來主張傳統土地制度與土地權利，並由批判種族理論的「經歷敘述」建立族群自我傳統土地權利的論述，並批判國家殖民統制與剝奪土地的法律制度。這既是本論文由原住民族傳統文化與價值觀論說原住民族土地權利在前，國家法令制度脈絡的原住民土地權利在後之章節安排的基礎。

　　本研究在第三章從多元文化理論與財產權理論之整合論述，專門整理原住民族觀點的原住民族土地權利的概念，作為批判種族理論的族群「經歷敘述」之根本，藉由族群社會文化與價值觀來論述原住民族傳統土地的內涵，也就是強化原住民族文化脈絡的重要性。第四章才會進入國家原住民（族）保留地制度的殖民歷史脈絡，並將主流社會觀點之「種族意識」認

知原住民族土地權利的概念，提出對照與批判；本研究並不認
為在現有國家採用西方(土地)財產權概念、土地法規與原住民保
留地制度內部，可以理解原住民族土地權利的本質。相對來說，
原住民族土地權利的研究，必須在憲法層級承認多元文化原
則，並在確認原住民族集體權利下，反思殖民歷史脈絡，再進
入民法私有財產權的擴充，才得以通盤解決，不然所有的研究
與解決方法將只是表面的、形式的、局部的、邊緣的。

　　現代國家在殖民時期掠奪土地與自然資源時，是否要建立
協約、留下文字證據來合意傳統土地權利的合法轉移，是現代
國家單方主導的政治與法律結果，原住民族沒有主張自由知情
同意原則對待的權利；並牽涉到現代國家對於原住民族土地權
利的認知，而此認知與國際法上原住民族人權的變遷有密切的
關係。19 和 20 世紀初期的國際社會依據國際法實證主義的概
念，以歐洲現代國家標準建立「國際之家（Family of Nations）」
之國際政治主體，排除原住民族是為國際層面權利主體資格；
進一步提供殖民母國對原住民族「託管學說」和「文明化任務」，
合法地侵略固有土地權利。於是，國際法可以主導殖民化模式，
並根本地合法化殖民規則（Anaya，2010：31-43）。這也就是
當時現代國家對原住民族及其土地的認知概念。這樣的概念也
得以解釋前述現代文明國家對台灣原住民族土地可以任意劃定
「蕃界」與主張國有的原因。所以，在殖民歷史脈絡下，尋找
現代國家「承認」原住民族傳統土地權利的歷史證據是沒有意
義的事情。就算尋得，此收穫也只是將原住民族固有的土地權
利配置在現代國家法律限制之憐憫與施捨之上。另外，這樣的

背景也支撐本研究的基本觀點：研究原住民族土地權利的歷
史，必須站在國際法中的原住民族地位變遷與遭遇，才有徹底
從根本理解與解決。

　　當原住民族成為現代國家組成成員之後，現代國家不願意
承認原住民族殖民歷史遭遇而失去固有傳統土地權利，且著手
以在現代國家法制加以國有化，是國家沒有盡到保障原住民族
基本人民權利的根本責任。所以，本研究認為，在認識與承認
此殖民歷史脈絡之後，由多元文化理論的角度，原住民族只要
在其傳統社會文化的基礎上提出適當的證明，其傳統社會、文
化、組織如何規範族群使用土地的權利配置。這樣的土地權利
配置不論是否屬於現代私有制的土地權利模式，都足以自我主
張族群土地權利的存在，以及國家必須在憲法層級之多元文化
承諾，依法保障原住民族土地權利的主張。所以，本研究會主
張依據多元文化理論，由族群社會文化脈絡陳述原住民族土地
權利概念，並重新確立原住民族在憲政的政治主體權利，作為
研究原住民族土地權利的首要工作。

　　這樣的思考脈絡也是出自「批判種族理論」的「經歷敘述」
與「種族意識」的研究方法，並安排本章先論述原住民族自己
觀點的原住民族土地權概念，而之後在多元文化的原則於第四
章介紹現代國家觀點的原住民（族）土地權概念。因為，本研
究認為由國家保留地制度內容與發展來尋找原住民族土地權利
的意義與內涵，將會限縮在殖民歷史脈絡視為正義的文明化責
任與國家經濟發展開發「蕃地」的合法合理需求之下，看不到
原住民族的觀點與族群發展需求，也不可能由憲法增修條文的

多元文化原則理解原住民族的文化與經濟發展。本章在概述原
住民族觀點的土地權利概念與共有模式的社會文化意義之後，
以下並以太魯閣族傳統土地制度與權利作研究範例與介紹。

第二節　太魯閣族傳統土地制度的文化詮釋

　　台灣目前經過國家認定的原住民族群有 14 族，而各原住民
族族群發展歷史、生活環境、生產技術、社會組織、社會文化等
條件不同。對於前一節介紹最早的原住民族土地使用的文獻介紹
也是以早期西部的平埔族為主的紀錄，也呈現出傳統土地使用的
習慣。顏愛靜與楊國柱(2004：19-39）重新整理之前文獻、對不
同族群的土地利用、功能組織、所有制度作介紹。這些文獻欠缺
由傳統社會文化的脈絡「詮釋」各族群的傳統土地制度，對於傳
統社會原住民族土地權利的內涵也由現代土地制度標準來衡
量。本節以太魯閣族為例，從耆老對於自己族群傳統社會文化、
土地使用的關係，重新詮釋太魯閣族傳統土地制度的內部觀點，
並由原住民族主體需求的角度對此制度的外部性評估，取得族群
社會文化價值的基礎。

壹、太魯閣族傳統土地制度

　　依據原基法第 20、23、30 條及民法第 757 條之原則，本段
由部落組織與文化、土地類別、使用、繼承、族群價值觀，詮釋

太魯閣族土地制度；在整理介紹的內容中，採用耆老的口述介紹為主，並結合族群傳統社會文化的內涵來搭配說明，藉由跨差異文化藩籬的認知，呈現太魯閣族群內部觀點的傳統土地制度描述。

一、太魯閣族部落組織

在分析太魯閣族游耕與休耕土地的使用方式是否真屬於土地公同所有型態的討論之前，我們需要由社會組織及社會的主要 Gaya 規範來了解其背景。首先是社會組織。邱韻芳（2004：44-46）藉由佐山融吉在《番族調查報告書：紗績族前篇》對西賽德克族的整理作為介紹的起點。西賽德克群分有三個支族 Tkdaya、Tuuda 和 Truku，每一支族基本上都以若干社組成[18]，各社均有頭目一人，對外代表一社，對內為執行命令之機構。而各社並非完全獨立，每一支族都由其中一個大社的頭目統轄其他小社。頭目產生的方式大部分都經眾人推舉，較少有世襲，並且頭目人選不論是多麼有人望，都必須在出草行動順利才得以擔任頭目[19]。在西賽德克的社會中，頭目並沒有絕對的權力，重大事項還是藉由其他勢力人士協商，再依決議行事。而祭司對於祭事、出草、播種等重大事情則相對有較高的權威性。祭司會依據徵兆及夢境而有絕對的否決權[20]，且祭司的職位是世襲制且重視血統。並依據佐山

---

[18] 2004 年 1 月 14 日太魯閣族成為第十二個政府認定的原住民族，2008 年 4 月 23 日賽德克族成為第十四個政府認定的原住民族。

[19] 由 gaya 的角度來說明，一個有威望的族人如果沒有在山林出草順利的條件，表示超自然的 Utux 並沒有認同此人作為頭目的角色。被 utux 否定的威望族人，部落社會也無法都認同其為領袖。

[20] 祭司否決權的基礎並不是出於個人，而是超自然的 Utux 信仰為基礎，藉由

融吉記錄，Tkdaya 群還保有世襲祭司與祭團組織，且是由一整個支族組成一個祭團，但談到 Truku 群的社會組織則未介紹到祭團，甚至介紹 Truku 的農業祭儀時，認為之前 Truku 每一社均有一祭司，但在 1917 年調查之時，部落已經不再有專職的祭司，而且各項祭儀改由'血族'或'家戶'自行舉行。而頭目推舉過程、祭師決定重大事項的權力在文化脈絡上，是與 *Utux* 傳統信仰以及 *gaya* 社會規範的超自然力的運作有關。

　　由邱韻芳的整理，西賽德克族群相同 *gaya* 祭團之間的部落是存在如荷蘭聯邦議會在 1642 年與虎尾壠之平埔族的協約中確認的「聯盟村」權利主體，也就是攻守同盟的關係。但 Truku 群在東遷花蓮過程中漸漸降低了 gaya 的團祭概念，而以血親或家戶自行舉行祭儀，相對來說部落組織與活動也發生轉變。對此，邱韻芳(同上引：45)分析兩個主因。第一，Truku 東遷的原因是為尋找耕地與獵場而陸續零星主動遷移，故部落一般有勢力的祭司並不一定冒險跟隨遷移。可能在缺乏專業祭司下，族群改變了祭儀的型式[21]。第二，Truku 群移動過程，原社不斷分裂，到處建立小社，而無法再回 *gaya* 祭團的統一。

　　當 Truku 人無法維繫傳統祭團組織運作之時，親屬(*lutut*)關

徵兆、夢境等異相，透過祭司傳達訊息。而這一些訊息需要搭配社會共同遵守的 gaya 規範來確認異相的凶吉。

[21] 在太魯閣族通移的過程中，部落專職祭司的人並不一定回同時遷移。有關族群傳統習慣及規範的祭司職務，在一般家庭中都會交由家族年長婦女擔任。就李紅櫻女士記憶，在日治初期的情況，母親在家族都會作一些簡單的傳統醫療行為，並希望女孩可以學會與傳承，比較嚴重的事情才會尋找較大部落的的祭司協助。在日治之後的現代化宗教與禁止舊惡習，反而有嚴重的影響。

係因而成為組織人群最重要的力量，族群傳統土地管理規範 *gaya* 還是延續下來。Truku 東遷地區多為山地，缺乏成立大部落的地理條件外，該區域地廣人稀，沒有強大的外族競爭[22]，使得男子依據傳統習俗結婚、生子、建立自己的家庭之後，會離家開墾新土地，並不會有土地不足的問題，留下最後成婚的幼子繼承原來家產土地，其中耕地還包含休耕土地的權利。東遷的 Truku 部落容易分裂擴張，結構鬆散的特性，同時也強化了以家族為中心的社會組織，包括祭祀團體、狩獵團體、或攻守聯盟等共同的活動。而邱文特別強調，此處的同一家族的概念是需要回到 Truku 的文化脈絡來解釋，代表有親屬(*lutut*)關係的人。較明確的說，Truku 社會中人與人的 *gaya* 關係雖然不再像原先西賽德克群的 gaya 祭團意義，但藉由血緣、共居、共食的活動中建立 *gaya* 的關係。其中，血緣可以藉由祭祀殺豬「見血」的分享過程，建立「擬血緣」的關係（邱韻芳，2004：15)。

二、我們這樣開墾新土地

太魯閣族傳統土地使用習慣是喜歡在台地[23]附近興建住屋及

---

[22] 此先註明，沒有強大外族的競爭不太表太魯閣族人在山林生活的社會生活優游自在如伊甸園的生活環境。對家族人口增加，還是有新開墾土地的需求，也有出草、被出草與狩獵的危險。

[23] 住秀林鄉加灣村的太魯閣族耆老田信德牧師在太魯閣族人地區牧會的時候，曾經詢問耆老有關 Truku 的意義，記錄到 Truku 其實是「台地」的意思，也表示這一群族人喜歡選擇台地為居住及聚集的地區。族語稱三個叫 Tru，表示台地的上坡、平地與下坡的三個地形結構。在花蓮縣秀林鄉公所舉辦「2009 Magay Bari 全國太魯閣族歲時祭儀研討會」的序言，也有所介紹。另一種說法是太魯閣族發源的地方是三條河流會流之地。但可以理解到此族群會用原來生活的地方(部落)特徵與他人溝通所居住及來目的所在，並形成自己族群向他人介紹時的名稱。

開墾家族耕作土地。太魯閣族人向上可以設置獵場，向下可以開墾耕地，形成易守難攻的地勢，而接近水源為次要的選擇。

　　廖守臣（1998：188）對於傳統的泰雅族人[24]如何確保部落與家族的領域，紀錄文獻是過去泰雅族人的土地大小，由這個人有多少能力決定耕作多少土地。勤奮耕作的族人能夠開多少土地，那土地就是他的名下。當最先到達並開墾的族人就擁有該土地邊界之內的土地權利，而以石塊為界，或是砍下樹枝插在土地上，就表示該土地已經有人佔有，其他族人不可以侵入。此乃「先佔權」。

　　太魯閣族人對於耕地、住宅與獵場也是存在先佔權的概念。以耆老 B1 的訪談介紹，也確認太魯閣族傳統土地權利式也有先佔權的社會共識：

> 太魯閣族的土地是分為耕地與獵場。耕地是誰的家族的名字(註：權利之繼承可以藉由父子連名確認)，就是誰的(ne naku、ne nima)，但沒有所謂權利的現代字眼，用的是管理(kmdawa)的字眼。而且在過去沒有所謂土地糾紛的衝突發生，因為有 gaya，規範族人不可以隨便侵犯他人的土地。…太魯閣族土地的 gaya 是這樣，族人開墾新土地時不可能會侵犯他人耕地、休耕地是最基本的 gaya，也就是先尋找到新耕地的族人在確定

---

[24] 泰雅族人在 20 世紀初日本時期【番族慣習調查報告書〔第一卷〕】中，已經指出泰雅族是擁有財產概念，土地也由共有制轉換為私有制的過程（臺灣總督府零時台灣舊慣調查會原著，中央研究院民族學研究所編譯，1996：195-205）。

邊界之後，既擁有該土地，部落族人都承認那土地是他的名字。其他族人從他人所有的土地邊經過必須詢問與同意並禁止任意通過，土地的邊界在共同的約定下會設立邊界石頭，而不可以任意移動。任意通過、侵占或移動邊界石塊都被嚴格禁止，因為有 utux 再看，祂會逞罰違背 gaya 的人，甚至會將這個罪影響到數代子孫。另外，如果有人侵犯別人地土地，是會被攻擊的。（參考附錄七，B1 的訪談內容）

以太魯閣族耆老 B2、B9、壯年 B3、B4、B5 的陳述，都與 B1 一樣，認知到傳統太魯閣族耕地的開墾、耕作與休耕都有先佔權的概念。在族人生活領域之內，因家族男子成年或家庭人口增加，需要新的傳統耕地之時，會尋找新耕地開墾；族人在該耕地的範圍邊界整理雜草或設立石頭而形成邊界(ayus)，部落其他族人都會承認該土地屬於此開墾者、或與該該墾者名字連結。也就是在傳統土地 gaya 規範約束族人在 1966 年國家保留地分配制度之前，確認土地歸屬與權利的「法」。

圖來源：本研究攝影與整理。圖中界石與石牆是四鄰雙方確認而設立的。

圖 3-2：太魯閣族傳統土地邊界：立界石與疊石牆等方法

　　太魯閣族人也有財產概念，並區分公有財產與私人財產；公有財產為未經人力墾殖之土地；私人財產為經人力經營或製造之土地（謝世忠主持，2007：8）。許通益（2001：41）在太魯閣國家公園舉辦的原住民族文化講座過程中，介紹各家族對共用河川流域的地界劃分，是由各家族相互協調而確認的，並整理以下幾點協調的誡律規範：

（一）地界劃分以祖靈為憑（殺豬祭祖共同聚餐定誡）。

（二）不可越界進入他人區域。

（三）地界劃分須雙方同意決定。

（四）管制範圍與懲處賠償規定。

（五）有外族侵入時，本地區各家族必需同時起而聯合抵制。

　　這些規範是太魯閣族地界劃分的 *gaya* 規範，許通益更指出太魯閣族崇尚祖靈 *utux* 信仰，非常重視 gaya 規範，凡違反者，多已經遭受天譴意外喪生。從這樣的描述，太魯閣族傳統土地使用規範是基於 *utux* 信仰與 *gaya* 規範為基礎，藉由 *utux* 見證與 *gaya* 規範下，雙方共同溝通權利範圍，同意之後並負有監督、懲罰、攻守同盟的共同責任。而違背者將受到 *utux* 的懲罰，甚至生命的損失。此也表示 *gaya* 規範的監督機制除了合意雙方之外，*utux* 同時兼有監督與懲罰的最終角色，致使 *gaya* 不只是道德規範，也是生活實踐。

　　有關太魯閣族休耕的規範，耆老 A1、A2、A3 在訪談耕地使用時也介紹，有關太魯閣族休耕土地的方式是與耕作的環境有直接關係，主要是沒有肥料的環境，必須用休耕、輪種、混種的方式耕作土地，而使用的肥料就是休耕時自然長出的雜草樹木。休耕需要維持四年以上才重新準備復耕，因為樹木要成長足夠粗且剛好也容易砍伐整理的時間，正好是四、五年的時間。休耕並不表示放棄土地的權利，土地的名字還是原開墾族人的，其他族人必須要取得他同意才可以租借用。而且土地在開墾過程就約定好需求與能力範圍內的土地邊界(*ayus*)。所以，「休耕」並不等同「游耕」。

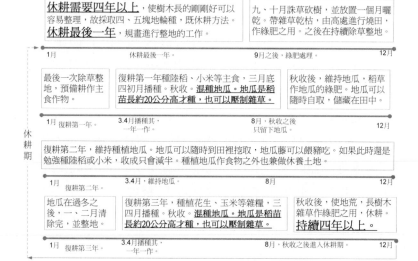

圖來源：本研究繪製。此圖整理訪談耆老 B9 對傳統休耕輪種的介紹為主。

圖 3-3：太魯閣族傳統土地耕作周期：休耕輪作與復耕

　　另外，復耕第一年會種植陸稻、小米等主食，並且在三月底開始種植，避免收成時碰到颱風。同時，在稻苗長成 20 公分左右，就開始疏苗並在稻苗間種植地瓜苗。地瓜混種可以使雜草被地瓜藤覆蓋，也作為復耕第二年的主要作物。因為第二年連續種植主食作物，作物的收成會剩下一半，且可食用的地瓜自然埋藏在地下不需要特別儲藏，並且自然維持地瓜的種植。復耕第三年才種植花生、玉米等旱作，同時也維持混種地瓜，以壓抑雜草的生長。將上述太魯閣族休耕養息地力的模式，在下圖 3-3 作整理，表示一塊土地經過休耕期、復耕期的過程，

而一個家庭會實際開墾四、五塊耕作土地安排不同時期的使用。此土地制度呈現太魯閣族人在山林土地使用的在地智慧，也配合自然環境的方式滿足種植技術、地力肥沃的問題。所以，休耕土地實際還是擁有邊界(ayus)，也確認先佔開墾土地家族的名字，且部落族人依據 gaya 不敢侵犯。但是，在觀察上會誤以為太魯閣族人是隨時將休耕土地廢棄，那是沒有進入族群生活條件與社會文化脈絡，觀察傳統土地制度的誤解。

　　獵場與河川地也是有部落的名字，各部落會確認獵場的土地邊界與範圍，而且只有哪個家族才可以在他名下的獵區行走並依據狩獵規則放置陷阱。所以，太魯閣族傳統土地 gaya 是耕地與住宅都有先佔開墾者的名字，獵場與河川地也有部落及家族的名字，這些土地都有邊界。只要不是屬於該土地名字的族人，就不可以任意侵犯他人土地，任意侵犯則違反 gaya，將受 utux 懲罰。

三、傳統土地規範（gaya）之社會核心價值的詮釋

　　在討論 Truku 族是否屬於游耕模式與土地共有型態的結論作分析之前，本研究在族群文化脈絡下詮釋族群規範結婚、成家、開墾、土地租借等 gaya 的社會共善價值。太魯閣族群社會規範 gaya 不單單只是生活實踐規範，而此 gaya 在族人"成為 Truku"上，更有族群社會共善價值的三個核心內涵：「愛人」、「惜地」、「敬天」的精神。以下介紹族群土地使用的方式時，也同時說明此三項精神內涵。

　　首先，是「愛人」的精神。耆老 A3 表示太魯閣族 Gaya 規範兄弟必須依年齡順序結婚，家族中年長的孩子先娶妻生子並

先分配現有部份耕地或開墾新土地。最後，家長會留下最小的男孩繼承原有的家業土地。故，太魯閣族家族的兒子與其核心家庭遷移並開墾新耕地，並不表示其使用土地方式就是游耕模式，更沒有放棄山地的休耕地。另外，太魯閣族 *Gaya* 規範婚姻對象是由家族長輩所決定的。長輩會依據父子聯名法後推數代沒有親屬關係的家庭，尋找兒子可以結婚的對象。在外婚制原則下，姻親關係會連繫到地理位置較遠的家族，也間接擴張了親屬關係的範圍與攻守同盟的勢力。因此，家中男孩都依需要分配到土地。一個家庭的土地使用及開墾會維持數十年以上甚至數代之久，有山林智慧的家長會評估家中男孩成家之後的土地需求是否多於家庭現有耕地的情況，如果家中人口增加而耕地不足，則會預先尋找新耕地。在男孩娶妻生子之前，家長會協助尋覓適合成家對象及開墾土地。依據在山地開墾土地的傳統工具及親屬人力來說，親屬(*lutut*)為即將分家的核心小家庭開墾土地並不是隨時、短時就可以完成的，是困難的，甚至認為尋得肥沃的新耕地是屬於 *Utux* 的賞賜。這些都是親屬家族之間展現「愛人」的態度[25]（*gnaalu* 憐憫）。

第二，是「惜地」的精神。太魯閣族耆老 A1 介紹到傳統社會以家族組織為核心，使用土地的方式是父親為戶長且管理及使用土地，每戶家庭依人口狀況開墾三、四塊足夠寬大的土地耕作，每塊土地依地力使用的情況，約每耕作三年就需要休耕

---

[25]補充說明，「愛人」的態度在道德層面看來是「互惠」的社會關係。但社會文化脈絡觀察實際社會關係建立的背景環境存在族群生存的威脅，在功能層面也存在（共同）「自利」的目的。

四、五年。太魯閣族「游耕」尋找耕地是為了養活家庭子女，年輕夫妻成立一個核心家庭到子女可以成家並向外發展也需要約 20 年，到過世並將土地財產繼承給幼子，至少有四十年時間，需要重複使用休耕土地六七次以上的周期，並交由最後成婚的幼子繼承，而不是如游牧民族的任意游耕方式。就生產工具技術及人力勞動的條件來說，新開墾土地常常需要清理雜木大樹、整理石塊作成石牆，維持坡度的水土保持以及耕地的邊界，需要很大的勞動力。所以，開墾新土地的勞動遠大於休耕土地的重新使用的勞動，對於原開墾該土地的家族、氏族來說，實在沒有放棄休耕地的條件。至於休耕的土地(smudal，舊的；psangay，休養)上會種植某種易成長的樹種，作為重新耕作時山田燒耕之天然肥料，而土地權利還是歸原開墾家族擁有及管理，且依彈性需要會在休耕的土地邊界局部種植地瓜等作物。不可以自大、貪心(psrabang)地過渡使用土地或是開墾超出家族需要的土地面積。太魯閣族文化工作者 A5 進一步闡釋土地休耕的意義，土地休耕是基於傳統文化認為土地涵養與家族生息有密切關係，規範族人的「惜地」（psangay）態度。

第三，是「敬天」的精神。耆老 A1 進一步介紹，傳統家庭裡男孩分家的時間是男孩娶妻並有孩子之後才分家，因為原生家庭在教育男孩如何建立家業及照顧幼兒之後，男孩才算可以真正獨立[26]。基於開墾新耕地的艱難，父親與親屬會協助將分家

---

[26] 太魯閣族男子成親，並非滿足女方家族聘禮並舉行婚禮就算完成。開始是家中有男子達結婚年紀的家長藉由親友探詢沒有血親關係家族的女子，家長拜訪並約定，會談好下訂送禮及男子需要在女方家勞動工作的時間，並約定好

的孩子與其核心家庭尋找適當的土地開墾，並共同興建新住家及設備，族人間這樣互相協助稱為 *smbaluh*，並非將離家獨立的子女單獨進行開墾[27]。開墾的過程是先尋找無人使用的土地，並排除族人的休耕土地，進而選定地勢平坦的地區，並且觀察林木成長是否茂盛及土質狀況來評估地力是否適合開墾，會再詢問當地族人該土地是否確實沒有人使用，以確定沒有侵犯族人的土地。最後，族人會藉由祭司詢問祖靈 *Utux* 該土地是否適合開墾以及確認需要兩隻腳（雞）或是四條腿（豬）的祭祀，在經過流血共食的過程而與看顧土地的祖靈 *Utux Tndxgal* 建立家族血緣上的關係。在這些繁瑣的準備過程之後，才會開始開墾新耕地。家人會協助將分家子女開墾出一兩塊新耕地之後，並且土地作物生產穩定，才會在新耕地上興建住屋，而正式分家獨立。族人尋找新耕地的過程，是藉由家族戶長的規劃與指示，

下訂牲禮及迎娶的時間。另外有個習俗條件，成婚之後男子還需要先完成到女方家族勞動工作一段約定的時間，之後，且還是需要在男方原生家生活一段時間並不是馬上離開原生家庭，當原生家庭有人口增加，如出生兩三位子女或是家裡有其他男孩需要成婚之後，才會有新增居住空間、或成婚生子的核心家庭分離出去的問題，此種分家的建議可以是孩子提出或家長提出。從勞動力交換角度分析，成婚代表家族勞動人口的變動與社會姻親關係的連結，姻親是重要的勞動資源的重分配、創造與連結，也是組成攻守同盟的關係。

[27] 依據田信德、李紅櫻耆老的解釋，家族子女還沒有成婚之前都在家中生活與勞動，家長會事先規劃好尋找男孩成家之後的新耕地。*gaya* 規範家長指示成家且有孩子的男孩擁有哪些土地，而孩子之間也不得有爭議及異議。對於即將離家的孩子，其開墾土地的過程也由家長招集親屬(*lutut*)協力完成，包含成家及未成家的子女一同參與，並不是單獨讓此核心家庭獨力尋找新耕地、開墾、興建住宅用具。在這樣的社會規範下，男孩結婚生子到被安排新耕地之前，需要至少三年的時間，其核心家庭還要留在原生家庭共同生活，並建立互惠合作與遵守 *gaya* 的社會關係。

嚴格 gaya 規範，禁止侵犯族人所有土地，尊重祖靈 *utux* 引導而取得適當的耕作地，並視土地的開墾為祖靈的恩賜，此乃傳統文化中「敬天」（*miisug tuxan*）的態度。

　　另一種最安全而不違背社會規範的新耕地取得方式，是親友間詢問子嗣比較少的家庭，是否有多餘的土地可交易。耆老 A2、A3、A4 介紹，在 1970 年代太魯閣族人還是有這樣的情況：在當面協商口頭約定的情況下，用一隻豬或雞來買賣土地，事後都不能反悔。現今年輕族人會用現代交易市場一隻雞或豬的現金價值來評估當時的土地交易，覺得一隻雞換兩三公頃土地的交易是不划算，那是忽視當時傳統社會的生活背景。在那個沒有飼料及抗生素的年代，族人沒有多餘的食物養豬及雞，需要花三年養大一條豬、一年養大一隻雞，而在部落領地範圍內依據 *gaya* 重新開墾土地是不受國家限制。但，族人隨時有傳統醫療或結婚送禮需要，使豬及雞在傳統社會有重要的價值，並非現代養殖技術可以理解。當時國家沒有限制族人開墾耕作土地，土地的稀缺性相對的低；而雞豬交換土地的交易其實也是當時社會文化下的部落土地交易市場供需的平衡點。族人之間因生活需要而約定交換土地，其實也反映了當時社會的土地資源與農畜生產的狀況，背後存在社會規範 *gaya* 的社會共識以及潛在的超自然力量 *utux* 的管理。而這些 *gaya* 規範是藉由部落頭目、祭司、家族耆老等 *rudan*，藉由平常的訓示或是教導的話語 (*kari*)彰顯與傳承。

　　太魯閣族人依據傳統文化及土地制度，開發家族需要的新墾地，並穩定土地資源分配的社會關係。族人看待山林土地好

比賴以維生的母親，產生『有土斯有命』的土地產權概念，族人與自然環境共生的關係，以及傳統文化及族群的命脈依此而延續；不同於現代土地財產概念『有土斯有財』的概念，把土地視為一種市場商品及個人資產。更重要的是，所有的協議不用文字書面契約，經由當面的對話（kari）建立口頭約定，並在傳統信仰的基礎上展現出弱勢族人的生存需求被滿足，不會仗著土地所有權利來拒絕族人借用土地的請求[28]，而展現「愛人」的態度（mhuway 慷慨, gnaalu 憐憫）。

　　基於愛人價值觀的太魯閣族傳統土地使用習慣，族人有時會勉為其難的允許親友租借休耕地，以暫時解決族人急需土地使用的需求，這樣的過程稱為 pnlabu。租借雙方在借用規範上會談好範圍、租期及代價，當租借時間一到就必須歸還土地或再次協議，過程不需要任何文書契約，雙方當面的口頭承諾在 Gaya 上就發生規範效力，其實也等同於現代社會的文字契約。這不需要簿冊登記，在傳統 Utux 信仰上，租借雙方的權利義務是受到保障的[29]。這種口頭約定對各部落所擁有各自共有的獵場、水源區，且部落間會互相承認而互不侵犯。

---

[28] 民法第 786、787 條也對「非通過他人之土地」管線安設、借道開路，也有明定這樣的權利。

[29] 太魯閣耆老 A3 表示，2007~2008 年間向秀林鄉大同（沙卡噹）部落族人要求歸還其先夫租借給他們的原墾地。而這些原墾地在土地總登記之後，土地所有權已經被登記為租用族人所有。基於傳統文化之尊重及感念租借土地之恩情，租用族人也依據已經過世長輩的約定，請土地代書用土地交易的名目，把多年來租用而取得所有權的土地歸還給耆老 A3。由這些歸還的行為來觀察，原住民傳統土地制度需要政府修改土地制度之外，還牽涉到族人重視自己傳統文化的層度。

太魯閣族社會 *gaya* 規範對於保障土地先佔權是可以對侵犯者進行懲罰、甚至攻擊[30]。因爲族群社會文化視耕地爲 *utux* 的恩賜，認爲休耕土地屬原開墾者所有且族人不得任意侵犯，不像學者整理泰雅族的休耕土地回歸部落族人共有。整個休耕過程並非如游牧民族的頻繁移動而土地邊界模糊，也不表示土地權利喪失。太魯閣族生存在山地，缺乏鐵製工具與獸力機械動力的人力勞動，開墾新土地使用三年而放棄，除非山地到處存在免費且已經可以立即使用的新耕地，就經濟學效益來說，是說不通且不實際的推論。

太魯閣族開墾新土地的過程，在太魯閣族傳統文化脈絡及社會關係觀察，開墾新耕地會在傳統 *Utux* 信仰做紀錄，使祖靈 *Utux Tndxgal* 保護該土地[31]，避免外人侵犯，並取得部落族人共同的承認，只是當時沒有現代形式的文字紀錄及採用國家法律制度保障的概念。若與國家依法放領公有未登記的保留地給原住民來比擬，太魯閣族人在傳統社會規範 *Gaya* 的基礎上，是「和平地」開墾沒有祖靈保護或登錄的山林土地，而在傳統社會關係脈絡下取得新墾地之「所有權利」。在政府承認原住民土地權利之政策下，現代法令制度應尊重原住民這樣分配土地的過

---

[30] 這樣的攻擊是以不傷害對方家人為原則。一般是受侵犯土地之家族的男性到侵犯家族理論、表明，並損毀竹木屋或牲畜，以發洩心中的怒氣。而原侵犯的家族被攻擊的時候，自知理虧，不可以反抗，待受侵犯家族發洩完心中的怒氣，再事後協商賠償事宜。這是社會認同的共識。

[31] 耆老 A3 表示，曾經與好友在不知情的情況下，不小心誤入別的族人竹林地採竹筒。兩人在採竹筒的過程中，都清楚聽到有人用族語指責盜採竹筒的聲音由遠而近，但看不到有人影。

程。因為傳統土地制度是原住民社會傳統文化的實踐，也是政府進行土地總登記之前，部落族人間維持土地關係及耕作事實的社會規範。

綜合前述，太魯閣族在傳統土地管理上，「信守口頭承諾」也是傳統土地制度運作的基礎。族人建立口頭承諾之後，族人隨時省察自我內心的慾望並發自內心的遵守約定，是太魯閣族傳統社會視為善的價值觀。這種價值觀的核心概念是內隱的 *utux* 信仰以及外顯的 *gaya* 規範。從傳統文化觀點會誤認為只是道德規範，但在之後會解釋到從太魯閣族的人生觀是直線式的，在此人生觀下 *utux* 信仰在人的內在良知運作，而 *gaya* 規範則在生活實踐。所以，要了解太魯閣族，就必要由其社會文化脈絡了解 *utux* 信仰與 *gaya* 規範。在實踐上有兩項重要原則：真誠與謙卑。從太魯閣族語來看社會的核心價值的實踐，真誠原則稱為 *balay*，而且用"*balay bi Truku*"或"*balay bi Sejiq*"來稱讚最完美的人格。而 *balay* 這個字根在傳統太魯閣族社會也衍生了平息、調解的意思；當兩方的爭執被化解也用 *psbalay*[32]這個字來表示。所有的爭執是發自於個人內心的物質慾望在整體資源環境與社會 *gaya* 規範，與其他族人發生衝突之後的行為選擇；化

---

[32] *psbalay* 是藉由重視真誠而化解紛爭，這與現代社會道德標準是相通的，就像漢寶德（2009）探討教育部「有品運動」與教育改革時，提到『誠信是文明社會重要價值，這種價值有沒有必要隨著時代改變檢討呢？』並舉例，丹麥駐台官員觀察，臺灣人有所約定要立合約為憑，但丹麥人只要握手即可。差異在於人之間的互信。並指出『在成熟的西方社會，人是有信用的，因此可以互相尊重』。不是要忽略立合約，而是要重視誠信的態度進行合意、約定，才是強調的重點。

解衝突的方法只有尋求事實真相 *balay* 並在共同遵守的 *gaya* 規
範作價值判斷，傳統社會所有的財產爭執都可以依此模式解決。

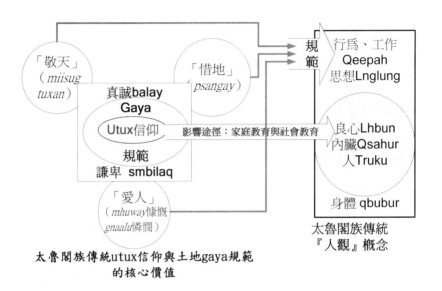

太魯閣族傳統utux信仰與土地gaya規範
的核心價值

圖來源：本研究繪製。太魯閣族的人觀在圖 3-6 之後(第 130 頁)作介紹。

圖 3-4：太魯閣族傳統 utux 信仰與土地制度的核心價值及對族人
的影響

另一方面，傳統智慧在實務上發現族人要揭露內心慾望的
事實並在 *gaya* 規範做檢視，是身心的折磨，也顯見各人在 *utux*
無處不在的監督下是非常渺小。同時，太魯閣族在 *utux* 信仰之
下，也保有整體生態的概念，人類只是其中的管理者之一，就
算是能力強而名聲大的領袖，行為遵守 *gaya* 規範與內心受 *utux*

試煉下，同時產生對未知的創造之神敬畏而最謙卑的 *smbilaq*[33] 的態度，相對也取得部落族人的信任與支持。在 *utux* 信仰與 *gaya* 規範的精神內涵來說，其實包含了三個要項：「敬天」、「惜地」、「愛人」的三項精神，此三項精神內涵在傳統土地使用的實踐上就如前述的介紹，甚至部落族人在生活的各細節都以此為核心概念。這樣的概念整理如圖 3-4。所以，原住民傳統社會依據傳統文化及信仰規範，堅守口頭承諾的土地關係，也就如同西方社會的文字登記與交易契約。這既是整個太魯閣族土地權利(*tndxgal*)概念。但如果沒有從族群社會文化脈絡、族群生存環境與生產技術條件來詮釋，原住民族傳統文化與社會規範很容易在跨文化理解過程中，被誤認為不存在或是不文明。

四、傳統土地規範（gaya）的社會共善價值（common good）

　　上述開墾新土地的過程可以看到族人對於分家子女及親友的愛，尊重祖先口傳山林生活的教導，不會過渡使用土地，以及敬重祖靈給予土地的賞賜，是表現出太魯閣族人在山林生活最核心的價值觀與態度：敬天（*miisug tuxan*）、惜地（*psangay*）、愛人（*mhuway*）[34]。家庭在功能上是族人生活技能養成教育的

---

[33] 在太魯閣族傳統社會的領導者，雖然個人擁有很強的能力，比如狩獵、耕作、調解等，更重要是有出草的紀錄，以及遵守 *gaya* 規範的精神。太魯閣族人傳統馘首習俗有將敵人的靈力轉移成自己的靈力，且敵人的靈魂將一輩子相隨。相對來說，那也成為一種監督、負擔及責任，要使自己在成為首領的同時，更小心地遵守 gaya 的規範，並更加的謙卑，避免因自大、貪心犯錯而遭受更嚴重的懲罰。這樣的領袖性質在部落族人眼裡也將更加敬重。所以，這樣的典範正如民主政治裏官員為人民公僕的態度。

[34] 敬天、惜地、愛人這項是 2008 年 10 月花蓮縣秀林鄉 2008 *Mgay Bari* 太魯閣族文化系列活動中，文化工作者 A5 在開幕致詞時，闡述太魯閣族傳統

中心，也是家族延續及傳統文化繼承的核心；在沒有文字教育
的年代，耆老的話語教導這些生活態度及傳承傳統文化。而目
前一般對於太魯閣族人開發土地及使用的刻板印象，著重清朝
太魯閣族與不同族群之間的土地爭奪戰爭歷史，形塑太魯閣族
人強悍的刻板印象，那是強化太魯閣族對待異族視爲戰爭狀態
的敵人（*pais*）[35]而競奪土地資源的狀態。但對於族群內部的傳
統社會關係及傳統文化脈絡下，太魯閣族傳統土地使用的社會
核心價值，則未被深入探討。

　　太魯閣族傳統土地(*tndxgal*)概念，傳統文化及社會關係脈絡
詮釋，在個人、家庭、社會與自然的四個面向，觀察族群使用
土地的傳統社會價值，如圖 3-5 所示。然而外界的刻板印象則
著重到圖 3-5 左上方，誤以爲族人強悍的保衛家族土地及熟悉
山田燒墾的游耕農業技術，就可以接受紋面及過世得以通過彩
虹橋。這樣的刻板印象完全忽略族人在艱困環境還要惜地休

文化精神所提出的概念，非源自作者自創的概念，但作者受耆老教導的成長
也提供相似經驗，傳統社會擁有共善價值與現代社會相似。在本文記錄耆老
的傳統土地使用，闡述傳統土地使用的習慣，也可以看到這些傳統社會價值
以及社會關係的運作情況，並以此來整理太魯閣族傳統土地制度的知識體系
及傳統社會的核心價值。

[35] 太魯閣族人傳統馘首習俗有幾種意義，殺敵人以澄清自己清白、殺敵人以示
自己的英勇、敵人的靈力轉移成自己的靈力等（高順益，2001：75）。族人
將馘首行動的對象稱為敵人(*pais*，不稱為人 *seejiq*)，彼此視為戰爭時期的「敵
人」，所以，對象不可以是自己的族人，這是大禁忌。但當把頭顱帶回部落
後，卻視為「上賓」餵食，並期望其靈魂同來共食，以增強自己的靈力（許
通益，2009）。所以，馘首其實在原住民傳統社會來說，是一種特殊的戰爭
狀態。許通益對馘首作現代意義的詮釋，告訴族人教育子女多學習現代學校
教育的專業知識，使其腦袋聰明而勝過敵人，出社會而有穩定的工作，並得
以成家立業，認同族群，代表現代子女成年的象徵。

耕，堅持敬天的傳統文化與愛人的社會關係的社會價值，並通過內心慾望試煉、堅守族人間的口頭承諾，而擁有成年太魯閣族人被族群社會接受的資格與社會關係的建立。

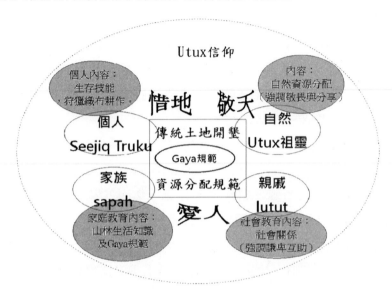

圖來源：本研究繪製。由族群文化與社會價值來結構化太魯閣族土地管理制度。

圖 3-5：太魯閣族傳統土地 gaya 規範對個人、家族、社會、自然的文化關係

　　在太魯閣族傳統文化下，敬天、惜地、愛人成為 *Gaya* 的核心價值，子女必須遵守家長口傳的 *Gaya*，重視老人的話。在沒有旁人監督與文字契約下「信守諾言」成為 *Gaya* 中最重要的社會規範，是族群共同視為善的社會價值，在社會信仰上有 *utux*

的監督，也深植在重視傳統文化之族人心中，視爲美好的生活，比現在社會遵守文字契約有更強約束力。在這樣的規範下，族人尊重開墾先佔權，需藉由當面口頭約定租借土地、交易土地，對地力不足予以休耕的土地也不侵犯；傳統土地使用制度是符合社會文化認爲的平等正義的原則。所以，族人如果爲滿足私慾而毀壞承諾及社會共善價值，是違背 Gaya 社會規範的行爲，如違背現代法令一樣，將會受到祖靈 Utux 的懲罰（bnsahow），或是自我毀壞內在的價值觀而失去做爲太魯閣族成員的資格，被部落排擠遺棄。

主流社會應尊重傳統社會基於社會共善價值，信守承諾的「言行合一」之傳統文化。太魯閣族傳統社會規範要求族人的語言與行爲一致，與現代社會要求人們遵守文字法律與文字契約，是相似的概念。那與主流社會重視「誠信」的道德及遵守法規的行爲，不相矛盾，甚至附帶鼓勵族人常常檢視個人慾望並自我反省的額外要求。既像「原基法」第 23、30 條宣稱，傳統土地管理習慣及社會價值得以落實到現代土地管理制度，政府應在設計土地制度時予以尊重。

在傳統社會共善的價值規範下，gaya 規範族人當面交易土地過程的承諾必須遵守，並有 utux 地見證與監督，使得族人土地使用行爲在此社會價值與共識下維持社會秩序。傳統社會只有口頭約定，沒有文字契約，但是不表示土地關係會混亂。因爲在國家主權進入並實施土地總登記之前，原住民社會已經實際的展現和平地使用土地的制度。傳統太魯閣族人強調尊重原墾戶的先佔權利，及族人土地糾紛之社會調處機制，含有原住

民族財產權制度的平等正義的社會價值與傳統文化。在傳統土
地制度變遷到現代國家土地制度下，政府也需要尊重傳統土地
制度的權利關係，配合土地清查及簿冊登載，使原住民族取得
現代土地所有權的尊重。

貳、土地糾紛調處的內部觀點：傳統 Utux 信仰與 Gaya 社會規範[36]

　　王泰升（1997：149-152）整理原住民固有法律觀，也指出
原住民舊慣的基礎來源是其靈魂觀，也就是在其祖靈信仰上，
看是疏鬆、實則內裡緊密聯繫的文化體。在認識太魯閣族傳統
土地使用習慣及社會視為共善的社會價值之後，本節將藉由傳
統文化的脈絡及信仰的規範，從族人內部的觀點進一步詮釋耆
老口述的太魯閣族傳統土地制度，那樣的社會關係是建立在傳
統 Utux 信仰及社會 Gaya 規範的基礎上。耆老論述太魯閣族傳

---

[36] 黃崇浩（2007：3-7）對泛泰雅研究的 Utux（rutux）及 Gaya（gaga）意義作
了整理。本文並不以此為研究重點，主要是產生社會規範的功能論，簡單定
義 Gaya 作為傳統生活規範來解釋，而祖靈 Utux 則是 Gaya 的來源，透過耆
老山林智慧的話語（Kari Rudan）來傳承。所以，Gaya 也可以解釋為祖先的
遺訓。族人的行為是否遵守 Gaya 的規範，決定了 Utux 對人產生善或惡的影
響。若以黃文的觀點，族人的行為選擇遵守或違背 Gaya，並非 Utux 的影響，
是自己的選擇。如果族人的行為違反 Gaya，則人與 Utux 的關係將因此污損
並受 Utux 的懲罰。如果人的行為遵守 Gaya 的規範，則 Utux 將給予正面的
鼓勵，並且將提升此人在生產 Gaya 的能力，也就是更接近 mrudan（使成為
老人之意思）的過程。這與謝世忠（2008：37）解釋 Gaya 可以由抽象的
「規範」意義，擴充為「祖靈懲罰的力量與結果」，有相同的意義，代表了
族人受 Utux 與 Gaya 影響的關係。本文定義這樣的世界觀是太魯閣族人的傳
統 Utux 信仰，而 Gaya 是這種信仰下傳統社會關係建立的基礎及生活規範，
黃文的觀點在圖 3-6 也是可以解釋，但本文不再額外說明。

統土地制度乃藉由創造之神 *Utux Tmninun* 賦予社會規範 *Gaya*，並得以處理土地糾紛，且建立其族群傳統土地制度的知識體系。

一、傳統土地糾紛調處的 gaya 規範

太魯閣族傳統信仰上認知到有一種創造萬物與修補破損的 *Utux*，那是有別於祖靈（*utux rudan*）、看顧土地的靈（*utux dxgal*）、迫害人的惡靈（*utux ruciq*）[37]。他們藉由觀察人體的自我復原、樹皮的自我癒合、蜘蛛織網等，都用一個字眼來描述此創造靈的工作：編織 *Tmninun*。太魯閣族也將此概念衍伸到智者長篇大論陳述山林智慧的話，甚至結合到婦女編織的工作。太魯閣族也認為傳統社會上耆老陳述的 *Gaya* 社會規範也是由其所創[38]，而違背 *Gaya* 的族人，輕則自己將受到山林生活的威脅，重則家族三代將受到不良的發展。一般族人對於不遵守 *Gaya* 的族人，會採取不交往、觀察與隔離的社會關係，這種社會壓力也迫使社會規範 *Gaya* 形成社會共善價值的核心。但太魯閣族對這一個創造之神的認知確實是一種概念，並沒有一個具

---

[37] 太魯閣族對於 *Utux* 有不同領域與層級的概念，除上述的說法，在基督教信仰進來之後，則比較清楚的理解創造萬物之神的概念，並給予 *Utux balaw* 作為上帝的特殊稱呼(*baraw* 表是天上的意思)，而原來信仰之各種神靈則稱為 *utux babaw dxgal*，其中 *babaw dxgal* 表示世上的意思。但在此必須特別提出說明的，基督教信仰進到太魯閣族部落之前，太魯閣族信仰已經存在對於創造萬物與社會規範 *Gaya* 之神靈的概念，並不是因基督教信仰而產生的，但產生概念的轉化或對應。相對來說，這樣的傳統信仰基礎對於族群理解並接受基督教信仰有很大的幫助。

[38] 在太魯閣族概念中，*gaya* 並不只是現代社會所認知的禁忌 *psaniq* 那樣單純，*gaya* 規範是與一個泛稱的神靈 *utux* 概念有關。*Gaya* 的權威基礎乃是來自人所無法掌握的力量—*utux*（邱韻芳，2004：83）。而這裡所提到的 *utux* 乃是指創造的神 *Utux Tmninun*，而不是只祖靈、土地的靈、惡靈等一般的靈。

體形象以及太多的文字描素，家長耆老常常只交代子女一句話：“*ki bi utux*”(小心有 *Utux*)。並要求做任何事情都要把這一句話放在心裡。對太魯閣族來說，*gaya* 牽涉到的不只是性與親屬的主題，所有的 *gaya* 都牽涉到人與 *utux* 的關係，以及人與人的社會關係。

　　當發生土地糾紛之時，傳統太魯閣族社會也有調處（*megadul*，有連結及溝通的意思；*psbalay*，平息調解的意思）的機制。當土地被侵犯時視同戰爭狀態，族人可以依據傳統習慣反擊、毀壞對方牲畜洩恨，但侵犯者不得反抗。這只是最激烈的處理方式，但很少族人會到樣個階段。文化工作者 A5 表示，如果土地開墾先後與口頭約定的事實還有爭議，傳統土地糾紛是因為某一方破壞口頭承諾，屬於語言上的一種爭執（稱為 *pnquqan*），所以再進到激烈的處理階段前，會有溝通協商的程序。雙方在部落受尊重耆老見證下，一般族人會藉由進入山林打獵來判定誰是對的，因為祖靈會給予信守承諾（敬天）且樂於分享付出（愛人）的族人豐富的獵物，傳統社會對狩獵結果來判斷對錯也取得共識。而在這樣的 *Utux* 信仰之下，會給予毀約的族人心靈上的威脅，而有承認錯誤的衝動。整個調解過程是以調查雙方口頭承諾之真相為第一步，既調解 *psbalay* 的過程，故太魯閣族重視 balay 的原因，其包含了真誠、化解、調解、使抹平的內涵，也就是協商的精神。

　　耆老 A6 介紹更激烈的調解過程，在部落受尊重耆老見證下，雙方當面坐下並倒滿酒杯，互相當面陳述所知土地爭議事件的事實。同時立誓約（*mreurung kari*）：『看誰可以看到明天

的太陽！』最後，對天地敬酒，雙方共飲而結束此調解的過程。
此糾紛已經交由祖靈審判，雙方將禁止再惡言相向（ *mnruba* ，
詛咒）。這過程可以比擬現代土地糾紛的民事法庭，而法官就
是祖靈，違背承諾的說謊者將遭遇生命損失而看不到明日太陽
的心理壓力，使說謊者承認食言而悔改。如果雙方約定調解土
地糾紛但有一方沒有出席，還是可以依程序進行。甚至可以到
對方家門口進行相同的陳述，但不需要帶酒，只需手碰著自己
的門牙再黏向對方家的門柱，也就完成了對祖靈請求的審判。
這過程被民族學者歸類爲『天判』的儀式，但耆老表示，勇於
面對祖靈的調處是一種遵守諾言的生活態度及自我檢視個人慾
望，且在耆老生活經驗中 *Utux* 對損壞 *Gaya* 之族人及家族的處
罰都應驗了。

二、傳統土地糾紛調處的內部觀點：由 Utux 與 Gaya 詮釋

　　這樣的傳統土地糾紛處理，可以藉由旮日羿・吉宏（2004：
120-123）研究太魯閣族群傳統醫療儀式時，整理族群傳統信仰
的體系來理解。傳統日常生活是架構在 utux 信仰價值思維法則
下 gaya 的規範運作，當 gaya 爲中心的信仰價值、生活秩序瓦
解，則發生現代生活環境引發的社會價值觀的「不整合」狀況。
族人在違背 gaya 的失序情況下，藉由尋求巫醫傳統醫療的解
救，醫療過程以祭司占卜儀式中的「黏繫」（ *sedal* ）與「滑離」
（ *qdhriq* ），來象徵族人與祖靈相互的關係又回歸日常秩序。另
外，黃崇浩（2007：23,42）由部落族人對自己部落社會失序的
批評，也藉由 *Gaya* 與 *Utux* 的關係來理解，*Gaya* 的核心是生產

和諧的秩序，人必須藉由遵守具生產力[39]的耆老所說的 *Gaya*，以保持與反生產力的 *Utux* 世界的隔離及影響。所以，太魯閣族傳統制度有其社會關係之動態變動的平衡機制，utux 信仰及 gaya 規範，不是為了找出事實真相 *balay* 以及處罰而已，更重要的是規範族人在糾紛中如何維持社會的和諧與平衡 *psbalay*，其擁有社會的、文化的、道德的、法律的意義。

　　傳統上，太魯閣族人之間發生土地糾紛，也是一種 *gaya* 規範失序的情況。當事人藉由真誠、謙卑的態度，確認事實真相，重新審視自己行為是否遵守 *gaya* 規範，並使 *gaya* 規範再恢復平衡。在現代國家中，傳統土地管理制度受國家體制忽略而發生傳統社會關係失序後，這平衡機制必須要族人再次喚醒傳統 *Gaya* 規範，信守承諾（*Kari*）的「言行合一」，並尋求傳統 *gaya*

---

[39] 本文也支持黃崇浩（2007：42-45）所提出的觀點，對於可以陳述太魯閣族 *Gaya* 的老人，是經過 *mrudan* 的過程。表示這一個人擁有生命的生殖能力、可以從事耕作生產、具備狩獵的能力，也就是已經成家並從事生產者。在家庭教育來說，這一個角色就是家中長輩。老人並不是指年齡上的相對關係，而是擁有這一些能力者，使所說的話（*Kari*）會被所有族人所尊重，而成為傳承 *Gaya* 的生產者。在外表上有臉部紋面的紀錄，也就是可以通過祖靈橋的基本標準。而本文所說的「尊重諾言」的傳統規範是最基本的條件。目前一般都以為女孩能編織及男孩能打獵的行為，當作可紋面的形式條件，是忽視族群傳統文化及社會關係，也忽略編織及打獵之技能對族群之個人家庭社會的意義。這些行為能力所隱含的內在標準：信守承諾，學習現代專業技術，謙卑待人，憐憫愛人等，來證明族人已經達到傳統社會共善價值及成家立業之成年行為能力。內在精神的修為在族語，包含 *balay* 真實，*knrumun* 忍耐，*mhuway* 慷慨，*gnaalu* 憐憫，才是族人「有紋面資格」的標準。許通益（2009：39）解釋，文化在時代大車輪的轉換過程中也應該賦予它新意義的詮釋，就現代社會來說，年輕族人保有傳統文化的內在精神，在現代教育學習士農工商的專業技能，取得成家立業的行為能力，也就擁有與祖靈同在的信仰及現代族人「紋面資格」標準。

規範的現代意義，傳統社會關係與生活文化才有機會再進入恢
復秩序的過程及平衡狀態[40]。

　　上述土地糾紛調解的過程，就是土地糾紛雙方的自我檢
視，使用土地的行為符合創造之神（*Utux*）藉由耆老話語(*Kari*
Rudan)的教導及傳承的生活規範（*Gaya*）。調解過程也是進行
當面的對話，期盼違背傳統社會規範的一方可以悔改，使失序
的行為可以即時被修復。悔過者藉由牲畜流血，共飲杯酒
（*mesahow* 盛 *sinaw* 酒）的過程中，表達悔意、終止仇恨、取
得同意、潔淨及重回部落。也像現在司法制度中檢警偵察過程
或法官審理過程，審判結果只是一種手段，最基本的是維持社
會共善的價值與社會秩序。現代國家土地制度與傳統土地制度
最主要的差異，在於現代國家土地制度基礎依據西方土地產權
制度並經過立法程序，將尊重個人財產與市場經濟秩序的概
念，明訂在繁複的法律條文；而太魯閣族傳統生活規範 *Gaya* 是
單純的敬天、惜地、愛人之生活態度，藉由祖靈的信仰與耆老
的話語深植在尊重傳統文化的族人心中。國家內現代社會與太
魯閣族在社會文化上存有差異，但無所謂文明與落後的差別，
都是族群社會文化的生活方式。

---

[40]太魯閣族人對 *gaya* 一字主要含有社會規範與違反規範的結果，包含有雙重
意義，而此概念並非只是遵守現代國家明列法律條文，而是與祖靈的規範、
祂的懲戒力量、以及所帶來的災禍，這些環節相扣，構成整體概念（邱韻芳，
2004：96），更重要是生活的實踐。而從族群社會角度來說，其帶有傳統社
會穩定與恢復平衡的功能，既社會共善價值的意義，也象徵太魯閣族在多元
文化族群之差異的主要特徵。不同族群在差異文化的主要特徵或許會有所不
同，阿美族的年齡階級與祭典活動舉辦，排灣族的社會階級、頭目社會責任
與五年祭等，研究文化差異的主要特徵重點會有所差異。

三、太魯閣族的人觀、世界觀與土地糾紛調解

　　由耆老口述太魯閣族傳統土地使用習慣，圖 3-4、圖 3-5 呈現太魯閣族族人與土地的社會關係，藉由 *Utux* 傳統信仰及 *Gaya* 生活規範觀察，可以發現有四個面向的活動：個人養成使用土地的技能與山林生活的知識，家庭傳承土地關係的生活規範(*Gaya*)之教導，對親友的土地租借建立社會友善關係，以及對祖靈賜予土地資源的自然環境關係。

　　進一步觀察這四個關係，其實是建構在三個做為太魯閣族人視為美善的生活態度之上：敬天，對於土地資源的取得乃源自於祖靈 *Utux* 的恩賜與保守，同時抱持謙卑敬畏的態度與整體生態平衡共存；惜地，愛惜土地資源不濫墾及過渡使用，並善用傳統土地的耕作方式；愛人，教育子女社會規範及山林生活知識，並且有能力照顧需要的族人。敬天、惜地與愛人實際上成為太魯閣族傳統土地習慣及社會關係的內在核心價值，也就是傳統土地管理相關 *Gaya* 之核心價值，是傳統太魯閣族社會視為善的土地使用與生活模式。由這樣的傳統 *Utux* 信仰與社會 *Gaya* 規範，藉由耆老的教導，深植族人的良心，使得族人在土地資源分配相關行為受到社會核心價值的規範。藉由整理耆老陳述的太魯閣族社會制度概念，在圖 3-6 闡述太魯閣族的世界觀與社會關係，而太魯閣族傳統土地使用習慣及土地制度也在此體系運作與傳承。其中，圖 3-6 右上角的編織之神與社會規範的兩個方塊也就是圖 3-4、圖 3-5 呈現的太魯閣族傳統土地使用的社會核心價值與 gaya/utux 核心精神。這樣的概念也藉由族群的人觀與世界觀運作在族群傳統社會並約束土地使用。

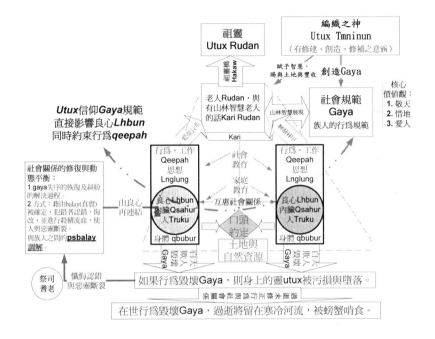

圖來源：本研究繪製，本圖右上角既呈現圖 3-4、圖 3-5 的社會核心價值。

圖 3-6：太魯閣族 Utux 信仰及 Gaya 規範下的世界觀、社會關係[41] 與土地資源管理

太魯閣族的世界觀，是由不知其開始、也不知其何在的編織之神 *Utux Tmninun* 說起[42]。部落耆老許通益（2006）解釋祂代表

---

[41]圖 3-6 整理的背景是依據訪談耆老有關太魯閣族傳統土地使用習慣及社會關係，在闡述祖靈 *Utux* 與社會規範 *Gaya* 的世界觀及對於人、家庭、社會在傳統文化上的關係，提出的整理。圖 3-6 可以說是由耆老所陳訴世界觀及人觀的片段，重組整合出系統圖。並呈給耆老檢視過的成果。

[42]太魯閣族人藉由自然現象知道有創造與修補的 *utux*，也知道遵守 *gaya* 的祖先也成為 *utux*。但兩者是否為同一個，並沒有明確的概念，也不知道這創造

創造世界、修補損壞的神 *Utux*，與一般所謂的祖靈 *Utux Rudan*、看顧土地的靈 *Utux Tndxgal*、世間惡靈 utux ruciq、活人的靈 utux，並不相同。在族語來說，婦女編織、人身上傷口復癒成疤或樹皮破損後結痂、蜘蛛編織網，都稱作 *Tmninun*。甚至，有智慧的族人對群眾發表論述，也稱作 *Tmninun*。黃崇浩（2007:45）在南投縣仁愛鄉也有相同的田野紀錄。所以，太魯閣族人認為編織之神 *Utux Tmninun* 創造族群共同遵守的 *Gaya*，藉由 mrudan 的耆老說山林智慧的話 *Kari Rudan* 賦予，也賜予族人生活物資及土地的需要。對於遵守 *Gaya* 的族人，創造之神會賦予土地豐收與獵物豐滿，過世之後得以通過族靈橋，與祖靈相會。違背 *Gaya* 的族人將受盡世間折磨，過世將流落到寒冷河流，並被螃蟹啃食。*Bari* 是起風的神[43]，也代表這一個創造之神的存在。所以，花蓮太魯閣族人感謝創造之神的感恩祭，以 *Mgay Bari* 作為感恩祭的名稱。其中族語 *Mgay* 表示獻給神的意思（許通益，2006）。

　　太魯閣族的人觀，可以由字彙來理解。族語稱人的身體稱為 *qbubur*，是展現行為主體，而行為受良心及思考的左右。如圖 3-6，人的心裡是有良心（*lhbun*：特別指心窩，引伸為道德良心；*qsahur*：內臟，也作為反應內在感受的代稱），也就是人

的 *utux* 何在，只認為在世間流動存在著，就像風一樣。太魯閣族種植小米灑種、收割小米去穗殼乞求起風，會說「Sus! Bari!」但直到基督教信仰引進之後，才區別出創造之神並轉移到上帝(utux balaw)，而祖靈屬於世上的靈。
[43] 太魯閣族人在整理穀物去殼或是在田裡灑小米種子的時候，需要起風使工作順利，工作時常會抱著感念的心，恭敬地請創造之神賜予風，口裡會說『Sus Bari!』（許通益，2006）。

的靈魂（*Utux*）所在[44]，會受 *Gaya* 影響。當行為違反 *Gaya*[45]的時候，耆老會批評說「這個人怎麼那麼沒有良心（*lhbun*）」，表示此人的行為污損自己的靈魂，或有被惡靈影響的說法。另外，人的行為或做事（*qeepah*）是經過人的思考[46]（*lnglung*）而遵守與其它族人的口頭承諾（*Kari*）。人的行為及口語承諾藉由思考的過程決定，而思考的基礎與良心有關連。所以，「言」（*kari*）在太魯閣族遵守口頭承諾的 *Gaya* 規範下，相對於現代「守信用」的道德觀還有更深一層的文化與社會意義，是經過個人自我省察物質慾望的內心掙扎（*Smpung* 比較）過程[47]。

---

[44] 太魯閣族人 *Utux* 概念近似泛靈概念並充斥世間流動著，認為一個人或家庭有祖靈看顧，稱為 *Utux Rudan*；一塊田也有祖靈看顧，稱為 *Utux Tndxgal*。而編織的神 *Utux Tmninun* 就是創造之神，使萬物之生息有靈在運作，是產生 *Gaya* 的源頭。本文在訪談耆老過程中，對於「人的 *Utux* 是否存在於良心 *lhbun*？」的問題，耆老並不太在乎人的靈魂在身體哪一個部位。本文做出「良心為人的靈魂之所在」的說法，是藉由傳統文化脈絡的觀察，作為傳統 *Utux* 信仰規範族人行為的一種路徑，並闡釋「言行合一」的遵守誓言是根源於內在的自我反省。這樣對傳統生活態度的認知，是為了對應到現代法律條文只約束人的行為結果，提出傳統族人重視發自內心尊重 *Gaya* 的行為規範，以及「言」的自我反省之功夫。而在傳統文化下，族人的行為也有機會隨個人慾望擴張而破壞 *Gaya*，人的靈魂 *Utux* 被污損。所以，本文提出「良心為人的靈魂之所在」這樣的論點，作為闡述太魯閣族傳統社會價值將遵守承諾的良心概念，作為 *Utux* 信仰與族人行為之間的橋樑。

[45] 太魯閣族語稱為 hamiliq gaya 或 smliq gaya，表示損害或污損個人或家族的 Gaya。

[46] 太魯閣族人理解人身體時，稱讚人的聰明，會指頭（腦）很聰明，很會思考（*lnglung*）；而稱讚人很善良，會指心窩（*lhbun*）有良心。思考一般也指頭腦的功能，並反映到行為的控制。

[47] 旮日羿（2004:6）介紹「紋面」作為年輕族人成年的儀式，其過程是肉體的刺痛，但在信仰上象徵共同歸屬與資格驗證的族群社會意義之尊榮；也通過內心矛盾掙扎之試煉而過渡為成年。

內心的煎熬在太魯閣語有較貼切的用詞 *knrumun*（近似忍耐、磨練），已經比現代文字契約有更深的要求。為個人物質慾望而損毀口頭承諾，是嚴重損毀 *Gaya* 的行為。這套對人的行為觀察，社會規範 *Gaya* 就是藉由家庭教育及社會教育中家長及耆老的話（*Kari Rudan*）影響到人的良心（*lhbun*）。所以，圖 3-6 的 *Gaya* 影響族人行為的路徑，是針對族人的內在良心，產生穩定社會秩序的生活規範與型塑傳統文化的社會價值。

　　在未進入國家現代教育體制之前，傳統太魯閣族部落的組成是由家庭作為子女教育與成長的核心，而耆老的話（*Kari Rudan*），不單指年紀大的長者說話，而是有山林智慧的耆老藉由言教身教教導晚輩 *gaya*，代表家庭背負傳統文化的教導[48]。如圖 3-6 中間標示的三角形內部的傳統家庭及社會關係，太魯閣族傳統社會藉由家庭教育與耆老話語教導，使 *Gaya* 成為族群社會共善價值，藉由良心（*lhbun*）的自我反思過程，傳統社會認同 *Gaya* 規範族人行為，並達到傳統社會關係的靜態平衡及傳統文化的傳承。對應到傳統土地使用習慣，族人當面協議租借或交易所說的話（*Kari*），在祖靈（*Utux*）的見證下，依據傳統 *Gaya* 生活規範而形成共同遵守的契約。對太魯閣族人的行為來說，太魯閣族傳統社會的口頭承諾也等同於現代社會的文字契約，甚至「遵守口頭承諾」更深入到族人內在自我慾望的檢視。

---

[48] 耆老 A3 說明傳統社會教育是家長要求子女對於違背 *Gaya* 的族人或是其子女都拒絕往來。因為在沒有學校教育的時代，子女接受傳統社會規範 *Gaya* 教育的第一個場合就是家庭。當某家庭的戶長不愛遵守口頭承諾或 *Gaya* 規範，這個家庭的 *Utux* 將會毀壞，子女也會受家長影響。所以要先拒絕往來，在觀察其子女行為是否恢復遵守 *Gaya*，再決定是否恢復正常的社會關係。

四、沒有文字登記族群之傳統土地制度的成與敗

　　太魯閣族傳統土地使用習慣及土地制度也在此族群的世界觀與人觀建立的知識體系運作與傳承。如果族人遵守土地交易的口頭約定或是尊重其它族人擁有的土地權利，則在傳統文化上，這族人的話語及行爲勝過個人慾望的試探，其話語（Kari）將越接近可產生 Gaya 的 mrudan 階段，並取得族人廣泛的尊重及服從。此人過世將通過族靈橋而到人類終極安居之所（高順益，2001：70）。如果族人毀壞土地交易的口頭約定或是侵犯其它族人所有的土地，在傳統文化上，族人將因爲自我違背 Gaya 而使身上的靈(Utux)被玷污，成爲墮落的族人，或遭受祖靈對生命的威脅與懲罰，並且過世的時候自己的靈魂將無法進到彩虹橋與祖先在一起，反而會流落到寒冷河流並被螃蟹啃食。黃崇浩（2007：28）有相同的田野採集。高順益（2001：70）在此結構認爲，太魯閣族對生命的歷史觀是直線式，沒有生命的輪迴概念。也就是因爲如此，族人藉由現在活在世上的這一個時刻，一定要遵守 gaya。而 gaya 不只像法律條文擺在那裏備用，而是務必要在生活中實踐。因爲太魯閣族的生命觀是死後一直延續的，可能過祖靈橋，也可能流落世間陰暗處。所以，人在世期間遵守 gaya 是慎重的，攸關人在世的榮辱，更攸關過世後的去處。

　　違背 Gaya 的族人只有不斷省察自己的內心慾望，藉由在祖靈及耆老面前懺悔，並請求祭司占卜的傳統醫療，依據傳統醫療確認用雞或豬來祭祀及流血，同時向被侵犯的族人表達歉意及補償，才能修復跟祖靈 Utux 的諧和關係。藉由這樣的途徑，

使傳統太魯閣族社會關係取得自我修復的動態穩定平衡。其自我修復機制為圖 3-6 左下方的迴路，修復及再連結的起點是族人的內在「良心」（*lhbun*）。傳統太魯閣族社會關係之自我修正迴路能夠正常運作，是基於敬天、惜地、愛人為核心價值的 *Utux* 信仰及 *Gaya* 規範，成為社會傳統文化及共善價值的生活選擇之共識。所以，當族人不小心侵犯他人使用土地而造成糾紛衝突之時，只要藉由自我良心的檢討，誠心的展現悔意而不再犯，傳統社會也將再次接受此悔改的族人。也就是透由真誠(*balay*)的溝通與謙卑的態度，對違背 *gaya* 的行為檢討悔改，而取得調解(*psbalay*)的結果，並恢復社會的正常關係。

這樣重視當事人當面的協商與口頭約定，並反映到主張土地權利的行為之自我內在約束力，也就是本研究認知的「言行合一」的概念；Ostrom（2000：60）認為這種強的內在規範減少監督與制裁的社會成本，並視為公共資源的自主組織管理的基礎。太魯閣族這樣地重視口頭承諾，部落工作青年 B5 認為除了在山林生存需要互相協助的人力生產技術與生存環境等背景之外，主要是族群沒有文字使用的特殊背景，同時又要形成互惠之社會價值的 *gaya* 規範，而發展出內在的約束：

> 對原住民傳統文化習俗傳承，我們須要先研究文化精神且作法要務實。我們是沒有文字記錄的民族，很多實際傳統的做法必須要務實，要先認識以前老人家為什麼要那樣的精神；比如說土地，傳統文化是教我們對土地的愛惜，不要消耗土地而休耕，也就是比較環

保、水土保持的使用土地，像現在也不是要休耕、國
土保育什麼的，老人家很早就有這樣的想法。…我們
族群<u>成功在於沒有文字</u>，所以會重視實用與傳統精
神；但是<u>敗也是因為沒有文字</u>，會被有文字的否定打
壓。（附錄七，B5 訪談）

太魯閣族也因為沒有文字紀錄，而被主流社會所誤解，在立法
過程不被尊重。所以，落工作青年 B5 認為太魯閣族土地制度敗
也在於沒有文字，而原住民土地制度也應學習現代土地管理技
術；國家如果真得「承認」原住民族土地權利，須先「尊重」
原住民文化與與社會規範，「重視」沒有文字證明族群的特殊
需要：

　　<u>（政府）應該先尊重原住民的文化及社會規範，在尊</u>
　　<u>重之後，才會真的承認傳統土地制度存在的價值。</u>…
　　現代土地制度管理會重視文字證據，這部分也是好
　　的，這樣傳統土地經過實際的調查跟整理，會比較清
　　楚。但是，<u>從沒有文字證明到有文字證明的使用，這</u>
　　<u>過程要重視原住民傳統的土地習慣與權利。</u>（附錄七，
　　B5 訪談）

五、傳統土地制度在現代國家的限制

　　綜上所述，太魯閣族傳統土地制度，規範了族人子女成家
建立新耕地、開墾耕作與使土地休息的休耕、傳統土地繼承給
么子與協助長子離家建立家園、當面確認土地邊界、協商土地

租借等社會規範 *gaya*。而這些 *gaya* 規範的運作基礎就是敬畏 *utux* 信仰的生活實踐，而 *utux* 其實也就是土地制度的最終監督者與實施懲罰者。所以，這些傳統土地制度的核心本質與社會其他制度規範是相同的，核心本質是 *utux* 信仰與 *gaya* 規範。而這些土地制度運作必須藉由族群文化脈絡與生活環境來觀察，土地使用的 *gaya* 也確實存在傳統社會共善價值：敬天（*miisug tuxan*）、惜地（*psangay*）、愛人（*mhuway*）的精神。這也就是社會平等正義的概念基礎。

　　太魯閣族傳統信仰與土地規範也許是原始傳統落後的，但社會文化價值卻在多元文化理論來說，維護了多元性、彌補了現代社會發展對整體生態與社會互助的欠缺。但，當國家主權也納入太魯閣族，藉由法令制度實施並引進主流社會接納的一套現代社會價值而影響傳統社會規範 *Gaya* 的核心價值，則國家主權最高地位取代了創造之靈 *utux*；國家立法過程否定傳統 *utux* 信仰與 *gaya* 規範，引進司法機制取代祭師及占卜，則太魯閣族傳統社會關係也失去原先自我修復的機制，而被現代司法審判取代。國家司法制度依據土地法規，成為現代部落社會之土地秩序自我修復的機制，規範族人使用土地的行為。傳統土地制度也在傳統土地財產權概念及現代土地產權制度間擺動，影響族人土地資源分配關係與行為，也使傳統文化被現代文明翻轉。第四章介紹現代國家是如何建立原住民土地制度。

　　現代國家藉由現代土地制度及西方土地財產概念，否定原住民族傳統土地制度，是因為差異文化族群之間的誤解與抉擇現代制度實施的必要性。藉由深入傳統文化脈絡及社會關係來觀

察，太魯閣族傳統社會的傳統土地制度確實存在，只是傳統社會還沒有準備或被迫與市場經濟接軌。傳統土地制度與現代國家土地制度的衝突，對於太魯閣族社會的土地使用習慣發生哪些糾紛，以及社會傳統共善價值產生哪些轉變，此部分在第五章作介紹。而族群在現代國家社會的現代適應與未來發展上，藉由社會共識與社會價值的比對與轉變，以及多元文化、文化多樣性意義參入制度選擇的評估之中，作為第六章原住民族土地政策反思基礎。

參、文明者的誤解

　　大部分研究原住民族的土地使用類型定義為的「共有制」，乃因耕作採用山田燒耕、焚耕輪休方式，被認為仍屬「游耕農業」的性質（顏愛靜與楊國柱，2004：20），沒有「私有權」的概念（李亦園主持，1983：113）。此學術研究認知反映在國家法令制度的設計，則強化了原住民族土地權利並非固有存在的政治正確，進而國家藉由法令設計賦予原住民族土地權利而產生之。在探究這些概念是否有爭議之前，本研究先藉由前面的太魯閣族土地制度的介紹，澄清些許現代觀點的刻板印象。

一、對傳統土地制度刻板印象之誤解與重新認識

　　第一個誤解，是從社會文化與山林環境來看太魯閣族人生存的狀態，誤認太魯閣族由南投擴張東遷的大環境並沒有遭遇強大的族群對抗，此低度族群競爭環境在追求新耕地的誘因，促使部落不斷分裂，傳統祭團組織維繫不易，而以血族、家戶自行舉行（邱韻芳，2004：45-47）。

　　事實上，部落社會存在族群生存的外部壓力以及內部壓力。在外部壓力來說，部落之間還是存在出草、被出草的戰鬥行為[49]，傳統社會作為決定糾紛調處以及成年的生命禮儀象徵，並將生命的存亡交由個人或親屬是否嚴格遵守 *Gaya* 與 *Utux* 規範而定。在內部壓力來說，農作豐收必須有天候環境的配合與 *utux* 的勞動，農閒時節山地的狩獵生活存在一定的風險，狩獵過程造成傷亡會被認為家族有人違反 *Gaya* 規範造成 *Utux* 的懲罰。太魯閣族遷移並未沒有完全遺忘傳統 *utux* 信仰與 *gaya* 規範，甚至生活在現代社會的花蓮太魯閣族人還遵守著。所以，太魯閣族人的山林生活要不斷地檢視個人慾望與考驗自我的過程，不斷的被 *Gaya* 規範所透視、被 *utux* 所監督的緊張生活。在這種山林生活的緊張環境下，當家族內部因為人口壓力而擴張開墾新土地的時候，並不是獨自讓小家庭獨自完成，而是家族協同、互相招集，完成新土地開墾與住屋的興建。

　　第二個誤解，是對太魯閣族人因為「追求新耕地」遷移，而誤解為「游耕模式」並被誤認會廢棄休耕土地的權利。這樣的連結存在開墾新耕地艱辛環境產生矛盾，且與對家族遷移的實際狀況的誤會，需要做釐清。

　　首先，太魯閣族對於私有開墾土地的概念是 *Utux* 的恩賜、與土地建立血緣的關係；如果有部落族人的臨時需要休耕土地，是需要當面詢問原開墾家族的同意與約定才可以動用，並

---

[49] 胡清香（2001，54）介紹以前太魯閣族男人的舞步採用半蹲是的原因。因為早期敵人(pais)隨時都會出現，故採半蹲式休息，一邊放毛，一邊放刀，休息的時候也隨時保持在戒備狀態。

非可以任意侵犯。再來，族群的 *Gaya* 明確規範族人不可以侵犯他人先佔土地，如果因此被攻擊或受損害也是被社會接受的。另外，當時族人開墾土地的木製工具以及人力勞動的條件，放棄容易復耕的休耕土地不用而任意遷移家庭到新土地開墾，只是為了追求擴張土地的祖訓，是不太合經濟效益與理性判斷。

　　在研究文獻的論述上似乎忽略族群文化背景以及開墾的周期、勞動、技術等因素。族群遷徙、領地範圍擴張的過程，是需要數代人口遷移的時間，將此動機連結到土地耕作三四年而進入休耕期並認為會放棄此土地權利，似乎連結到游牧民族遷徙的想像。這樣推論存在很大的盲點，游牧民族的遷徙是在年度之間必須隨季節遷移，太魯閣族部落分裂擴張是三代才發生（邱韻芳，2004：43）且會由么子繼承傳統家業，而且其他兒子在分家獨立過程是依靠家族親戚的協助下開墾新耕地，兩者並不能直接作推論與連結。

　　另外，休耕模式不應該被直接由西方生產技術與所有權概念定義為「游耕」。在以明鄭時期墾殖範圍推估較荷蘭時期拓展甚多的分析中，也指出明鄭時期耕地三年種植也需要休耕一次，此休耕土地是否被國家自己視為游耕或放棄土地權利，也並沒有如此連結（顏愛靜與楊國柱，2004：97），因為漢人社會對於本族群的文化很清楚，土地使用的社會共識與休耕的使用規則。所以，太魯閣族遷徙「追求新耕地」不必然就是游耕模式或放棄傳統土地的權利，而么子繼承傳統家業且與父母同

住，此分析是需要進到族群內部的社會文化及習俗來確認的[50]。

　　第三個誤解，認為過去臺灣原住民使用燒墾農業的技術是濫墾山林土地的落後耕作方式，山田燒耕的農業社會仍屬於「游耕農業」的性質，「就沒有」土地私人所有權概念（顏愛靜與楊國柱，2004：20）。其實這完全是一種文明者在跨文化藩籬的誤解，誤解當時傳統社會耕作方式的環境需要。山田燒耕不一定是游耕，在部落領地內輪耕也不等同游牧民族或漁獵族群的土地所有權概念。圖 3-3 的四五年休耕與三年復耕週期已經明顯地呈現：太魯閣族傳統土地耕作方式是山田燒耕，只是當時生產技術欠缺施肥技術，採用此法達到天然肥料與除草效果，在當時並非不文明的耕作方式，也不一定沒有財產所有之權利概念。另一方面，山林耕地只耕作三年就休耕四五年以上，對於山林國土保育應是符合這樣的要求；當私有化山林土地之後，這樣持續固定耕作使用土地的模式對於山林國土保育反而潛在最大的威脅。

　　耆老 A9 解釋傳統農業知識，當初集團移住平地之時，族人

---

[50] 文獻論述部分泰雅族的休耕土地得以給部落族人使用，而沒有一般「私有權」的「支配權能」（顏愛靜與楊國柱，2004：29），但採取土地公有的部落，每年均會集結居民，重新商討部落所備有耕地分配方式（謝世忠，2007：5），其背後如太魯閣族的口頭契約過程，乃社會共識與社會關係意涵，不表示失去土地管理使用權利。有關排灣族的土地分配有部落領袖所統籌的狀況，也需要回到族群社會組織與文化意涵，來分析思考土地支配權及修耕土地權力的變動，來理解部落「共有」的土地制度內容。族群領地權層次的來說，部落共有土地制度進到現代國家統治的時候，部落與國家需要協商「蕃地」主權的變動，但不代表部落失去土地的所有權利，尤其國家進入多元文化階段，族群的土地權利需要承認與保障，不必然屬於「國有」。

未完全掌握現代農藥肥料技術，山田燒耕的產量與平地沒有使用農藥的產量比較，在相同的人力勞務條件下，山田燒耕的產量是優於平地耕作，產生不適應平地耕作的情況。因為休耕土地上焚燒除了有天然肥料的效果之外，有規劃的燒墾作法會達到焚燒雜草種子與嫩芽的自然除草效果，或使得雜草長的比較緩慢的情況。現在有機耕作的方式也推廣禁止使用農藥或化肥的耕作方法，原住民傳統山田燒墾知識也代表了自然耕作方式的知識價值，而土地先佔也有傳統文化的基礎。所以，山田燒耕是因應沒有農藥肥料技術的生產技術，每一年都是如此進行而不一定是游耕。另外，休耕是因為連續使用數年而地力自然貧瘠的狀況，故進行土地休養的概念，這是太魯閣族人處在生態整體平衡的「惜地」概念，是人與自然資源均衡互動的關係。此概念發展在族群社會規範，也訂出不可以侵犯他人休耕土地的 gaya 規範，就算是尋找新開墾耕地時要很小心這一條規則。所以，太魯閣族人的休耕土地概念看起來貌似進行游耕，不像水稻定耕的方式明確定點長期耕作，但不代表休耕地的權利必歸還部落共有。太魯閣族的休耕期間，原開墾戶保有權利，乃依據 gaya 規範，更是社會共識。對於其他原住民族的休耕的及游耕情況，如果依據族群文化與社會脈絡觀察，將發現在部落領地內「游耕」也不等同沒有私人所有或部落所有權概念。

　　第四個誤解，認為太魯閣族沒有文字契約記錄與登記制度，既必定發生土地邊界不清與土地權利混亂的問題，致使國家需要重新建立一套土地登記制度管理。太魯閣族是尊重族人土地先佔權，*gaya* 規範族人在開墾新耕地時必須確定排除其他

族人土地，且開墾新土地的邊界會採自然地形地貌、整地蒐集
的石頭疊成石牆，甚至共同豎立石塊作為確認的邊界，此過程
需雙方當面確認的，而任意變動或反悔者將受 *gaya* 的約束以及
utux 的懲罰。對於沒有文字登記的族群來說，土地的邊界已經
藉由當事人雙方共同的口頭協議確認，在 *utux* 的見證下，依據
社會共識的 *gaya* 規範在生活中實踐。

　　原先傳統土地 *gaya* 規範穩定了土地資源分配的社會關係，
傳統文化也在其中傳承與實踐。從穩定社會的土地關係來說，
這也是一種滿足當時原住民社會土地規範的一套傳統制度，相
對現代土地制度來說是此種制度成本很低得且交易成本幾乎為
零的情況。如果，政府無法從傳統社會的文化脈絡觀察傳統土
地使用的社會關係，誤認為原住民土地關係沒有文字紀錄且脫
離市場經濟，需要重新建立一套現代土地制度來保障原住民的
土地權利，是一種誤解，甚至強制制度變遷會帶來傳統文化的
傷害。

　　另外，現代國家的土地管理制度的確協助原住民土地進到
自由市場經濟運作，但在國家進行制度轉換的操作上，也因為
無法跨文化藩籬產生誤解，致使傳統文化被翻轉，甚至原住民
土地權利的喪失。所以，當代國家在肯認多元文化下，應該重
新設計新制度經濟學的評估指標，修正原住民族的傳統土地制
度為「制度欠缺」的指標內涵。在承認原住民族文化脈絡的土
地制度內涵與權利配置之外，應該強調尋求與現代市場經濟整
合的規範與分析方式，並建立新土地制度。從另外的角度推想，
現代國家在照顧原住民族的農業並帶進現代的耕作技術時，如

果也結合原住民「敬天」、「惜地」的傳統價值，改良燒田焚耕的方式，也許可以有效提倡減少使用農藥、適度使用肥料、避免土壤酸化、及不過度開發山林資源的永續發展模式，「愛人」的社會價值，促進社會互惠關係，降低資源過度消耗。這些正是政府期盼的永續發展，而這樣的結合是妥當的模式。

　　第五個誤解，累積農作與資本累積的問題[51]。傳統原住民社會在山林土旱地生產技術維持在人力而沒有專業分工的發展，沒有灌溉設備、種苗改良與化學肥料等現代技術，也沒有貨幣制度與商品交易市場機制；相反的，對當時社會沒有這些現代技術，傳統社會不必然就沒有儲蓄、交易、累積資產的概念。在沒有文字記錄與貨幣制度的人力農業社會，換工以交換勞動力其實也就是藉由建立互惠的社會關係，而「儲存」家族人力之不足。在沒有冰箱冷藏與貨幣儲蓄的環境，狩獵或耕作的收穫藉由分享機制建立互惠的社會關係，而「保存」家族生存食糧的多方來源供應的可能。這些互惠行為都藉由主動提供資源、改善社會關係而隱含了「禮物」分享的流動，以及個人取得有限資源預先存放族人之「儲蓄」概念。

　　太魯閣族休耕輪作會採取輪作混種的耕作方式，陸稻、小米等主要作物在復耕的第一年種植，收穫是用竹刀自穗下五、

---

[51] 土地行政相關科學研究明、清時期台灣原住民族，認為他們是「自游於曩天無懷之世及擊壤鼓腹之遺風」的民族性，平日無積蓄；在耕作收成之規劃及土地使用效率的評估，因為原住民族不熟知自由市場機制與貨幣制度概念，而認定為生產效率低落（顏愛靜與楊國柱，2004：75、149、166）。這樣的刻板印象對於日治、國治之後的「番地」土地使用，也抱持這樣的認知，視原住民族土地制度為不文明、或沒有積蓄的概念。

六寸莖部切斷、以棕葉束其莖,吊在穀倉晾乾儲存,提供整年或來年之需;地瓜則作為混作之重要作物,待主作物長成 1、20 公分高既種地瓜藤,可以作為壓抑雜草的作物而自然耕法減低除草工作;地瓜的儲存是保持在地下,待食之時才直接挖取,因為地瓜離開土壤無法久置,且保存在地下得以自然持續生長等多項效益;芋頭則無法像地瓜一樣,成熟時挖取並置陰涼通風山洞處儲存。這些耕作知識是配合生存環境與生產技術而發展,卻可以發現原住民也有儲藏保存的概念,而單純地是以保障家族或族人的生存為目標。

　　部落不斷尋求新耕地並擴張族群生活領地,也呈現族群對族人生存須依靠土地,並視土地為家族的根本,不得隨便變賣與放棄,再再顯視族人對傳統社會的經濟生活觀念,也並不表示進入現代經濟社會將無法理解經濟活動,只是現代社會不認識傳統經濟概念而視之為不文明、否定之,而且現代原住民教育沒有由傳統社會的經濟概念、類比教育為現代的經濟概念,使原住民族在被否定的狀態下、又不容易破除傳統概念並從陌生的現代經濟概念重新學習,而發生現代社會適應問題。最根本的問題在於現代國家用現代經濟制度誤解原住民傳統經濟概念,並否定之。從另一方面觀察,是否現代生產技術取代休耕輪種的模式,追求最大生產效率與個人財富累積而損害國土保育,是國家原鄉發展的策略及原住民族追求發展的模式,這也有待商榷。

二、對傳統土地制度的新觀點

　　本節基於多元文化原則與詮釋人類學觀點,由太魯閣族群

傳統社會文化（*kndsan*）與傳統信仰（*Utux*），來整理傳統社會規範與傳統土地制度（*Gaya*）。在上述五項現代社會研究傳統太魯閣族土地制度誤解與重新詮釋分析之後，接下來本段將重新釐清太魯閣族傳統土地權利(*tndxgal*)的幾項重要概念：

　　第一，是有關土地部落「共有」的概念。太魯閣族傳統土地所有制度被歸類為沒有絕對排他性及獨佔性之現代「所有權」概念，既屬「共同所有」的類型，這是被嚴重誤解的一種刻板印象。這刻板印象可以從幾個論點觀察到：日據時期由於原住民開始定耕農作，才漸漸意識到擁有土地的重要，並催化形成「土地私有權」概念（李亦園主持，1983：113）；對於焚耕輪休的耕作方式產生現耕地與休耕地的土地狀態，並認定休耕的都回歸部落族眾、氏族共有，而稱「游耕」，其地權為「共有」型式（顏愛靜與楊國柱，2004：20）。這刻板印象明確的呈現出原住民族的土地權利概念必須是現有法律規範的私有制與過程，才受國家法律保障的謬誤觀念。若國家無法跨文化藩籬觀察，以此刻板印象規劃土地制度，忽視太魯閣族傳統文化脈絡及社會價值下觀察該族傳統土地習慣，認為太魯閣族傳統土地權利沒有達到現代「所有權」的標準，並以此來認定傳統太魯閣族沒有現代「私有土地財產」的概念或不予以現代國家制度的保障，將致使原住民失去土地總登記之前的土地權利，甚至族群自我否定傳統土地習慣與文化。這樣的土地制度設計突顯政府及主流社會之土地產權概念的我族中心主義，來否定原住民土地使用的社會價值，建構國家原住民土地產權制度的權威心態。這違反憲法增修條文多元文化原則。

　　這種刻板印象主要反映在現代三個領域的關鍵分析及影響：1、在土地行政研究原始社會共同體理論，分類原住民族的土地共有型態；2、民族人類學研究也藉由農業定耕的生產技術界定族群生活文化是否已經存在土地私有化的社會共識與規範；3、在殖民擴張時期現代國家藉由實證主義的國家來決定原住民族沒有資格晉身國際法權利保障的基礎，得以跳脫自然法時期國家對待原住民族承認其土地權利的約束，可以用「正義的戰爭」來"討伐"原住民族而使之文明化，強佔其傳統土地權利。總的來說，當國家遠離殖民擴張時期的背景，並進入多元文化尊重與肯認的族群關係層次，現代國家在殖民時期設置的原住民土地管理制度標準與刻板印象，需要作重新的檢視與修正。

　　第二，由傳統信仰上對創造之神 *Utux*「借用」土地給族人「管理」的概念，並不與族人在社會 *gaya* 規範中對先佔權與休耕輪種的土地「所有權利」發生衝突，因為 *Utux* 借用土地是族人敬畏自然環境的「敬天」，土地是屬於誰的（*dxgal ne ni ma*）是族人之間的社會規範 *gaya*。政府採用西方財產權的「所有」概念與標準，只會誤解原住民族土地權不存在。參與執行機關的保留地管理工作的部落青年 B7 也指出「借用」、「管理」與「擁有」概念：

　　　自己族群的傳統土地規範土地傳於男性，並尊重自然的權利，使用的土地乃是向神(編織的神 *Utux Tmninun*)「借用」，而族人是依據 *gaya*「管理」屬於自己的土

地，以相互共存的心而使用土地。（附錄七）

參與爭取傳統土地權利的耆老 B2 也指出創造之神 *Utux* 作為幕後「看不見的手」與最後的審判，而支撐了傳統土地 *gaya* 規範的運作（附錄七，B2 訪談）：

> 傳統土地的管理、使用是有 *gaya* 的。家族長輩在分配土地給成家且有小孫子的男孩的時候，會告誡將分家的孩子要管理(*kndawa*)好土地。土地是家的根(*busu*)，不可以任意買賣土地。並用土地的生產好好照顧家庭與子女。…。最重要的一句話還是，"*ki bi utux.*"（小心有 *utux* 在看）。土地是有看顧的 *utux* 的，一般人不會任意給別人使用，除非經過長時間的交往(建立社會關係)。…老人家以前對土地是這樣，你依據家庭的需要，依據 *gaya* 努力認真開墾，但不要浪費、不要貪心、不要損壞。對於遷徙的族人也要施捨，靠自己的勞動耕作收穫，照顧家人及孩子。有 *utux* 在看。你遵守 *gaya*，*utux* 會豐富你的需要。

報導人使用「借用」與「管理」表示族群對自然共生的社會文化概念、也表示傳統土地權利與制度的來源，與現代「所有權」相似、都已認知到原住民存在某種土地擁有權利的概念，由此理解則不一定衝突而得以包容共存。太魯閣族社會對傳統土地權利來源認為：土地是「借自」於創造之神 *Utux* 而給我們「管理」的；這呈現族群傳統社會文化的規範是源自於傳統信仰且

相結合而維持社會秩序的穩定。另一方面，這樣的文化信仰在社會關係與規範上發展出土地使用的社會 *gaya* 規範明確定義土地先佔權的規則與發展休耕輪作的習慣，而家族傳統使用土地都有邊界並不得任意侵犯之社會共識，休耕時期土地權利持續德到族群社會規範保障，也有傳統土地繼承的族群規範。這樣的社會規範明顯地呈現族人間對土地「所有權」的社會共識，而族人並不是沒有土地財產的概念。太魯閣族群在傳統信仰上的土地「借用」與「管理」與在現代社會關係有關人際之「借用」與「管理」概念是不相同的。而太魯閣族在傳統社會文化之 *Utux* 信仰與傳統社會 *gaya* 規範存在因果關係；*Utux* 信仰對太魯閣族來說就是 *Gaya* 規範之來源與最終審判，就如現代社會相信民主國家取得人民主權同意而建立國家主權與法律制度。

第三，另一項需要澄清的重要概念是原住民族社會的「互惠」概念被誤認為無法發展個人主義的私有財產概念並且與資本主義社會或功利主義產生衝突。我們藉由 Ostrom 的自主組織、自主治理的集體行動理論，在確認資源邊界的佔有、佔用的條件下，參與公共使用資源分享使用的所有者藉由公開資訊與意見溝通，集體選擇來安排制度，並產生出監督機制、分級懲罰、以及衝突解決機制，其中不需要現代國家的支配，只需要地方知識的尊重與實踐，得以降地制度建立的交易成本。而這樣的資源安排並不表示一定要完全共有制或是一定要完全私有制，而在於利用參與者的共識，共同選擇最有利且符合環境經驗累積的在地知識。太魯閣族沒有文字習慣，而重視族人當面溝通與協商，在概念上雙方對土地使用的約定或是新開墾土地

的過程是由 *Utux* 所見證的，也在社會規範 *gaya* 產生效力，既已發展出此種在地知識與傳統土地制度。太魯閣族人對部落領地內未開墾耕作的公共土地資源來說，部落社會尊重族人的土地先佔權。但對使用三四年之後地力自然貧瘠而進入三四年休耕期，太魯閣族對此的社會共識不一定會支持休耕土地必然恢復部落其他族人任意侵犯使用，因為上述討論的生產技術、重新開墾新耕地的難度、重新分配的部落組織與制度安排等條件並不適合、也不公平[52]。對於傳統土地制度與自由市場經濟整合的問題留在第五章探討。

肆、太魯閣族傳統土地制度的階序性觀點

一、傳統土地制度的階序性權利概念

太魯閣族土地財產權制度的概念，在耕地與住宅用地部分，由族群遷移歷史與生存環境、族群傳統文化與社會規範、傳統 *utux* 信仰與 *gaya* 規範的社會組織運作，可以知道太魯閣族人依據傳統土地制度開墾新耕地，遵守 *gaya* 規範開墾且由 *utux* 信

---

[52] 對於太魯閣族之外的原住民族如何使用休耕土地，還需要藉由其社會組織、社會文化、生產技術等條件，才可能知道休耕土地重新分配的規則，但至少部落族群並沒有放棄這一塊休耕土地。以平埔族鳳山八社在十八世紀文獻中記錄到休耕土地的使用情況，但非番社成員不能在番社四周游耕游獵，以宣示番社之領域權；清朝由地契中發現其地權型態是有＜社番私有地＞與＜番社共有地＞的兩種土地「共有」的型態，並持續到日據初期（顏愛靜與楊國柱，2004：120）。至少可以確信原住民族在國家進入部落的時候，原住民族還是會認知或主張部落土地的領域權，不因征服而放棄。故，就算原住民族使用休耕的土地耕作方式，也是地利自然變動情況，不表部落、個人放棄土地權。

仰形成社會共識的監督機制，在確認所謂的先佔權及土地邊界之後，勞動開墾耕作，使得家族名字與該土地看管的靈 *utux* 產生血緣上的連結，並取得部落族人的社會共識，取得原住民族傳統土地權利。傳統土地權利需經交易、既成、宣告放棄才會移轉。傳統土地在開墾的先佔權利與開墾者的名字產生血緣的連結之時，土地邊界(*ayus*)也被確認，在 *gaya* 上也不可以任意遷移或侵犯。傳統土地權利是屬於個人或家庭長輩名下「所有」的土地。

　　在獵場與河川部分，部落形成同時也會藉由先佔的概念，確認獵場的範圍與邊界。其他後來才到的部落（家族）族人會先詢問其他部落（家族）的獵場，而尋找屬於自己的獵場。而確認獵場範圍同時，該獵場會給定部落的名稱，不屬於該部落者不得任意進入。現代土地權利的角度是屬於部落「共有」的土地。

　　在族群領域來說，外族進入該領域，常常會發生出草的情況。尤其 1914 年太魯閣族戰役，日軍征討太魯閣族，而太魯閣族部落會是日軍為敵人，非我族類，而為了保衛族群生活領域而產生攻守同盟或防衛。而此領域一般只的是最外圍的部落獵場之邊界，近似現代「總有」的領域。報導人 A2/B1 耆老提出這樣的看法：

> 我們太魯閣族人要保衛自己的土地，所以會抵抗侵略
> 的日本人。當時我們稱日本人為「猴子」，就是沒有
> *gaya* 的人，他會侵犯我們的女人、沒有紋面、侵犯土

地，我們認為是「敵人」。我們稱這些自認為文明人叫做「猴子」，因為他們不懂得怎樣進到(dmay)我們的地方的禮節。我們 Truku 是不可以隨便進到別人的家，一般會先看門有沒有開，如果關門就不會再敲門。如果開門就會先打招呼，問有沒有人在，有人回應才可以接受邀請，進到別人的家裡。而被訪問的人會熱情招待你的到來。所以，就算是別人的土地，我們也不能隨便侵犯，我們很重視溝通與對話，這是 gaya。（附錄七，B1 訪談）

1902 年持地六三郎的意見書指出「生蕃」不順服、不文明，類似山林的野獸。但從太魯閣族耆老的陳述，反而自認為文明的日本人是山林中沒有"文化"的「猴子」，沒有遵守進入太魯閣族生活領域的禮節，沒有族群 gaya 概念，就像山林的猴子一樣沒有「文明」。在 tndxgal 的概念，族群對生活領域的概念一般是族群所有獵場的最外圍邊界，各部落會有領地的概念並視為 gaya 施行的範圍；由現代概念認為是族群「總有」的領域，也就是民族自治區域的範圍，甚至為此視侵犯的日本軍人為敵人而發生 1914 年的戰爭。

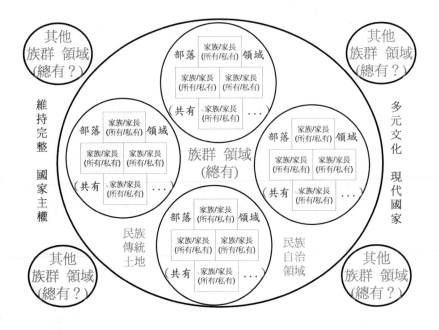

圖來源：本研究繪製。對族群傳統領域重疊處、採第五章公開協商模式處理。

圖 3-7：太魯閣族族群領域內之土地權利分布的階序性

　　從族群、部落、家的層次觀察太魯閣族的土地權利認知，是存有社會、文化、信仰上不同層次的土地權利該念。而此土地權利概念在族群層次近似是現代「總有」的權利，也就是民族自治的範圍；在部落（家族）層次近似現代「共有」的權利，既傳統社會關係與文化權之運作範圍；在家/家族層次近似現代「所有權」的概念，既家族名字與耕作土地連結與族群社會的認同。從土地區域陳述如圖 3-7 所示，且邊界是清晰的。不論「總有」、「共有」、「所有權」，在多元文化下都是含有族

群傳統土地權利或財產權的概念，並族群傳統社會文化與精神才得以傳承發展。

　　將這樣的太魯閣族傳統土地財產權：「總有」、「共有」、「所有權」的概念，與現代土地制度作連結，可以發現原住民社會的先佔、佔有也許沒有文字登記及現代所有權之完整；但在原住民族自治區域或多元文化之財產權概念，國家應賦予近似現代所有權的尊重與法律保障。而原住民族傳統財產權概念與現代西方財產權概念的基礎都注重人的基本權利：對勞動而保有之所有物的保障，既「所有權」概念為基礎；而在社會關係的建立過程中以「所有權」發展出「共有」的所有模式之權利；在原住民社會對獵場、河川或海域會依社會文化產生「共有」權利；在我國民法第 817-831 條也由所有權觀點定義「按其應有部分」而規範「共有」的權利義務，若「應有部分不明者，推定其為均等」；現代法律的共有概念是嘗試藉由文字記錄應有部分之比例，企圖切割共有人之權利義務的分配。原住民因沒有文字記錄與社會互惠的價值，而不強調個人應有部份之所有權利，反過來重視整體族群在欠缺生產、保存與交易技術下、並族人整體得以生存的土地與自然資源使用方式與效益。這樣的差異既我國在承認原住民族土地權之後必須給定新的法定物權之核心。「總有」的概念則是族群獵場最外圍區域或生活領域的邊界範圍之內，如果有外族在沒有族人同意條件下進入，則被視為侵犯並產生防衛行為；這在現代國家的概念近似領土的概念，而在當代多元文化國家的觀點則是原住民族自治的區域。

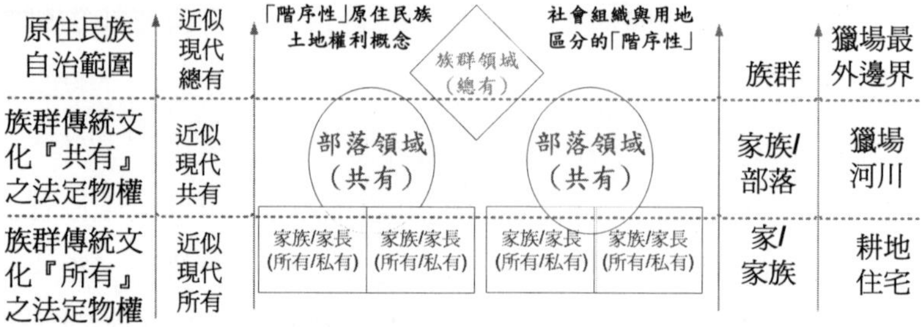

圖來源：本研究繪製。

圖 3-8：太魯閣族土地權利概念的階序性與社會組織文化的結構關係

若由土地權利層次概念排列，太魯閣族對土地權利的概念如圖 3-8 所示。本研究特別強調，太魯閣族這樣的土地權利階序性概念，是由族群傳統社會文化、土地習慣、*utux* 信仰 *gaya* 規範等整理，既批判種族理論「經歷敘述」與「種族意識」的固有土地權利呈現，並不是因爲與現代社會接觸、學習新的生產技術或與平地漢人習得的。

太魯閣族也許沒有現代法律藉由完全私有制與文字登記制發展所謂現代所有權的概念，但在憲法層級的多元文化理論與基本人權角度的觀察，太魯閣族人或族群對其私有耕地與住宅、共有獵場與水源，有明確的名字登記與面積邊界，確實在土地財產上有「權利」的概念，並成爲原基法所謂政府承認「原住民族土地與自然資源權利」以及尊重傳統土地使用習慣與文

化的基礎。多元文化國家不應該以現有西方財產權概念不包含總有、共有的權利概念，而抹煞族群領域、部落河川、家族獵場、個人住宅耕地的固有權利；國家原住民土地制度的法令制度改革本為國家與主政者的在憲法層次固有的責任與使命。

二、傳統土地制度的新制度經濟學分析

　　從財產權理論的新制度經濟學的分析，也可以得到些原住民族財產權制度存在與穩定安排土地權利的論證。由 Ostrom 的集體行動理論來解釋前述太魯閣族將休耕土地維持原開墾耕作族人所有，既耕地在社會共識為「私人所有」，這樣的土地資原安排並不是不可能。另一方面，在 Ostrom 的公共使用資源的社會條件下，太魯閣族土地資源的安排如果在前述的內在與外在生存環境的壓迫、重視當面溝通、存在 *utux* 信仰與 *gaya* 規範下，此是屬於充分訊息多次賽局發展出「互利」的「納許均衡」(Nash Equilibrium)。此賽局論的分析基礎是參與者自利思考及充分溝通下，預測人類行為模式的框架。藉由成員重複協商溝通並產生監督懲罰機制，可以使重視私利的個人在 Ostrom 集體行動理論框架中，有效安排規劃公共使用資源，且此安排既屬於「互利」的「納許均衡」。所以，互惠的社會通念可以由保障個人私利與共同協商溝通而產生，互惠的社會價值與私人所有的土地制度並不一定衝突，只要公開資訊與溝通協商，有時會促進最低成本的有效監督機制，從科斯第一定理也可以得到交易成本為零時的財產邊界任意安排都是最適配置。太魯閣族的土地權利的概念，是維持個人或家族所有制，甚至其他族人也不得侵犯休耕土地的權利，此並不會與部落社會愛人與互惠的

價值或以此形成的社會 *gaya* 規範產生衝突。傳統土地權利與現代土地制度的核心問題需要回到人類生存的基本權利及社會互動與發展的價值，使傳統社會的價值與現代社會的概念取得相通，而只剩下協商不同價值項目優先順序的問題。

綜合來說，由 Ostrom 集體行動理論、Nash 長期賽局理論與科斯第一定理為基礎，分析太魯閣族土地使用文化及社會規範，可以得知傳統太魯閣族土地制度在 *utux* 信仰與 *gaya* 規範下，*utux* 就如市場上「看不見的手」運作最低交易成本的土地交易，是承認耕地的私人所有制，同時存在獵場、水源等為部落共有土地，並維持穩定的社會土地關係。由傳統社會文化的角度觀察原住民族土地權利的內涵，太魯閣族傳統土地制度確實存在，並且保障族人土地關係與權利。而這樣的分析模式也可以作為其他族群的參考，但切入的點可能會有所不同，太魯閣族可以由 *utux* 信仰與 *gaya* 規範及社會組織切入，而其他族群可以由各族群的歷史、社會、文化的特徵做整理。

伍、小結：太魯閣族傳統土地制度的「公示」與「登記」概念

由太魯閣族傳統土地規範及此規範的族群文化詮釋，可以理解原住民族土地權在國家主權強制管理之前是「既存占有（*uti possidetis*）」的獨特（*sui generis*）權利的概念，經過殖民統治時期的「非線型憲法結構」之「國家建構」過程，政府藉由否定原住民族的人格權而使傳統土地國有化（黃居正，2010：1）。

原住民族既存占有的土地權利，有其特定的發展與運作環

境。原住民族屬於沒有使用文字習慣的民族，其土地財產歸屬會藉由社會組織、傳統文化、傳統性仰、土地規範等特有的方式進行「公示」，並取得全體社會的認同與社會規範的保障，而取得相似於現在社會土地登記在土地管理的效力；並不因爲沒有文字登記而在傳統土地制度與社會文化概念下失去土地歸屬權利之概念。

　　本節對太魯閣族傳統土地使用規範 *gaya*，從族群傳統社會文化脈絡整理傳統土地制度的實際概念。太魯閣族有先佔權概念、伴隨嚴重的 *gaya* 規範之土地邊界的確認；更重要的是土地先佔並表示開墾範圍地確認之後，土地的名字與開墾家族長輩的名字在 *utux* 信仰與傳統 *gaya* 規範上產生血緣關係，並取得社會族人認同與尊重，其他族人不得任意侵犯，除非通過當面口頭約定進行交易或繼承而轉移權利、或某些行爲侵犯 *gaya* 規範而發生不好徵兆並表明自願放棄土地權利。如果進入族群社會文化脈絡，太魯閣族也擁有傳統土地制度的登記概念，並依據及低監督與懲罰成本的 *utux* 信仰與 *gaya* 規範且不需要文字登記也可以運作。更重要的是族群傳統文化、精神與社會關係得以在此土地實現，族群生存與個人生命才得以在此實現與法律保障中被承認與尊重。

　　原住民族傳統土地制度的穩定性發展，藉由整理太魯閣族傳統土地 *gaya* 規範，並不只是原始社會土地「共有」模式，而是家長所有、部落共有、族群總有之區域的、功能的、文化的階序性概念；從新制度經濟學的觀點，也參考科斯第一定律、長期賽局理論、Ostrom 集體行動理論的概念，在沒有政府規範

國家土地制度之下，族群可以成功發展規範制度、正常運作、保障人民權利。

從多元文化角度來看，原住民族傳統土地權利也有所有權概念與登記名字的概念，不會否定現代土地制度的完全所有的財產權概念而包含之；但是，現代土地制度可能誤解原住民族土地制度並否定其權利。但在多元文化當代憲政主義國家之財產權概念與法律制度的協商過程，原基法宣稱政府承認原住民族土地與自然資源權利的概念，包含保障原住民族對傳統土地權利的階序性：「總有」、「共有」、「所有權」整合，一種新的法定物權。而其根基還是以「所有權」為基礎，並擴充了私人所有的土地權利形式。在此擴充過程，原住民族土地不再只是私有財產權之客體，而是包含了族群文化與精神的實踐領域，並與人類世代生存有關、且被所重視與保護；兼具有土地權與文化權的實體內涵，並不必然與國家建立財產權制度之人類生存的核心目標產生的衝突。

第三節　太魯閣族傳統土地財產權利的核心概念

在認識到太魯閣族傳統土地使用的社會 *gaya* 規範，並且在族群主體性確立下透過其社會文化脈絡，陳述族群土地使用社會 *gaya* 規範以及背後的 *utux* 信仰為基礎的世界觀與社會共識。原住民族土地權是「既存占有（*uti possidetis*）」的獨特（*sui generis*）權利。本節將進一步藉助現代市民社會財產權體系中核心議題，包括時間、勞動與生態等規範名詞之意義與價值，進行詮釋與對照，使太魯閣族傳統土地財產權制度得以在現代社會的認知下被重新解讀與溝通對話。將此論述基礎作為下一節探討原住民土地糾紛案例中，原住民族對糾紛土地的權利概念。

本節的概念乃參考自黃居正（2005）對於原住民族財產權的核心討論，認為原住民族與市民財產規範實為兩平行體系，只是國家採運市民法（civil law）體系的單一解釋系統處理原住民族財產關係。所以，黃文嘗試藉由市民財產規範體系的核心論證：時間、勞動、以及生態（整體環境）來介紹原住民族財產權體系。本文在前兩節，藉由族群文化內涵與其社會共善價值介紹太魯閣族傳統土地制度之後，也藉由黃文的概念說明太魯閣族傳統土地財產權概念的內涵。首先必須要說明，黃文（同上引：12）藉由黃應貴研究東埔社布農族人獵場使用權利為例，沒有絕對排除非「氏系成員」的使用，以及獵物分享的文史記錄，闡述原住民族土地財產是以「共享道德」原則來定義其屬性，是只介紹到「共有」部分的原住民族土地使用情況。因為獵場的使用原屬於部落共有的情況，非氏系成員可以進入的社會文化脈絡並未探究，另外是否這個規則可以套用到部落傳統一般耕地或住宅的土地「私有」使用與權利分配，則無法由獵場的共有使用來直接解釋。

本節介紹太魯閣族傳統土地財產權概念，將黃文對「生態整體觀」，做比較清楚的定義為「族人世代生存與生存環境保障」，並依此切入；再介紹時間、勞動的概念。這樣的調整強

調原住民族土地財產的互惠或共有的概念，不是形式上的共產概念、且土地所有模式是私有與共有的混合模式，並且與現代財產權概念在追求人類美好的生存與生活方式上使用土地資源並不相衝突、且產生結合點。

壹、太魯閣族生存的整體概念：族人世代生存保障與生存環境永續

國際勞工組織大會（ILO）在 1989 年通過的「原住民和部落民族公約」（ 第 169 號公約 ）在序言做了提示：「提請注意原住民和部落民族對人類文化的多樣化，對人類社會的和諧與生態平衡，以及對國際合作和相互理解所作出的明顯貢獻」。太魯閣族傳統土地財產權概念也呈現族人世代生存與生存環境的永續保障的概念，足以對人類社會和諧與生態平衡提供參考，而不是為了在自由市場追求最大利潤並集中成個人財富或經濟增長為經濟活動的唯一指標。

一、所有規則與分享概念

太魯閣族的世界觀認為存在的空間存在某種「創造的 *Utux*」，管理了生活上一切事物運作。此創造的 *Utux* 既是使傳統社會市場交易成本為零的「那隻看不見的手」，而社會 *gaya* 規範則藉耆老的話語傳頌。這樣的概念展現在獵場與獵物的安排做以下的說明。太魯閣族獵人必須在自己部落的獵場打獵，且打獵回家會沿路將獵物依據親屬關係，切割給不同的親屬（ *lutut*，比現代的親屬概念廣泛，參考邱韻芳（2004）），回到家只剩下獵物的某一塊。獵人狩得獵物是 *utux* 給予其「所

有」，但獵人再依據社會文化將獵物分享出去。因爲獵物豐收也是自己遵守 gaya 規範，並得到 utux 的恩賜，而敬重長者、分享獵物也是遵守這樣的社會價值。獵人會對於自己勞動與時間概念得到的獵物，並不只視爲自己的功勞與財產，是 utux 的、自然的[53]、族人的、自己的勞動因素的整合結果。此既太魯閣族整體生態觀點的呈現。

在獵場與獵物的安排上，獵人依據勞動時間的確認，獵物是屬於首先獵得者[54]，但獵人會依據社會共同認同的 gaya 來安排獵物的分配，並建立最適社會關係。獵人狩得獵物採用傳統分配方式在現代國家社會價值中雖然沒有進入自由市場經濟活動，但其勞動的結果至少受到社會規範保障。在此傳統市場交換活動中，獵物與名聲進行交換，獵人取得部分的獵物、社會名聲與下次狩獵豐收之 utux 承諾，受惠部落族人也取得部分獵物、生存保障並提供信任與尊重到「交換市場」，此市場「幕後推手」是休生養息獵物的創造之神 Utux。所以，太魯閣族對於獵場、獵物的概念是存在「個人所有」與「共同分享」的社會價值，依據社會文化脈絡的社會 gaya 規範來分配給某些人或個人擁有。並藉由創造之靈 utux 監督與懲處，建立機制，藉此展現個人與族群重視整體生存與環境平衡的世界觀。

---

[53] 太魯閣族沒有對應到「自然」這個現代用詞，只知道人「生活」（kndsan）在這一個「土地」上。但也實際觀察到生活環境的自然現象，農作季節、天際變化等，並相信有創造的 utux。

[54] 太魯閣族也有習慣，在狩獵過程中先將獵物作記號或綁上識別而繼續狩獵，其他族人看到被標示的獵物就不可以竊佔。竊佔他人獵物是違反 gaya 規範，將遭致 utux 的懲罰。

　　太魯閣族傳統耕地、住宅，是屬於私有制的安排。族人開墾新土地需要藉由山林生活的知識（可以稱爲在地知識），評估該土地的肥沃度，但還需要再確認是否有不好的徵兆或是不幸的事情發生過，並詢問土地附近的族人該土地是否屬於無族人使用的土地，最後請耆老詢問祖靈是否可以使用該土地，才確認該土地可以安全使用。所以，在傳統土地制度認爲新開墾土地是 *Utux* 的賞賜，家族名字與耕地名稱連結，並在家族血緣上建立土地關係，就算是休耕期也不表示他人可以任意侵擾，成爲傳統社會共識的 *gaya* 規範。不論太魯閣族是否曾經經歷如泰雅族共有耕地並協商修耕地的安排，但至少本研究由耆老口述文字記錄與族群文化詮釋，可以確認族群土地規範對宅地耕地權利安排含有私有權利的概念。

　　另外，開墾新土地的過程並不是新成立家庭的子女可以獨立完成的，是需要家族親屬共同協助，尋找適當新耕地，共同開墾完成的。這一個過程需要原生家庭的協助，而至少在子女結婚之後，有一段時間住在原生家中。等到耕地得以穩定生產農作，則親友才會協助興建住宅器具而獨立分家。在親屬互相協助過程，也像「禮物」一樣產生社會關係與責任。此開墾過程的基礎是互惠的、互助的社會共善價值，並形塑成 *gaya* 社會規範。太魯閣族族人在思考整體生態平衡概念時，其社會互惠關係的考量時間是其生命的整個過程，取之於人、施惠於人是不斷的交換與建立傳統社會關係。而在這樣的整體概念思考人類世代生存時的勞動價值，其所遵守的 *gaya* 規範正反映了族群互惠的社會文化之平等、公平、正義的原則；就像獵人分享所

獵得獵物給親友、或參予協助親友開墾種植土地的原因，是過去曾（或未來將）受惠於人的認知與互信，互惠關係下的平等、正義的判斷或估算方式。而此原則的內涵與資本主義社會對人類生存的現代價值會有些許的差異，但也是原住民族對人類生存方式的社會選擇；同時，「對人類社會的和諧與生態平衡，以及對國際合作和相互理解所作出的明顯貢獻」與建議。

綜合太魯閣族使用耕地與獵場概念，傳統土地權利是因為將該土地與某家　族、部落的名字連結，而隱含「私有」權利；但在傳統社會文化脈絡下，土地耕作或狩獵產出卻規範需要適當「分享」、以維繫社會關係與族人的生存保障。故在族群文化脈絡與社會組織觀察，傳統土地的私有制與土地產出分享並不衝突。

二、傳統文化脈絡下的土地財產之私有與共有的混合配置

互惠的社會價值與私人所有制是否必然發生土地權利分配的衝突呢？我們沒有太多歷史文獻與證據檢視此發展的過程，但可以藉由人類行為預測的分析理論觀察。依據 Ostrom 的集體行動理論以及充分訊息之長期賽局理論下，人類行為在此環境藉由理性[55]選擇，達到的「納許均衡」會往「互利」的結果預測，社會關係也有機會產生「互惠」的社會價值與監督懲罰的組織，且並不表示一定與個人自利的價值產生衝突，也不表示太魯閣族傳統社會土地習慣一定只有「共有制」、沒有「私有權」的

---

[55] 此理性選擇主要是指個人依據屬害關係的考量，選擇對自己有利的選項。也就是自利的態度。

概念。當太魯閣族發展出社會共同的 *Utux* 信仰/*Gaya* 規範，藉由自我組織、自我管理某生活領域之時，則該族群已經自行發展出族群文化之 Ostrom 集體行動理論的成功案例、或達到長期合作賽局的納許均衡。

太魯閣族土地使用類型依據社會 *gaya* 規範可以區分：共同協力開墾的耕地、住宅屬「私有」，以及氏族部落共同享有的獵場屬「共有」。太魯閣族人對土地資源的概念是人類就如一般動植物在山林土地生活並受創造之靈照顧，觀察到種植的作物成長、獵場動物的繁殖都是 *utux* 的勞動過程，人類依據在地知識的累積、社會 *gaya* 規範進行種植、狩獵的勞動，同時管理共有的自然資源。耕地與作物都是創造之靈所賜，獵場狩獵也是創造之靈所給予。人類在此環境是渺小的，並且必須遵守 *gaya* 社會規範，才會得到 *utux* 或其他族人的照顧。人類只是在整體的環境中依據 *gaya* 規範生活，管理自然資源並不會囤積浪費[56]。「過份」貪心（*knsrabang lnglungang*）是被視為負面的態度，是觸犯 *gaya* 行為的開端。所以，太魯閣族族人的生態整體概念是架構在 *utux* 信仰與 *gaya* 規範下，族人之間發展生態與部落的整體平衡之「私人所有」與「共同分享」的社會財產制度。上位所有權其實是 *Utux Tmninun* 創造之靈，而不是部落領袖；族

---

[56] 太魯閣族人沒有現代資本家累積資本的概念，但不表示沒有儲藏維生的習慣。因為家族都會有一間專門存放農收作物的倉庫木屋，收成曬乾之後都收集起來，足以提供整年度的家族食用。同時，也會依需要與族人進行交換或交易的活動。從族群社會價值來解釋，太魯閣族擁有整體生態的觀點，認為作物豐收與否是基於 *utux* 的勞動與賜予，人類只是依據 *gaya* 進行勞動與管理，且不應該超越 *utux* 而只專注將自然資源囤積成個人所有，致使整體生態失去均衡。

人則擁有下位所有權，而不是只有使用權。這樣的概念可以整
理如圖 3-9。這樣的整體概念在現代國家的社會福利與納稅制度
也可以發現，個人勞動所得藉由納稅的回饋機制或是私下的社
會照顧，將個人財產藉由國家或社會組織重新分配、共享給需
要的國民。

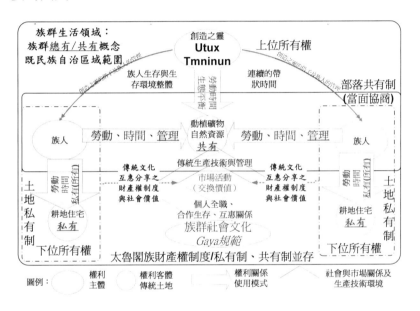

圖來源：本研究繪製。依太魯閣族耆老陳述與黃居正（2005）財產權架構整
　　　　理

圖 3-9：太魯閣族整體生態概念下土地財產權概念之私有制與共
　　　　有制混合模式

　　太魯閣族的生態整體概念可以舉生活上的實例來說。砍樹
的時機是規定在樹枝生長發芽之前，以利新樹枝重新生長，也

就是 11 月到隔年 2 月秋冬季節，其他的時間一律禁止砍樹。用
tuba 木汁毒魚的時候，需測量好毒水的效力，不可大量放毒，
且因為毒性不強，魚群迷昏並只挑撿肥美的大魚，小魚可以回
生（許通益，2001：43）。家族獵場使用上也規畫區塊，每年
只進入一個獵場，以滋繁殖獵場的生態狀況；同時狩獵季節定
在秋冬，而春夏做為養息的季節，禁獵期間禁止任何人進出獵
場[57]（黃長興，2001：13）。這樣的概念來思考耕地進行休耕輪
作的規劃，也是居於生態整體的平衡概念，讓土地得以休息，
並不必然表示族人或部落放棄休耕地的權利，且此權利不因生
產技術的落後而被否決。因為太魯閣族社會共識對於族人確認
擁有先佔權之後，在傳統 *gaya* 規範上會尊重其土地權利，任何
人不得侵犯，但可以藉由當面協商過程取得土地資源互惠分享
的機制。

　　綜上所述，從黃居正（2005）對原住民族財產權核心論證
之「生態整體觀」項目，太魯閣族土地財產權利概念涵蓋了兩
個層面：族人生存的保障與生存環境的永續。這樣的概念衍生
出個人財產概念及與他人共同擁有財產的權利的混合土地財產
所有模式；這在世界人權宣言第 17 條、消除一切形式種族歧視
國際公約第五條、原住民和部落民族公約第 13~17 條、聯合國
原住民族權利宣言第 25~29 條等都確立這樣的原住民族土地財
產權利模式，不以個人所有權為唯一且包含之法律保障模式。

---

[57] 黃長興（2001：13）提出現代社會的太魯閣族獵人，對於傳統狩獵時間規範
　　已經發生改變。主要是家庭生計問題、國家公園管制及野生獵物市場需求等
　　問題，進出時機與範圍已經非考慮主因。

西方財產權理論只重視個人權利與基本自由的保障，並不能涵蓋太魯閣族土地財產權利之法治保障，甚至在殖民歷史的脈絡下否認之。在原基法、兩公約施行法與《宣言》通過之後，現有所有權、物權概念是需要檢討的。

貳、土地財產權的核心論證：時間概念與勞動概念

在理解太魯閣族人有關生態整體概念，來管理使用土地與自然資源之後，再進一步觀察土地財產權的時間、勞動的核心概念，如此才容易跨越文化藩籬之認知障礙，重新詮釋原住民傳統土地制度的文化意義，以及土地財產的權利概念。

一、傳統土地財產的核心概念：在時間概念方面

首先，必須要澄清太魯閣族 *gaya* 的時間概念不只是保障溝通協商土地糾紛或市場交易權利移轉的短暫時間；反而評估當事人的整個生命過程，甚至違背 *gaya* 的行為影響家族數代的時間，並發展族人之間社會互惠關係。

黃居正（2005）對於原住民族財產權的概念在時間方面認知是休耕輪作的共有模式之「帶狀時間」勞動，異於西方財產權代念的「絕對時間」與絕對排他性。但從休耕輪作以維繫生存環境的永續性、以及休耕時期土地權利維持排他的情況，且這樣排他的財產權也保持互助互惠的分享社會關係，則黃文所謂的「帶狀時間」勞動需要做修正，因為族人是依據傳統規範與在地知識持續參與其中。本研究認為，比較正確的說法是許多帶狀時間的接續與連續概念，簡化的說法是「連續的帶狀時間」；同時，在此接續的過程有兩種土地權利轉換的操作模式：

一種是休耕地土地權利沒有轉換、原開墾者持續擁有，比如太魯閣族，實際上就近似現代個人所有權概念；另一種是藉由部落組織協商與社會文化概念重分配，取得交換或轉移的互惠結果。後項也許在轉移過程沒有現代文字記錄、或沒有現代金錢交易的轉換，而現代土地管理概念的政府或學者會誤認為原住民土地所有模式是「共有的」或沒有權利交換概念；但對於族群社會整體的概念，還是強調保障族人生存權利與生存環境的永續，那也意涵一群原住民族固有的傳統土地權利。

太魯閣族對新開墾土地及土地繼承的社會共識，是尊重族人土地的先佔權，並形成 gaya 的社會規範，約束族人的土地使用行為。這點正也說明在 gaya 社會規範下太魯閣族人的勞動一旦於時間上優先開墾佔用，則確認為祖靈給予的土地及血緣上建立家族關係，族群文化與社會共識都會確認先佔權得以擁有該土地的所有權利[58]。在傳統領域調查的學術研究過程，族人參與陳述時會確認哪一些土地是某家戶長的土地，有時雖有記憶上的混亂而產生爭議，但其所陳述的基礎就是先佔時間與開墾勞動的概念對於耕地與住宅所有的 gaya 規範，而此概念並不是因為地籍測量、現代市場經濟等所影響的[59]。因為從太魯閣族的

---

[58] 國家為原住民土地進行總登記是 1960 年代之後的事情。在此之前，太魯閣族已經在數會共識的基礎，用此傳統土地制度管理。從多元文化的角度，太魯閣族人開墾新耕地的過程，就是在 utux 的授與許可下，社會共識也認同並親友共同協助開墾。對應到現代土地制度概念來說，國家已經授權可以開墾使用，而社會也有共識承認該土地的所有權利，而且還同來協助開墾。對沒有文字登載的太魯閣族來說，現代土地制度採用登記始生效例的規定，需要多元文化理論居中轉換。

[59] 筆者曾經參與 97 年間大同、大禮部落的傳統領域調查，耆老口述傳統領域

社會規範 *gaya* 就存有住宅、耕地私有制這樣的社會共識，並與獵場、水源等部落共有制度並存。

　　太魯閣族傳統土地制度在土地所有的時間概念是多重的，存在但不強調絕對時間的個人占有。族群社會尊重依據 *gaya* 開墾土地的先佔權之（絕對的）時間點，但在整體生態環境概念來說，同時強調社會關係建立的整體時間，可能是自己一生，甚至連續上個世代或以後數個世代的時間。在耕地來說，休耕期間土地所有人會依據合作互惠的 *gaya* 精神，同意需要耕地維持家庭生計的族人租用，但必須當面討論及口頭約定。對於獵場來說，一般不會任意讓非部落成員進入狩獵，但在親友口頭約定下，其實還是會允許共同參與狩獵，同時對於獵物也會分享給部落族人享用。所以，在土地的使用的勞動時間上看起來是帶狀的、非強調排他的勞動時間概念，且此「帶狀」時間會因為社會文化脈絡而不斷「連續」著。

　　綜上所述，太魯閣族傳統土地規範的時間概念是「連續的帶狀」，可由互惠關係的土地權利配置之兩個社會共識前提詮釋：保障先佔權以及自然資源互惠共享的族人生存與生態整體概念。因為太魯閣族人認為「土地是家族的根、是生命的延續」；這樣的概念是從土地養育過程觀察而來，種植作物成長、獵場動物繁殖都是 *utux* 的勞動過程，人類只是依據 *gaya* 維護管理，在適當的時節勞動。在評估分享資源的社會價值，不是只看交

屬於哪些家族的概念，不是因為是否有國家進行丈量與登記，而是依據傳統 *gaya* 規範與實際先佔權確認的歷史。

易時間當下，而是看 *gaya* 規範的社會關係的整個時間。所以，族人之間的交換或土地關係會發展成互惠的長期賽局關係。但是，市民社會由個人主義與市場經濟概念來理解，傳統土地使用有休耕時間、或土地輪作的時間交替安排，會發生歸類為土地「共有制」的誤解；並認為族人的交易模式是不經濟的、沒有精確的土地所有權、市場價格不明的、落後的。

二、傳統土地財產的核心概念：在勞動概念方面

太魯閣族人對於勞動決定財產的分配與所有之規範是很清楚的。太魯閣族傳統社會共識認知新開墾土地的過程，以及耕作種植的經驗，就是族人用「在地知識」「親自勞動」的過程，即便其使用工具與現代生產技術有落差，也無損於對土地財產權利的取得與分配。族人會對曾經開墾耕作的土地因為親自在該土地上耕作（族語用法是 *qmkah dxgal*，表示腳踏在土地上），而期盼擁有該土地的權利。這種期盼不是因為國家藉由法令分配土地給開墾該土地的族人，才開始與該土地產生私有化的概念。也不是因為族人學會定耕的水稻農作，才產生土地權利概念。如果由多元文化的態度思考太魯閣族傳統土地財產權概念，此財產權概念是包含洛克（J. Locke）在《政府二論》對市民法私有財產制的概念：「族人」在族群文化脈絡以自身、有意識之勞動，確保本身從自然狀態中創造財產的「排他性」。此排他性的概念並非強調絕對的排他，乃是包含在 *gaya* 社會規範以及文化價值，但同時被互惠的社會共善價值之「敬天」、「惜地」、「愛人」的精神所相容。

太魯閣族傳統土地使用的勞動模式是休耕輪作。此勞動模

是對山林國土保育是比較適當的土地勞動規劃？還是不間斷的持續定耕農作比較適當呢？本研究並沒有這一方面的資料。但原住民族「連續的帶狀時間」的土地使用模式，除在國際人權法或宣言中被確認的共有財產保障之外，在原基法第23條「政府應尊重原住民族選擇生活方式、習俗…社會經濟組織型態、資源利用方式、土地擁有利用與管理模式之權利」、第30條「應尊重原住民族之族語、傳統習俗、文化及價值觀，保障其合法權益」的基礎，都是應該被政府尊重並用法律保障的權利，無關乎與「絕對時間」勞動概念的差異，也無關乎是否屬於定耕農作的勞動模式。

綜合以上對於太魯閣族土地使用的時間、勞動概念，先占權的規則確定勞動者與土地建立時間脈絡的財產關係，土地開墾與耕作的勞動過程也確認財產擁有的狀態，這些概念藉由 *gaya* 形成社的共識，並由 *utux* 進行最終的監督與懲罰。原住民族傳統休耕土地或獵場，並不因欠缺現代土地清查、總登記而失去權利。

參、太魯閣族傳統土地財產權概念的制度經濟分析

我們將部落視為公司（firm）組織來思考，並藉由經濟學的基礎概念分析「耕地的供給與需求」狀況，同時對照太魯閣族部落的傳統土地制度的供需效率與整體生態平衡等指標。有關效用的分析上，同時採用 Ostrom 集體行動理論、賽局論、科斯定理的論述，解釋族群部落土地制度的財產權配置特徵與現代價值。此分析需由被評估族群的社會文化脈絡、建構在多元

文化概念思考新制度經濟學的多元文化之最適評估。

　　從太魯閣族歷史文獻、族群東遷花蓮紀錄、族群傳統社會文化、土地使用規範、生活環境條件來觀察，太魯閣族部落在山林取得新開墾耕地、家族採用傳統耕作生產技術也滿足生活維繫。相對於部落族群人口來說，在部落領的範圍內及社會土地使用規範下，新耕地的供給並沒有發生「稀缺性」的情況，而族群對開墾新耕地的需求是受限於人口數與生產勞動力的限制。其中，「稀缺性」是在 1895 年「蕃地國有」化與 1966 年國家私有化與開發管理法令限制，才發生的現象。從族群族人可以用三年養成的豬隻或幾個月可以養成的幾隻雞來交易一塊數甲的耕地，此交易的豬隻價值、耕地價值與社會互惠關係與互信之累積[60]，就是所謂的部落土地交易市場供需的平衡點。而部落土地使用形態上，住宅、耕地是私有管理，獵場、河川、水源等為部落共有制。將部落社會文化關係對應到公司型態來說，部落族人信仰上的 *utux* 代表組織的最終判決；*gaya* 規範的土地制度為部落的管理、監督土地資源配置與規範使用的條文；部落頭目、祭司與家族耆老為各單位的小主管，依據在的之是與 *gaya* 規範來領導部落成員生產並使用土地；部落運作藉

---

[60]速水佑次郎&神門善久（2009：259-264，238）現實世界的市場交易是信息不充份的環境。由社區內人們相互影響所累積的信任提高了效率並減少了交易成本，「信任是一種社會資本」，甚至認為宗教準則這樣的意識型態能在抑制道德風險方面發惠重要作用，太魯閣族 utux 信仰與 gaya 規範也屬於此。他並引用加利·貝克爾的觀點，利己主義和利他主義是市場和社區的動力，通過社會上緊密的相互作用，比如個人在利他的回報如果超過其利他行為的成本時才會利他，並產生利己主義者的舉止同利他主義者一樣的可能。

由實際生活條件與互動而發展出以「互惠」為原則，以「敬天」、「惜地」、「愛人」為社會價值的企業文化。

一、傳統土地制度的成功發展條件

首先，由 Ostrom 的集體行動理論對族群土地制度的自主發展與自主組織長期運作的成功性作確認。太魯閣族族群的 *gaya* 規範尊重其他族人土地先佔權來開墾新耕地，新耕地為親屬族人共同協力勞動結果並取得 *utux* 的認同，且土地有明確的自然地貌、豎立石塊為邊界，公共使用資源的享用是要求確立明確的邊界。土地開墾或交換過程家長必須藉由親自的尋找詢問、當面對話協商、確立土地生產交易使用的契約，此契約是當事人依據社會共識的 *gaya* 規則並認同有 *utux* 為證明，也不需要文字記錄與登記制度，來降低交易成本。違反此契約的族人都會發生失序的損害，既遭受 *utux* 在生命與財產的傷害或剝奪。而監督機制上，透由族人之間的社會關係、*utux* 信仰隨時檢視族人自身內在對契約的承諾，而排除檢警司法等現在制度的需要，降低了監督與分級懲罰的交易成本。所以，從 Ostrom 的集體行動理論分析，太魯閣族部落規模大小適於對訊息公開，並且滿足清晰界定邊界、耕作知識與當地條件保持一致、形成社會 *gaya* 規範的集體選擇之安排、族人內部監督與分級懲罰機制、*gaya* 也規範土地衝突解決機制、沒有現代國家的干預、部落組織與信仰建立分權制組織運作等所有的八項條件。所以，依據 Ostrom 的集體行動理論，太魯閣族傳統土地制度可以符合長期持續的自主組織、自主自理的集體行動與制度發展。

第二，由長期合作賽局論的觀點分析。此組織藉由人類理

性基礎的行為選擇，發展出「互惠」的社會關係與族群價值，且發展保障「私利」結果並不必然發生衝突。太魯閣族傳統土地開墾技術維持由人力開墾，形成親屬族人之間的協助開墾耕作的習慣，並且在「愛人」的社會核心價值進行物產的交換活動；*gaya* 規範族人土地開墾交換都需當面詢問確認，且必須遵守承諾；部落組織以親屬(*lutut*)為核心，在山林生活隨時面對被出草與野獸攻擊的危險，彼此形成攻守同盟、共同生活、長期競爭互動的關係。所以，部落族人之間土地資源競爭條件來說，是屬於充分訊息長期賽局理論，並且其「納許均衡」點會是屬於「互利」的社會關係之結果，並不必然與人類理性或經濟人的特質發生矛盾。

　　綜合 Ostrom 的集體行動理論與長期合作賽局理論，太魯閣族傳統土地制度雖然不是完全私有制，但是可以長期成功的維繫部落領域內土地資源的分配。下一段以科斯定理的觀點分析原住民族傳統土地財產權配置的制度經濟學分析。

二、傳統土地財產權配置的科斯定理分析

　　藉由外部性（externalities）來涵蓋整體生態的概念、科斯定理（Coase Theorem）介紹財產權配置制度的選擇，並保有財產資源配置效率，來說明太魯閣族土地制度雖然屬於私有制與共有制混和概念的財產權配置，但在該族群的社會共善價值下也達到配置效率的制度經濟之價值。

（一）多元文化下財產權配置的最適評估

　　科斯定理原先是由交易成本探究財產權邊界的經濟最適性分析。「科斯第一定理」與「科斯第二定理」在規劃財產權

配置的制度設計有不同的社會交易成本條件。現代主流因為現代社會屬於高度專業化、分工化，組織將分的更複雜，致使組織之間的交易成本提高，必須採用完全私有制的制度設計，所有的價值評估在於精確的市場價值，藉由市場價格的自由機制來完成協商與調適。此類更完全清楚財產權是現代社會的一般作法，既科斯第二定理的運用與解釋。所以，在複雜而大量交易的現代社會，財產邊界變得非常重要，須更完全的財產權制度來規範人類行為的權利義務，而組織或制度安排的邊界越明確且使交易成本越低為目標。以現代土地制度為例，個人私有土地並有明確的邊界、絕對的排他性，同時需要建立複雜的、周全的土地登記與監督制度與機構，比較容易使交易秩序穩定。

　　第二種作法是將外部成本內部化，則採用財產權混合的方式，即圖 2-4 的左半部端點。在概念上是將當事人雙方的個別獨立的財產權在整體環境內發生牽制的效果，一種是保持完全財產權的方式，而形成整體環境內的財產都成為單一公司名義下的，也就是共產制。在基於人類理性與自利的行為，在完全共產制度或欠缺財產邊界的環境，容易發生哈丁（Hardin）的「公地悲劇」或奧爾森（Olson）的集體行動邏輯，而其核心問題就是參與者「搭便車」的問題，致使市場競爭與生產動力降低（Ostrom，2000：18）。

　　第三種可行作法是私有制與公有制的財產權混合模式，即圖 2-4 的中間。Ostrom 提出集體行動理論，認為整體環境內部當事人可以藉由私有制與共有制混合使用的方式進行；其中以維持私有財產的主要原則，再依狀況將有助與降低整體生態影

響之交易成本者，依據在地知識、社會共識與共同規則，將共同影響的部分進行共同參予管理，此部分安排共有制的管理，也達成科斯第一定理降低交易成本的財產權規畫。而原住民族的「土地共有」概念既存在 Ostrom 這樣的模式，在族群組織、文化、規範下的「共有制與私有制的混合」模式，與哈丁所說的「公地」或西方財產理論中欠缺財產邊界或管理制度的「共有」不同。

　　上述不同財產權制度的規劃，只是制度選擇的方式，並產生經濟活動的調整，也同時對生產者與消費者的行為，乃至於社會族群產生特有文化做調適。所以，以財產權配置的光譜來說，在完全私有制與共產制是兩極端，私有與共有的混合型則存在兩極端之間，並可以有多種的存在型式。分析理論中圖 2-4 所要闡釋既此概念。顏愛靜與楊國柱（2004：39）整理台灣原住民族的土地共有型態就有很多類型，其中現有耕地的管有權利都是耕作家族，而保有權利除了魯凱族與排灣族屬於貴族象徵擁有之外，都屬於氏族，其中的差異在於社會給予貴族照顧平民家族的責任並發展其社會組織與文化。另外，各族群對於休耕土地的安排也會有所差異，如太魯閣族維持原開墾耕作者的先占權，幾乎就是現代的私人所有制；有些會如平埔族岸裡社或埔里巴宰海族採用部落共同協議，重新分配的財產權的部落共有制。相對來說，各族群會發展出其族群祖靈信仰、社會規範、社會組織、社會價值、社會關係等來調適。但現代國家以此制度與機構型式來理解太魯閣族傳統土地制度的財產權利配置，會發生傳統族群土地權利不存在的誤解。

（二）太魯閣族傳統土地財產權配置的最適評估

　　將外部性與科斯定理概念轉移到太魯閣族傳統土地制度的分析。我們將部落視為公司（firm）組織，並藉由經濟學的基礎概念分析土地供給與需求的狀況，同時對照太魯閣族部落的土地使用制度的供需效率與整體生態平衡等指標，進一步解釋族群部落土地制度的財產權配置特徵與現代價值。由環境整體概念與外部性的觀察，太魯閣族社會文化的世界觀是認知整體生態平衡，並在無過度消耗的條件下配置土地資源權利，也藉由 gaya 規範在生活中實踐。其負的生產外部性主要是他人侵犯先占權、外族前來出草、山林動物的破壞、以及家族族人行為損害 gaya 而遭致其他族人的生命財產威脅，都會使族人失去土地權利或開墾的勞動力。但族人遵守 gaya 規範時，族人之間互不侵犯先佔權，utux 祖靈保守生命不受出草威脅、種植作物豐收，排除負生產外部性。土地財產的正生產外部性則有親戚的勞動力、他人同意交換土地、長輩關懷尋找新耕地等，都是基於傳統社會文化「愛人」的精神，產生「互惠」的社會價值。而此價值也藉由 gaya 規範族人社會關係，而族人在社會實踐中取得土地開墾的協助，行為與規範互相激勵而形成社會共識與土地制度。所以，太魯閣族傳統土地制度在社會文化上是已經將潛在的外部性問題，藉由整體生態觀點，轉換成在地知識與傳統文化而考慮進來，並呈現傳統土地使用 gaya 規範與部落土地財產權利配置。

　　太魯閣族傳統土地制度在 utux 信仰與 gaya 規範下的低較易成本環境下，可以採取科斯第一定律解讀；耕地雖然維持私

有制，但是基於整體生態觀念、社會互惠關係，而可以口頭約定，暫時交換土地的使用、受益權利給急需要土地的族人。從現代財產權觀點，此種權利是「連續的帶狀時間」為基礎的整體生存概念（黃居正，2005：32），往往被認為是共有制。但實際上太魯閣族傳統土地制度是 *gaya* 規範的私有制，此「帶狀時間」是長期賽局並建立互惠社會關係下族人接續土地交易之接續的帶狀時間之結合，由前世代、經過自己的一生、並延續到下世代的概念。而獵場、河川等土地則清楚屬於部落共有制運作，部落之間會約定各自土地的邊界並不得任意侵犯。

　　但是，為什麼太魯閣族數百年的傳統土地制度運作卻沒有發生「公地悲劇」的問題，並可以延續到 1960 年代的國家現代土地的私有化呢？在多元文化國家是否有任何價值與意義呢？其中，族群社會文化要求約定承諾的土地關係必須是當面口頭確認，並有 *gaya* 的約制、*utux* 信仰的監督，排除他人侵犯的外部性，這些條件在 Ostrom 集體行動理論可以使傳統太魯閣族社會避免「公地悲劇」的問題。所以，太魯閣族傳統土地制度在科斯第一定理來說，交易成本很低或不存在的條件是成立的，財產權的配置是否一定要完全、絕對排他，並不會影響社會土地資源配置效率，同時部落大小適合口頭承諾訊息的傳遞，採用現代文字登記制度反而增加訊息傳遞與資料維護成本（速水佑次郎&神門善久，2009：262）。

　　從傳統太魯閣族社會的土地資源與人口比來說，交易的規模並不龐大、土地資源的稀缺性低，族群的社會結構與社會文化形成土地交易的監督與懲罰機制。以此條件採用科斯第一定

理正面的解讀是適當的，太魯閣族傳統社會的土地市場是屬於交易成本很低或為零的情況，其土地財產權的邊界安排並不重要，有共有制與社會文化的管理組織協商、或共有制與私有制並存的互惠社會，都可以達到財產的最適配置與使用效率。這概念分析原始社會，因為傳統社會的組織規模是以部落為主，範圍足夠小的情況下，部落用口耳相傳已經使土地訊息有充分的公開與社會共識、交易規則存在社會自我規範、形成社會自我監督與懲罰機制、在地知識也形成社會通念並發展部落組織、傳統文化以調整資源的配置。在此社會規模與社會文化下，這些條件的市場交易成本將是最低的，甚至比現代國家大機器的運作模式來規劃土地市場還要節省制度建立成本與交易成本。這樣的解讀正符合 Ostrom 自我組織、自我治理的集體行動理論的條件與意義，也符合充分訊息的長期賽局之互惠的「納許均衡點」。此社會的文化會呈現互惠價值，而財產還是可以維持私有或共有並存的配置，思考的取向會重視整體環境的平衡，而不是獨立個人或組織單體的最大利益為考量。

　　綜合上述採用制度經濟的分析，太魯閣族傳統土地制度是私有制兼共有制的最適族群社會文化之土地資源配置；並由族群社會文化的內涵，傳統土地制度強化族人重視整體概念：私有耕地妥善使用，滿足自己生活需求，也藉由建立社會互助互惠關係、支援族人之生存需要；而不以追求個人或家族獨立經濟主體之最大利潤與資本累積為目標，而以族人（群）世代生存及生存環境永續為最高指標。這些社會 gaya 規範隱含的社會價值，也規範了族人認為如何才是平等、公平、正義的社會共

識。從文化多樣性來說，多元文化國家應該要努力維持這樣財產權配置在民族自治領域內運作、也與領域之外的自由市場經濟發展可能結合的模式，並帶給資本主義市場解決發展不均或生存環境永續的不同思維。

肆、太魯閣族傳統土地財產權概念的社會價值標準與族群發展

一、社會互惠的平等正義原則

　　太魯閣族土地財產權制度在時間、勞動、整體生態等核心概念上，發展出耕地住宅私有制、獵場水源共有制的混合模式之外，在實際土地使用也重視不得侵犯他人土地的 gaya 規範、同時開墾耕作的換工（ *snbaluh*[61]）、租借土地的互惠社會關係。這樣 gaya 規範下的互惠關係是否也有現代社會重視平等正義的原則呢？

　　亞里斯多德認為正義是社會如何調和利益與不利益的分配原則而成為法之具體原理，並提出正義的三個意義：第一，「平均的正義」，就是各人所享受的利益和遭受的損害，依算數比例，求其平均，使利益交換必須等值，損害必須補償。這在規

---

[61] *Snbaluh* 這個字牽涉到太魯閣族傳統社會的人力與自然資源交流互惠的概念，表徵了族人之間社會互惠的關係的確認與承諾。除了耕作的人力勞動的互助互惠之外，在子女結婚殺豬分享豬肉的過程，也是當部落親友的家長之間確認可以互相建立社會互助關係，才會分配豬肉給接受豬肉的族人，這代表接受者允諾出席喜宴並「繳」紅包；等到下一次收豬肉者有宴客的機會，也會殺豬分享豬肉給之前請求 *snbaluh* 的族人，出席宴席並準備紅包回禮。結婚喜宴包紅包是後來的習俗，但這種協助完成社會活動或支付族人禮俗的負擔，也是傳統「換工」之互惠概念的延伸。

範個人相互關係，後世學者所為私法的理論基礎。第二，「分配的正義」，是團體對個人的分配必須按各人之所值（如能力、貢獻），分享各種團體的利益，並依幾何學比例分配以求均衡。第三，「一般的正義」，是各人為某團體的存在於繁榮而對團體負擔的原則，而負擔的內容有待法律之規定。分配的正義與一般的正義也成為規範團體與個人間的關係，亦公法的理論基礎（韓忠謨，1998：195）。

　　如果從亞氏對社會的平等正義解釋，互惠的太魯閣族社會與 *gaya* 規範是否也符合呢？如果依據現代社會標準要求清晰財產權、簿冊標示邊界、自由市場價格明確、功利主義的經濟人精算市場價值，這答案可能是否定的。但在原住民族重視對整體生態平衡的勞動，並對此勞動的貢獻進行分配，且評估的勞動時間是人的一生或數代的時間、族人彼此互惠的社會關係與交易，則從傳統社會文化與經濟活動指標評傳統土地制度，其確實包含亞氏的三項正義之精神。以太魯閣族傳統土地制度為例。首先，租借土地必須要當面約定時期與租用（*Pnlabu*）的東西，而借用則不需要回報饋贈並強化互惠的社會關係，而租借代價是當事族人可以接受的。這種當面協議的租借關係滿足需求土地族人的需要與土地有效率利用，並得以在欠缺現代管理技術下發展出互惠的社會關係，在太魯閣族 *gaya* 規範租用關係的勞動、時間、整體生態概念，租借土地行為規範利益交換必須等值，是符合「平均的正義」。第二，在整體生態與 *utux* 信仰的世界觀下，傳統社會保障族人先占權，是部落認同族人新開墾土地的勞動並滿足生存需求，既承認其耕地的所有權，是

符合「分配的正義」；但開墾耕作需族人之間換工（*snbaluh*）的過程，在過去或未來遵守彼此換工的承諾，並維繫互惠關係、負擔的團體責任，是符合「一般的正義」原則。第三，侵犯他人土地權利的族人必須悔改與補償來恢復當是人與社會的 gaya 關係，是符合「平均的正義」的原則。所以，在太魯閣族互惠關係的社會文化下，從原住民族財產權制度觀察，傳統土地制度與 gaya 規範在多元文化的分析，是包含亞里斯多德有關平等正義的社會價值。

　　至於豬隻雞隻交換大筆土地的社會價值評估，是符合當時族群生活環境與條件。這符合是符合「平均的正義」原則。若由現代畜牧養殖技術與市場價格，以及「蕃地國有」化之後的傳統土地稀缺性增加的情況來評估傳統社會的土地交易，也許會對當時社會狀況有所誤解。國家土地制度尚未限制原住民使用傳統土地之前，太魯閣族人傳統領域內有充分的未開墾土地，提供做為傳統耕地與獵場，土地產出足夠養育整體家庭生計；但是三年養成的豬隻與一年養大的雞隻的需求卻是傳統醫療、社會關係的臨時緊急之需要，其價值反而存在稀缺性且不是金錢或土地可以滿足的，所以會以隨時可以開墾的大面積土地交換並建立互惠的社會關係。在這樣傳統社會的背景下，族人藉由當面協議完成交易，並沒有誰欺騙或剝削誰的問題，並符合傳統土地財產概念的社會價值，也符合「平均的正義」原則。

二、傳統土地權利應如何進入現代土地制度與市場經濟的視野

　　太魯閣族傳統社會幾乎是保持在與外界封閉的「蕃地」空

間，少與平地市場交易，相對現代社會的專業化、分工化、組織化生產，以及藉由自由市場經濟的交易活動的情況，存在很大的落差。現代國家在安排原住民土地制度的過程中，在沒有辦法跨社會文化藩籬認識原住民族傳統土地制度的共有制與私有制整合模式，都以現代私有制的標準，並依據現代定耕農業之文明模式，認定原住民游耕輪種的方式都只擁有土地使用權、部落保有支配權的「共有制」，甚至否定一些「私有制」族群的傳統土地權利。有些傳統耕地共有制的部落需要藉由內部組織協商，每年重新分配土地權利，對市場經濟是財產權不明確，將增加交易成本。所以，從日本殖民時期廢除番大租、國治時期耕者有其田、保留地總登記與分配私有化，是政府清理土地財產權以利國家稅收，並使傳統土地財產在進入自由市場，得以最低的交易成本流動，致土地財產在自由市場經濟最佳的配置。

　　從制度經濟分析，原住民族的原先部落土地關係是交易成本很低的環境，可以說符合科斯第一定理的正面解讀條件。藉由本節的介紹，至少確定原住民族不是已經擁有耕地私有財產權利，就是確認部落擁有領地的共有權利，而不是沒有自己族群的土地制度或土地權利的概念。如果原始社會要維持當時的資源分配與勞動生產模式，而現代國家對於原住民社會進行土地制度創新，建立私有財產制度、明確登記制度，都將屬於過渡的制度提供，或加入額外的交易成本提升。

　　從原住民土地制度變遷影響到原住民或人民財產權利的保障，來觀察原住民族土地制度變遷的傳統土地權利的法治保

障。原基法指示現代國家負有保障原住民族固有土地權利的責任（第 20 條），就要先清楚部落組織、社會文化的優缺點，並承認原住民族固有的土地使用與管理模式的權利之後（第 23 條），再階段性使部落、市場和政府整合起來（第 30 條）。而國家不應在殖民統治時期、藉由現代國家法律制度否定原住民傳統土地制度與財產權利，而重新分配財產權或掠奪未分配的部落領有土地[62]而國有化，除非國家建立原住民土地制度的法律政策是為了殖民主義的資源掠奪目的。所以，現代國家在承認原住民族土地權利的背景下推動原住民部落現代化，國家需要面對原住民族傳統土地制度轉換到現代自由市場制度與現代法律制度的制度變遷的問題。但不表示國家在立法轉換過程，可以否定原住民族傳統土地權利以及傳統土地制度之重要。

由此來看，原住民族傳統土地制與現代土地制度接觸的探討有兩個重點：

首先，對於原住民族傳統土地制度屬於共有或私有的分類的問題，政府承認傳統土地權利標準不僅僅由現代文明社會角度來定義傳統土地制度為游耕模式，更要擴充現代國家土地財產概念以保障傳統土地所有權利的範疇；由文化脈絡詮釋，原住民族傳統土地所有權類型分類是由族群社會文化的認知，並確認族群的傳統土地制度在當時欠缺文字習慣登記的生活環

---

[62] 從原住民族傳統土地制度來理解，國家藉由重分配的方式只是將原先部落土地共有制的領導權被剝奪與取代。然，國家行使傳統共有制的分配過程，是否保有原先部落領袖的尊嚴並盡到領袖的責任，是需要由多元文化理論認知來重新檢視的問題，

境，已經是最低監督成本之土地制度選擇，且本節已澄清其土地權利的概念。本章在多元文化理論及財產權理論，從原住民族傳統社會文化脈絡，呈現的原住民族土地權利的樣貌，並在土地制度上與現代國家土地制度的多元文化對話。但對於現代國家何以或如何保障族群固有的傳統土地權利，單從多元文化與財產權角度很難有著力點，還需要檢視文化接觸的歷史過程與國際人權保障的發展來切入。

第二，原住民族社會與現代國家接觸之際，傳統土地權利發生在傳統財產權概念與自由市場經濟競合之財產安排與制度變遷的問題，可以說是由科斯第一定理的條件過度到科斯第二定理的條件之制度變遷問題。現代國家藉由認識族群社會文化澄清其族群土地制度最適性的選擇，反思現代土地制度誤解原住民族傳統土地權利的意義與價值，以及制度變遷的公平正義問題。這問題待第五章進一步探討，而分析的基礎還是要在本章多元文化理論與財產權理論下，論證原住民族傳統土地權利是固有存在的概念下發展，但需要引介批判法學與批判種族理論，以及國際人權法中的原住民族文化權與土地權做分析，才會比較容易探究殖民時期以來現代國家如何安排傳統土地權利的制度變遷。

多元文化國家規劃新的原住民族行政，須重新定位原住民族土地權的社會價值，確認原住民族傳統土地制度的社會文化指標，不再以主流社會為標準、進行同化的現代化為目標；反而，如《宣言》陳述重視「各種文明和文化的多樣性和豐富性」是屬於全人類共同遺產，並認為有「有利于環境的可持續和公

平發展與適當管理」而提供貢獻。在這些多樣性的功能論觀點之外，原住民族土地與自然資源權利是國家法律上確認的「權利」，並指示政府要檢討延續殖民歷史的保留地政策與原住民族傳統土地被剝奪之社會不公義，不因為行政機關與立法機關怠惰、延宕法律制度的改革，而國家可以疏忽保障原住民族集體權利的責任。

三、傳統土地權利在現代區域計畫的發展：都市化發展模式與原鄉發展模式

　　本章由多元文化脈絡詮釋原住民族土地權利的規範與制度，確認原住民族土地權利是固有存在，且維繫族群與文化延續的土地資源的開發利用模式與財產權核心概念，並且異於市民財產權的社會發展。當國家肯定多元文化，並通過原基法以規範政府尊重原住民族選擇社會經濟組織型態、資源利用方式及土地擁有利用與管理模式的權利（第 21、23 條），承認原住民族土地與自然資源權利（第 20 條），並且司法程序也要尊重原住民族傳統習俗、文化及價值觀，保障上述合法權益（第 30 條）。

　　國家對原住民族土地權利的想像會反應到全國性綜合該發計畫、區域計畫法、都市計畫法中，政府應該要檢視上述計畫是否落實原基法上述原則。我國土地使用計畫體系，對土地依其所能提供之使用性質，並參酌地方實際需要，劃定使用分區，編定各種使用地，實施管制，以達到國土資源永續利用之目標，故在「全國性綜合該發計畫」之下訂定「區域計畫法」。同時，政府為改善居民生活環境，並促進市、鎮、鄉街有計畫

之均衡發展，特制定「都市計畫法」，規範都市計畫的擬定、變更、發布及實施，規範土地使用分區管制及公共設施用地設置，並且規範新市區建設及舊市區更新之工作；此計畫的發展模式是以都市化、現代化發展為核心，追求經濟發展的成果，如圖 3-10 的左半部。非都市區域則作為現代化都市的邊陲、生活物資的供給者以及廢棄物的接受者。而原住民族區域發展則包含在都市計畫與非都市土地之內，但並未關注族群主體社會發展的需要與整合。原住民保留地在管理辦法第八條也指出，保留地的利用也是以區域計畫法與都市計畫法之經濟發展模式為依據，而森林法對未編定之前政府都假設「蕃地國有」且歸屬於林業用地限制，沒有原住民族區域發展計畫或發展模式之概念。

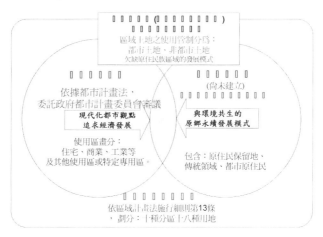

圖來源：本研究繪製。箭頭表示都市計畫與原住民族發展在人類生存模式的差異

圖 3-10：原住民族特殊集體土地權與文化權概念在國家區域發展計畫的新定位

　　原住民族的區域發展，也有都市計畫中市（鎮）計畫、鄉街計畫及特定區計畫的發展需要，但社會共善在強調生活環境永續與集體共生的核心價值下，與現有都市計畫的發展存在差異，而需要特別在都市計畫法中規劃；既建立以原住民族主體文化發展之原鄉都市計畫與區域整體規劃，而原鄉不以支援平原都市發展存在。原住民族區域大部分還位處非都市區域，尤其傳統領域的資源使用與原鄉經濟發展，需要重新認識原住民族原先的土地資源利用與管理模式、社會經濟組織型態，去除原住民是山林土地「破壞者」的刻板印象。原住民族重建族群自治政府、恢復與土地自然共生的管理制度之後，如圖 3-10 右半部的模式，其在地知識將成爲森林資源管理、野生動植物保護及國家國土保育等結合，政府與原住民族得以發展夥伴關係。尤其，原住民族區域發展模式將會在修正都市計畫的現代化概念、落實非都市土地多樣性的永續發展模式，提供重要的新途徑與參考。

　　憲法增修條文、原基法與兩公約施行法規範政府有保障原住民族集體土地權與文化權的責任，並建立特殊法治架構。藉由「新夥伴關係」的建立，政府確認原住民族特殊政治主體地位，賦予原住民族對集體權利保障與該區域發展模式的整合計畫，也作爲我國進入多元文化國家的多元社會價值區域開發與多元經濟發展模式的經驗，更爲開國先烈與後代子孫負起永續發展的責任。

第四節　法律多元主義觀點的
原住民族土地權利

　　筆者接觸的太魯閣族土地糾紛案例中，有兩大類：原住民向國家爭取歸還傳統土地的糾紛、以及原住民之間的保留地分配的土地糾紛。其中，原住民與國家之間的土地糾紛比較可以還原原住民族土地權利的歷史樣貌，原住民之間的土地糾比較不容易討論。藉由法律多元主義觀點，並理解本章前段詮釋的太魯閣族傳統土地制度及財產權概念，在兩件原住民向國家爭取傳統土地權利的參考案例，來釐清原住民對於主張土地權利的認知。這樣地釐清也有助於未來探討原住民之間的土地糾紛地調處、甚至切入原住民與非原住民之間的傳統土地權利的糾紛。

壹、原住民族土地權利的認知基礎

　　對原住民族土地權利的認知基礎，必須先理解原住民族與傳統土地權利這兩項名詞。「原住民和部落民族公約」（ILO第 169 號公約）第一條指出原住民族本身自我認同是一個擁有傳統文化、習慣、法律的民族，在社會、文化、經既有別於其他族群者，更重要的是這個民族在被征服或被殖民時期被視為「土著」的地位。對於原住民族的殖民歷史遭遇，在《宣言》的序言有更清楚的說明，這些原住民族「因殖民統治和喪失自己土地、領土和資源等原因而遭受了歷史不公正待遇，致使他們尤其無法按自己的需要和利益行使發展權」。

　　而原住民族的傳統土地，在《ILO 第 169 號公約》第十三條有清楚的定義：「『土地』(lands)這一術語應包括地域概念，包括有關民族占有的或使用的區域的整個環境」。對傳統土地的使用與所有形式上並不以個人所有為法律保障的唯一形式，第十四條指出「對有關民族傳統占有的土地的所有權和擁有權應予以承認」，其法律保護的土地權利包含「所有權和擁有權」，尤其「對遊牧民族和無定居地的耕種者應予以特殊注意」。《宣言》指出傳統土地所有的形式包含「歷來擁有、占有、或以其他方式使用或獲得的土地、領土和資源」（第 25 條），而土地權利的內容包含「擁有、使用、開發和控制」的權利（第 26 條）。國家在侵害原住民族傳統土地權利的判斷標準在於是否違反「自由、事先和知情同意」原則（第 28 條）。故，原住民族土地權不只是西方財產權理解的個人所有權的形式。

　　原住民族土地權利除了土地權概念，也包含族群的文化權的實踐。在《宣言》序言也特別指出，原住民的土地、領土和資源的權利是「源于其政治、經濟和社會結構、及其文化、精神傳統、歷史和思想體系的固有權利」；更深信原住民「如能掌握影響他們自身及其土地、領土和資源的開發，可以使他們保持和加強其機構、文化和傳統，並根據自己的願望和需要促進自身發展」；同時提供全人類「文明和文化的多樣性和豐富性」的共同遺產，以及「有利于環境的可持續和公平發展與適當管理」。這些是國際組織對原住民族殖民歷史遭遇土地權利剝奪的檢討。

　　我國 2009 年通過兩公約施行法。在 1994 年聯合國人權事

務委員會第五十屆會議已對其中「公民權利和政治權利國際公約」第 27 條「共同享受其固有文化…之權利，不得剝奪之」作出第 23 號一般性評論，此固有文化權利對原住民族來說，包含「享受某一種特定文化可能是同領土和資源的使用密切相關的生活方式」，也包括「與土地資源的使用有聯繫的特定生活方式」，國家需要積極的法律保護及原住民族的決策參與。從國際人權有關原住民族土地權利的概念，需要從原住民族傳統社會文化的脈絡，認識原住民族土地權利的內涵。

本章前段藉由太魯閣族傳統社會文化脈絡，詮釋出太魯閣族對於耕地、獵場的傳統土地權利的概念就是在先佔權確立之後，傳統土地權利就與開墾族人、家族的名字在 *gaya* 規範與 *utux* 信仰的見證下產生連結或登記，並取得族群社會承認與建立土地權利關係。在這樣的傳統土地權利屬原住民族集體權之下的資源管理與私有權利規範，並發展出互惠互助的土地資源利用的社會價值與生活模式；這樣的土地財產權概念並不被現代國家土地法令與保留地制度所承認。但是，即便原住民族土地權不被國家所承認為所有權（ownership），也無損其在國家文字證明之前原住民族已經實際占有（occupy）、擁有的權利（possession）。

從 ILO 第 169 號公約、國際公民權與政治權公約第 27 條、《宣言》等，原住民族土地權利包含族群固有（existing）文化權利保障，國家應依據法治原則承認（recognize），不是國家同意（grant）才給予（Ulfstein，2004）。本章論述我國原住民族土地規範已實踐占有權或擁有權，即應受國家承認及法制保

障。我國現代原住民土地管理制度乃引自殖民時期用西方財產權理論觀點，否定原住民族傳統土地權利，在原基法與兩公約施行法通過之後，需要從多元文化的角度重新檢視國家原住民土地制度的殖民歷史脈絡、及原住民族文化延續與族群發展權利。

貳、原住民族在土地糾紛中的土地權利主張

這樣認知原住民族土地權利的基礎之下，我們重新檢視兩件與國家爭取原住民族土地權利案例的原住民族土地權利，確實受「理蕃」政策延續的「蕃地國有」概念與保留地制度影響，只剩國家救濟式分配權利，剝奪了傳統土地權利。

首先，以花蓮縣秀林鄉富世村舊台電立霧溪電廠宿舍 1.5甲土地主張的案例，五戶太魯閣族家族主張申請土地耕作權利設定，乃是依據族群社會傳統土地 gaya 規範尊重族人土地先佔權，且自 1930 年前後織日治時期已經在在該土地開墾耕作的口述歷史。台電在 1958 年土地總登記之前，未經協商補償的情況下，就架設鐵絲圍籬、排除耕作者使用，是嚴重侵犯土地的 *gaya* 規範。這土地主張實際屬於原基法第 20 條「回復」原住民族土地權利的項目。申請族人還是依據家族長輩期待，於台電結束使用之後爭取回原來開墾耕作的土地權利，並且在部落耆老協助土地邊界與最後耕作的情況，向管理機關秀林鄉公所申請。所以，部落耆老說「台電是來借用土地，這是我們老人家給我們的土地，是我們的土地。」族人無法理解傳統耕作土地為何在台電借用之後成為國家的，管理機關只相信地籍簿冊而不請

教當事人。耆老說「我們不是來偷別人的土地」，甚至認爲「鄉公所是偷了我們的土地」。對於申請過程持續受到欠缺文字證據的阻礙，而耆老面對遙遙無期的土地歸還，只淡淡的說 *"ki bi utux"*，表達有 *utux* 在看，並期盼有一個最終的審判。部落族人對本案於還未澄清土地歷史之前，都希望鄉公所可以利用該土地公共造產，儘速開發觀光產業，也有數位知道台電將停止租用訊息的族人依據現有法令，私下進行土地它項權利之設定申請[63]。但是，在耆老口述歷史確認該土地的開墾家族與台電強制架設鐵絲圍籬過程之後，部落族人對於申請歸還土地的族人理解其主張的社會文化基礎，並給予精神上的支持。

本案例中，申請人的三次申請傳統土地的主張不同。第一次主張歸還土地，但整個程序都以沒有請求權基礎否決掉，無法進入程序。第二次採用增劃編爲法律依據，第三次採管理辦法的分配請求爲法律依據，但這些請求權屬於救濟式的特權、須主管機關施捨；在管理機關規劃公共造產下，自無土地權利的主張。雖然申請的族人爲了依據法律規定將爭取土地權利的訴求以及法庭上的陳述改爲分配的請求，但耆老族人最希望的還是採用「歸還」傳統族人耕作土地的概念。

另一個案例是花蓮縣秀林鄉文蘭村百戶太魯閣族人爭取 30 甲日治之前已經開始使用的傳統土地。因爲在土地總登記之前該土地發生颱風引發土石流，毀壞了耕地，致使在土地總登記

---

[63] 本案這五戶人家共有九位共同申請土地權利設定，但鄉公所私下透露，實際上共有十八位族人申請該土地的權利設定，故實際還有九位部落族人申請，但沒有公開其申請的依據與證明文件。

之時以行水區排除在清查範圍外，現在溪流整治之後土地恢復、並且有部分族人還持續耕作，但土地成為公共設施預定地及國有地。此案例族人在 1990 年代公部門規劃公共設施之時，發動遊行爭取土地歸還。雖然土地簿冊也沒有登載原住民耕作的邊界與使用人，但是族人還是可以繪製出土地邊界與關係人名字，其基礎就在於傳統土地制度的運作，是社會共識的 *gaya* 規範的文化基礎。

　　從參考案例清楚可知，原住民向國家爭取傳統土地權利的主張，在族群規範與社會共識是認知要求「歸還」傳統土地。但是，礙於國家法令的限制與管理機關的要脅，原住民只能以救濟式「分配」的程序爭取。雖然我國 1997 年憲法層級確認原住民族主體及多元文化原則、2005 年通過原基法、2009 年通過兩公約施行法、修正民法第 757 條承認習慣列入物權法定主義規範，但對於案例中原住民當事人的傳統土地權利主張，文化脈絡的法律權利及歷史脈絡的事實認定，政府並未在主流社會宣導多元文化概念且形成政治共識，同時也未在制度上落實承認與調查文字歷史之外的口述歷史之施行細則與法制規劃。

參、原基法內對原住民族土地糾紛的權利調處概念

　　本章前段從我國原住民族社會規範、傳統文化理解原住民族對原住民族土地權利的內部觀點，傳統土地權利是族群社會共識所確認的權利概念，並在國家建立新土地制度前已經長期穩定運作。而我國保障此土地權利也是有所依據的。從憲法增修條文第十條第十一項「國家肯定多元文化，並積極維護發展

原住民族語言及文化」為基礎，對於原住民族相關事務採用多元文化理論為原則。此原則發展出原基法第 20、23、30 條的規定，「政府承認原住民族土地及自然資源權利」、「政府為辦理原住民族土地之調查及處理，應設置原住民族土地調查及處理委員會」，而原住民族或原住民所有、使用之土地、海域，得申請回復、取得、處分、計畫、管理及利用等事項。政府處理的原則應尊重原住民族選擇生活方式、習俗、社會經濟組織型態、資源利用方式、土地擁有利用與管理模式之權利。政府「依法」行政，藉由制定法律，處理原住民族事務、實施司法與行政救濟程序，應尊重原住民族之族語、傳統習俗、文化及價值觀，保障其合法權益。所以，依據原基法，原住民族土地權的承認過程，乃依據傳統社會習俗與文化價值觀為基礎，制定國家法律，並法令制度保障之。其中政府對原住民族土地權利的承認必須先認識族群的社會文化，以符合多元文化自由主義國家的社會核心價值：「族群差異權利」的正義、關注差異文化「結果平等」的平等、賦權補救的異質性承認、「和而不同」的包容，才有機會承認、尊重與法治保障之。

　　綜合整理，依據原基法，原住民族傳統土地財產權利確實是固有存在的；國家過去否定之，是基於殖民統治過程的誤解與剝奪。由太魯閣族為例，傳統文化與土地制度的分析以及土地糾紛案例中，雖然沒有明確的「土地權利」這個字眼，但於傳統社會文化脈絡，土地所有權利也就是在確認土地與家族長輩名字的連結，既是在 *utux* 見證與 *gaya* 保障下的土地名份的登記。社會共識承認誰開墾某耕地，而土地都會有明確的邊界，

這些傳統概念就是太魯閣族人對土地所有權利的主張。更重要的概念是，原住民族土地制度在國家進行土地清查、丈量與土地總登記之前，各族群已經擁有一套傳統土地制度維繫族群生活與文化傳承，並不是「制度欠缺」。

政府與主流社會理解憲法增修條文對於肯定多元文化處理原住民族發展，也認知國際人權發展重視原住民族土地權利且許多國家已經進行原住民族土地制度改革。政府如何面對地籍簿冊未登載之前因遺漏登載、或如文蘭村因土石流而流失的 30 甲傳統土地、或如富世村因公產管理機關剝奪 1.5 甲傳統土地興建公務房舍的問題呢？政府採用保留地制度處理這些問題，只會突顯國家現有原住民（族）土地制度的欠缺。

國家在現代化、資本化發展來說，政府對原住民土地制度只依據第四章將介紹的西方財產權概念與完全所有制原則，迫使原住民族土地制度與現代土地制度在此標準做結合、並強迫與現代資本主義自由市場機制相容運作。政府管理原住民族土地朝既定的方向發展、並在「蕃地國有」原則的大框架下，在不同時代進行調整。日治時期政府是很清楚的維持「蕃地」國有並與一般行政區域分開管理，並尊重「舊慣」以管理傳統土地，這樣的概念也持續到 1960 年代左右。國治之後，政府逐漸採用「山地平地化」與「社會融合」的政策管理，並在 1966 年管理辦法提供私有化的分配制度，而正式否定了傳統土地制度與權利。直到國際組織與國稼法重新對原住民族（土地）權利的重視，影響我國在 2005 年原基法通過並宣告政府承認原住民族土地權，政府才重新正視傳統土地制度存在、並提供民族自

治與傳統土地管理的空間。

　　據此，太魯閣族傳統土地權利的認知是以自己族群社會文化為基礎、耕作歷史確認先佔權、而建構族群土地制度，並取得社會共識。太魯閣族傳統土地制度的耕地權利分配，是屬於邊界清楚的私有制。在族群社會文化重視互惠價值、族人生存與生存環境的保障下，也發展出部落共有獵場與族群生存領域的總有概念，也就是民族自治的領域範圍。從太魯閣族土地權利的概念架構理解，本研究認為可以看出原住民族土地權利是存在地域與功能的階序性概念，並且應該與族群自治權利與發展相結合。而族群土地權利的法治保障是傳統社會文化得以實踐與延續的基礎，並有族群內部社會制度在管理運作；另外，傳統土地權利認知是固有的，不是因為接觸現代定耕農作技術及市場經濟而產生，也不是因為國家藉由新法令制度與土地總登記而賦予的。然，現代國家如何認知此種土地權利，將在第四章作介紹。而第五章則進一步討論，從多元文化當代憲政主義之協商機制的角度，重新觀察原住民的土地糾紛的處理原則。

肆、小結：原住民族族群文化觀點的原住民族土地權利

　　原住民族的土地權在國家主權強制管理之前是「既存占有（*uti possidetis*）」的獨特（*sui generis*）權利，經過殖民統治時期的「非線型憲法結構」之「國家建構」過程，政府藉由否定原住民族的人格權而使傳統土地國有化（黃居正：2010）。

　　本章藉由 Geertz 法律多元主義或詮釋人類學觀點、「批判種族理論」的「經歷敘述」與「種族意識」的研究方法、或原

基法承認權利與尊重文化原則，重新詮釋原住民文獻記錄原住民的土地使用模式。這些歷史文獻認為原住民只有土地共有模式與欠缺權利概念，乃是以主流社會生產模式與經濟活動為標準、忽略原住民族文化脈絡與社會關係的觀察，而產生的誤解。本研究將原住民族視為國家法制上的法律主體而非客體，以多元文化脈絡檢視傳統文化、價值觀、社會規範與組織，確認原住民族傳統土地權利的存在與意義。筆者以太魯閣族為例，從族群語言（*tndxgal*）、社會價值觀（*miisug tuxan/psangay/mhuway*）、土地規範所建立的土地管理知識體系（*Utux/Gaya*），呈現太魯閣族在國家法治與市場經濟之前，已經占有、擁有並建立原住民族土地與自然資源權利制度；而此土地所有模式是屬於私有制與共有制的混合模式、並存在社會組織與文化相關之「階序式」的土地權利配置，資本主義社會財產制度與共產主義社會財產制度是無法詮釋與包容的。這樣的原住民族土地占有、擁有權利，乃是符合憲法增修條文肯定多元文化、原基法承認權利與尊重文化原則、兩公約施行法保障少數民族固有文化權與土地權、以及聯合國原住民族權利宣言所論說的「原住民族土地權利」。

　　本章對原住民族土地財產權概念，雖只介紹到太魯閣族傳統土地制度，由 *utux* 信仰與 *gaya* 規範來理解傳統土地使用習慣的社會文化意義，並認知這些土地規範成為社會共識與價值，並形成土地財產分配的約束力。這是傳統太魯閣族社會的土地財產配置的切入點。對於不同族群，其傳統土地財產概念要由族群社會文化與社會組織來分析，相似的詮釋模式可以跨文化

藩籬地分析，並尋求適當的切入點，包含族群社會組織、祭儀文化的社會價值，並與土地財產分配制度的社會價值作比較與連結。本研究從這樣的思考，各族群可以尋找分析其族群傳統財產分配的社會文化與組織運作之切入點，並賦予現代意義的解釋或與現代土地制度的核心價值作對話，就像本研究採用太魯閣族 *gaya/utux* 觀點做為分析族群傳統土地財產權利的切入點。據此，原住民族土地權並未消失、尚待制度性回復

　　比方來說，阿美族在傳統土地權利的概念藉由研究整理嚴謹的年齡階級與社會組織的傳統社會意義與現代組織的相對意義，有機會取得阿美族群有關族群資源「最適」配置的社會文化與價值觀，並得以在協商機制中建構在族群自治的土地資源安排。以排灣族來說，頭目制度原先名義上頭目擁有部落所有土地，但是否在現代土地權利的意義上就表示頭目既擁有部落土地的所有權呢？並不盡然，排灣族人還需要理解部落頭目擁有部落土地的實際社會文化意義與責任，當頭目盡到此社會責任而才有相對的主張權利。而弔詭的是，排灣族頭目在部落的社會責任必須照顧所有族人得以依據傳統規範生存的責任與義務，其中包含安排沒有土地的部落族人耕作土地。如果現代國家採用西方財產權理論作為理解原住民族土地財產權的唯一途徑及模式，或受過現代教育與經歷市場經濟的部落精英也由市場價值來衡量原住民族土地權的價值與意義，原基法所宣稱承認的原住民族土地權將再度被扭曲與剝奪。總之，多元文化國家下，這樣的價值比對可以協助原住民族用現代的語言，論述自己族群傳統土地制度的內涵並進行對話；同時，思考轉換到

現代社會土地價值與未來制度選擇的協商；另一方面，這過程也協助非本族群的國民可以由差異文化的認識並轉換到現代土地制度概念，重新理解原住民族陳述傳統土地制度內涵，並有機會產生對話空間及協商平台。

第四章　現代國家觀點的原住民
土地權利

在第三章，本研究藉由原基法的基礎原則並從原住民族社會文化的觀點，澄清原住民族土地權利是固有存在，是國家主權進入原住民族領地之前，已經依據族群社會組織、傳統文化、土地規範、社會關係、族群信仰等所建構完備的土地制度。若此，現代國家進入「蕃地」是如何認知原住民土地權利呢？並依據哪一些觀點來確立國家的主張呢？本章藉由現代國家法令制度設立的過程，以及歷來國際人權發展以滿足殖民擴張的需要，來解釋國家對原住民土地權利的主張。

本章先回顧國家原住民土地制度建立與變遷的歷史，並介紹現今國家法令制度對於原住民土地權利的保障狀況，並深入探討國家建立原住民土地制度在時間、勞動等核心價值的內涵，據此來呈現本研究之土地糾紛案例中現代國家認知的原住民土地權利。本章後段會引用批判法學與批判種族理論，以及國際人權法中的原住民族文化權與土地權，探討國家現有土地制度之原住民土地權利觀點。

第一節　殖民歷史下的
原住民土地制度變遷

　　原住民族傳統土地制度深受國家建立原住民土地制度影響，研究「原住民族土地權利」變動也需要由國家建立原住民土地制度的歷史脈絡切入。為了要進一步認識引發本研究動機之幾件原住民向政府爭取傳統土地權利的案例，本章也由國家原住民土地制度演變背景與原住民族在國家法律的定位來瞭解此問題背景。

　　臺灣省政府民政廳（1971：39）編著《發展中的臺灣山地行政》內容指出，歷代統治臺灣的政府治臺的施政重心都以「山地行政」為重心。然此山地行政自荷西以來三百餘年，原住民進步緩慢的原因，在於此山地行政有兩個重大錯誤：視山胞為化外異族之「非我族類」，以及以經濟搾取為目的的殖民地政策。而我國現今保留地制度也是在此殖民主義「理蕃」政策下的「蕃地」管理而發展的，並影響我國原住民族土地權利保障，更影響原鄉區域的族群關係與發展。

壹、我國對原住民土地制度的論說

　　由原住民族與國家在法律規範上接觸的時間發生在日治政府時期[1]，而參考案件的時間可以延續到日治時期的原住民族「既存占有」的傳統土地權利。但日治殖民政府在「蕃地」採用特

---

[1] 日本殖民政府 1895 年發佈「日令第 26 號」第一條，規範清朝人民土地權利須檢具清朝官方證明文件的保障方式。當時不屬於清朝子民的「生蕃」在日本殖民政府「討伐」與征服之後，因當時屬「生蕃」之原住民不可能擁有清朝證明文件而無法主張土地權利，且日殖民政府征服「蕃地」的戰爭結束後也沒有與原住民族簽訂有關傳統土地權利歸屬、移轉及確認的協議或方案，故受到此命令的影響。

殊行政而排除一般法令適用，原住民淪為殖民地人民（臺灣省
政府民政廳，1971：42），且「蕃地國有」化，而失去人格權、
文化權及土地權。當國民政府進行「山地平地化」政策之後，
政府在法律制度上對不同文化的族群一致採用西方財產權理論
架構[2]，設計土地制度（同上引：105-110,120），而使原住民在
現代土地管理技術上失去傳統土地權利。這些是本研究之背景。

在此背景下，歷史脈絡與文化脈絡提供的兩個面向觀察，
可以觀察到國家在忽視原住民族傳統土地制度與社會脈絡下建
立的原住民土地制度，呈現國家認知的制度變遷的平等正義評
估，並對原住民族土地權利的保障以及族群傳統土地制度及傳
統文化的發展，產生哪些影響。

一、國家設計土地法律制度的法源及對象

我國現行原住民土地管理，在執行上主要是「原住民保留
地開發管理辦法」的行政命令以及執行機關的「職權命令」[3]，

---

[2] 我國民法規範的財產權利是參考德國民法草案所建立的。中國與日本在引進
民法是為了對抗西方殖民帝國的侵略，並廢除不平等條約的努力。日本的
民法是參考 1888 年的德國民法第一次草案，而中華民國的民法是參考 1896
年德國民法第二次草案，都是繼受西方法律的結果。

[3] 我國行政機關強行實施的行政命令有兩大類：「授權命令」，依據行政程序法
第 150 條第一項規定，各機關依據法律明文規定所發布的命令；「職權命
令」，各機關本於固有職權，不待法律明文規定，即得發布之命令，作為執
行法律之用（王國治、徐名駒，2008：36）。所以，「職權命令」就讓行政
機關可以依據行政需要來解釋法律未明確定義的部分，原是規範行政機關
之用，但間接限制人民權利，如同行政機關可以自我解讀命令一樣。以原
住民保留地來說，執行機關對於管理辦法的解釋採用公文函釋方式取得解
釋，而主管機關會以「行政裁量權」予以尊重。故，執行機關的法令解釋
空間很大。保留地開發管理辦法何以屬職權命令而非授權命令，參考下一
註解說明。

作為原住民族土地之取得、處分、管理及利用之依據。目前制度設計上是交由鄉（鎮、市）公所執行管理及「原住民保留地土地權利審查委員會（簡稱鄉土審會）」協助提出案件審查意見。該辦法之行政組織與職責整理如圖 4-1 所示。1990 年本辦法制訂公布之時，第一條明訂以「山坡地保育利用條例」第 37 條[4]為法源依據，基於國家山坡地管理的需要而訂定。此法源的修訂只是掩飾保留地制度的殖民歷史脈絡。管理辦法制訂的國家背景是在 1960 年代原住民平地化及社會融合的政策，無法檢討日治以來原住民土地殖民歷史脈絡，也無法符合憲法增修條文有關多元文化的肯認；屬於行政命令，位階過低而受制於眾多法律（如圖 4-1 左半邊所列相關法律），更無法順應原住民族要求恢復傳統領域土地權利之主張，亦無法解決長期以來之原住民土地分配、管理與利用之問題以及滿足族群主體發展之需要。

（一）管理辦法的管理組織與機關權責

　　2007 年 4 月 25 日修訂的「原住民保留地開發管理辦法」已經明確修正行政院原民會為中央主管機關，排除了原先的內政部。依據該辦法第 2、3、6、22 條，原住民保留地的主管機關確定為行政院原民會與縣政府，執行機關為鄉(鎮、市)公所，鄉

---

[4] 山坡地保育利用條例 1976 年 4 月 29 日制訂公布之時，第 36 條「山坡地設置山胞保留區，放租、放領以山胞為限；其管理辦法，由行政院定之。」就已經指出本條例為管理辦法的法源，雖人管理辦法是很晚才增訂法源條文。國家已在 1947 年依據日治時期國家原始保留地制度的目的及原住民族的法律定位：「蕃地國有」及「民木論」，法制化保留地制度與相關辦法。所以，保留地管理辦法的法源形式上是本條例，且被定位在山坡地管理的山地行政需要。但實質上，保留地管理辦法遠早於山坡地保育條例的「職權命令」，只是形式上在修法過程補救並合理化其法源。

土審會協助提供不同族群社會文化背景的審查意見。內政部只主管土地重劃與都市更新，乃提供國土整體利用之技術指導。這是一個里程碑；即國家管理保留地的思維原先由內政部主導，轉向原民會依自己族群發展的需求規劃，但內政部在整體區域發展上協助土地重劃與都市更新的技術。但在同時，鄉(鎮、市)公所的地位亦顯重要，不但是管理執行機關，也兼公共造產的保留地使用機關，既管理者與使用者角色。這關係可以用圖 4-1 作概念性呈現。另外，行政院原民會成為保留地主管機關之後，是否可以凸顯族群主體發展需求，重新檢討內政部以主流社會觀點的保留地管理制度並與其他專法機關折衝；這是嚴峻的自我考驗。

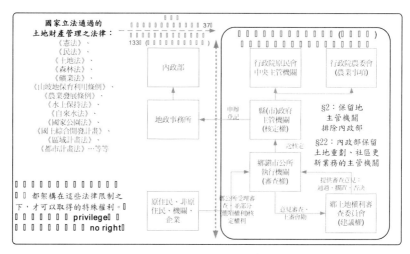

圖來源：本研究繪製。

圖 4-1：2007 年「原住民保留地土地開發管理辦法」規範的行政組織與職責

　　目前原住民取得土地權利的基礎，依據管理辦法，完全是架構在「山林土地（「蕃地」）理所當然地屬於國有」[5]的基本原則上分配給原住民，並維持原住民土地國有狀態與社會秩序，而不是保障原住民族土地權利為主。此種土地分配並不是依據「原基法」所稱「原住民族土地權利」，也無關於原基法所謂政府應尊重的原住民族傳統土地使用習慣、社會文化。

　　追本溯源，原住民保留地管理的法治化，始於 1948 年以臺灣省行政命令公布「臺灣省各縣山地保留地管理辦法」；但由 1947 年該辦法的草案之第二條[6]可知，此制度設置是緣自日治殖民統治的「理蕃」政策及「森林事業計畫規程」的延續[7]，且明

---

[5] 「蕃地國有」的論述約有三個脈絡可尋。第一，是在殖民法治歷史已經確定，既日本戰勝清朝產生殖民統治台灣的結果與擴大，也就是「官有林野及樟腦製造取締規則」（1896）第一條、參事官持地六三郎的「理蕃建議書」（1902）以及在「森林計畫事業」（1925~1940）的實踐，使「蕃地」都歸國有土地。並在政權轉換之時，「台灣省土地權利清理辦法」（1947）第八條及「台灣省各縣山地保留地管理辦法」第二條（1948）作了確認與延續。第二，是現代國家法令制度的確認過程，既依據中華民國現有土地法的規定。政府在忽略原住民族傳統土地管理機制下，依具土地法第 43 條「蕃地」都未經過國家登錄，屬於無主土地，依據土地法第 10 條，無主之不動產屬於國有，無法用民法 802 條的無主物先佔而原始取得，只可以用民法 769、770 條的時效取得（劉得寬，1986：128-132）。第三，是日本殖民統治台灣時期對於清朝未曾統治的「蕃地」進行「內戰形式」的討伐戰爭，政府在戰爭勝利後未與原住民族制定有關傳統土地與自然資源的權力轉移，自行宣告原住民族傳統土地屬於國家所有。而此歷史也是前兩項的土地權力轉移及政府管理行為的依據基礎。

[6] 該草案第二條的內容是「本辦法所稱山地保留地，指日治時代，依森林計畫事業規程之實施，？維護山地人民生計及推行山地行政所保留之土地而言。前項保留地係屬國有。」

[7] 林佳陵（2000：34）整理 1946 年 10 月 24 日署法字第 36283 號，當時政府表列暫緩廢止日本佔領時期之法令，其中包含『森林計畫事業規程』、『森

訂土地權利屬於國有（臺灣省政府民政廳，1971：105；林佳陵，
2000，2004；顏愛靜、楊國柱，2004：235-240）。目前原住民
土地的權利只限縮於保留地，並未包括傳統領域及海域，其管
理架構及面積範圍在日據時期已經有了雛形。簡單的說，20 多
萬公頃的保留地是日本殖民政府「理蕃」政策下之集團移住的
成果，也只是原住民族土地權的小部分，主要目標與更大的區
域是為了「母國」企業開發山林自然資源與土地。同時，為管
理「蕃人」並提供企業勞動人力方便，政府集團移住原住民到
設置的保留區（藤井志津枝，2001：94），並以保護及教化之
名，將保留地化入特別行政區管理，與一般行政區域隔離（顏
愛靜與楊國柱，2004：330-335），並教化原住民成為定耕農民
且可「自營生活」之「文明人」，並達「熟蕃」服從文明的公
民之後，保留地制度再予以解除[8]。時空的變遷，原住民保留地
目前陰錯陽差地成為原住民在原鄉生活的依靠，也成為未來族
群發展的基礎資本。

（二）管理辦法「分配」模式安排原住民土地權利

　　政府賦予原住民分配土地的行政命令變遷過程，即保留地
管理辦法在歷年來的修訂，整理於表 4-1。此變遷過程呈現政府
自日治時期尊重原住民「舊慣」，逐漸要求原住民依據政府開
墾計劃、進而鼓勵定耕的勞動模式，最後結合民法及土地法的

　　林計畫事業施業案檢定規程』，並成為 1947 年『臺灣省各縣山地保留地管
　　理辦法草案』的制度架構設計及法源基礎。
[8]　在 1948 年「台灣省各縣山地保留地管理辦法」第 28 條及其草案第 18 條，
　　都有解除條件，條文內容參考附錄。但是解除的實際作法並沒有交代，只
　　確定給予定耕農業的技術與土地使用。

分配、登記與私有化，落實西方財產權制度，並保障「蕃地國有」。

　　國民政府在1948年的管理辦法指出，保留地遺緒自日本「理蕃」政策的「森林事業計畫」，屬於國有，而原住民只有使用受益權利。第19條規範政府訂定開墾計劃，鼓勵原住民自行開墾；而優先分配給土地不足者救濟。對於固有傳統土地使用規範的原住民族來說，自行開墾代表延續日治時期，原住民可以依據各族土地「舊慣」來管理使用，暫時還不會感受到國家否定原住民族固有土地權利的壓迫。1948年管理辦法的修訂中，政府已經強調定耕獎勵的自行耕作模式，並思考在原住民有自營能力時「解除」保留地。而1960年管理辦法開始引用「放領」的字眼，成為解除保留地的選項（參考下表4-1）。

　　1966年管理辦法修訂的版本，是保留地制度的法制化過程中最大的變革：私有化國有土地的分配。此基礎在於辦法第六條規定：在土地總登記之前，原住民只有使用受益權，否定原住民依據傳統規範之佔有及擁有權，而即日治時期的「民木論」或本研究所稱之「蕃地國有」。另外，國民政府失職並宣告前朝原住民土地開墾使用的蕃社台帳及管理的文字記錄也完全遺失，致使重新進行土地總登記的現代管理技術，而間接地否定沒有文字習慣的原住民族土地管理與權利。另一方面，政府也規範定耕技術，持續耕作十年才可以無償取的土地所有權，而間接否定原住民傳統休耕輪作的土地使用習慣，休耕土地與部落獵場成為國有。政府採用西方財產權概念來分配保留地私有，無法理解原住民族財產權制度以及與土地共生的族群文化

內涵，使原基法所稱之原住民族土地權及文化權被剝奪。在此之後，保留地管理辦法還是在維繫這樣的架構下修訂，只是更確認原住民必須經過設定他項權利及所有權移轉登記的兩個步驟，才可以取得傳統土地權利。

　　表 4-1 中，特別需要注意申請資格使用在 1990 年修訂之後結合區域發展計劃與都市發展計劃的土地分配，並採用「得」申請的行政立場轉變之意義，而與第七條「應」負輔導原住民取得土地權利的責任分離。本節後段將說明：這些國有保留地私有化的分配模式並非原住民特有的條款，而是參考民法與土地法的規範而設計。第三節也將進一步由財產權理論的核心議題：占有時間、有意義的勞動、及財產的社會價值，分析國家保留地制度管理及私有化的概念，並與原住民族財產權的差異作比較。

表 4-1：保留地管理辦法歷年來賦予原住民申請土地權利條件的
　　　　變遷

1948 年	§19 山地保留地內耕作適地，應本地盡其利之主旨，由縣政府查明訂定<u>分年開墾及利用計畫</u>，…山地人民按照計畫，<u>自行開墾</u>。 §22 …鄉公所<u>分配</u>耕地缺乏現住附近之山地人民耕種…。
1960 年	§6…<u>參考台灣省獎勵山地實行定耕農業辦法</u>，訂定分年<u>開墾計畫</u>，…，獎勵山地人民<u>自行開墾</u>，…。 鄉公所…應優先分配耕地缺乏之山地人民承墾，… §15 山地保留地…俟山地人民<u>有自營能力時實施放領</u>… §16 山地保留地屬於<u>國有</u>，山地人民…僅有<u>使用收益權</u>，…
1966 年	§6 山地保留地，在辦理<u>土地總登記</u>之前，山地人民有<u>無償使用收益之權</u>，…

	§7 地籍測量完竣地區，山地人民對其所使用之山地保留地，應按其左列規定取得土地權利。 一、農地登記耕作權，於登記後繼續耕作滿10年，無償取得土地所有權…。 二、建築用地登記地上權，繼續無償使用，於前款農地移轉時，隨同農地一併無償移轉。
1974年	§7 山地人民對其所使用之山地保留地，應按其左列規定取得土地權利。 一、農地登記耕作權，於繼續耕作滿10年，無償取得土地所有權…。 二、自住房屋建地登記地上權，於登記後繼續無償使用滿10年，無償取得土地所有權…。　註：「應…取得」在法律上表示申請者有請求的權利而受理機關依規定處理的責任。
1990年	§8 山胞於左列保留地，得…申請設定耕作權： 一、本辦法施行前由山胞開墾完竣並自行耕作土地。 二、由政府配與該原住民依區域計畫法編定為農牧用地、養殖用地或依都市計畫法劃定為農業區、保護區之田、旱目土地。 　　耕作權登記後繼續自行經營滿5年經查明屬實者，由…辦理所有權移轉登記。 §9 山胞於左列山地保留地，得…申請設定地上權： 一、本辦法施行前由山胞租用造林並已完成造林之土地。 二、山胞只要有造林能力，由政府配與依區域計畫法編定為林業用地或依都市計畫法劃定為保護區之林業用土地。 　　地上權登記後繼續自行經營滿5年經查明屬實者，由…辦理所有權移轉登記。 §12 山胞於左列山地保留地內得就自住房屋基地申請設定地上權，…。地上權登記後繼續自行經營滿5年經查明屬實者，由…辦理所有權移轉登記。 　　註：「得…申請」表示申請者在法律上只是有限權利，受理機關未必應依申請處理。

資料來源：本研究參考傅寶玉等編輯（1998）及顏愛靜＆楊國柱（2004）
　　　　　整理。底線是強調辦法規範占有的登記時間、有意義勞動
　　　　　的模式，及「應／得」之差異。

（三）有遺漏登載情況的土地使用權源證明文件

　　法律上承認原住民耕作土地的事實並文字登載，是從 1950
年代的土地清查及總登記（臺灣省政府民政廳，1971：109）、
以及 1973、1983、1987 年來三次的土地清查才依據會勘登記程
序的文字承認，並依據 1966 年管理辦法確認個人化私有之公有
荒地放領法規，原住民耕作的權利才得到國家法律的實質承認。

　　政府進行地權清理並訂立計畫及法令，地政機關依法進行
土地清查，土地使用會勘記錄的結果成為原住民開墾荒地的「法
律事實」，並有「法律效果」及權利的保障。地政機關與管理
機關的「會勘」代表國家主權藉由法令計畫與行政人員執行來
訂立新的財產權分配制度的時間切點，既當時國家否認原住民
族主體及擁有土地權利。在維護國家主權下，這些法律事實作
為 1966 年修正的「台灣省山地保留地管理辦法」第七條原住民
登記使用土地並持續使用滿十年後，進行個人化私有放領的行
政依據（臺灣省政府民政廳，1971：120；傅寶玉等編輯，1998：
892）。

　　由土地總登記之後歷來三次土地清查的名稱來觀察，1973
年「山地保留地使用清冊」是政府在保留地全面清查，登記土
地使用人之後，再清查現況土地使用人的工作。政府此階段是
暫時接受原住民使用國有土地從事耕作的現況，而未立即歸類
為非法使用。1983 年的「保留地現況調查表」是政府準備依法

私有化保留地之前，通盤清查土地使用人，作土地放領之準備。
政府為補正之前兩次調查的登載疏漏或使用事實變動[9]，1987 年
再做一次非法濫墾使用山地保留地清冊，所函送保留地審查清
冊的正式名稱是「清理山地人民非法佔用山地保留地審查清
冊」，可知當時政府把疏漏記錄的原墾情況都認定與簿冊建立
後非法濫墾視為同一類，隱含地認定原住民在地籍簿冊登載之
前，開墾耕作傳統使用土地的權利是不被承認及保障，或甚至
屬非法佔用或侵佔國有土地的行為。所以，國家認為「原住民
的土地權利」不是固有，乃依據國家現有民法與土地法之「公
有無主地」招墾而私有化，並採土地使用者個人為對象，放領
給原住民自耕農，而原住民土地耕作之權利及土地的財產權利
才被國家承認及合法化。所以，政府認為原住民族的土地財產
權利是由國家法律體系所創設的。

　　但是，地籍簿冊不應作為原住民使用土地的「法律／事實」
調查之唯一證據。政府在 1960 年以來的土地總登記及清查的內
容只採西方財產權概念，對於原住民族傳統土地習慣上不需文
字而口頭承諾的借用、租用、以及族群共有土地與獵場、休耕
的土地使用規範，排除在登記的項目之外；以土地使用者個人
為登記對象也忽略土地使用者取得土地使用的歷史脈絡，可能
發生強勢者排除弱勢者的不公義排除使用或欺騙、藉由登記而

---

[9] 1958 年臺灣省民政廳開始規劃保留地土地總登記（林淑雅，2007：93），先
期規劃土地清查、地籍測量。這過程是一套法定程序，藉由一定時限內，
完成現地調查會勘，而取得法定事實的地籍簿冊之登記。但所有過程都無
法避免登載疏漏及未完備的情況，故之後再進行第三次之清查。

合法化；也有疏漏通知而無法會勘與誤勘登記的狀況。更有公務機關或公營事業以經濟發展與公共利益爲理由，在土地總登記之前強制排除原住民使用傳統耕作土地，而機關成爲總登記的土地使用者；這樣的強制排除使用是基於「蕃地國有」的概念，更不可能在地籍簿冊中登載，而原開墾耕作的原住民失去申訴、賠償的請求權。所以，政府歷年來在否定原住民族土地權、忽視族群傳統習慣的土地清查及總登記，使得地籍簿冊成爲有遺漏登載之「土地使用權原證明文件」；原基法之後有需要重新進行清查與修正登記。

（四）依據民法及土地法概念實施管理辦法的保留地私有化

　　政府採用私人所有的財產權制度管理原住民土地，其實是源自於我國憲法第 143 條保障市場勞動價值以及私有土地制度的西方資本主義之財產權體系，發展出來的民法與土地法的個人所有制度爲參考模式，也受 1950 年代當時平地社會實施耕者有其田的土地改革成果鼓舞有關（張奮前，1962，引自吳樹欉，2000：19）。但政府重訂原住民之土地登記規則，在鼓勵原住民成爲自耕農的原則下，基於當時「社會融合」與「山地平地化」背景的社會通念（李亦園，1983：7-9），土地地籍簿冊登記的內容與效果[10]根本地否定原住民族土地財產權利制度[11]、傳

---

[10]地籍簿冊只登載會勘當時的土地使用情況，記錄誰在使用而不會探究使用者與土地開墾者的社會文化關係（比如租借、多層次租用、公有使用等），或是否發生公營事業、公產管理機關強制力量排除原開墾耕作者使用的情況。

[11]本研究之原住民族土地財產權利制度是相對於西方財產權制度，採取的觀點是黃居正（2005）所陳述的，平行存在的兩套財產權理論，而非吳樹欉（2000）

統土地制度與傳統文化，產生傳統原住民土地制度被國家法令強制翻轉的結果，並發生許多原住民族間土地糾紛及國家剝奪原住民傳統土地之不正義。

　　原住民在國治時期就取得國民資格並財產受民法之保障，但保留地及地上權利必須要等到 1966 年管理辦法修訂，經分配登記而保護。目前政府放領公有土地所依據合法的「土地使用權源」證明文件，竟然就是土地總登記以來，記錄原住民沒有法律效力的佔用公有保留地之「地籍簿冊」。法規設計上，原住民取得土地權利的基礎是根據原住民「非法」[12]佔用國有土地的文字紀錄，再參考民法物權篇第 770 條「以所有之意思，十年間和平繼續占有他人未登記之不動產，而其占有之始為善意並無過失者，得請求登記為所有人」的模式，此條文乃「時效完成而取得所有權登記」的概念。據此，政府依據土地法第 126 條公有荒地招墾、及第 133 條「時效取得」原則，規定政府為有效利用公有荒地並得（主動[13]）進行招墾之後，人民才（被動）

所陳述的概念。吳文誤把原住民族土地制度看做單一實體變遷的脈絡，從共同所有制轉變到個別所有制，成為現在國家原住民土地制度樣貌，而傳統原住民族土地制度與權利即行消失。

[12]「非法」二字，乃是對原住民依據傳統文化與土地財產制度穩定使用土地的狀況，在進到國家依據西方土地財產權利的法律環境，被視為沒有土地權利的狀態，也就是國家土地總登記之前原住民依據傳統社會規範分配及使用土地的規則，是沒有國家承認的權利基礎下，實屬「非法」。但對原住民族，傳統土地制度是社會共識與文化基礎，形成社會約束力來維護社會秩序。

[13]「主動」是指政府依據土地法第 133 條招墾人民開發公有荒地，此概念實際成為「管理辦法」第 20 條政府提送分配計畫，人民才有機會依此計畫申請。但會落到人民沒有主動主張申請分配請求權。所以，土地法第 54 條是人民得符合和平佔用事實，而主動請求土地所有權利，也就是「管理辦法」第 8、9、17 條所定的規則，符合辦法實施前開墾完竣並持續自行耕作得申請設

接受招墾，並持續耕作滿十年者可以無償取得土地所有權，也
就是政府現行原住民土地制度所理解的「原住民（族）土地權
利」（臺灣省政府民政廳，1971：119-121；藤井志津枝，2001：
219）。

　　政府依「法」進行私有化保留地給土地使用者，並輔導原
住民取得耕作權及地上權，乃私有土地所有權的「原始取得」[14]
（楊松齡，2006：53-57），使原住民（非法）佔用國有土地的
行為予以「漂白」，而祖先長年開墾耕作土地大部分恰巧也被
管理機關陰錯陽差地登記下來。政府機關用國家威權強佔原基
法所承認的原住民族土地權利，在另一方面，習得現代法令制
度的原住民也依據國家土地登記制度登載為土地清查時的使用
者，而自我否定族群傳統土地使用制度，使傳統土地權利產生
「合法」轉移到登記者所有。所以，政府放領保留地的政策，

定，自用滿五年者申請所有權登記。而土地總登記之前大部分原住民已經是
和平佔用的狀態，非招墾。
[14] 簡短介紹我國土地法規。依據土地法第 10 條，未依法登錄土地屬於國有。
土地法第 54 條有關和平繼續佔有的土地符合民法第 770 條時限並完成者，
佔有者得請求登記為所有人。比對山坡地保育利用條例第 37 條及管理辦法
第 8,9,17 條他項權利登記及所有權取得的程序，原住民取得保留地土地所有
權的模式是依據民法物權篇第 770 條。就保留地土地總登記的運作情況，
1960 年代的土地總登記原住民才擁有原墾地的他項權利，並持續使用達十
年期限才有資格申請轉換所有權登記。這是因為土地法第 43 條規定土地權
利必須依法登記，始生效力。對於原住民數代在祖先原墾土地使用，並未依
法登記，所以沒有法律認定之耕作事實，也沒有法律效應的土地權利。故，
目前國家土地法規範的原住民族土地權利，是「間接地」否認原住民在土
地總登記之前，擁有原住民族土地權利。管理辦法規範持續自耕十年的時
間，與民法第 770 條規範的時間相同，只是 1986 年『山坡地保育利用條例』
第 37 條及 1990 年「管理辦法」才縮短為五年。但持續耕作時限規範在『原
住民族土地與海域法草案』第十三條已刪除之，通過審查既取得所有權。

並非國家承認原住民固有土地權利及傳統使用習慣，乃依據西方財產權理論的產物、公民社會對市場勞動價值的肯定，以及統治政權採用文字登記方式，使有意識的勞動在絕對時間上重新配置財產並形成優勢，否認原住民傳統土地制度的存在及其現代化的可能，以構成政府在「財產權」分配的國家主權（黃居正，2005:11）。

（五）管理辦法在殖民歷史與族群文化的影響

　　從文化脈絡來觀察，國家原住民土地制度的變遷在根本上是政府依據國家主權掌控原住民地區的土地財產權體系與法律制度的選擇；並在沒有自由知情同意的情況下，也沒有與原住民族群協商討論採用西方財產權制度的過程。政府進而否定原住民族財產權體系，土地私有制取代原住民族社會原有規範，展現重新分配族群財產的國家主權。此過程在國家至高主權的神聖不可分割下，政府完全沒有與原住民族協商土地制度建立的模式與權利轉移的保障。因為依現有國家法律規則，「原住民族土地權利」在地籍簿冊建立之前是根本不存在，在地籍簿冊建立之後才被創設與保障，此依據乃延續國家在殖民歷史的法律擬制「蕃地國有」的法政策，違背憲法多元文化原則與憲法基本人權之人格權與財產權保障。

　　從歷史脈絡來看，在土地總登記之前，雖然保留地與傳統土地未登錄但可以維持社會秩序，主要的原因是原住民依據傳統社會規範與傳統土地制度已經「和平」運作數世代，原住民在傳統土地上依據傳統土地管理制度和平佔用的「社會事實」乃基於當時原住民族社會的共識與價值，也據此在國家保留地

管理法令未實施前，原住民社會還可以維繫保留地使用秩序的原因，該土地並非荒地也不是政府招墾之結果。政府負有設計原住民土地制度的專業與責任，但國家的原住民土地制度在原住民依傳統土地制度世居開墾耕作之後才落實，且存在社會文化價值的不同與財產權概念的差異。故，當我國提升到多元文化國家，政府承認原住民族土地權及尊重傳統土地使用習慣之後，應該重新審視現有原住民土地制度的疏漏。土地法第54條也定義人民和平繼續占有之土地上的權利，而原住民在土地總登記規範之前依傳統社會規範開墾完竣的傳統土地，有（主動）請求權登記所有人的討論空間；故，土地法第54條比較接近多元文化觀點反省殖民歷史脈絡的土地權利變遷事實；而土地法第126、133條公有荒地招墾及時效取得所有權，則有違原住民族傳統土地之社會事實。而原住民對傳統耕作土地是否有主動請求權就是權利界定與權利安排的財產權制度變遷問題，也牽涉到政府當初認知與當今承認之原住民族土地與自然資源權利及尊重傳統制度的內涵與差異；這概念在當時將殖民統治脈絡持續延續到國治時期，主流社會與主政者會「因現狀而中立」，並認為保留地制度是合法與合理的山地行政。但在憲法宣告多元文化原則承認原住民族在憲法的政治主體地位，以及國際法對原住民族集體權利之重新確認之後，保留地管理辦法依據土地法公有荒地招墾的基礎將需要修法改革。

　　綜合來說，在歷史脈絡上，我國現行原住民土地制度其實就是沿襲日治殖民統治時期政府「蕃人保留地」的措施，成為政府在國治時期「保護」與「開發」雙重目標的「控制性資本

本義化」現工具文李亦園本持異1983案105）三在（化解絡第異過者與政府認價「由於定胞開始山耕農作」異才漸漸意識到擁有留地的重要性異對並光復後定胞產發「留地私有權」概念形成有催化作家文同第引案113）三如果由國用採家自由本義爲值進程社會救濟式的分配與增劃制保土地異原住民族留地權利將被淡化到國用「保障原住民發計」現大人權利本期的一般程政行序異對使族群與其及深植留地關係的原住民（化確全抽離異而成價「失根的蘭花」三

世界殖民統治歷史源自於 15 世紀的「地理個生之」異開啓歐洲（明社會家聖經與個砲「教化」野蠻原住民族的學行三而灣主殖民政府是經歷。任總督對到 20 世紀初的上二次「五年理涵事業」異才較明完採家征服手段統治「涵地」與「涵人」現政策異且正是國際第殖民帝國本義最高漲對國際原住民醞釀反並運動的時張文藤井志津枝異2001案41-57；施正鋒異2008d案352；高德義異2009a案9）三及以異台日原住民族留地編度的歷史解絡應該要可到歷史的原點以所國際法的高度異對在憲法肯山多元（化所承認原住民(族)基主人權現保障下異才回以體會《聯合國原住民族權利宣言》並原住民族留地權的內蓄所編訂原由異也才回以理脈陳水扁總統 2002 年與原住民族的「新夥伴關係」現再肯認協山在國際人權的歷史意義異而重新理脈「原住民族留海法」文草：）與「留地法」在編訂第的差，性三

二、「非法[15]」侵佔與「合法[16]」取得

---

[15] 自日治時期，國家法令制度設計過程，默許原住民使用傳統土地的權利。從

　　由原住民族耕作傳統土地的社會脈絡與權利關係分析，政府的原住民土地制度變遷，曾經經歷一段國家「否定」而再予以「承認」的法律過程。自日本殖民統治時期，原住民沒有公民身份，在特別行政區的「蕃地」耕作並沒有財產權保障。國家單方面認定原住民祖先居住的山林土地成為國有地，是「合法」取得的權利。政府認定原住民在原墾地的耕作是沒有現代土地權利並「（非法）侵佔」國有土地的行為。原住民在國有土地上長年耕作，沒有經過土地清查及地籍總歸戶[17]，致使管理

1902 年賽夏族南庄事件衍生的「民木論」（藤井志津枝，2001：41-44）或國治初期規範保留地屬於國有及原住民只擁有使用收益權利之規範（傅寶玉等編輯，1998：849）都呈現這種情況。所以，原住民使用傳統土地在國家土地法的形式上並沒有「非法」的問題，甚至是國家慷慨施捨國有土地無償供原住民使用。但無法掩飾在原住民傳統社會與國家法治社會的財產權理論與社會規範權利的差異及衝突，並站在國家主權立場，原住民財產權制度及社會規範被國家否認下而成為「非法」使用國有土地的實際狀態，由其在整府清查與總登記時的「蕃地國有」的立場更為明顯。反過來看，2005 年後，由原基法、國際人權對原住民族土地權承認與原住民族土地制度改革來說，國家在殖民歷史脈絡單方面宣稱原住民族傳統土地屬於國有並剝奪土地權利，反而違反這些當代多元文化下原住民族土地權之法律保障的概念。所以，「非『法』侵佔」有兩套法系統，主要是由現代國家之殖民歷史脈絡的保留地制度角度、還是由當代憲法多元文化概念或原基法的角度來看。

[16] 這議題的討論基礎，會進到當時殖民主義侵略擴張主導的國際法下，有關原住民族在國家主權的權利及有關原住民族「合法」權利或「合意」族群關係的問題。是否「合法」，則要看國家法治發展的脈絡；在殖民歷史脈絡及其延續的法治會與承認原住民族土地與自然資源權利的法治，產生不同的解讀。

[17] 日治時期「蕃人」所要地調查歷年成果，包含報告書、土地台帳等龐大資料，下落成迷（吳密察，1994：229）。政權交接時資料遺失，日治時期政府是否沒有進行土地使用登記是未確認的狀態，這些龐大資料的遺失，致使原住民族可能失去依據傳統慣習下耕作的政府紀錄的文字證據資料。這些資料的遺失致使原住民族土權利的損害，原就屬於資料果理者或政府之責任並補救之。

機關認定原住民土地權利不明確，需要土地清查及總登記。

　　原住民族土地權利的歷史變動有兩次大的斷層。第一次是1902-1906年「理蕃」政策的確立，對「生蕃」沒有法律地位及土地財產權利做確認。自1902年日治時期的賽夏族南庄事件起，政府迫於事實狀況採用「民木論」，將「蕃地」與「蕃人」分開處理，默認原住民只有山林土地使用權。但1902年總督府參事官持地六三郎在關鍵的「關於蕃政問題的意見書」中明示，以「文明」與「服從」為標準而否定「生蕃」的任何權利，包含土地所有權，使「蕃地」當然屬於國家的國有土地。1906年「台灣慣習研究會」主辦「生番人的國法上的地位」徵文，希望為總督府「理蕃」政策擬定建議。獲得徵文三等獎的岡野才太郎預設「生蕃」留在總督府管息之「蕃地」未離開，故屬於日本國臣民且具人格、權利能力。獲得徵文二等獎的藤井乾助不否認「生蕃」的人格，但自清朝未有國籍而非日本國法上的臣民及權利主體。此徵文的頭獎從缺，而擔任評審之一的安井勝次自行為文，主張「生蕃」沒有清朝國籍而屬於化外之民，且不理解權利、不具人格，與野獸無異。殊不知，1906年之前總督府已經對「生蕃」與「蕃地」已經有所規劃，依據持地參事官的建議「生蕃」不是化外之民，屬於國內待文明化的野獸，自無土地財產權利問題；「蕃地」原屬於國家領域內之經濟開發議題，「生蕃」現實占有「蕃地」只是事實而已，但未授有法律上的權利，待其服從國家並文明化耕作後解決。只是，此時國家主權還未進入「蕃地」，原住民還是依據社會傳統規範自主治理。政府統治權力是經過第二次「五年理蕃事業」時期，

1913 年由「威輔兼用」轉換爲完全武力「征討」才得以進入（藤井志津枝，2001：43-44,85-86,100-106,132；林淑雅，2007：66-69）。1914 年太魯閣戰役既屬之。

第二次是國治時期「蕃地國有」的法制化以及放領分配的私有化時期。依據 1947 年「台灣省土地權利清理辦法」第八條規定，政府還是維續「民木論」的論點，認爲保留地依法總登記之前，原住民族是沒有合法原住民土地及自然資源權利[18]，只有土地耕作及受益權。1948 年「臺灣省各縣山地保留地管理辦法」更明確的指出保留地國有原則、山地行政目標。政府原住民政策在 1950 年代的山地平地化、1960 年代的社會融合下，在1958-1967 年進行保留地編查工作，預作保留地放領的平地化工作，1966 年依據土地法第 126、133 條公有荒地招墾而修訂「臺灣省山地保留地管理辦法」，完成公有保留地分配私有及放租非原住民使用的法律依據。原住民族依據傳統土地制度開墾傳統土地但沒有所有權的狀態，政府自日治以來認定「蕃地」爲國有土地而在法律上視此爲正當的「現狀」，國家依此對原住民

---

[18] 就國內許多原住民爭取原墾地的案件，都呈現這種情況。比如參考案利太魯閣族富世部落的台電舊宿舍，是土地總登記之前，1958 年左右，公產管理機關台電強制架設鐵絲圍籬，強佔原住民的原墾地。台電 2002 年結束使用該土地之後，原墾家族後代開始申請恢復耕作權利，但遭到管理單位花蓮縣秀林鄉公所拒絕而理由是：申請人「無土地使用權源證明文件」，也就是地籍簿冊沒有記載耕作情形，就算有十多位的耆老書面及錄影作證過去耕作之事實、日據戶籍資料、舊地圖及空照圖等佐證資料，也都不列爲調查範圍，只翻閱地籍簿冊就代表調查土地權利事實真相。所以，「原基法」所稱的原住民族土地權利只存在於地籍簿冊建立之後，並予以保障。而保留地土地總登記之後，原住民族的土地及自然資源權是架構在國有土地分配的救濟概念。

族傳統土地權利的主張保持政治的「中立」。政府這樣地認知
原住民族土地權利的狀態，正呈現 Sunstien(1993，宋華琳等譯，
2005：4)在《偏頗的憲法》一書中陳述「因現狀而中立」（status
quo neutrality）的憲法體系之偏頗情境。

　　政府 1966 年藉由現代保留地管理法令的設計，以憲法第
143 條扶植自耕農及保障個人財產制度、在民法第 770 條及土地
法第 133 條的模式實踐登記放領，進行合法地會勘程序，登記
勘查時的耕作情況，作為「土地使用權源證明」文件，以及未
來放領的依據。政府以土地使用者為對象的私有化分配方式，
來處理原住民地權沒有文字紀錄及傳統土地權利流失的問題，
使原住民在分配下妥協並「合法取得」原墾地的土地權利。政
府此種「承認」的基礎並不是現在「聯合國原住民權利宣言」
所提的原住民族依據傳統土地習慣擁有、佔有傳統土地的權
利，也不是「原基法」所宣稱的政府承認原住民族土地權利以
及尊重原住民傳統習慣與土地擁有利用與管理模式之權利；而
是殖民時期原住民土地行政之延續與擴充。

　　另一方面，由原住民族既存占有的立場看：依據多元文化
背景以及原住民族主體性與社會文化為基礎，尤其第三章觀
點，政府"征討"「蕃地」的原住民族且未「合意」既剝奪原住
民族傳統土地，沒有正當性，反而違反了原基法、兩公約施行
法、《宣言》與原住民族傳統「法律」，既「非法侵占」並且
實施保留地制度。政府直到 2005 年通過參酌聯合國原住民族權
利宣言（草案）而設計的原住民族基本法，明定政府尊重傳統
土地習慣與社會文化價值觀、承認原住民族土地與自然資源權

利，並在立法行政司法改革法律制度與法治保障，原住民族土地權利實體才重新「合法化」進入國家主權內。惟有政府去理解、認同原住民族土地權的特殊性，我國才會將「蕃地」納入國家領土範圍之「國家建構」的正當性及合法性藉由補救程序而完備，而我國非線型憲法結構下的原住民族財產權才得到法制的保障（黃居正，2010）。這是在多元文化基礎並由原住民族立場所理解的原住民族既存占有土地權的非法侵占與合法取得的觀點：從憲法增修條文肯定多元文化以及修正殖民歷史之惡、原基法原住民族土地權的解讀，現代國家藉由否定原住民族人格權、文化權及土地權，「非法侵占」了原住民族土地權利；政府正需要藉由落實原基法第 20、23、30 條原住民族自治與承認土地權利，國家主權才會重新「合法取得」原住民族的合意與國家建構的正當性，並對國內取得穩定的族群關係、對國外發展以多元文化模式解決差異性的糾紛調處之契機。

三、國家原住民族土地制度的殖民歷史

從我國國家建構過程的法令設計，不論是日令第 26 號第一條或台灣省土地權利清理辦法第八條，藉由文字登記而否定「蕃人」在傳統土地的財產權，順利的進行森林事業計畫或推動保留地該發管理；在完全穩固「蕃地國有」與經濟開發的安排之後，才藉由公有荒地召墾而分配局部的保留地私有化。所以，國家認為原住民在傳統土地非法侵占國有土地，呈現殖民主義國家的土地管理模式。

另一方面，原住民族依據傳統土地規範安排土地適當使用，實踐族群文化；對 20 世紀初國家主權強制進入傳統領域，

也曾經採取武力抵抗，所呈現的就是原住民族主張的傳統土地權利。對於「蕃人」欠缺清朝地契或日治土地登記，而無法有法律效力證明原住民族傳統土地權利，那正因為殖民統治武力討伐原住民之後，為殖民政策之經濟掠奪（吳樹欉，2000：120,154,201），忽視原住民族人權而未取得合意土地權利適當證明與安排的問題。這問題在國家依據土地當時使用人為地籍簿冊之文字登記、推行現有原住民保留地管理制度是沒有辦法解決的。唯有我國真正地重視差異文化族群的集體權利、進入多元文化國家之林，才有勇氣反思殖民歷史脈絡，並在落實原住民族基本法與兩公約施行法做補救。不然，我國原住民族從來就沒有跳脫殖民統治的制度遺毒，而進行社會現代化。

貳、國家對原住民土地權利解釋的新選擇

政府在殖民統治時期的「非線型憲法結構」之「國家建構」過程，藉由否定原住民族人格權而使傳統土地國有化。從前述國家保留地制度的歷史介紹，原住民族土地權是經過兩個權利系統轉換的斷層設計，產生日治與國治時期兩階段制度變遷、致使「合法化」原住民族傳統土地權利被「否定」的法律效果。故，原基法之原住民族土地權是屬於《宣言》所為「既存占有」的獨特（*sui generis*）權利。

（一）政府在殖民歷史脈絡下的原住民族土地權利限縮

首先是日治時期國家以日令第26號採用文字證據確認土地權利，對「生蕃」藉由「人格權」的否認，以「服從」與文明化耕作為標準，視「生蕃」為國家主權內的野獸看待，並且沒

有所謂的財產權爭議問題。這樣的觀點是參考自 19 世紀末以及
20 世紀初法實證主義的國際法，以國家權力主體與歐洲文明模
式爲標準，放棄原住民族擁有政治實體的論點，以符合殖民擴
張以及帝國主義處理殖民地原住民族問題的法理基礎（Anaya，
2010：31-41）。第二次「五年理蕃政策」的武力「討伐」之後，
政府並沒有像 17 世紀荷蘭與平埔族建立協約的合意過程，反而
爲原住民族重新訂立文明國家土地權利認定標準。第二階段是
原住民族土地權利須經國家之「創設」或「承認」才發生，而
此是的規則是不研究傳統社會文化的土地關係而直接登記現行
土地耕作者。此概念最早確認是在持地六三郎的意見書（溫吉
編譯，2001：661；林淑雅，2007：70），而實際落實則是在國
治時期 1966 年國有「蕃地」以分配方式「創設」的私有化，因爲
當時山地平地化或社會融合目標，是需要將保留地引導入自由
市場機制及引入非原住民與企業開發，再且「生蕃」已經達到
服從以及文明化定耕的標準。而持地六三郎的原住民族土地權
利既是「蕃地國有」之概念，差一點在土海法草案中被法制化，
這部分在第五章第五節做進一步說明。原住民登記現行土地使
用者的原則是符合土地法第 133 條的公有荒地招墾的規範，同
時也符合原住民使用土地方式爲游耕模式、土地共有制度、沒
有私人所有權的刻板印象，並有人類學及民族學研究的背書。
原住民族傳統土地權利在日據時期被否定，並在國治時期的法
制化過程完全否認並且用西方完全私有制的財產權理論所取
代。

　　2005 年原基法所謂政府「承認」原住民族土地權利是否依據

否定人格權之殖民脈絡的保留地制度、或是聯合國原住民族權利宣言(草案[19])的「事先自由知情同意」及歸還賠償原則呢？如果是前項，則 1902 年持地六三郎的意見書在經過 102 年之後，於 2005 年的原基法終於完成實現；而且，如果我國原住民族土地權的解釋採取此法律脈絡為根源，則此種解釋將與我國憲法增修條文第 10 條第 11 項的肯認多元文化的原住民族政策將漸行漸遠；同時，原基法規範政府「承認」原住民族土地權利存在這種法源基礎：既在殖民歷史中「否定」與「創設」的兩階段之權利設計。然，此種原住民族土地權利的解釋，實際上依據國家制度歷史與現況，並對所「承認的」原住民族固有土地權利卻是現代法律上「完全的否定」。

　　原住民族土地權利經過日治殖民統治時期的國家主權「否定」之後，國家將「蕃地」國有化，在戰後時期政府再以社會救濟方式個人化放領「承認」之，整個過程看不到國家尊重原住民族傳統文化及傳統土地權利。直到政府通過「原基法」而再重新承認原住民族土地權利。但是，其承認的權利內涵又不明確而致使產生了「多重扭曲效應」。王泰升（1997a：343-346）提出國治時期的原住民政策是延續日治時期破壞原住民族部落文化的操作方式，忽視固有傳統習慣及權利的「理蕃」政策，終於使原住民的文化核心在此時期徹底式微。國家藉由法律手段正當化破壞原住民舊有秩序，算是成功的；也藉法律手段嘗試建立新秩序，對原住民平地化及同化的國家目標是成功；但

---

[19]《聯合國原住民族權利宣言》是 2007 年於聯合國大會通過。2005 年我國通過原住民族基本法之時，當時只有《宣言》的草案。

對原住民傳統文化之維持、固有土地權利之保障以及社會現代化之適應，確是失敗的。

（二）保留地分配制度對原住民族土地習慣的影響

回顧國家原住民土地制度的殖民歷史，政府在日治時期否定原住民族土地權利，並在國治時期操作私有化分配過程中，以保留地使用者為土地放領對象的規劃方式，使土地使用者延續使用的情況，是爭議最少的地權清理作法，也省去日本殖民政府統治初期調查各族群傳統文化、土地關係以及傳統土地制度轉換，那將付出額外龐大的行政成本，也就是新制度經濟學所稱的「制度相依」（吳樹欉，2000：120,154,201）。政府此放領過程忽視原住民社會認同的傳統土地管理習慣及土地權利，造成原住民之間發生違反傳統土地使用習慣的糾紛。原住民菁英在制度性引導下，以「合法」手段反叛族群傳統規範。據此，政府認知原住民合法取得土地權利的原因是基於耕作土地被登記為「和平地」[20]佔用未登錄國有土地。

對原住民族來說，原住民耆老由族群使用傳統土地的角度觀察，認為是國家「追認」原住民原本的土地權利而取得權狀。然，再一方面，受過現代教育與法治概念的原住民，對原墾地耕作的行為屬於非法侵佔國有土地，藉由政府法定程序分配，而取得祖先原墾地之土地權利，這樣放領土地的方式造成原住

---

[20]原住民「和平地」佔用國有的原住民土地，主要是國家尊重「舊慣」來管理，但也表示原住民傳統土地制度本身也發揮了原先的管理功能。因為由太魯閣族自己的觀點來說，傳統土地制度規範族人使用「所有」的土地，也有明確邊界，並受族人的認同。只是國家後來藉由某種自訂的合法程序進行登記及賦予土地的所有權，對耆老族人來說只是政府一種「追認」土地權利的過程。

民自我否定傳統文化與社會價值，自我否定固有原住民土地權利及傳統土地制度的特殊影響，對原住民族主體發展產生固有權利及族群認同的「內部權益外部化」的損失。甚至部分這樣認知的部落菁英與國家現有制度整合而成為「內部殖民」的一環，這部分在下一章的「諾斯悖論」中作進一步討論。原住民族內部在國家原住民土地制度主導下，產生這些混亂，唯有國家重新引用原基法新觀點，藉由國家公權力承認原住民族土地權與建立公開的協商機制與平台，才有機會協商討論並保障原住民族土地權利。

（三）多元文化詮釋原住民族土地權利的新選擇

我國在國際原住民族權利檢討改革的潮流下，我國政府展開由文化詮釋原住民族土地權利的契機。從 2005 年通過原基法之後，雖然國家沒有完成相關管理辦法的修訂與原住民族土地管理相關立法工作，國家對原住民土地權利解釋也有了新選擇。1997 年憲法增修原住民族議題上肯定多元文化。2005 年原基法通過，並規範政府依尊重傳統土地習俗、文化、價值觀（第23、30 條），承認原住民族土地與自然資源權利（第 20 條），並依法治程序保障權利（第 30 條）。原基法所宣稱的原住民族土地權是否就是原先管理辦法所保障的分配權利呢？所謂的法治程序保障土地權利就是指現有的分配制度呢？答案是否定的。從原基法第 23、30 條，原住民族土地權利需要由傳統土地習俗、土地擁有利用與管理模式之權利、文化及價值觀的規範，確認原住民族土地權利的樣貌，而不是國家所熟知的西方財產權理論的觀點。

　　我國 2009 年 1 月 23 日修正民法第 757 條「物權法定主義」概念，擴充物權到接受「習慣」的空間。對於原住民族來說，這樣的修法提供了原住民族土地使用的傳統習慣與文化，可以在司法判決過程中被正視與尊重的空間，以補救我國在原基法承認原住民族土地權利之後，遭遇立法程序冗長以及行政機關「依現狀而中立」的「依法行政」之保守態度。本研究在附錄十三整理太魯閣族土地使用習慣與權利概念，並與民法對照。

　　我國 2009 年通過兩公約施行法也強化了原基法的上述觀點。在 1994 年聯合國人權事務委員會第五十屆會議已對其中公民權利和政治權利國際公約第 27 條「共同享受其固有文化...之權利，不得剝奪之」作出第 23 號一般性評論，此固有文化權利對原住民族來說，包含「享受某一種特定文化可能是同領土和資源的使用密切相關的生活方式」，也包括「與土地資源的使用有聯繫的特定生活方式」，國家需要積極的法律保護及原住民族的決策參與。從國際人權有關原住民族土地權利的概念，需要從原住民族傳統社會文化的脈絡，認識土地權利的內涵。第三章以太魯閣族為例，藉由傳統社會文化脈絡，整理出太魯閣族對於傳統土地權利的概念就是在先佔權確立之後，傳統土地權利就與開墾族人的名字在 *gaya* 規範與 *utux* 信仰的見證下產生連結或登記，並取得族群承認與社會建立土地關係。在這樣的私有權利規範下，發展出互惠分享的土地資源利用的社會關係與生活模式。從上述聯合國人權事務委員會的一般評論，第三章整理的太魯閣族傳統土地權利的概念，就包含在族群固有文化權利保障之中，國家應依據法治原則立法保護，不得剝奪

之。現代國家在殖民時期用西方財產權理論的觀點否定原住民族傳統土地權利，在原基法與兩公約施行法通過之後，需要從多元文化的角度重新檢視國家原住民土地制度地歷史。

　　綜合上述《原基法》、《兩公約施行法》、民法第 757 條修正之觀點，國家行政部門是否可以引用原基法的新觀點，在於執政者與主流社會對差異文化族群在多元文化權利關係的認知。我國司法在「司馬庫斯櫸木事件」[21]，於 2010 年 2 月 9 日台灣高等法院刑事判決 98 年度上更(一)字第 565 號判決內容，採用原基法第 20 條承認原住民族（土地與）自然資源權利、採證部落耆老口述、傳統習慣研究學者、傳統習慣研究報告的作法，作出無罪判決。這在原住民族傳統土地與自然資源權利之法治保障提供新的糾紛調處模式，成為重要的里程碑。

第二節　國家現行原住民土地　　　　法令制度與效果

　　原住民族土地管理現在處於「舊法未修、新法不起」的尷尬轉型期，政府在實體法承認原住民族土地權利，但在程序法卻處於無從修法落實的十字路口。本節將由現有國家管理原住民土地的相關法令制度來介紹；並探究保留地制度自 1928 年高砂族保留地施行數十多年之後，對原住民族土地權利與制度的

---

[21] 2010 年 2 月 9 日台灣高等法院刑事判決 98 年度上更(一)字第 565 號判決被告無罪。判決書理由重要的內容，節錄在附錄五。

影響。但必須強調：國家不承認原住民族既存占有傳統土地權利，但不表示它已經消失或未曾經在耆老或族人生活上發生或存在。

壹、原住民族土地管理法令的現狀

我國原住民保留地制度是延續自日治時期「理蕃」政策。本節將政府現在執行的保留地制度作介紹，並由多元文化與財產權理論分析法令的核心概念。

一、原住民土地之現有主要法令

「原住民族土地」自 2005 年通過「原基法」第二條才有定義，包含原住民族傳統領域土地及既有原住民保留地。其中，「原住民保留地」包含政府為推行原住民行政及保障原住民生計所保留的原有山地保留地，以及經依規定增編、劃編供原住民使用的保留地。但我國現有土地管理法規來說，「傳統領域土地」的定義偏向於部落發展的歷史調查，在法令上沒有明確定義它對部落或族人「原住民族土地權利」內涵。就法律制訂土地標的之脈絡來看，政府在「原基法」第 20 條定義「原住民族土地權利」，若依據本法第 2 條「原住民族土地」的保留地與傳統土地的定義，即表示原住民族土地權利是延伸自現有管理辦法與增劃編公有土地的脈絡，並藉由既有保留地制度的現狀作說明且未加批判殖民歷史的制度，也就是間接承認日治殖民統治時期「理蕃」政策發展的「森林事業計畫」之歷史殘存與現代延續。所以，政府在原基法的條文用詞上對於「原住民族土地」的內涵，暗示了原住民族土地權利是維持日本殖民統

治以來「蕃地國有」的定義，或是重新接受國際上所承認原住民族土地權利的新定義，從定義土地標的是「原住民保留地」且不檢討「蕃地國有」、集團移住的固有原住民族土地權的損害，既已經明確地選擇了前項定義的立法設計並暗示忽略對殖民歷史的檢討。

　　政府目前管理保留地還是依據 1966 年修定「管理辦法」的架構以及三次的增劃編作業辦法之行政命令，規範原住民取得土地權利的合法程序。2009 年，政府之前制定的「土海法草案」沒有在立法院會期通過而回到原點，該草案並未檢視保留地制度的歷史正義問題，在此脈絡下定義「原住民族土地權利」，其實是「舊酒裝新瓶」。國家現有保障原住民族土地權利的法制狀況，與 2005 年原基法通過之前，既沒有法律定義原住民族土地的舊制度，根本上是相同，甚至將殖民歷史脈絡的行政命令予以法制化，致使落後國際標準更遠[22]。

　　政府對於原住民土地政策，藉由保留地開發管理辦法落實。該法是 1990 年修訂實施，此行政命令的條文規範是很模糊的，並在原住民土地管理機關的運作預留了很多的灰色地帶。依據保留地管理土地法規評估原住民是否可以主動提出申請來看，原住民依據地籍簿冊的登載與否有主動申請他項權利分配、被動申請保留地或增劃編公有土地分配的被審查權利這兩

---

[22] 參考國際勞工組織『第 169 號公約』第二部分第 14 條，『美洲原住民族人權宣言草案』第 18 條，及『聯合國原住民權利宣言』第 25-27 條等等。在實務上，外國政府已用司法判利、憲法改革及修法方式，「歸還」或「補償」恢復原住民被排除使用的傳統土地權利（高德義，2009：153）。

大類：

1.「原住民保留地開發管理辦法」第八條（申請資格變遷，參考
　表 4-1）

一、<u>本辦法施行（註：1990 年）前</u>由原住民開墾<u>完竣</u>並<u>自行耕
　　作</u>之土地[23]。

二、由政府<u>配與</u>該原住民依<u>區域計畫法</u>編定為農牧用地、養殖
　　用地或依<u>都市計畫法</u>劃定為農業區、保護區並供農作、養
　　殖或畜牧使用之土地。

　　第八條第一項屬於原住民可以依據簿冊登載而提出申請
設定土地權利，但審查通過還是要用辦法第 20 條分配方式將
公有保留地轉移給私人，底線標示時間與勞動模式的現代國家
規範。第二項，在區域計畫法及都市計劃法的土地經濟發展模
式下，乃針對簿冊未登載之申請設定土地權利者，以該土地視
為沒有使用的公有荒地，搭配第 20 條分配優先順序，政府並
提出分配計畫來招墾原住民定耕，而「與該土地具有傳統淵源
關係者」必須在原受配面積不足條件下才列為分配最優先順
序，但並未賦予原住民主動申請分配(歸還)權利。原住民在沒
有分配計畫下佔用公有保留地屬違法行為，強化了「蕃地國有」
的原則。

---

[23]所謂「本辦法施行前開墾完竣」表示必須在 79 年辦法公布之前，於土地簿
　冊有所登載已開墾完竣之事實，且強調登記完備才有權利。而「自行耕作」
　執行機關的解釋要求在申請時，必須持續維持自用耕作的事實。第九條第一
　項為已租用造林之林地，而第十二條第一項為原自住房用地，都要求登記制
　並持續自行使用，才有申請他項權利的基礎，也就是未來取得土地分配的可
　能。

2.「公有土地增劃編原住民保留地審查作業規範」申請資格（參考附錄三）

　　第一項：原住民<u>於七十七年二月一日前即已使用其祖先遺留且迄今仍繼續使用</u>之公有土地…（註：底線有現代財產權的時間與勞動模式之意義。）

　　第二項：或下列五種情形之一而中斷者：（強制排除但如何持續使用呢？）

（一）經公產管理機關提起訴訟或<u>以其他方式排除使用</u>。

（二）因不可抗力或天然災害等因素，<u>致使用中斷</u>。

（三）<u>經公產管理機關排除占有</u>，現況有地上物或居住之設施。…

　　其中，第一項乃原住民還持續耕作此公有土地，既還持續租用使用，未被公產機關排除者，原住民才能主動申請分配；而所有的申請實際上需要該公有土地管理機關的同意，牽涉到公有土地使用機關或管理機關是否願意放棄土地權利的問題；如果不同意，與該土地有歷史淵源者或被排除使用者再申請也是沒有辦法取得傳統土地權利的恢復。這呈現國家對原住民族土地權認知之想像。

　　比較管理辦法申請資格及增劃編保留地作業要點的申請資格差異，可以發現幾點有趣的狀況。首先，原住民要爭取被公產管理機關無故強制排除使用或占有的土地，是原住民傳統土地，乃國家法制建立之前既存占有的原住民族，但為何要取得該管理機關的同意呢？。第二，作業要點承認公產機關會採用政府或機關公權力，強制排除原住民使用既存占有的特殊土地

權利，但查遍所有政府承認的地籍簿冊或公文資料，政府不會在土地清查或總登記（如圖5-3）紀錄排除的事情，而為何政府還堅持地籍簿冊為惟一的「土地使用權源證明」文件且要求原住民持續使用才有申請資格呢？第三，公有土地才承認公產機關排除使用的情況，而保留地也會發生此類的情況，如第五章的兩件案例，但管理辦法卻定義在公有土地之外並從來不補救這類情況，呈現保留地制度對原住民族土地權利保障上是「制度欠缺」。顯見國家土地制度中，原住民土地權利的「特殊性」。

依據上述規範，政府處理原住民土地的分類方式有兩大類：原住民持續耕作的傳統土地且地籍簿冊有所登載，以及其他類。而其他類中再依據地籍簿冊有無登載作為與該土地是否有使用權源的文字紀錄證明，還再分為兩種：與該土地具有傳統淵源關係者、未受配或原受配土地面積較少者。所以，與該土地有歷史淵源但在簿冊未有登載者的申請權利，也與受配土地不足者視為同一類，都需要由執行機關的執權命令與行政裁量，判斷土地淵源的法律事實與法律適用、是否有救濟的必要。此事實認定牽涉到管理辦法的「擬制」[24]，此在法律適用的事實確定來說，已擬制「蕃地國有」、定耕農業、文字證據、私有制

---

[24]「擬制」表示一種價值觀點上的法政策決定，藉由立法之手法實現，因此，縱使有與事實相反，亦不容許反證加以推翻。原意是為了使法律能對生活關係合理的規範，而不問是否事實，對一定事實之存在，依據法律的政策，加以確定之意。其原意是為了更能夠保障人民在證據不足時法律適用時，對人民權利更完備的保障，如民法第7條對非死產之胎兒賦予權利主體的保障（王國治、徐名駒，2008：89）。但是保留地開發管理辦法的基礎卻是殖民統治概念的遺緒，以地籍簿冊為唯一土地使用權源及事實，嚴重違背憲法人格權、財產權、文化權保障與肯認多元文化之精神。

模式之價值觀，亦既日治殖民統治初期否定原住民族人格權的歷史背景與社會價值的延續。

政府這樣配置申請權利主要原因在於「蕃地國有」的殖民歷史基礎之上，先否定原住民族土地權利，將蕃地國有化並先提供機關占用與企業開發，並建權機關使用的法律基礎；之後，政府才再修法建立登記制度而私有化，致使所有土地申請在審查通過之後，都需要提送「分配計畫」，就算屬於本辦法施行前由「原住民開墾完竣並自行耕作之土地」也必須採用分配而非回復、歸還、追認模式。政府機關占用「蕃地」之合法性保障在先、原住民族取得清查與登記制度在後，這樣的法制規劃時間與順序安排，隱含政府對原住民族土地權利的認知：否定原住民族「人格權」以忽略固有土地權利，待政府創新或承認權利而依法重新分配，原住民土地權才取得國家的承認；最終保障了「蕃地國有」的正當性與合法性。

二、國家賦予土地權利的安排

從開發管理辦法第 8、9、12 條規範申請設定土地權利條件進行時間與勞動模式的分析，整理如圖 4-2 所示，在時間與勞動的條件上以 1990 年辦法實施的時間點切割，原住民需在 1990 年之前完成召墾耕作及完成地籍簿冊開墾登載，同時要克服土地總登記之時可能遺漏登載與申請設定之前被外力排除使用的風險。因為會勘需要申請人、四鄰及與勘工作人員同時會勘與指界，並需要努力排除外來強勢力量的排除佔用以維持自行耕作的狀態，才得以申請設定土地權利。至於土地總登記之前或地籍簿冊未登載的原住民土地使用的「社會事實」，行政機關

法律解釋認爲因爲地籍簿冊未加登載，斷定爲「無土地使用權源證明文件」，故沒有調查耕作事實及保障申請之權利基礎，以「模糊規範的方式」[25]來否定地籍簿冊之前的原住民族土地權利；或採用土地法第 126、133 條公有荒地招墾用在辦法第 20 條第 2、3 款分配申請資格與第 8、9、12 條第二項對 1990 年之後的的公告程序。這兩種申請正反映了政府是以招墾公有荒地的土地權利來安排。

---

[25] 原住民傳統土地有殖民歷史、傳統文化與社會價值、國家法制設計概念與主流社會對多元文化的認知等特殊背景。保留地開發管理辦法與增劃編保留地作業要點並未多所考慮，都以「開墾完竣並自行耕作」作爲標準，而在土地法第 131、133 條定義公有荒地之承墾人必須經過申請登記程序並領得承墾證書後，一年內完成開墾工作，才有承墾的合法權利。政府並沒有顧慮到大部分的原住民傳統土地的發展情況，而原住民也並不清楚政府這種招墾之登記程序，因爲在傳統土地耕作習慣已經認爲自行耕作土地之使用權即擁有土地所有權利。更明確的說，原住民耕作的土地實施登記制度是在土地總登記之後才進行，所以土地總登記之前原住民不可能擁有所謂開墾完竣的法律事實。如果以此邏輯推論，土地總登記之前原住民耕作的權利就沒有定義及保障。

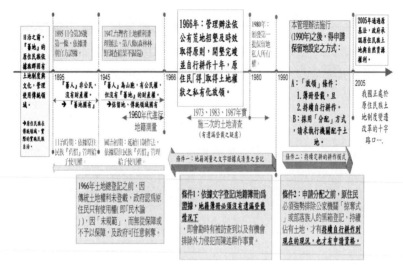

圖來源：本研究繪製。依據 1990 年修訂保留地管理辦法之申請者兩項條件(箭
頭處)

圖 4-2：圖示現有管理辦法申請設定保留地權利的時間與勞動條
件概念

　　然而，土地總登記的清查只登載會勘當時使用狀況，是靜
止且片段的、競爭土地優勢之當事人[26]陳述的、有登載遺漏可能
的、以及忽視傳統文化與社會關係對土地使用結果的影響。這
些土地使用調查之紀錄是依據會勘當時「結果論原則」的片段
記錄，竟然成為政府認定和平佔用的「法律事實」及可產生對

---

[26]原住民依據傳統土地制度佔有土地是族人共識的和平佔用。但現代國家發生
公產機關強佔原住民原墾土地，在當時是無法制止。土地調查陳述的「部份」
當事人，表示曾經發生類似上述土地競奪的結果，優勢一方佔有土地的陳述
結果。也此登記的結果得到國家法律適用與土地權利保障。這就是自由主義
保障個人權利下弱肉強食、自由競爭之結果，與法律的公平正義原則無關。

登記使用者的「法律效果」，而忽略原住民在土地總登記之前和平佔用的秩序維持是傳統社會規範與傳統土地制度。1966 年之前，國家法令只是「尊重」傳統土地使用習慣，並不限制原住民傳統耕作的狀況。2005 年之後，以國家「原基法」的立法背景與政府承諾來重新檢視，原住民族土地權的定義有很顯見的斷層與不連續。現有法令考量狀況對原住民族土地權並不完備，保障「蕃地國有」的現況而中立。

　　國家與法律執行或審判機關引用所熟悉的社會價值與制度邏輯來解釋這樣的安排是「合法」的。在增劃編公有土地與分配公有荒地在審查流程上都有相同條件，必須是鄉公所願意受理與「施捨」而「救濟」於民，且必須取得公有荒地管理機關同意下，即管理機關不需要用到的土地，原住民才有申請審查通過的可能。這模式致使原住民族土地權利是規範在管理機關的行政裁量權與管理機關沒有公共造產需求之下，原住民才有申請傳統土地權利的空間。甚至申請時執行機關可採口頭「建議」拒絕受理、依地籍簿冊沒有登載或「依法」條件不符而退件。

貳、原住民土地權利屬性與類型比較

　　政府在「蕃地國有」的認知下所「承認」的原住民族土地權利，必須藉由「施捨」與「救濟」的模式來彰顯政府德政，屬於「特權」（privilege），由霍菲爾德（Hohfeld）對應的基本法律關係來看（Hoebel，2006：46），既原住民主張傳統土地權利對於政府是「沒有請求權」（no right）。政府所救濟的原住民土地分配特權，並不是原基法所稱的原住民族土地權利，也不是《宣言》所稱的原住民族特殊（*sui generis*）集體權利。

表 4-2 整理政府現行原住民申請保留地權利的法令，就算是有
文字登載且持續耕作者，都與無土地淵源關係一樣，只有等待
分配，沒有主張土地權利的請求權。政府處理原則還是否定原
住民依傳統土地制度開墾耕作佔用土地的權利，與原基法第 20
條的「承認說」與第 23 條的「尊重說」相距甚遠，更不是彰顯
憲法增修條文的多元文化國家的目標。

　　國家依據法律的政策，將國家主權未進入「蕃地」領域之
前且已經為原住民傳統耕作的事實，因沒有現代法律效力的文
字登記資料而認定日治以來原住民只有耕作的事實、沒有土地
所有權利。國家「創設」法律解釋，依據民法第 770 條、土地法
第 133 條的「公有荒地招墾」與「時效取得」的方式（藤井志
津枝，2001：219），將未登記的「蕃地」藉由土地總登記與總
歸戶的過程建立現代法律效力的新文字證據。土地使用者作為
土地權利的設定對象，使土地使用者取得新制度的土地權利，
降低土地抗爭的可能。在法律制度延續日治時期「蕃地國有」
的法律事實而取得依法行政之合法程序，及制度相依的穩定原
則。所以，1966 年修訂保留地開發管理辦法給予使用者私有化
時，國家接續殖民時期制度發展，並不需要承認傳統耕作土地
權利來救濟原住民生計需要的山地行政作區隔，更不需要思考
傳統土地習慣與社會文化的主體性而建立現代化土地制度，甚
至否定原基法所謂承認原住民族土地權利，只要依據「分配計
畫」來統一原住民土地管理。

　　國家採用救濟式分配制度，藉由土地私有制度與定耕十年
的農業使用，分配公有「蕃地」，轉變原住民傳統土地「共有」
制度的習慣且學習現代自由市場經濟機制；但不考慮習慣傳統土

地使用模式的原住民耆老如何適應私有制度與市場經濟的族群
發展之「公益」與人權，並將分配私有化認定爲「私益」的議題。

表 4-2：政府現行法令規畫原住民申請保留地權利的
分類與制度安排

現行辦法申請土地設定權利分類	第一類：持續耕作簿冊登載	第二類：沒有耕作的情況，依據地籍簿冊或是四鄰證明等佐證資料，在承辦單位同意受理下，作成分配計畫。			
申請者與該土地的傳統歷史背景	與該土地有傳統淵源者				與該土地無關係（彰顯救濟意義）
文字證明資料	地籍簿冊有登載		地籍簿冊未登載 (四鄰證明等佐證)		
土地使用現況	持續使用	無法使用	持續使用	無法使用	未使用
「保留地開發管理辦法」之申請與審查的標準	依據第 8、9、12 條第一項申請	依據第8、9、12 條第二項申請	未規範，違法使用應先排除	依據第 8、9、12 條第二項申請	
	同＊，需洽土地管理執行機關同意。承辦單位調查後，依第 20 條提分配計畫，送土審會審查意見，送縣政府做最後核定。		先排除違法占用情況，再依法申請處理。	需洽土地管理執行機關同意。承辦單位調查後，依第 20 條提分配計畫，送土審會審查意見，送縣政府做最後核定。（＊）	
「公有土地增劃編原住民保留地審查作業規範」之申請與審查	依據申請資格之第一項申請	依據申請資格之第二項申請	未規範，違法使用應先排除	依據申請資格之第二項申請	沒有資格申請
	承辦單位調查後，洽商公有土地管理機關同意，在進行使用現況調查，提送分配計畫，輔導取得權利。(※非承認原住民族土地權)		先排除違法占用情況，再依法申請。	同※，需洽公有土地管理機關同意。	增劃編並非爲救濟使用者，與原土地不足的訴求有矛盾。

資料來源：本研究整理。虛線左邊是國家以「公有荒地招墾」分配所認知原
住民土地權。

　　另一方面，國家認為將土地開放非原住民個人或企業租用，才是部落開發與國家稅收的公益，且公益高於私益。所以，當公產管理機關或私有企業在公有保留地開發機關學校或林業、礦場的時候，保留地管理機關可以不需要考慮傳統土地的權利，排除世代開墾耕作傳統土地的原住民使用，藉由排除地籍簿冊登載項目、原住民向法院拋棄他項權利、公開租用、拒絕分配等手段，保障政府機關的用地需求、企業的資源開發。另外，公益高於私益的原則也在增(劃)編公有土地為原住民保留地制度安排中出現，因為不論申請資格第二項的五種傳統土地權利被排除原住民的傳統土地權利申請，都必須取得該土地公產管理機關的同意，也就是當該土地沒有管理機關使用的需要，才有機會分配給與土地有淵源者。

　　由這些申請資格的分析，國家現有原住民土地制度的權利配置並不是原基法與聯合國原住民權利宣言所認知的原住民族土地權利，而是政府為了救濟原住民生計及釐清「蕃地國有」下現有哪些私有地權的山地行政而規劃之「特殊權利」（privilege）。從霍菲爾德（Hohfeld）對應的基本法律關係來看，既原住民對傳統土地的權利於政府是「沒有請求權」（no right），這也就是本研究案例中，執行機關可以用「無土地使用權源證明文件」等多項技術性手段，來拒絕受理的原因。

　　進一步由保留地制度歷史來看，國家在此行政命令背後「擬制」了私有財產制保障、文明定耕農業、「蕃地國有」、企業開發「蕃地」資源的現代社會價值與法政策決定。1902 年持地六三郎意見書「唯有番地不見番人」的母國經濟發展、以服從

與文明耕作技術爲標準並創設法令制度的概念，藉由「理蕃」政策與保留地制度的法制化，而延續到現有管理辦法實現，才有「蕃地國有」與分配制度、登記制明確產權、定耕五年的文明耕作的規定。故，從殖民歷史脈絡觀察政府設計原住民族土地管理之「山地行政」核心就是「蕃地國有」的「理蕃」政策，並於附錄一整理。

　　然而，當原住民族權利入憲、原基法訂立承認與尊重原則之後，上表有關保留地管理辦法規範的原住民族土地權需要作重新的分類。如果，國家依據原住民族在殖民統治初期既保有憲法上基本人權的「人格權」保障，亦不以定耕農業作爲土地使用勞動的文明標準並賦予土地權利，而以憲法承認多元文化與財產(土地)權利的保障，參考聯合國原住民族權利宣言的25-28條有關「自由知情同意」、「歸還補償」、文化權包含傳統土地制度等原則，給予國內原基法的法律保障。據此，原住民族土地的「歸還模式」與「分配模式」作明確的區分。對於傳統土地制度下族群認同的土地權利因土地總登記而「分配」爲私有土地，而保障其傳統土地權利，但程序上需要將這類正名爲「歸還」；並將原住民申請者分成兩類，一種是與該土地有傳統淵源者，另外是土地分配不足者，分別規定兩種權利保障。原住民土地權利的分類會如下表4-3，而「土審會」的獨立調查審查機制與原基法規範的土地糾紛調查與處理機制會是重要的改革對象，而四鄰證明也需要明確陳述歷史證據並負不得僞證之責任，提升耆老口述證據的證據能力與文字證據相當。

表 4-3：國家承認原住民族土地權後的
原住民族土地權利分類與制度安排

現行辦法申請土地設定權利分類	第一類：持續耕作簿冊登載		第二類：沒有耕作的情況，依據地籍簿冊或是四鄰證明等佐證資料，在承辦單位同意受理下，作成分配計畫。		
申請者與該土地的傳統歷史背景	與該土地有傳統淵源者				與該土地無關係（彰顯族群生存需要之意義）
文字證明資料	地籍簿冊有登載		地籍簿冊未登載 (四鄰證明等佐證)		
土地使用現況	持續使用	無法使用	持續使用	無法使用	未使用
兩公約與原基法的申請權利分類	第一類：基本法公約宣言，國家承認原住民族土地權利，依傳統習俗、文化與價值觀，應確立人民權利基礎與順序，調查事實並回復、歸還、補償土地。				第二類：族群自治政府依據生計需要，分配土地，積極山地行政。
承認原住民族土地權利下的財產配置原則	確認調查事實之權利保障的目標，在於原住民族集體權利的重新確認。並規劃土地制度設計與步驟。各族群重建傳統土地制度與權利的現代意義與價值，依族群發展定義未來財產配制的規則與順序。據此權利優先順序及規範土地調查事實之內容，並確認權利斷裂的過程、狀況，進行補救。				政府承認原住民族主體性及土地權，依族人生計使用族群共有公有土地。救濟對象的確實需要，輔導被救濟者的資源有效利用與改善現代社會適應。
土地歷史調查、資源配置與制度成效的工作規劃	調查土地歷史，採用「回復/歸還」原則，勿以「分配」為手段。	重新確認法律事實證據基礎，耆老口述及佐證都有「證據能力」，且建立獨立調查機關確認「證據力」強弱。強化原基法第 20 條調查機制，保障傳統與現代的權利轉換。			自治政府主導、四鄰證明的證據責任，土審會的調查獨立性，輔導土地利用的落實。

資料來源：本研究整理。虛線左邊是符合原基法之原住民族既存占有傳統土地權利的主張。

　　比對上述兩種原住民族土地權利的分類表格，我國原住民土地制度正處於「舊法未修、新法不起」的尷尬轉型期。為達到原住民族土地權利的法律保障，國家與原住民族需要依據多元文化的憲政協商原則，排除強制性制度變遷，將多元文化的四個核心價值：正義、平等、差異與寬容的政治思想落實在協商機制與制度變遷之中。首先，重新確認現代法律對於原住民族財產權的存在空間，也就是憲法第 143 條土地政策規範「土地所有權」，擴大解釋包含部落共有制或私有制共存的機制、並在增修條文的原住民族專章明確原則。民法物權篇第 757 條「物權法定主義」修正以「依法律或習慣」的部分，藉由原基法、土海法(草案)、原住民族自治法中，將部落共有制與個人私有制的共存機制作規範與實務性的確認，而需要肯認多元文化、保障基本人權、族群主體發展需求的協商原則。土地法第 10 條在國有土地、私有土地之外，需考量前述民法 757 條擴張物權解釋，對傳統土地制度可能的土地所有形式的保障，並落實調查處理機制、依據登記主義保障原住民族土地權利。從土地財產權利的比對與分析，傳統土地制度與現代國家法律並不必然衝突，並得以在最大的協商共識與最小的法律變更下完成。

參、國家原住民土地制度的影響

一、太魯閣族人土地主張行為變遷與傳統規範的剝離

　　在第一節介紹國家與原住民族文化接觸之後的土地制度歷史，而本節前兩段介紹我國原住民土地制度與政策的現況。這樣的現代國家的財產權概念，在時間、勞動、生態等核心概念

的介紹在下一節介紹。本段介紹現代國家帶領原住民族進入現代社會，對太魯閣族社會發生甚麼影響與社會關係的轉變呢？

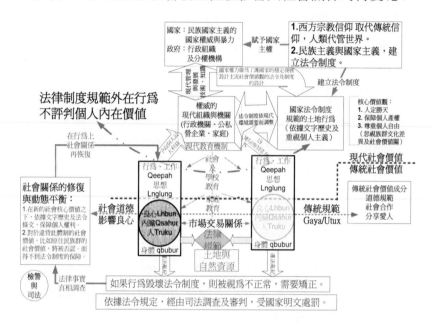

圖來源：本研究繪製。修改自圖 3-6 太魯閣族世界觀與土地資源管理架構

圖 4-3：國家建立原住民土地制度後之太魯閣族人在傳統與現代的剝離

　　我們藉由圖 3-5 的太魯閣族 *Utux* 信仰與 *Gaya* 規範的世界觀、人觀、社會關係的組織運作的角度，將現代國家與社會組織取代太魯閣族社會傳統組織的部分做整理，西方宗教信仰取代傳統 *utux* 信仰的地位，民族主義與國家主義重新定義國家主權滲透到「蕃地」與部落的領地(土)，想像的共和國藉由三權分

立的政府組織將立法取代 *gaya*、行政取代頭目耆老、司法取代
祭司與 *utux* 的監督，而可以得到圖 4-3 的調整。太魯閣族社會
在進到現代國家之後，傳統社會價值在現代國家組織運作中排
除在國家法律的範圍之內，甚至民法所稱的依據「習慣」尚未落
實，在族群社會內部被邊緣化成傳統社會道德規範的位階；甚
至主流社會的西方自由主義與資本主義的財產權概念建立的法
律制度否定傳統 *gaya* 規範與土地習慣，而現代自由主義社會價
值也忽視傳統社會互惠道德價值並發生衝突。

　　現代國家與社會主要建立在專業分工、財產明確、市場經
濟的基礎，發揮人類組織能力、有效累積資本，其中貨幣使市
場價值容易藉由「看不見的手」訂立價格、生產者有效流通商
品、資本家積極累積資本。現代社會也發展科學知識與生產技
術，而肯定人類的能力可以完全控制自然的「人定勝天」概念；
對人性尊嚴的價值由封建社會與宗教束縛中解放，而發展出尊
重個人自由、保障個人財產的民主概念。對於太魯閣族社會文
化來說，人定勝天的概念取代了「敬天」的概念、尊重個人自由
將「愛人」的概念淪為救濟式道德、保障個人財產強化為積極累
積個人資本而忽略整體生態平衡的「惜地」概念。太魯閣族傳統
社會價值，「敬天」、「惜地」、「愛人」，在現代社會價值衝突的
情況下分離，並只是偶爾地影響尊重傳統文化族人的良心，並
不能強制地規範族人的市場經濟行為。因為國家法律只規範族
人的行為是否合法，並不會對個人價值觀念有所強制規範。而
族人土地資源的配置，也由現代國家法令申請分配而取得現代
國家法律與自由市場確認的所有權；法律依靠國家的強制力取

代了 *gaya* 規範，重新建立「人定勝天」、「尊重個人自由」、「保障個人財產」的社會核心價值，規範族人在國家土地制度的行為。

現代國家依據日治殖民「理蕃」政策與森林事業計畫的「蕃地國有」概念、延續並建立保留地管理辦法，但「蕃地」的土地使用還是依據「舊慣」，直到 1966 年實施公有荒地招墾之分配與土地總登記之工作，原住民族人才在土地清查、測量與交易過程發覺現代土地制度的差異。管理辦法的法令制度規範原住民主張土地權利的行為，在否定原住民族土地制度與固有傳統土地權利，依據土地使用者登記設定的概念。原住民可以藉由合法為理由，在國家保障依法登記的行為以及傳統 *gaya* 約束良心之間的落差，「千萬次微小的反叛」傳統規範，而取得西方財產權概念的土地權利，使原住民族主張土地權利的行為與傳統規範發生剝離。

二、太魯閣族族人世代間主張土地權利行為的變遷

對於太魯閣族人的社會關係來說，上述的社會核心價值的轉變經過一段轉換的過程，時間大約在 1960-70 年代的地籍測量與管理辦法的分配而私有化修訂的時期。依據耆老陳述，傳統土地制度下以豬隻雞隻交換土地的交易行為在此時期還進行。1970 年代之前，族人依據當面的口頭協議交易土地，是在 *utux* 信仰與 *gaya* 規範的監督進行，也就是言語與行為合一的時期，本研究簡稱此時族群財產制度與族人的土地交易行為是「言行合一」時期。

當國家完成土地清查、建立分配原則的法律制度、並登記制管理之後，族人的土地權利明確並容易在市場上確認其貨幣

價格。另一方面，族人只要依據分配申請、文字登記而可以忽略傳統尊重口頭承諾的約束，並得到土地所有權或在市場交易轉換為貨幣價值。熟知現代土地制度與取得未登記土地訊息的族人，會在個人理性(自利)與經濟(最大化)的原則下，忽視傳統土地制度下的其他族人權利或是原先的口頭約定，爭取現代土地制度下合法的最大利益。這使族群社會進入「文行合一」的階段，只要依據法律取得文字證明資料申請分配土地權利的行為，其中文字證明包含可以變造傳統耕作事實而行政裁量確認的四鄰證明。

　　筆者（邱寶琳，2009）整理國家原住民土地制度變遷過程，進到原基法所稱政府承認原住民族土地權，在符合憲法基本人權、聯合國宣言的自由知情同意原則與歸還補償原則之後，有關該基本法對原住民族土地使用事實調查與權利安排的習慣，將進到文字登記、口述歷史與主張土地權利的行為，三方面要一致的情況，也就是進到「文言合行」的階段。一方面文字登記保障財產權的邊界，使土地財產在自由市場可以有效率的交易與流動到需要土地族人手上，並強化有效利用的行為；一方面也尊重傳統文化規範族人重視口頭承諾與檢視自我慾望，而重視口頭承諾的規範、藉由族群文化降低交易成本；文字證據與口說證據在新原住民土地制度都取得法律「證據能力」，且建立獨立調查機關確認「證據力」強弱，並規範土地財產的配置行為。上述整理原住民土地制度變遷對族人主張土地權利行為的影響，由主張傳統土地權利的行為（「行」），是依據口頭約定（「言」）或文字歷史（「文」），來分析太魯閣族傳統

土地制度變遷。大致可以分為三個時期:「言行合一」、「文行合一」及「文言合行」。如圖 4-4 示。其中,在多元文化下,「文言合行」口傳證據與文字證據有相同「證據能力」。

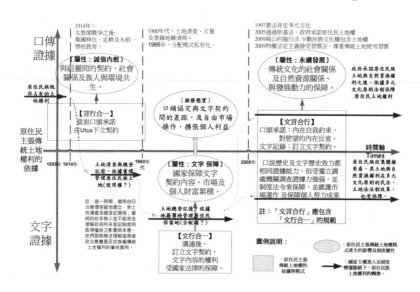

圖來源:本研究繪製。修改自(邱寶琳,2009),紅線表示原住民土地權的變遷

圖 4-4:國家土地制度影響而改變太魯閣族人主張傳統土地權利依據的三階段

　　筆者在不同世代的報導人訪談過程也呈現以下的情況:70 多歲以上的耆老會很明確的交代自己傳統土地耕作的經驗,並強調先佔權、禁止侵犯的傳統規範,呈現「言行合一」的態度。但 50 多歲的族人接受現代教育及私有化分配的過程,也認知耆

老傳授的族群傳統土地規範，但認知依法申請取得土地權狀必受法律保護，而取向「文行合一」的土地權利主張與行為。而40 歲以下族人在專業領域與傳統土地耕作脫離、或還未繼承土地權利的身分，無法由經驗回應傳統土地制度的族群文化意涵等問題，對於傳統土地權利概念甚為模糊或發生斷層。筆者必須強調，不同世代的原住民是重疊生活在同一個國家制度變遷、社會現代發展，而耆老從族群文化與舊慣是無法理解國家法律制度的意義，而青壯年族人從現代教育與市場經濟生活也不太容易詮釋自己族群文化下的土地制度。

從國家原住民土地制度規範族人行為也發生此三階段。日治時期到 1966 年實施私有化與測量登記之前，政府還維持尊重舊慣之「言行合一」，使原住民族傳統土地制度得以在現代國家維持運作。登記制與私有化分配進入「文行合一」時期，且當前原住民土地制度正處於成熟而弊端顯現，並未跨入「文言合行」階段；此時最大弊端在於保留地管理完全依靠職權命令、行政裁量權管理，結合欠缺追訴偽證責任的四鄰證明，使地方政治勢力藉由民主選舉進入保留地管理機制，主導保留地的資源配置，抹煞原住民族依據傳統土地制度的權利主張。管理機關將最有經濟價值的保留地，藉由拒絕分配方式，統一歸屬政府機關使用，甚至採用救濟式分配將土地轉移到參與管理制度的原住民菁英所有。「文行合一」時期的部分熟知分配規則的原住民菁英與地方勢力結合，改變了其對傳統土地制度之共善價值的堅持，而在行為上接受合法追求個人最大土地利益的主張，既使違背傳統社會價值。下一段進一步分析國家原住民土

地制度變遷之後，在新制度經濟學有關「制度相依」與「諾斯悖論」的情況。這也正是目前政府承認多元文化觀點及發現過去國家土地政策損害原住民族土地權利，但無法跨入「文言合行」之完備修法，使土地制度依舊無法保障原住民族土地權利的尷尬階段。

對於我國原住民族土地制度由「文行合一」跨入「文言合行」階段，此原住民族土地制度是為誰的需要、如何的核心價值、現代政治組織與政商關係對制度安排的影響等問題，必須做通盤的理解規劃，立法建立傳統土地制度並不一定解決原住民族土地權利保障。郭佩宜（2008：168）藉由研究所羅門群島1978年獨立之後，採用所謂「傳統土地制度」建立法庭體系，忽略原來文化特性、人為操弄註冊而私吞土地、菁英與特殊政商關係者得利等弊病，也無法「保存傳統」之提醒。本研究也認為，進入「文言合行」階段時，在此制度轉變過程中制度設計並不一定完備下，而參與法律執行者或部落菁英如何面對「流」到手邊的權利誘惑之問題。而國家建立原住民族土地權利保障之協商平台後也象徵進到「文言合行」時期。原住民族在「文言合行」時期，必須面對之前遺忘的「言行合一」時期土地權利、包容接納「文行合一」時期的土地權利取得的矛盾。尤其參與保留地管理機關行政工作的原住民菁英，需要更大的勇氣面對協商平台的討論與制度的變遷。筆者認為，任何人只有藉由重新尋求真相 *balay* 並願意接受 *psbalay* 調解的態度，才有機會使此協商平台運作，而不需要再過度的批評與指責，並作為保障基本人權的歷史學習。

三、太魯閣族傳統土地制度與現代國家之社會價值的整合

太魯閣族傳統土地制度在「文言合行」的階段要如何與現代專業分工社會與自由市場經濟結合？這就是在本研究提問的圖 1-1 所陳述的問題。傳統土地制度在其傳統社會文化脈絡存在固有的社會共善價值；當太魯閣族進入現代生產技術、貨幣制度與市場經濟活動之環境時，自由資本主義保障個人財產並追求最大利潤、同時刺激社會進步。太魯閣族社會對於傳統土地是家族、族群的根、文化與生命延續的概念，將回到原生論的觀點？還是完全放棄傳統文化而接受現代化進步的定義呢？還是尋得基礎的共同價值做為最大公約數加以整合發展呢？不論答案如何，本研究必須強調：即便國家不承認原住民族既存占有傳統土地權，但不表示原住民族此權利已經消失或未曾經在耆老或族人生活上發生或存在。

Anaya（2008）針對《宣言》執行狀況提出的年度報告，指出《宣言》重申原住民族的具體權利是固有的，不是國家創設而賦予的，而且是「糾正歷史上剝奪原住民族自決權以及⋯其他基本人權行為而持續至今的結果」。簡明之，《宣言》例舉的項目只是全世界原住民求生存、維護尊嚴和謀求幸福的最低標準，既基本人權的內容（第 43 條），其中也包含國家主權完整與原住民族土地權利的主張。兩者並非對立而是互相補充以完整。現代國家原住民土地制度基本上也是在法制保障原住民族土地財產地權利。兩套土地制度最基礎的共同價值就是尊重基本人權，而不在於預設西方土地所有的形式或管理模式。

另外，經由族群社會文化脈絡分析太魯閣族傳統土地制度

也包含家族（個人）所有的概念，而在社會文化發展互惠關係下，形成與共有制混合的財產權配置模式。現代國家土地制度採用個人所有的概念並不是完全衝突，而是在時間與勞動概念是有為共同的生存保障為優先目標、或個人所有財產的最大化及追求社會進步為優先目標，在這樣的社會價值層次發生了優先的差異性問題。所以，原住民族承認現代土地制度的生產技術與自由市場經濟存在優點而不需要完全否認之；只要回到共同為保障原住民族的基本人權出發，藉由保障多元的法定物權形式而取得統合的機會。傳統土地制度的社會價值將如何與現代土地制度之社會價值整合的問題，會在原住民族政治參與的公開協商過程中，取得解決之道。這部分的討論留待第五章第三節探究。

肆、制度相依與諾斯悖論

在實務上，1948 年建立保留地管理辦法之後到 1960 年代完成保留地清查與地籍落戶之前，政府還是維持原住民開墾耕作傳統土地使用權利；理論上當進行清查與總登記時，原住民傳統土地權利會因此得到登記而保障（參考附錄十一 ）。但原住民族土地權的核心問題在於：當時的土地清查是在否定原住民族土地權及西方私有財產制度的基礎，並未防制遺漏登載與欺騙誤載。更重要地，公營事業與公務機關會以公權力來強制排除原住民使用傳統土地，而且不會有文字登載。當國家重新承認原住民族土地權及宣告多元文化原則之後，這些都應檢討。

吳樹欉（2000）探討原住民族土地財產權制度變遷之研究，

認為「資源擷取」、「政權鞏固」及「制度相依」三個要素，解釋了國家原住民土地制度的變遷，承認日治殖民政府是基於掠奪山地資源的「理蕃」政策，依國家暴力潛能強制推動保留地制度。國治時期國家延續保留地制度，是制度相依的關係，使建立制度成本越小。如果國家以「資源擷取」、「政權鞏固」為目的，藉由「制度相依」的原則計算來科學化兩項目的之合理性與合法性，國家在文化接觸之初將原住民族與「蕃地」納入主權領域管轄，而不承認其人格權以剝奪其財產權，完全失去憲法保障人民基本人權的國家責任。國家的制度設計是需要長遠規劃的，百年前的殖民統治套用了法實證主義的國際法概念否定原住民族的政治主體性，甚至否定了原住民社會文化與土地制度。如今也由殖民國家的資源掠奪發生國際勞工、人權問題的反省，重新確認原住民族土地權利的承認、歸還與保障。這將是一連串否認原住民(族)基本人權的制度相依後，需要為維護基本人權而進行制度變遷。

　　制度會隨著人類對生存價值的認知而變遷，制度變遷的發生是可以預期的。如果國家採用制度相依的原則作為降低制度變遷成本的考量，此相依的基礎必須在於「基本人權」的保障，而不是制度現況本身。此變遷過程如何避免造成人民權利的斷裂與非線性變遷，是現代國家存在的目的。如果，現代國家在殖民時期確認原住民族會有文明化、現代化的一天，在土地制度的設計上應看到國家要為三、四代之後的原住民族的族群發展需要而規劃制度。以保留地制度變遷的歷史看，日治時期國家在「討伐蕃人」之後沒有建立協議與權利保障，甚至否定基本

人權的過程，國治時期的「制度相依」而將「蕃地國有」法制化，使原住民失去傳統土地權利、族群文化、主體發展資源，符合當時較低交易成本的制度變遷。百年之後，國家進入多元文化的社會價值階段，國家與人民需要花多少的資源成本來就既殖民歷史之惡以及修正歷年「制度相依」之惡呢？所以，制度相依的基礎應建立在正確的、長遠的社會價值，既人性的尊嚴、以及由此而發展的基本人權之保障，而不是制度執行者的慣性或制度形式本身。

　　胡樂明、劉剛（2009：99）整理「科斯第二定理」指出，因為現代社會與市場實際的交易費用為正，「合法權利的初始界定會對經濟制度運作的效率產生巨大的影響」。更指出「權力的界定是市場交易的前提」。以此觀察，日治時期國家以「蕃人」未服從以及沒有文明定耕技術，而在「討伐」之後拒絕賦予一般公民資格、也不保障土地財產權利，「蕃地」被歸為國有，「蕃人」被集團移住到 15%「蕃地」的保留區。原住民族失去土地合法權利的國家初始界定，是原住民進入經濟制度且失去土地權利之最有效率的制度安排。國治時期國家以土地私有制為唯一的合法財產權利安排，「制度相依」原則再次在法律上確認「蕃地國有」的財產權安排，期間民族學與土地行政研究提供了原住民土地所有為共有制且沒有私有權利概念的背書。1966 年修訂管理辦法時，國家延續「蕃地國有」政策並以分配原則私有化的強制制度變遷方式，引導原住民由傳統社會財產權概念進入自由市場經濟活動，這樣法制化的制度安排使原住民族土地權被定位在「救濟式」的「特權」，而不是承認傳統土地權利，失

去承認原住民族土地權及請求歸還的法律基礎。國家安排這樣殘缺的財產權利與制度，不是原住民族土地權利在市場經濟的有效率安排，對原住民族原有傳統土地制度維繫資源配置的機制也產生破壞。從原住民土地制度變遷顯見國家制度安排資源配置的重要性；制度相依只是國家忽略建立制度原先服務對象的權利主體需求、而保障既得利益的權利主體。

　　另一方面，科斯也進一步推論：在不同的經濟、法律環境下，外部性問題存在不同的解決辦法，所有的解決辦法都有成本，問題在哪種辦法的成本相對低（同上引：100）。國家在文化接觸之初面對原住民族的狀況，是原住民族需要由傳統社會進入現代社會的適應過程與法律權利的過程；過去面對如此，現在也還未完全解決。國家在原住民土地制度建立的過程經歷日治殖民時期的「資源擷取」、國治時期的「山地平地化」、「社會融合」的同化階段；現有保留地管理制度在服從國家、文明標準、「蕃地國有」的政府認知下，國家對土地使用人分配權利或許是山地行政最低成本的制度變遷，但對差異族群文化的原住民族卻未必如此。原住民族原先符合 Ostrom 成功自主組織與治理的集體行動之傳統土地制度與文化將被弱化，而太魯閣族固有傳統土地權利雖「合法」化的轉換為救濟式分配權利，但此轉變過程對原住民族土地權及財產概念是不正當與非正義的。

　　當憲法增修條文藉由原住民族建立多元文化族群關係、原基法也承諾政府承認原住民族土地權之後，這些新的社會共識在經濟、法律環境重新定義了外部性的評估標準：依據多元文

化的視角確認傳統土地制度並非制度欠缺，原住民族並非失去
人格權的山林野獸，遭受國家只承認土地私有制的法律限制、
衍生市場經濟發展的外部性問題。當人類生存的價值重新被確
認，國家評估原住民土地制度的外部性問題也做調整，則現有
國家原住民土地制度是屬於明顯的制度欠缺，而低成本解決外
部性的辦法也將回歸多元文化觀點與基本人權保障的社會共
識。

　　再者，就實際執行制度的組織成員也會發生文化衝擊的問
題，甚至產生「諾斯悖論」、「內部化殖民」的情況。日治時
期「蕃地」就被排除在一般行政區之外，1895 年 10 月日令 26
號「官有林野及樟腦製造業取締規則」第一條依據（清朝）官
方證據及地契規範，使「蕃地」所有權利與「蕃人」分離。1900
年 2 月律令第 7 號「關於佔有蕃地之律令」禁止漢人佔有「蕃
地」的規定，使「蕃地」成為總督府特有的資產（引自顏愛靜、
楊國柱，2004：335）。光復之後，保留地管理執行漸漸下放到
地方自治的鄉鎮市區公所層級來運作，在分配放領機制確認之
後並設置土審會機制來審查，不論是公所主管或承辦人員、土
審會的委員已經讓原住民菁英及耆老參與原住民土地權利的分
配工作，而這些原住民菁英在新制度忽略傳統土地制度與權利
下「依法行政」。報導人 B1/A2 耆老沉痛指出：

　　　我們真正 Truku 的人不會任意侵犯族人的土地，gaya
　　要求尊重並多詢問，沒有這樣子。很遺憾，這些部落
　　的菁英分子進到鄉公所、議會之後，學習外來政權的

> 作法，利用法令，認為先登記別人沒有登記的土地、
> 領到權狀，土地就是他的了。但是，他們根本上侵犯
> 族人土地，已經不堅持傳統 gaya，很多都是將土地轉
> 賣給企業財團或是國家公園機關拿去使用，換得補償
> 金，變得富有了，不是真的愛惜土地。Truku 菁英學會
> 這些之後就很會拿別人的土地。（參考附錄七）

部落菁英在進入現代救濟概念的分配式土地制度，引用比傳統土地 gaya 規範還寬鬆的國家制度，在規範行為與約束良心的差異間，合法地反叛傳統土地制度，並成功地取得利益。Kasper & Streit(1998)在研究觀察社會的內部制度被外部制度影響中指出：觀察的社會內部，其制度會通過「千萬次微小的反叛」而得到改正（改變）。當國家新土地制度形成族群社會內部受益於此新制度的益處明顯之時，該新制度會被內部更多人採用；且當認可這規則的人數超過一個臨界，則該規則會變為一項內部新制度，並與傳統土地制度在族群內部發生衝突，甚至導致文化的演變（引自官大偉，2002：99）。參與國家保留地制度執行的部落菁英在賦予工作角色與山地平地化的教育培育下，會依據管理辦法與土地登記制度執行保留地分配任務。當現代保留地管理制度進行公共造產或出租土地於機關企業的公益使用的時候，參與的部落菁英即便認知到傳統土地制度與權利受到損害，還是會依法保障公益，因為新制度在國家強制力下保障了合法申請者的權益，而大部分依據傳統土地規範使用者也順帶受益，取得土地權狀。這些部落菁英會對忽視傳統土地權利，

執行國家保留地制度得到合理、合法、合情的理由，甚至在顧念國家或管理機關的集體利益之時，也會依法保障管理機關的利益，而忽略新制度原先是為了保障原住民族土地權利的理想目標，也就是「諾斯悖論」的情況。當國家土地制度保留日治殖民時期「資源擷取」的目標，並且用合法化包裝合理化、中立化，這些部落菁英也莫名地成為國家「內部化殖民」的一環。所以，李紅櫻耆老憂心族人自己放棄 utux 信仰、毀壞 gaya 規範，而「太魯閣族世界會毀壞」。

　　進一步來看，太魯閣族傳統土地制度近似現代的私有制，大部分的土地使用者其實也是傳統土地的所有者。在國家土地總登記之時，傳統社會內部的土地制度原先在測量、登記、清查、分配的過程並沒有太大的衝突；只有在未登錄土地、忽略清查與登記程序、被公有機關強占的部分予以模糊化而國有化的空間。這些「模糊的」是對國家土地法規誤解原住民族土地財產權而言，使得土地也成為部落菁英可以依「法」「多次微小的反叛」傳統土地制度與 gaya 規範的部分。在制度變遷過程，族人對於新制度規則的認知與訊息不對稱，而參與或熟知國家保留地分配制度的部落菁英有機會在合法的程序下，登記原先與自己沒有傳統土地制度權利關係的保留地，甚至會侵犯其他族人傳統土地的權利，使負有土地經濟價值的保留地藉由救濟式分配方式，或依據地方政治運作而集中到少數部落菁英的手上。「諾斯悖論」與「內部化殖民」的兩種情況會在民主選舉的機制下，結合地方政治生態，主要是公共造產的工程款、申請設定資訊與權利、機關或企業開發周邊土地的設定申請等，發展

出奇特的保留地管理制度的政治經濟運作。這些情況可以在第五章介紹的土地糾紛案例，以及原住民族土海法草案改革中呈現。

第三節　國家原住民土地財產權的核心概念

國家原住民族土地財產權利的概念，從前兩節的介紹得知，其包含了兩個主要背景因素：第一，是日治殖民歷史的「理蕃」政策，使「蕃地」合法地國有化；第二，是國治時期採用現有法律解釋法治化，「創設」分配方式私有化保留地權利並大部分「蕃地」保留國家機關管理或私人企業開發。第二部分隱含了現代國家土地財產權的核心概念，既完全私有制。從現有法令的內涵可以知道是延續於憲法保障私有財產制度並在民法、土地法與相關行政命令實踐。據此，原住民土地相關法令勞動、時間條件式採用西方財產權概念，並且在殖民歷史脈絡下確認國有土地的概念而安排的土地權利配置。

壹、現代財產權的核心論述：依法登記的時間與有意義的勞動

一、國家的承認：「理蕃」政策下的保留地制度之使用權，而非固有權利

第三章針對原住民族依據傳統土地制度與社會文化，分配、管理、使用傳統土地是無法否認的事實。但是私有制的原

住民或共有制的部落擁有傳統社會承認部落領地的土地使用權利,其時間是遠早於現代國家在 20 世紀初以武力進入之前。但現代國家藉由以下方式否認原住民擁有國家法律承認的土地先佔權利。

　　日治時期,1895 年國家以日令 26 號第一條,採用清朝文書證明資料或地契來確認,既有無「確實證件」,並時限內完成登記以法律保障。但日本政府似乎遺忘了自己在馬關條約之前曾經在牡丹社事件,對於「蕃地」是否屬於清朝領土所提出的質疑。1902 年,持地六三郎的「意見書」重新由發展本國經濟的殖民目的為根本,將「生蕃」的法律地位由何時順服國家並且達文明進化程度來決定,而其財產權保障藉由國家承認或法律創設來重新確認(引自林淑雅,2007:70)。但是,此時國家也投入大量人力資源,以人類學、民族學方法調查原住民族「舊慣」,而且原住民族還是可以依據傳統土地制度管理、使用,但不具法律效力。國家只承認此「理蕃」政策發展下的保留地制度與土地使用權利。

二、登記的時間:土地總登記之後的公有荒地招墾並開墾完竣之時間

　　國治時期,原住民族可以依據傳統土地習慣使用、交易傳統土地,直到 1958 年才開始進行保留地編查工作,並預備未來適時賦予原著民土地所有權之依據(李亦園,1983:114)。而此土地調查的原則是以該土地使用者來判斷,對於休耕土地、租借土地的情況,以及傳統土地制度的適用問題,都不予以考慮。黃應貴認為此土地調查使原住民族改變了土地使用的習

慣，尤其是休耕地、獵場及公有制規範（藤井志津枝，2001：218）。同時，這些調查的文字資料作為國家承認原住民使用土地的證明文件，既保留地制度的「土地使用權源證明文件」。1966年修訂的管理辦法採用土地法第133條公有荒地招墾的法律解釋之後，國家將公有保留地進行分配。保留地使用者的編查紀錄成為文明模式勞動的時間紀錄；並作為修訂私有化所有權之土地使用的登記時間。之後，陸續作的土地清查工作也以此資料為基礎，而清查的地籍簿冊來確認法律上原住民開墾公有荒地完竣的時間記錄；即採用地籍簿冊的登載，來否定原住民依據缺乏文字記錄的傳統土地制度開墾耕作。所以，國家以使用者為對象直接紀錄耕作的勞動者，代表國家在「承認」原住民可以擁有所有權能力之資格，並藉由創設法令的解釋，重新「擬制」土地先佔時間點與法律適用，並技巧地避開原住民傳統土地權利的爭議與事實。基於公有地招墾的論述，國家承認的原住民族土地權利是「蕃地國有」後，施捨原住民而分配的結果，並不是原基法、聯合國原住民權利宣言所承認的原住民族土地權利。原住民財產權的登記時間在法政策上擬制的價值觀就是殖民時期否認原住民人格權的政策、「蕃地國有」以及「制度相依」的結果。

　　保留地開發管理辦法在第8、9、12條只說明原住民在1990年本辦法施行前開墾完竣，作為有效勞動的時間點參考，其中開墾完竣的事實確認就是上述的地籍簿冊。管理單位依「法」會勘時，才能認定為「耕作事實」並記錄成法律承認的文字證據，致使土地清查時的調查登載才有「法律事實」的效力，並

產生與「社會事實」及傳統土地使用「規範」相異的事實詮釋。
於研究案例中就呈現這種情況，管理單位強調法律所承認的土
地耕作事實，必須依據法定程序記錄的文字證明文件，成為有
法律效力的行政依據。執行機關認定原住民自行調查提供的空
照圖、耆老口說歷史等等佐證資料，只能作為行政「參考」，
沒有行政依據，甚至視若無睹。這樣的法律適用發生法律上事
實確認的問題：在此土地管理的模糊地帶，審查單位的行政裁
量將主導「法律事實」的判斷及法律的解釋，甚至否定耆老口
說歷史與傳統土地使用習慣。這樣會造成原住民耕作土地的整
個事實，如果是在簿冊登載之前發生，可能被忽略而不受保障，
甚至歷史真相可以合法的扭曲為法律所承認的且簿冊登載的部
份「事實真相」[27]；更甚者，簿冊登載內容也可以用行政裁量、
假糾紛等技術性地忽略，而無法保障。尤其，當公產管理機關
需要使用該土地或不願意放領土地時，管理兼審查機關的行政
裁量權將優先保障公部門的土地使用權利[28]，且「得」忽視未被

---

[27] 如果我們理解國家權力介入原住民土地變遷歷史及制度脈絡，也認識多元文
化下傳統土地制度的社會關係，當管理機關把原住民土地使用的紀錄作為
法律承認的唯一「事實真相」，這個事實就像「駭客任務」（The Matrix）所
提的完美無知的美麗新世界，受現代教育的原住民也理所當然的接受這一
個「事實」。而原住民耆老所記憶的耕作事實，也只是被遺忘的「歷史傳說」。

[28] 新制度主義經濟學對於國家原有的角色會發生兩難及部落精英產生異化的
情況，提出「諾斯悖論」（North's Paradox）（王躍生，1997：110-112）。國
家執行代理人的功能，提供界定產權制度的基本規則，藉由國家權力構成
有效產權安排和經濟發展。另一方面，國家權利的介入常常又侵害個人產
權，危及有效產權的安排。甚至，國家發展出某些行為，取向使國家機器
及其個人的利益最大化服務。國家也就可能常常出於私利而建立和維持無
效產權安排，為上層統治者的個人利益或主流社會的共同利益，從而造成
所有權殘缺，導致無效產權、經濟衰退、人權侵害。

簿冊登載的耕作歷史或社會事實。

三、有意義的勞動：定耕農作的文明勞動

　　開發管理辦法第 8、9、12 條的開墾完竣、完成造林、原有自住房基地，表示原住民有「使用」土地的能力，而第 17 條強調「持續自行經營或自用」[29]既表示原住民已經放棄山田燒耕的游耕模式，養成定耕農業的文明進化的習慣，產生土地所有權的概念，並得以文字書面登記、管理或交易，乃洛克（Locke）式之市場勞動價值及有意識的定耕農業的勞動模式。針對有意義的勞動，政府重新認定原住民必須自行耕作且使用十年，既設定為原住民定耕農業的文明標準，乃符合西方市場勞動價值的財產權利基礎。藉由這項標準，國家也得以否定傳統土地使用的勞動模式。

　　管理單位審查申請案時，要求原住民以維持自用耕作的狀態，作為和平耕作之法律事實證明。但在傳統社會的土地租借或交易關係，也可能有休耕輪作、多重轉租或共同使用情況，自用耕作只是其中一種局部事實[30]。而原住民當時的耕作技術為結合整體生態平衡的自然耕作方式，比如在河川地配合汛期帶來肥沃的泥土、在山林土地配合地力消耗而休耕等，進而發展出共同協商重分配河川地、或山田燒耕地休耕輪作模式。國家

---

[29] 原住民要府合辦法規範，要有三個條件：以個人為單位申請，過去佔有，目前持續耕作。但持續耕作佔用之歷史與傳統社會規範之權利基礎並不重要。

[30] 私有財產權及集體財產權都無法涵蓋原住民族土地財產權制度，而兩者關係並非對立排斥，且非線性關係。以臺灣原住民族土地財產權概念，在傳統文化脈絡下，是同時包含兩者的組合，而各族群呈現多樣貌的存在與運作（林淑雅，2007:2）。

否定了原住民的土地勞動模式，這情況顯示政府「保障」原住民族土地權利的法令制度，其實不是為原住民族需要設計的。甚至，在研究案例可以發現，『行政程序法』所謂調查土地耕作之事實真相的原則，也將被規範不清的現有原住民土地管理法規與作業要點所衍生執行機關的行政裁量權所扭曲。現有原住民土地制度處理原住民族土地權利轉移的過程，其耕作事實的「法律適用」在認定基礎是擬制文明定耕、依法登記、國家創制傳統土地權利的法政策與價值。

四、土地勞動的價值：自由市場經濟價值與現代發展模式來評估

　　綜合前述，現代國家參考西方財產權理論所認知的原住民土地制度，在文字登記時間、現代定耕生產的文明勞動，並在自由市場交易的價格來評估土地財產的經濟價值。國家現代土地制度確實因文字登記而產權清晰、易於市場經濟活動，激發族人依法追求最大利益的動機，間接促進社會的整體發展。現代國家的原住民土地制度定義最適配置的指標是以個人或企業之經濟活動主體為準，而其他族人的生存與生存環境列為次要條件評估，使土地經濟價值與整體生態平衡的概念作了管理技術上的分離。國家在開發階段可以開山造路、砍伐數百年的森林、開放礦石企業開發、開闢耕地等多功能的經濟開發；另一方面，在保育管理上也藉由限制原住民使用以及人為種植樹苗造林來補救過度的山林土地開發。現代國家看到的山林土地是由市場經濟價值評估，而不是整體生態平衡的勞動概念評估其價值，甚至認為在整體國土保育的工作也可以由人為技術所計

算、設計與規劃，並達到預設的原住民族與山林資源的永續發展。

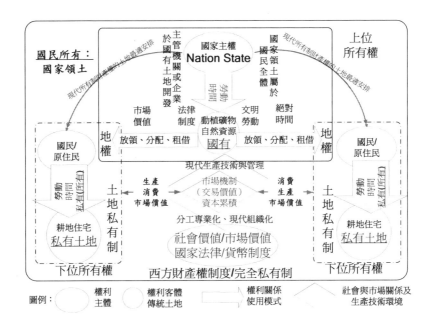

圖來源：本研究繪製。修改自圖 3-9 太魯閣族傳統共有與私有之土地財產管理

圖 4-5：現代國家土地私有制度下，原住民族土地的「國有化」與私有化安排

　　國家依據保障私有財產權的土地制度規畫原住民土地管理，對於部落共有土地以及未登載於簿冊的傳統土地權利，都排除在國家法律保障之外。原住民族土地權利在國家的安排之下，形成如圖 4-5 所示的配置。國家原住民土地財產權的時間

概念在法律適用與事實認定上，「擬制」了「蕃地國有」、創設
公有荒地招墾的法律解釋、土地清查作爲招墾的文字證據，來
「創設」登記時間及法律適用。國家原住民土地財產權的勞動
概念在法律適用與事實認定上，「擬制」了「蕃人」採用休耕與
游耕的勞動方式爲不文明的土地利用、「蕃人」屬於叛逆的野
獸而否定其人格權、唯有定耕農業的勞動才有所有權的概念並
符合國家對土地財產私有制的保障。我國原住民土地法律制度
在時間與勞動的事實認定上，擬制了殖民統治的法政策的價值
觀，只維持形式、外表的中立性與客觀性。

　　最後再次強調，上述國家保留地管理對原住民族傳統土地
權利的時間、勞動條件，所規範的是「分配」的資格，不是「回復
／歸還」傳統土地的權利。管理辦法認知的原住民族土地權利是
定位爲救濟人民生計的私益；相較於管理辦法第 23 條公共造產
或指定的特殊用途等土地開發，定義爲社會大眾的公益。管理
機關在行政裁量上可以依據公益大於私益的原則，將機關企業
租用開發保留地的公益，否決歸還原住民傳統土地權利的私
益。此在第五章案例中呈現。

貳、國家原住民土地財產權的山地行政目的

　　國家原住民土地財產權設計用西方財產權理論有關時間與
勞動的概念重新詮釋，以釐清其實質內涵。開發管理辦法爲落
實山地行政並保障山胞生計而設立保留地，但已經預設認定保
留地爲國有土地，只依據行政命令來規範原住民申請「分配」
土地權利，並在第 8、9、12 條只說明原住民在 1990 年本辦法

施行前，作為有效勞動的時間點參考，並依據土地法第 126、133 條公有荒地召墾、登記的地籍簿冊來確認法律上原住民開墾公有荒地完竣的文字記錄，既文明模式勞動的紀錄；即採用地籍簿冊的登載，來否定原住民依據缺乏文字記錄的傳統土地制度開墾耕作。另外，政府認定原住民必須自行耕作十年，既設定原住民定耕農業的文明標準，乃符合西方市場勞動價值的財產權利基礎。現代土地管理技術使財產權利清晰，有利於自由市場運作，對於原住民土地權利用現代土地制度保障的目標是善意的，也是族群財產配置需要的管理技術。問題在於由傳統土地制度轉換到現代土地制度的固有土地權利保障是完全忽略的，而管理辦法所為山地行政之目的到底所為何事呢？其實是以保障生計與現代化來包裝殖民之「理蕃」政策。

　　在原住民保留地開發管理辦法與增劃編作業規範中，原住民申請土地權利的過程，於上述的時間與勞動條件基礎，才具體化呈現國家法律所定義的「原住民族土地權利」。管理機關的審查標準忽略傳統土地制度維持和平佔用的耕作事實，明確地翻轉原住民社會傳統土地財產權制度，同時相關作業規範不正式立法而採用行政命令及機關內部函示法令解釋來模糊化行政程序。這些問題就是在制度轉換過程中，傳統土地權利被否認而喪失，同時使傳統土地制度沒有辦法結合現代土地管理技術、延續傳統文化運作。管理辦法第 8、9、12、17 條強調「持續自行耕作的現況」及「申請設定登記」的程序，乃洛克（Locke）式之市場勞動價值及有意識的勞動（即定耕農業的勞動模式），在文字登記佔用土地的絕對時間，排除原住民族選擇族群生活

方式、習俗、社會經濟組織型態、資源利用方式、土地擁有利用與管理模式之權利,使原住民族失去多元文化發展空間。

再回到保留地制度的執行程序來分析土地總登記內涵與地籍簿冊屬性。政府重新建立原住民土地登記規則,所承認的「原住民族土地權利」是局部事實的,有遺漏登載的,沒有歷史脈絡的,不完整的財產權利。首先,從現有制度的運作規範來說,目前政府只承認地籍簿冊的文字歷史,否定耆老口述歷史,使得原住民族基本法第 20 條所說,「政府承認原住民族土地權利」,只是保障在土地總登記之後且沒有被遺漏的土地使用記錄。如果原住民的土地主張是地籍簿冊清查之前,既依傳統土地使用習慣開墾的土地,但被遺漏登載或被公產機關強佔,在審查機關的行政裁量之下,無法得到法律的保障,甚至訴願及行政訴訟機制在尊重行政裁量權下對原住民也沒有實質的保障。再來,由補辦增編、劃編原住民保留地的過程來說,其申請資格[31]承認公產管理機關會排除原墾戶使用土地的可能,但卻又要申請者持續佔用耕作該土地才得以保障土地權利,顯然邏輯不通,或鼓勵人民用抗爭的模式排除公產管理機關得徵用與佔用,因為原墾戶被機關排除使用後如何可以持續耕作並再卑微地請求土地權利歸還?另外,在分配土地的時候,土地仍然

---

[31] 行政院原民會 2007 年 1 月 31 日原民地字第 0960004629 號令發佈之「公有土地增編原住民保留地處理原則」第三點之申請資格。同日原民地字第 0960004627 號令發布之「公有土地增劃編原住民保留地審查作業規範」第三點之申請資格:(一)經公產管理機關提起訴訟或以其他方式排除使用。(三)經公產管理機關排除占有,現況有地上物或居住之設施。但政府用土地不足為理由以及分配的方式,對原住民之前失去的傳統土地權利進行恢復。表示曾經發生排除使用之事。

屬於政府管理，申請者如果是與該土地有歷史淵源之資格，政府審查時卻又要申請者以維持自用耕作的狀態，作爲會勘時土地關係之事實證明，明顯是爲難申請者或產生申請競爭之狀況。因爲國家定義所有未登錄土地爲國有，人民如果可以持續耕作，這表示該土地不是政府沒有開發規劃之低度發展用地，不然就是政府無法立即排除使用之特殊情況，比如原始使用者人數眾多的特殊情況[32]。最後，管理單位審查申請案時，要求原住民以維持自用耕作的狀態，作爲和平耕作之法律事實證明，但在傳統社會的土地租借或交易關係，也可能有休耕、多重轉租或共同使用的情況，自用耕作只是其中一種局部事實[33]。這些情況顯示政府保障原住民族土地權利的法令制度，其實不是爲原住民族需要設計的。甚至，在研究案例可以發現，『行政程序法』所謂調查事實真相的原則，也將被規範不清的現有原住民土地管理法規與作業要點所衍生執行機關的行政裁量權所扭曲。現有國家原住民土地制度處理原住民族傳統土地權利轉移的過程，其「法律事實」認定標準是本（耆老親身經歷）末（簿冊文字登記）倒置的，也有保障土地總登記時政府機關與公營

---

[32] 比如：首先，台東縣政府代管編號 2519 保安林地有近 90 公頃及 205 戶，自 40 年代農耕使用，目前土地尚未登錄，農民認知沒有防風林功效的情況下請求林務局解編。2009 年 7 月 27 日還在立法委員協助下召開解編的協調會。另外，花蓮縣秀林鄉文蘭部落也有百戶族人的 30 甲太魯閣族傳統土地，登記為公有土地，政府無法完全排除原墾族人使用。秀林鄉公所協調各單位放領中。

[33] 私有財產權及集體財產權都無法涵蓋原住民族土地財產權制度，而兩者關係並非對立排斥，且非線性關係。以臺灣原住民族土地財產權概念，在傳統文化脈絡下，是同時包含兩者的組合，而各族群呈現多樣貌的存在與運作（林淑雅，2007:2）。

企業佔用傳統耕作土地的權利穩定性及程序正當性，既意含法的政策之本意。

　　在實務上，原住民『得』申請設定土地權利，但是政府受理之後『應該』依據什麼事實的標準規範及賦予當事人相對什麼權利，一方面管理辦法的法令位階低而受限於眾多法律條文限制，另一方面法令權利定義不清使執行標準模糊[34]，更沒有針對原住民族遭受殖民歷史以來土地權利流失的事實真相而保障原住民族土地權利。行政院原民會藉由另外的行政命令：「原住民保留地各種用地申請案授權事項及申請作業要點」及「原住民保留地各種用地申請作業須知」來補充解釋管理機關受理、審查及核定的流程，並用不公開的公文函示及法律解釋彙集，來規範「原住民族土地權利」的樣貌。如果，國家在原基法所謂承認原住民族土地權的保障方式是如此的法律架構設計的，則此權利將是多殘破而不完整的，並且是制度欠缺的；國家須重新確認土地權利基礎並對土地配置、利用、評估與計畫，甚至土地制度的法律架構都需要做重新的思考。

　　從上述的介紹，國家重新確立原住民財產權的行政目的並不是為了保障原住民族固有的土地權利；從最後結果來看，國家是以公共行政之「公益」優勢，引導企業財團進入並方便國家開發使用山林資源，而保留地居住的原住民提供充沛的勞動人力資源。從國家發展經濟來說，是合法正當的政策；從原住

---

[34] 以花蓮縣秀林鄉為例，2009 年 7 月 2 日秀林鄉公所主動召開文蘭村百戶族人爭取 30 甲土地解編協調會及支持解編標準，與其在 2008 年對此案採「無土地使用權源證明」之拒絕態度及秀林鄉富世村 4 戶爭取 1.5 甲台電舊宿舍佔用原住民原墾地之立場完全相反。

民族集體權利來說，原住民族在現代化與經濟開發的理想目標下，犧牲了固有土地權利及傳統土地使用習慣與文化傳承的權利，限制了族群依據自己文化與意願、在現代社會整合與發展的可能模式；對全人類也將失去文化多樣性與生存環境永續的共同遺產。現代國家這樣的原住民土地制度的行政目的，是日治時期「理蕃」政策之「森林事業計畫」的「高砂族保留地」的延續、演進成為國治時期的保留地管理制度，始終還是圍繞在 1902 年持地六三郎意見書的概念、既「唯有番地，不見番人」的國家發展經濟策略，不是族群整體發展與國家族群關係的議題；原住民族族群傳統文化發展與固有土地權利保障的需要都只是附帶的、被動的。

參、小結：我國保留地制度乃擬制「蕃地國有」下的原住民土地權

從保留地管理辦法延續「森林事業計劃」的設計、或管理辦法修訂與制度規劃，我國原住民族法治裡從來沒有政府承認「原住民族土地權」；只不斷地由殖民脈絡的「理蕃」政策，先否定「蕃人」人格權與財產權而國有化「蕃地」，再採荒地招墾、時效取得的私有化分配之立法以救濟。所以，我國原住民取得保留地，程序上與實體上是國家「否定」原住民族土地權，並不符合原基法。

現代國家在殖民歷史脈絡與國家經濟發展需要下，先排除原住民族人格權，再以現代登記度奪剝制原住民族土地權；並且，拒絕由原住民族財產權概念與傳統社會規範來認定傳統土

地權利的先佔權使用時間、休耕輪種的永續經營之勞動模式；忽視原住民族在土地資源利用中互惠社會關係的文化價值，但只採市場經濟、經濟發展定義「最適」土地配置的財產制度。從批判種族理論的觀點以及第三章的原住民族對於傳統土地權利的自我論述，我國在進入多元文化憲政原則與原基法承認原住民族土地權，並面對國際人權尊重原住民族土地權的發展，國家需要修正上述殖民歷史脈絡的保留地制度之土地財產權核心概念並改革。

　　總結來說，目前政府管理保留地的執行機關所認定的「土地使用權源」，就是這些文字證據（土地清查及總登記時的土地簿冊）與現代有意義的勞動模式（申請時維持自行耕作的定耕模式）；而此概念既在「番地國有」的基礎之上，否定原住民族傳統土地制度與傳統土地權利。在此主流社會的通念下，國家藉由西方財產權概念重新建立的原住民土地制度，影響政府承認原住民族土地權利的內涵與定義，並侷限在殖民歷史脈絡與西方財產理論之保留的制度與分配模式。

　　地籍簿冊之文字作為「土地使用權源」，也只是土地變遷之部份事實，是土地制度運作的一個階段。參考第五章介紹的案例與圖 5-3 的簿冊登載內容，發現這些文字證據除了會勘土地使用狀況的記錄之外，也包含被登載者口述土地使用歷史以穩定並強化優勢使用者的土地淵源關係。如果國家公權力的土地調查機關獨立而確實調查，爭取傳統土地權利的耆老陳訴傳統土地權利的口述歷史未必與文字歷史矛盾，甚至可以強化文字歷史之真相。所以，政府採用西方財產權標準對原住民族財

產權進行土地清查與登記，是不完備的行政命令；「土地使用權源」之地籍簿冊會有遺漏登載或誤載的疑慮，無法保障有文化差異之原住民族土地權利；政府排除耆老口述歷史與佐證資料之證據能力是侵犯人權的法治狀況。

當「原基法」明訂政府承認原住民族土地權利之後，人民權利就需要用法律與制度來通盤周延的保障，而不是依據殖民歷史背景的保留地制度之行政命令。此顯示政府目前的原住民土地制度是暫時而權宜之計，且此制度設計的社會價值乃以西方財產權理論爲基礎，而否定憲法多元文化下原住民族財產權概念的發展。所以，藉由釐清「原住民族土地權利」內涵，以重新檢視政府建立原住民土地制度的正當性、合法性及制度變遷的正義原則，確實有其迫切性與必要性。

第四節　兩種「原住民族土地權利」觀點的比較

第三章對於傳統太魯閣族觀點的原住民族土地權利的實際運作與社會文化概念做了整理；本章對國家現有法令管理制度規範的原住民族土地權利也作了分析。如果在憲法肯認多元文化的原住民族權利基礎、原基法承認原住民族土地與自然資源權利的原則及尊重傳統土地習俗、文化與價值觀的原則下，將太魯閣族與國家之兩種觀點做對照，利於分析土地糾紛事件中傳統土地權利的判斷基礎。

壹、太魯閣族與現代國家在土地財產權概念的比較

　　傳統太魯閣族的原住民族土地權利與國家現有法令制度規範的原住民族土地權利,這兩種標準在核心價值存在相同與差異的認定標準,並整理如下表 4-4。

　　從財產權理論的角度分析,在相同認定標準部分,分三項核心價值作介紹。首先是時間。國家的土地登記制度其實也是在管理誰可以最先將自己的名字與某固定邊界的土地,依據開墾勞動的事實,在法律權利上產生連結。在太魯閣族傳統土地制度也是社會共識確認某塊有邊界的土地是屬於誰開墾並且承認其名字與該土地連結。在先佔權的時間確認上,這樣的財產權概念是相同的。第二是勞動概念。管理辦法規範取得他項權利的原住民,必須持續自行耕作五年,才可以申請所有權轉移為私有。而傳統土地 *gaya* 明確規範族人不可以侵犯其他族人的土地權利,甚至路過他人耕地都必須取得同意並且避免誤解侵犯,且社會共識認為侵犯者應該被懲罰而不可以抵抗;土地所有人在取得土地之後必須依據「惜地」、「愛人」的價值觀好好使用。在維繫生存的勞動概念上,這樣的財產權概念都是要求善用土地、自行耕作。第三是財產權分配的社會價值指標。土地財產權分配都是為了族人生存及家庭永續而建立規範,傳統土地 *gaya* 是以私有財產配置為基礎,並講求分享、互惠與愛人的價值。這樣的概念在現代國家保障原住民生計是並不相違的,原住民或市民都是由擁有清楚邊界的土地財產而發展在族群文化價值價下的社會關係。

　　從多元文化價值的觀察，第三章的整理可以觀察太魯閣族
傳統土地資源配置的社會文化意義，與國家原住民土地財產權
配置，在人類處於自然環境的生存問題上，是相同的目標：人
類永續生存並且世代發展。從憲法基本人權來說，原住民族與
一般公民相同，人格權、財產權、文化權都需要受到國家法律
制度的保障。至少在原基法第30條有明確的法治原則指示，國
家必要用法律制度來保障這些傳統文化、價值觀與財產權利，
而語言的詮釋是溝通協商最首要的步驟。憲法肯定原住民族文
化發展採用多元文化觀點與原基法所規範的承認、尊重、法制
原則在人類世代生存價值的目標，正是兩種制度在當代憲政協
商過程的判斷標準與協商基礎，這部分是相通的。

表 4-4：太魯閣族與現代國家在原住民土地財產權利概念的比較

土地權概念之異同	比較的兩種土地制度	財產權核心價值時間	財產權核心價值勞動	財產權核心價值財產權分配評估指標(社會價值)
相同認定標準的部分	太魯閣族傳統土地制度	先佔權、開墾者名字與土地連結	自行耕作、互助換工、所有權為基礎而發展互惠社會關係	族人生存與傳統文化愛人、互惠分享
	國家現行原住民（保留地）土地制度	先佔權、開墾者名字與土地連結(登記制)	自行耕作、專業分工、所有權為基礎而發展的社會關係	保障原住民在現代社會的生計(管理辦法第2條)
差異認定標準的部分	太魯閣族傳統土地制度	尊重口頭承諾。依據gaya/utux規範與概念架	依據在地知識，人力生產技術，自然堆肥方式休耕輪作。追求	肯定自然的勞動時間，人只是協同管理與勞動。在養育所有族人

土地權概念之異同	比較的兩種土地制度	財產權核心價值時間	財產權核心價值勞動	財產權核心價值財產權分配評估指標(社會價值)
		構的傳統土地習俗與社會文化的登記	人與自然的平衡。	生存需求下，取其所需、分享族人；並生存環境的永續。
	國家現行原住民（保留地）土地制度	依據文字證據。依據國家法律制度規範、順服國家主權、招墾而丈量登記之時間	依據專業分工，自動機械技術，用化學肥料、不需休耕。追求市場價值與資本。	強調人類在自然競爭的權利，並駕馭自然做最有效率的資源分配與自由市場下追求個人最大利益的資源利用。

資料來源：本研究整理。依據黃居正（2005）分析原住民族與市民法之財產權三項差異

在差異性方面，如何實踐這些相同財產權價值，兩種財產權制度卻有著差別的認定標準與手段程序。傳統土地制度可以在 *gaya/utux* 規範與信仰上，取得社會文化共識的土地管理規範，包含土地的開墾、耕作、租借、買賣、轉移、繼承。從交易成本與監督機制來說，太魯閣族傳統社會存在低成本的土地管理，任何口頭承諾都不需要文字契約保護，族人在自我內心有一套價值標準以及族群社會也有一套社會價值，來規範族群土地資源「最適」配置。同時，太魯閣族土地休耕輪種的生產技術與自然資源利用是相契合的，也符合現代避免超限利用的概念。但是，現代國家土地制度採用完全私有財產權利制度及保障個人資本累積的慾望，用文字證據作為法律與制度運作的

基礎，文字登記制度否定傳統 utux 信仰保障的口頭契約，用獸力或機械動力與化學肥料突破休耕輪作的生產技術，專業分工與市場機制使生產商品在市場價格取得貨幣交易的公開訊息。不需要休耕的生產技術使土地不斷產出商品，除了滿足族人生存需求、也提供市場消費者的生活品質的提升；甚至，人類的物質慾望提升、而土地本身也成為市場交換的商品、以加速財產累積。這些差異觀點整理在表 4-4 的下半部分。

　　從這種異同的比較，太魯閣族傳統社會的及現代國家的原住民土地財產權核心概念，如果由國家法律維持土地資源分配使用的社會秩序角度，傳統 *gaya/utux* 概念也有這樣功能性的社會共識。但兩者的主要差異在於財產權的目標與手段有些許的不同，太魯閣族也重視族人私有土地所有權的概念，同時也講求惜地、愛人，既包含現代國家保障原住民生計的目標，同時更藉由互惠的手段為保障整體族群世代在大自然的共存。兩者差異在於生產技術與社會組織之不同條件下，資源分配的社會價值與手段程序產生差異。傳統太魯閣族也有強制力執行私有制分配，但藉由分享互惠的 *gaya/utux*、既這隻傳統社會文化「看不見的手」，來分配並保障族人共存；另一方面，現代國家以法律強制執行完全私有制，並透過自由市場、既另一隻「看不見的手」，來有效率的分配並激發私人物質慾望與文明技術發展。所以，兩種土地制度都穩定社會的土地關係，保障人類世代生存為目標；但傳統制度則強調均衡、永續與共存，現代制度強調文明、組織與發展。

貳、原住民族與現代國家在土地財產權概念的權利競合

　　第三章對原住民族土地財產權概念，各原住民族藉由族群社會文化脈絡，呈現傳統土地制度的核心價值以及傳統土地權利概念。本章藉由國家原住民土地制度歷史脈絡，呈現法律制度背後的國家對原住民土地權利概念。

　　從多元文化理論與財產權理論觀察，兩套土地制度的差異是運作在不同的生產技術、社會組織、生活環境之最適條件。原住民傳統土地制度的社會意義在現代國家經歷否認權利與創新法律承認的過程，採用「山地平地化」與「社會融合」的角度，協助原住民社會脫離落後的傳統制度，而進入現代市場經濟與國家法治的生活環境。但從當代多元文化憲政協商原則，重新檢視國家土地制度的變遷，國家必須回到承認與尊重傳統土地財產權概念，既學習表 4-4 中共同認同的價值部分，再重新思考原住民(族)由傳統社會價值變遷到現代社會生存環境的價值選擇與制度變遷的過程，建立原住民族傳統土地財產權概念在現代社會的價值，以及現代法律制度規範的程序與規則。兩套財產權配置標準在這樣的協商過程，會取得制度重建的競合與共識。但是，多元文化理論與財產權理論提供了差異族群文化對於族群土地制度之土地權利的表達，而探究權利競合的力道不足。

　　批判法學認為現代資本主義社會的「正統」法律思想，是指自由主義法學，並認為自由主義法學自我認知法律是中性的、客觀的與政治中立的。但是，批判法學認為自由主義法學

的法律中立原則是形式上的，實質上成爲正當性與合理化不公平政治地位與權力關係的外衣（洪鎌德，2001：504-505）。從我國原住民土地制度自 1960 年代土地測量及總登記、1966 年管理辦法規範私有化分配觀察，原住民傳統土地權利安排被迫進入現代國家，國家與原住民族沒有憲法層級合意的過程，且國家採用立法、管理技術、公權力威嚇，可以合法否定傳統土地制度。這種否認最明顯的是 1895 年日令第 26 號第一條的文字證明文件，1902 年持地六三郎的意見書指出「生蕃」不服從國家而屬於山林動物、不文明而沒有財產權保障的問題，這些概念發展出日治時期的「理蕃」政策及「森林事業計畫規程」，並在國治時期延續到 1947 年「台灣省土地權利清理辦法」第八條、1948 年「臺灣省各縣山地保留地管理辦法」，乃至於現在採用分配模式的保留地管理制度的架構。如果多元文化理論分析原住民族既存占有的土地制度與固有權利存在，在此國家原住民土地管理制度設立過程保留了形式上的中立性與合法性，但原住民族傳統土地權利在不公平政治地位與權力關係中喪失。

　　更進一步觀察，批判法學認爲國家權利制度設計出的法律制度，以主要族群代表主導的國會立法程序取得正當性，來呈獻形式的中立性與客觀性，也隱藏統治階級以及主要族群的自身利益。在國家原住民土地管理制度也呈現這樣的情況。原住民保留地管理辦法以保障原住民生計爲理想，排除一般非原住民的進入，但自日治時期政府將原住民傳統土地「圈地」爲官有，開放企業財團的進駐開發及國家機關的公共造產，使企業財團與統治階級取得最大利益保障。原住民取得了勞動工作的

機會，同時也被安排做為企業財團開發山林的基礎勞動力。

　　批判種族理論也指出法律體系是主流族裔的觀點，侵害少數族裔在法律制度的權利保障（林柏年，2006：3-8）。表 4-4藉由多元文化理論與財產權理論呈現原住民族土地制度與國家原住民土地制度的異同，而國家在現有保留地開發管理辦法申請設定土地權利的時間與勞動條件中將差異部分，比如國家法律採用公有荒地招墾之文字登記證明文件、定耕農業文明技術，這些主流族裔的觀點在國家法律上否定原住民族傳統土地權利，並定位為國有土地、分配給沒有土地權利的原住民之生計救濟。國家原住民土地法律制度中的種族意識，呈現優勢族群的文明、知識與能力的肯定，對差異文化的弱勢原住民族群則呈現愚昧、無知與無能的二元等級觀點。批判種族理論也提出文字證據之外的作法，原住民族可以藉由「經歷敘述」的方法，使排除在主流之外的原住民族取得說故事的權利，使事實的呈現不是只架構在主流社會所理解的知識真理之上，並通過對話或溝通闡釋自己對「平等」的主張。這樣的「經歷敘述」方式，也就是第三章所採用的，藉由耆老口述傳統土地制度與社會文化脈絡，呈現族群固有的土地制度以及土地權利概念，並深入思考傳統土地制度之現代語言的詮釋，且產生傳統與現代的對話。

　　多元文化理論與財產權理論提供了差異文化族群之間對於各別族群土地制度之土地權利的認知異同，並認為土地財產資源最適配置可能有很多種情況，且相對伴隨各自族群的特殊社會文化與社會價值。這些理論提出了當代多元文化下的原住民

族土地權利內涵的認識。對於國家法律制度保障原住民族土地
權利的實踐層次,批判法學與批判種族理論在多元文化的基礎
上指出主流族裔建立的原住民土地法律制度否定原住民族土地
權利的政治背景,並提出批判;同時,藉由原住民族的「經歷
敘述」在多元文化概念的國家制度改革,提供平等對話與權利
保障的協商空間。國際人權組織或區域組織藉由原住民族文化
權與土地權的確認,來規範傳統土地權利的新安排;而這些新
安排必須在多元文化理論與批判種族理論等基礎之上,才可以
取得理解。其實,國際組織對原住民族土地權的新安排,比如
《宣言》第 25-28 條,是國際人權發展檢視原住民族的政治主
體性在殖民歷史遭遇現代國家法律否認,失去傳統土地權利的
歷史脈絡;且原住民傳統社會文化在國家殖民統治採用同化政
策,無法輕易與現代社會文化結合發展。所以,原住民族土地
權利的國家法律保障,當回到當代多元文化憲政主義之協商、
在國家主權內部依法治原則保障原住民(族)基本人權及重新確
認原住民族集體權利。

　　原住民族傳統土地權利與國家原住民土地制度在競合過程
中,原住民族似乎無法取得國家法律的承認。但,原住民族不
斷在爭取傳統土地權利、原住民之間的土地糾紛、原住民與非
原住民間土地糾紛,這些土地糾紛都顯示傳統土地財產權概念
並未消逝。報導人 B1/A2 耆老指出(參考附錄七):

　　政府法律限制我們使用土地的傳統方式[35],也給一些聰

---

[35]報導人指出,太魯閣族對於山林耕作土地有三年使用的地力自然現制,需要

　　　明的族人登記了不該登記的土地。但是我相信有 utux
　　　在，我們的 gaya 還是會持續發生，凡損壞 gaya 的，交
　　　給 utux 處理，總有一天。"ki bi utux"。

太魯閣族耆老藉由一句"*ki bi utux*"，表達族人只要相信與認同傳統文化，族人持續紀錄、講出族群經歷的故事，族群傳統文化與信仰將不會消逝。族群傳統土地使用規範還是會維繫在族人林心之中。報導人李紅櫻女士陳述，先夫的傳統土地被其他親友登記之後，親友後代子女記得長輩交代該土地是借用之土地，在報導人向該土地目前所有人爭取歸還土地之時，就順利依據 *gaya* 規範取回傳統土地，但也需要用假買賣的方式歸還土地權利。但也有親友後代堅持依據國家法令取得土地權狀之後，就拒絕歸還繼承長輩之前登記自其他家族的傳統土地。

　　報導人李紅櫻特別介紹太魯閣族傳統土地糾紛調處的概念，不是像現在法院判決一方全輸一方全贏的「零合」概念。侵犯傳統土地的族人只要尊重 *gaya*，承認自己長輩可能用現代國家法律制度取得族人傳統土地並繼承之；則報導人認為她並不會要求歸還全部的土地，而是可以協商分配，並恢復傳統社會正常關係。如果不幸無法取回，則將此狀況交給 *utux* 作處理。相對於國家現代原住民土地法律，原住民族固有土地權是否可以再被重視，並與現代社會環境調合，主要在於原住民自己的

採用休耕與述筆土地輪作的需要。而處於休耕狀態的耕地會被國家定義為林地，並限制每人可以擁有 1.5 公頃，耕作土地也只能使用三年，而必須在於以休耕。所以，國家土地制度限制傳統耕作方式。

自覺與自決選擇怎樣的價值觀。只要這樣的社會文化與規範被紀錄且族人尊重自己傳統文化，則傳統土地制度與信仰規範將可以持續運作。

本節從傳統土地財產權概念與國家原住民財產權概念的比較，由兩者相同認定價值標準的部分，取得兩套制度在當代多元文化憲政協商的基礎，也就是人類世代在自然生存與多元文化發展的原則，也就是當代憲法基本人權中的生存權、人格權、財產權。兩者差異標準的部分，只是在實踐上述財產配置的目標、手段與程序產生差異，並反映國家與原住民族在土地糾紛案例的不同認知。根據這些異同，第五章將由土地糾紛案例分析兩套制度，對於基本人權上相同的部分，則作為當代憲政主義協商的主要議題，或分列在各族群自治區域實踐與調整；而對於解決差異文化存在不同的手段與程序部分，則作為當代憲政溝通協商與反思的主題。第五章將藉由兩件太魯閣族原住民向國家爭取傳統土地權利的案例，參考 Tully 提出跨文化藩籬之當代憲政溝通的三步驟概念，提出當在憲政協商平台的建立的三個階段：認識與承認、制度的連結、建立協商平台，作為原住民族土地制度與國家原住民土地制度競合的調處的程序。

參、多元文化下原住民族與現代國家在土地財產權概念的正向結合

原住民族由族群傳統土地財產權概念與制度來理解原住民族土地權利；現代國家由西方文明財產權理論與現有國家土地制度來管理原住民族土地權利的概念。對於原住民族社會來

說，原住民生活在兩套土地財產權概念中生活，在多元文化原則，兩者需要正向的整合，而不是互相對抗與否定。

多元文化原則是互相的、雙向的調整自己的觀點與對人的態度。原住民族對於現代國家殖民時期的人格權否認與土地財產權剝奪，可以藉由批判種族理論的觀點與態度提出糾正。但相對來說，原住民族也不應該否定現代土地制度的特有優點，由其在文字化紀錄、市場機制、組織管理、生產技術等現代化發展，提供人民對於土地使用與管理的新生活改變，一些便利與效率是不容否認的優點。原住民族對現代土地制度也不需要在這一些層面加以否認，而必須思考如何在傳統土地文化中，整合與善用這一些現代技術，同時強化族群傳統土地制度的實踐與互惠社會關係的維護。比如說，現代文字登記與 GPS 定位等技術對於避免族人不小心侵占其他族人傳統土地是有正面的幫助；土地公開訊息與傳統土地在市場上滿足需要土地族人的租用、借用與轉移，是可以協助需要傳統土地的族人需要；部落組織建立並引入社區營造的概念，對於傳統互惠社會的概念並不相違背，反而可以強化與凝聚族人的協商共識。報導人耆老 B2 說「(族人)應該要好好<u>知道以前老人家的 *gaya*</u>，<u>同時要知道現在國家的 gaya</u>。他們要好好的學習，同時要研究，<u>討論如何創造新 *gaya* 會是比較好的</u>。大家都要來討論，怎樣的 *gaya*、如何使用土地是比較好的。」所以，原住民族可以要求糾正現代國家在殖民時期的否定與剝奪，但對與現代管理與技術的優勢卻也需要給予肯定與承認，並且在了解其中的核心價值與概念之後，尋求吸收、學習與整合，以盡對後代子孫之責。

　　報導人耆老 B2 也指出，現代土地制度對於原住民族土地制度並非完全沒有合作與提升的空間，而之間主要的差異在於有沒有詢問與尊重。原住民族傳統土地習慣會詢問土地邊界及所屬權利概念，社會 *gaya* 規範形成社會共識，確認哪一塊土地是誰先開墾且該土地與其家族名字連結並得繼承或交易。雖然沒有土地文字登記，但是不表示原住民族在進入現代社會與文字登記的土地行政就不應該使用文字登記的土地管理技術，重點是依據多元文化的精神，登記內容由西方私有財產概念擴充到耆老口述歷史及其文化詮釋，管理上提供作為採納習慣之物權法定主義的權利確認基礎、以及土地糾紛調處機關調查「法律／事實」的依據。

> <u>國家測量、登記土地、並且給土地號碼以及權狀，是很好的。這就是我的土地，不會亂。</u>但問題在來調查的人沒有詢問(*smidin*)過老人家，那個土地到底是誰的以及我們 gaya 是怎樣規定的。...從我的角度來看，兩個土地規範最大的差別就是沒有詢問(*smidin*)。兩套 gaya 制度在打架，<u>但我覺得兩個都很好。</u>(你所謂的好是指什麼？)<u>就是不會混亂，可以很清楚繼承土地的過程*(mgrudus busu rudan)*</u>。但是我們土地在登記名字的時候就是就發生這一個問題，沒有詢問土地是誰的名字，就給使用土地的人登記，就混亂了這個土地是誰的規則，也讓自己的族人有可以偷別人土地(名字) 並登記的漏洞。（參考附錄七）

　　另一方面，現代國家對於修正現有原住民土地制度的非中立與非正義的部分，已經多所介紹。而最大的問題在於主流社會或原住民族菁英對於既得利益者的態度或「諾斯悖論」的問題，尤其，許多報導人對於鄉公所與土審會無法解決一般族人的土地權利保障的問題、但對自己相關的親友的土地爭議卻可以比較容易解決的印象，而其他族人則不太容易藉由此機制調解調處，提出了質疑與抱怨；而這些改革障礙與問題潛藏在民主機制正式協商的台面之下，如汪洋的浮冰，看似小問題已經排除或改革，但隱藏地受困在合法、制度結構的大問題裡。

　　面對這樣的潛在障礙，現代國家與主流社會面對原住民族傳統土地制度與土地財產概念，並不必然只侷限在反思殖民歷史的檢討，應該更進一步的由正面的態度認識原住民族土地財產權概念對現代社會發展的益處。ILO 第 169 號公約序言第四項提到原住民族對於土地資源使用的方式與態度對「人類文化的多樣性」、「人類社會和諧與生態平衡」、「國際合作與相互理解」有重大的貢獻，尤其在人類的生活環境，並為自己和子孫後代承擔維護這些權利的責任。政府將這樣的原住民族土地制度的正面價值做充分的詮釋，並提醒主流社會與部落菁英重視這樣的傳統社會文化，並實踐在國家土地資源的配置與制度，而形成公民社會的普遍價值，則有機會對現有原住民土地制度之既得利益者形成道德上與社會上的自我反省與修正，排除這潛在的改革障礙。故，落實多元文化教育，對主流社會與族群可以跨文化藩籬地認識原住民族土地權利與殖民歷史遭遇，至關重要。

肆、我國「區域計畫法」保障原住民族土地權利的 新計畫結構

　　國家對原住民族土地權利的想像會反應到全國性綜合該發計畫、區域計畫法、都市計畫法中，安排原住民族區域土地管理與發展、以及原住民族土地權的最適配置。政府應該要檢視上述計畫是否落實原基法的原住民族土地權的規範。

　　官大偉（2010：4）整理《宣言》第 25-30 條原住民族土地權的規範面項，指出：完整的原住民族土地權應包含「空間規劃」、「土地管理」、「資源利用」的權利。比較國家與原住民族兩種「原住民族土地權利」概念差異後，依據第三章多元文化脈絡與本章殖民歷史脈絡反思法制保障原住民族土地權利以及區域開發利用，則我國「區域計畫法」規劃都市土地區域開發與原鄉區域發展應該重新檢視，並在區域計畫內容凸顯原住民族區域族群發展模式的主題與獨特需要。

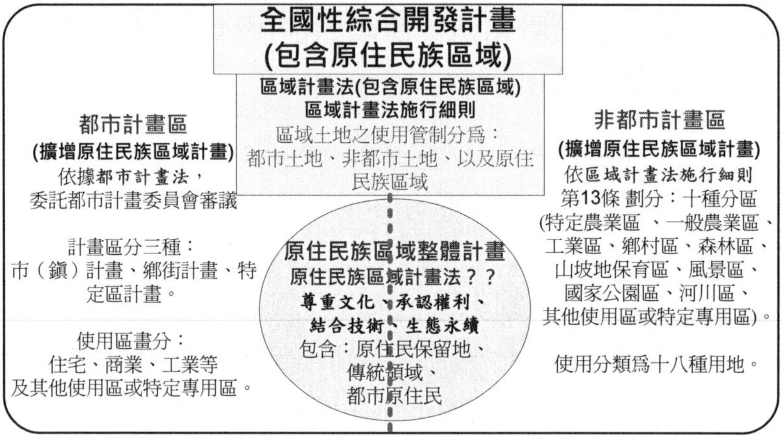

全國性綜合開發計畫
(包含原住民族區域)

都市計畫區
(擴增原住民族區域計畫)
依據都市計畫法，
委託都市計畫委員會審議

計畫區分三種：
市（鎮）計畫、鄉街計畫、特
定區計畫。

使用區畫分：
住宅、商業、工業等
及其他使用區或特定專用區。

區域計畫法(包含原住民族區域)
區域計畫法施行細則
區域土地之使用管制分為：
都市土地、非都市土地、以及原住
民族區域

原住民族區域整體計畫
原住民族區域計畫法？？
尊重文化、承認權利、
結合技術、生態永續
包含：原住民保留地、
傳統領域、
都市原住民

非都市計畫區
(擴增原住民族區域計畫)
依區域計畫法施行細則
第13條劃分：十種分區
(特定農業區、一般農業區、
工業區、鄉村區、森林區、
山坡地保育區、風景區、
國家公園區、河川區、
其他使用區或特定專用區)。

使用分類為十八種用地。

圖來源：本研究繪製。

圖 4-6：多元文化國家土地制度下，原住民族土地權利的區域發展規劃

　　原住民族經歷殖民歷史之土地剝奪，在原基法補救、規範政府承認其政治權利主體並重建法制以保障其集體的文化權及土地權。這樣的法治發展最先需要修正現代土地行政的區域計畫法的規劃概念，在全國性綜合開發計劃、區域計畫法與都市計畫法中，由上而下確認原住民族區域族群發展模式的區域計畫內容，應依據差異文化及體需要而獨立規劃。

　　科層制而成的政府組織，對於土地利用與權利保障會依據政府各部門職權與專業，來區分土地使用區域與用地分類，訂立計劃而分區管制。政府在重要的計劃管制中，又如何來安排原住民族土地權利呢？梁又文（2003）整理我國國土計畫地形成歷史，政府是先有都市計畫、再有區域計畫，最後才有綜合

開發計畫的框架建構，產生以都市計畫為核心的規劃技術、官僚組織、及知識權威（引自官大偉，2010：4）。現有「區域計畫法」並不包含原住民族主體及其區域發展的特殊規劃，而民族區域被農委會、林務局、水保局、國家公園管理處、河川局等專職機關所切割，依據保留地管理辦法位階之上的法律挾制，並於該法施行細則第 13 條劃分為特定農業區、一般農業區、工業區、鄉村區、森林區、山坡地保育區、風景區、國家公園區、河川區、其他使用區或特定專用區等管制。原住民族主體及其區域發展是被完全切割而破碎的，而原住民族頂多只有諮詢角色。

「蕃地」在未編定前被視為無主地而安排在林業管制。《森林法》第六條第四項對於「土地未編定土地使用之類別前」，適用林業用地管制，《森林法施行細則》第三條定義林地之中，也將「非都市計畫範圍內未劃使用分區土地」，經地方政府主管機關機關認定而成為林地（參考附錄三）。原住民族土地在日治時期及國民政府接收之後，將原住民集團移住到保留地區域，而有更大部分原住民族傳統土地在沒有符合國家土地使用定耕模式與文字證據登記原則，成為分「荒山、荒地」或「無主之森林」，而國有林化，並限制在《森林法》的「森林公益與經濟效益」的目標之上。我國在 1980 年代之前的林業經濟以累積當時國家外匯與經濟發展，伐木造林成為重要的經濟活動。國家將「蕃地國有」化，成為林班地管制，最主要是林業、礦業的資源利用，尤其在 1980 年代停止伐木造林之前的林業經濟效益。國家在林業經濟的專業背書下，未檢討大範圍伐木對

山林國土保育的影響，而正當化、合理化。原住民族對於傳統
土地的使用、包括傳統祭儀、獵場活動、休耕地的自然耕作模
式，都完全排除在森林法的目標之外，甚至成為限制的對象。
之後，在國家公園的建立、水庫集水區的管制、水土保持的限
制等，發展現代專業土地與資源管理利用的技術，但卻更沒有
關注到原住民族對於傳統土地與自然資源、在族群文化、族群
發展、族群與生活環境共生的需要。

　　對於原鄉土地的利用，「都市計畫法」也存在對於促進原
鄉的均衡發展、改善族人生活環境的邏輯（第一條），但是以
現代化與都市化為目標；其「合理」性規劃是以有關都市生活
之經濟、交通、衛生、保安、國防、文教、康樂等重要設施，
作有計畫之發展與土地之使用，作為評估指標（第三條）。對
於都市計畫委員會的專家來說，合理的規劃土地利用不包含原
住民族社會文化概念、族人之間互助共生關係，且上述都市化
發展任務項目並不包含原住民族所關注的部落族群發展、以及
與自然環境共生或資源永續使用的概念。都市計畫擬定之時要
徵求政府機關的意見，並交由政府都市計畫委員會審議（第18
條），但其中缺乏原住民族自治政府或區域部落議會團體的政
治參與。都市計畫交由都市計畫委員會審議之前，規定公開展
覽三十天，公民或團體在此期間得書面提出意見。但是，都市
計畫委員會審議的結果不需要在公開閱覽或舉行說明會（第19
條）。都市計畫委員專家審議無法理解差異文化族群以及土地
文化迥異的原住民族發展模式，原住民族的族群需求與主張也
將無法表達並完全落實在這樣的都市計畫之中。

　　當我國憲法肯定多元文化、政府承認原住民族土地與自然資源權利，也確認原住民族集體在文化權及土地權的法治保障，檢視政府只以殖民歷史脈絡地保留地開發管理辦法之行政命令，來安排原住民族土地與自然資源權利，是明顯地「制度欠缺」的法制保障。而政府除了在民法第 757 條修正習慣成為法定物權的可能基礎，並建立原住民族土地習慣法整理或建立原住民族土地特別法之外，也應該在土地利用與區域發展模式中，將原住民族或部落發展的需要，重新規範在國家綜合性開發計畫（現改稱「國土綜合開發計畫」）、區域計畫法及都市計畫法之中，這樣的整合發展模式呈現在圖 4-6 中。

　　本研究必需指出圖 4-6 的概念並不是否定區域計畫與都市計劃對於土地使用的整體規劃的專業技術與各專職部門的責任分工。這樣獨立規劃原住民族區域的區域開發計畫並不一定與現有區域計畫、都市計畫的理念衝突，因為此種規劃也是為「改善居民生活環境」，「促進均衡發展」。圖 4-6 的概念重點在於憲法層次肯定承認多元文化原則以及原基法與兩公約施行法通過之後，確認原住民族的法律主體性，重新依據多元文化原則、關注原住民族的「地理、人口、資源、經濟活動等相互依賴及共同利益關係，而制定之區域發展計畫」。而這樣的原鄉區域發展計劃在原住民族主體的族群文化發展與生存環境共存共生的計劃核心價值下，原鄉區域發展還是需要借用區域計畫的專業能力，進行區域劃分與使用分類，唯一的差異是原鄉發展計畫不再以都市化、現代化、經濟產值最大化、或為平地都市發展而存在之目標。

　　國土計畫法（草案）第一條指出「爲確保國土安全及國家永續發展，促進國土資源『合理』配置，以『有效』保育自然環境、滿足經濟及社會文化發展之需要，提升生活環境品質，特制定本法」。本研究第三章也介紹原住民族也有其族群社會組織與社會文化，「合理」配置使用土地、永續發展地開發資源，「以有效保育自然環境、滿足經濟及社會文化發展之需要，提升生活環境品質」。當原基法確認原住民族土地權，國家應在國土計畫或綜合開發發展獨立出原住民族區域的區域開發計畫，並結合原住民族自治政府的參與區域計畫，開發原鄉土地資源（官大偉，2010：：13）。甚至，政府或區域開發計畫之專家反過來思考，參考原住民族在地知識所提供的多元文化、與環境共生及永續發展的開發模式。

第五節　以分配來「回復／歸還」的原住民土地權利

　　本章介紹了國家原住民土地制度與法律的殖民歷史過程、西方財產權核心價值的概念。但國家法令制度實際運作的情況到底如何？本研究舉兩類分配土地情況作說明，而國家現有法令所承認的原住民族土地權利的面貌將會極爲怪異。

　　本節所提出的案例可以發現，國家現有保留地制度所呈現的原住民（族）土地權利，並非真正落實原基法規範政府「承認」原住民族土地權的制度，而是在管理辦法之上的所有國家土地管理與開發法令夾縫之下，殘存剩留的救濟物。

壹、救濟式分配而取得原住民土地權利案例

　　首先介紹兩件保留地分配運作的實際例子。在參考案例花蓮縣秀林鄉富世村舊台電宿舍土地爭議附近，有兩筆取得他項權利設定申請且在最近滿五年者，其土地謄本如圖 4-7，上面目前種植香蕉，但並不常見人來自行耕作。該土地位於將來太魯閣族文化館預定地的馬路對面，屬於高經濟價值且待開發之公有保留地。申請該土地權利者與該土地並沒有任何歷史淵源；caseA 是秀林鄉玻士岸段 4◎0 地號土地，自 2009 年 8 月設定耕作權已滿五年，但未取得所有權，其登記者是一位鄉公所"高級"職員的親友；caseB 是玻士岸段 4◎6 地號，自 2009 年 12 月設定耕作前期滿而取得所有權，其所有權取得者是一位在地方已經經營民宿業者多年的後代。兩者都是以分配而「歸還」的原住民土地權利。從土地經濟學地利用效益來說，兩位申請者的確是比較有能力開發土地的申請人，但並不是「保障原住民生計」最迫切的對象。這是在公有荒地招墾資訊不公開下分配不均的政治經濟學結果。申請者何以通過鄉公所地籍簿冊未登載耕作的審查？土審會審核意見是如何通過？公開招墾的訊息何以是只有這一組申請人才知道申請？或願意前來耕作者的優先順序是如何協商安排的？所有的問題只有一個標準答案：申請者程序完全合法，依法必須保障申請者合法權利。

　　這些土地在 1969 年 12 月 30 日土地總登記之後，完成「第一次登記」。當時因沒有原住民耕作或遺漏而成為公有保留地，地籍簿冊也不可能有人耕作的紀錄，上述兩位設定申請者也不可能在該土地耕作。但在 1966 年之後的管理辦法已經開放公有

保留地荒地招墾，而現有辦法在 1990 年修訂之後，也建立了分
配的行政命令。這類申請者的條件就是管理辦法第 8、9、11 條
第二項的公有荒地招墾、以及第 20 條的後三項與該土地無歷史
淵源者之申請資格。也就是表 4-3 最右行無土地使用淵源的救
濟生計條件。但部落族人都不清楚何以只有他們知道該土地進
行公有荒地招墾；土審會委員也清楚兩位與該土地沒有歷史淵
源，也知道兩位家庭經濟不是最迫切需要土地耕作的原住民，
而何以同意他們取的土地資源之救濟？此種分配制度是否發生
分配不適切的制度結構問題？這是制度運作並與地方政治生態
結合的發展，不會是特殊案例，只是法令鬆散而不太容易追究。

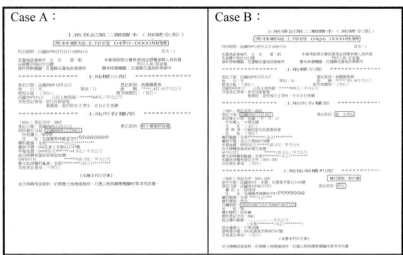

圖來源：花蓮地政事務所，2010/05/21。caseB 已取得所有權，caseA 則期
　　　　滿但未通過所有權移轉。

圖 4-7：花蓮縣秀林鄉玻士岸段 4◎0 地號(caseA)與 4◎6 地號
　　　　(caseB)土地謄本資料

　　比較有趣的情況是 caseA。其在取得耕作權設定滿五年之後，至今無法通過轉換所有權的土審會審查。理由很簡單。在鄉長換人之後，新鄉長主導選擇新的一批土審委員，雖然都認為該土地耕作權設定人符合原住民身分及法定程序，屬於合法設定。但因親人是鄉公所高級職員，故分配過程雖然沒有這項法律的限制，卻有圖利嫌疑。這樣的論述也許政治正確，但有瑕疵；因為如果此人與該土地確有傳統歷史淵源，也就是主張傳統土地權利的時候，這樣的「分配觀點」就抹煞了其固有的傳統土地權利。因為前人在該土地開墾耕作與後人努力取得公務資格並不必然有關。另一方面，在法律規範上沒有辦法修復過去已分配耕作權設定，致使該土地無法收回、也無法再分配給其他需要土地的原住民，降低了土地使用效率。這情況凸顯現有國家原住民土地制度是未思考政治實務運作的組織變遷以及「諾斯悖論」的問題，使現行管理制度成為不完備原住民族土地權利保障。

　　從兩件可以通過審查的救濟式分配土地權利的案例，執行機關有很大的保留地分配的公權力。國家在重新建立原住民保留地管理制度到現在，已經發生執行面的問題：公有荒地招墾的訊息不透明公開而致使「諾斯悖論」容易發生、土地審查委員會因提名制度無法獨立於管理機關且無法依據實際族人土地需求進行審查、土地分配制度摧毀傳統土地的監督機制而致使鬆散的土審會審查功能無法取代 *gaya/utux* 對申請者貪心行為的約束力。更重要的是，參與保留地管理的部落菁英在不斷的「多次微小的反叛」傳統土地制度與 *gaya* 規範下取得合法的個人利

益之下，也會認同國家分配土地而取得原住民族土地權利的國家潛規則，而看輕族群傳統土地制度下的土地權利在現代國家的保障。也就是說，管理辦法第 20 條最優先的分配資格，既與該土地有歷史淵源者，都被視為沒有主張傳統土地權利，而只有接受國家分配的救濟資格，甚至可以設計合法理由否決傳統土地權利的主張。這樣的不斷反叛傳統的情況是結合國家公權力，這使一般族人會認知傳統土地制度與社會文化已被國家歧視與遺棄，致使自己族人也漸漸忽略與放棄。在下述的花蓮縣秀林鄉富世村舊台電宿舍案例可以觀察到這樣的情況。

貳、原住民族傳統淵源土地而無法通過分配的案例

　　本段將介紹兩件原住民請求國家歸還傳統土地的糾紛案例，並將管理機關在糾紛處理的公文作為主要分析資料，來理解國家對原住民族土地權利的認知。案例中，政府認定土地清查與總登記時的文字記載，既所謂「土地權源證明文件」，這也就是管理機關依「法」認定「傳統淵源」的唯一證據，而此類文字證明資料決定原住民是否有主動申請調查與主張土地的資格。

　　本研究以花蓮縣秀林鄉富世村舊台電宿舍案作說明。本案執行機關拒絕調查陳情人自行調查與土地有歷史淵源之資料、並主張開發公共造產為具優先性的公益，而原住民申請歷史淵源傳統土地的權利被視為分配公有保留地的私益行為且不得與公共造產抗衡。圖 4-8 是鄉公所拒絕分配公文，以下進一步介紹政府行政上所認知的原住民族土地權概念。本案也作為第五章探討的參考案例之一。

　　秀林鄉富世村舊台電宿舍位於太魯閣國家公園遊客中心出入口 500 公尺附近，屬富世段 255 地號，約 1.5 公頃，位於圖 4-7 案例附近。日據時期最早的舊地圖與戶籍資料顯示，該土的在 1930 年之前已經有太魯閣族人在此開墾耕作，也有十多位耆老，包含 92 歲過世且原在此耕作的陳松梅耆老做了土地使用的口述歷史整理。可參考第五章第一節的介紹。依據自行調查資料，在 1957 年左右，台電在未經協商補償的情況下，強制架設鐵絲圍籬、破壞傳統土地上的耕作種植，排除原住民使用傳統土地。原來開墾耕作之族人因此失去傳統土地。該土地在 1969 年土地總登記時，因公營企業台電公司佔用而登記為公有保留地。鄉民在台電 2002 年台電停止租用之後，向公所申請「回復／歸還」傳統土地遭拒絕。

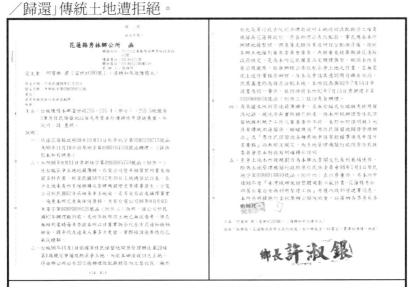

圖 4-8：花蓮縣秀林鄉公所 2009 年 11 月秀鄉經字第 0980018151 號函

秀林鄉公所在 2009 年 11 月 20 日回應監察院調查本案之秀鄉經字第 0980018151 號函（圖 4-8）的陳述中，只引述台電一紙回函（圖 4-9，D 東電字第 09809000021 號函），確認台電在 1973 年才與管理機關簽立租約，如何由原住民傳統耕作土地取得使用，則「年代久遠」、「人事多次更替」，而「無從了解」。而台電之前「在無租約當時每年亦按貴所財政課以甘藷實務折合代金方式通知本廠繳納租金使用」。執行管理機關，秀林鄉公所竟然相信台電這樣空洞的文字回復以及有遺漏登載的地籍簿冊（參考第五章第一節案例二），也不願意在當事人耆老都還健在的情況下，藉由行政程序法授權的行政調查，轉換爲有公權力調查過的文字證據，重新調查陳情當事人所自行整理的調查資料及耆老口述。

台灣電力股份有限公司東部發電廠　函

機關地址：970花蓮市自由街136號
傳　　真：03-8355981
聯 絡 人：劉馨興
聯絡電話：03-8350161轉416(微波9561416)
電子郵件：u492734@taipower.com.tw

受文者：花蓮縣秀林鄉公所

發文日期：中華民國98年9月8日
發文字號：D東電字第09809000021號
速別：普通件
密等及解密條件或保密期限：
附件：

主旨：有關前租用　貴管轄富世段225地號土地供電廠備勤宿舍用地使用乙案覆如說明，請　查照。

說明：

一、覆　貴所98年8月31日秀鄉經字第0980013892號函。

二、本廠確曾於62年承租該地供電廠備勤宿舍用地使用，並於91年終止租約歸還土地。

三、至於該承租土地於62年辦理租約手續前，是何年啟用該土地本廠已無從查考，惟在無租約當時每年亦按貴所財政課以甘薯實物折合代金方式通知本廠繳納租金使用。本案因年代久遠及人事多次更替，其實際核准使用情形已無從瞭解，見請諒察。

張維明

正本：花蓮縣秀林鄉公所
副本：　2009/09/08

圖 4-9：台電 D 東電字第 09809000021 號函：承認無租約下占用原住民保留地

　　筆者在國史館臺灣文獻館的數位典藏資料庫中，也未搜尋到台電租用本地的資料，但尋得同時期台電租用秀林鄉銅門部落的電廠備勤宿舍用地的租用申請（參考圖 4-13），政府在不妨礙原住民生計、不違反管理辦法下才得出租的命令。

　　秀林鄉公所秀鄉經字第 0980018151 號公文中，呈現國家原住民土地制度規範、執行機關依「法」行政的法治觀點，以及忽視原住民當事人自營調查資料及主張固有原住民族權利之現代技術。以下從此公文的說明作三個面向的整理：

一、地籍簿冊作為土地使用權原的唯一法律事實證據

　　公文說明四對耕作證據與使用紀錄也指出，依據管理辦法與作業要點，「根據本所列管地籍簿冊中，查無台端或台端祖先使用權源紀錄，現況亦無實際耕作跡象」，不符審查要件。至於「如何證明與土地具有傳統淵源關係…尚無明文規定」。申請人多次提出日據時期舊地圖、戶籍資料、空照圖、耆老口述歷史資料，則公所不但未指派鄉土審會依管理辦法第六條調查，也對於原住民自行調查資料一概不處理會，只以「地籍簿冊未登載」，一筆帶過。

　　土地登記的時間點與程序，是依據國家創設法令解釋的時間點，既 1960 年之後土地使用清查或總登記的紀錄。而紀錄的原則是以土地現況使用者為對象，並不考量傳統土地習慣的社會關係與傳統文化，或公權力排除。所以本案申請人自行調查的證據無從對抗地籍簿冊登載台電公司佔用、租用之文字證據。更有趣的是，鄉公所已經通過許多土地分配給參予土地管理機制的部落菁英或是其家人，如圖 4-7 的案例，而這些人並

不與該土地有歷史淵源關係，只以土地不足爲理由分配。圖 4-7
與圖 4-8 案例明顯是兩套標準在「保障」原住民族的土地權利。

　　台電公文（圖 4-9）及地籍簿冊（圖 5-3）指出：對於台電
在 1952 年沒有租約情況下占用土地並興建房舍，且公文資料的
時間點觀察，台電不可能向管理機關申請租用、也不可能取得
民政廳同意與訂立租約與繳納租金的必要程序。而管理機關不
追究事件當初台電違反<u>省府(四一)府民丁字第一二三五五三號
令 (省府 41 年冬字第 74 期公報)</u>，也不追究台電強制排除原住
民在已耕作保留地使用、違反臺灣省政府民政廳 42 民丁字第
6176 號函要求「<u>村民均未予利用</u>，<u>且對山胞一切均無妨礙</u>」（圖
4-13、附錄十一）的保留地允許租用基本條件。管理機關沒有
能力對於地籍簿冊紀錄內容檢討、即便台電行爲有違法疑慮也
沒有警覺。

二、原住民族保留地制度的政策：原住民只有分配特權、沒有請求權

　　圖 4-8 公文說明三指出，有關高等行政法院判決說明書指
示申請傳統土地權利當事人提出事實調查與土地權利申請，應
得到主管關機縣政府的核定。但執行機關，秀林鄉公所，則以
行政裁量權自行判斷是否有公告改配及分配計畫先期作業的需
要，就算人民提出與傳統土地有歷史淵源之自行調查資料並主
張土地權利，仍然可以強悍的認定沒有調查的必要，並且駁回
申請，自然不會進展到主管機關核定階段，也就不會與法院判
決書衝突。這正凸顯現有保留地管理辦法中，原住民對土地沒
有請求權（no right），而保障傳統土地國有的狀況。

五、本案既經完備行政救濟程序，又明確答覆在案，本所依據
　　行政程序法有關人民陳情案之同一事由經予適當處理，並
　　已明確答覆後，而仍一再陳情者得不予處理。

正本：花蓮縣政府原住民行政局

副本：行政院原住民族委員會、邱寶琳 君（富世村203號之1）、本所鄉長室、秘書室
　　　、研考、農觀課（地政）

鄉長　許淑銀

圖4-10：花蓮縣秀林鄉公所秀鄉經字第 0970005793 號函說明五：
　　　　不予處理

　　執行機關拒絕回應陳情人質疑地籍簿冊遺漏登載且拒絕給
予陳情人行政處分下，也逕行引用司法機關最終審判的「一事
不再理」原則（圖 4-10），對於本案未進行司法判決確定，都
引述之前執行機關翻閱地籍簿冊且沒有耕作紀錄的行政處分，
就認為已經盡到管理辦法第 7 條，主管機關與執行機關應負「有
關機關『輔導』原住民設定」的責任。如果沒有法律知識背景
的原住民，如何來面對熟知管理辦法的管理機關承辦人員不善
意、不積極的輔導？然而，這些承辦員也正是通過國家考試之
自己族群的菁英，在部落為民服務的公務員。我們必須正視處
理原住民族土地制度的國家考試，並沒有依據原基法第 20、23、
30 條加考有關原住民族觀點或傳統文化的土地規範，只用現代
土地行政與西方財產權概念的國家考試與行政考核，約制這些
族群菁英的傳統價值而被現代制度誘導。

　　就本案來說，行政訴訟過程都未受「一事不再理」的排除，可見執行機關自我排除案件處理是有爭議的行政怠惰。就算申請人已經提出新事證以及更充分的土地使用證據資料，但執行機關還是只用「行政通知」拒絕受理，並被排除在行政處份以及實質訴願及行政訴訟的司法救濟機會。上級主管機關行政院原民會何以支持執行機關鄉公所如此剝奪原住民族土地權利呢？甚至監察院也漠視[36]執行機關不調查土地使用的歷史、只翻閱地籍簿冊就保障人民權利的行政管理呢？根本原因是國家已擬制「蕃地國有」以及發展本國經濟的法政策，而對原住民族傳統土地權只定位救濟的分配特權，屬於特殊社會福利而非公民財產的人權。

三、公共造產的「公益」優先於傳統土地權利「回復／歸還」的「私益」？

　　管理機關藉由保留地開發管理辦法的法政策之擬制、而拒絕正視或不在乎這樣的問題：係爭土地到底是如何由原住民既存占有傳統土地成為台電無租約地佔用保留地的過程；但此過程的事實調查與原住民族土地權利保障的法律規範，確是本案真正的核心問題，也是原基法要求政府承認並修法保障原住民族土地與自然資源權的核心議題。圖 4-8 中說明五內容，點出執行機關真正關心的核心議題，是有關鄉公所規劃該土地作為「

---

[36]陳情人請求監察院派查，以及要求執行機關依行政訴訟判決、依據行政程序法調查事實真相，作為人民權利保障的中立監察機關。但回應的結果都是行文主管機關「請卓處並將處理情形函復本案」，並沒有盡到積極糾正行政機關怠惰或是錯誤引用公文函釋的問題。

太魯閣族文化展示空間」的公共造產計畫。

　　鄉公所自認為「公共造產」就像台電強佔傳統耕作土地一樣，是屬於「公益」的行政規劃，與該地歷史淵源的原住民沒有置喙餘地。這牽涉到原住民主張傳統土地權利是屬於分配私益或人權保障之公益的定義：依據管理辦法原住民爭取與自己有歷史淵源的傳統土地，只有申請分配方式，既屬於「私益」，而沒有歸還傳統土地的權利或請求權主張。另外，鄉公所與管理辦法也預設原住民使用土地是沒有效率的土地利用、唯有機關或企業開發才是原鄉經濟發展的有意義模式。

　　政府現行所謂「承認的原住民族土地權利」，就是管理辦法規範的：向主管機關乞求「分配」公有土地，以滿足原住民生計需求及經濟改善，而成為人民主張私益的特權位階。這樣的人民私益無法與鄉公所主張公共造產的公益相抗衡。

　　如此的法律邏輯與法政策，使「原住民族主張傳統土地權利的基本人權」被定義為「分配之私益」，竟然原住民族「既存占有」傳統土地權利、無法與鄉公所強制公共造產做抗衡。這樣的行政邏輯源自於認定原住民族沒有傳統土地的權利，也就是 1902 年持地六三郎所謂「生番」沒有服從國家主權，如山林野獸沒有人格權，而失去國家保障土地財產權，並「蕃地」國有化。只是這個殖民時期的邏輯，被國民政府合法化包裝成行政命令與管理機關的行政邏輯，而正當化。

參、公務機關租用撥用原住民族土地的手段：無原住民使用或荒地

　　前述秀林鄉富世村舊立霧溪發電廠備勤宿舍之案，陳情人
請管理機關主動調查公文記錄疑議處但被拒絕，無法查證台電
在 1957 年，既土地總登記之前，在原住民耕作的傳統土地強制
架設鐵絲圍籬的實際情況。到底執行管理機關(如鄉公所)與公營
事業(如台電)是如何來看待原住民使用土地的權利而排除之
呢？

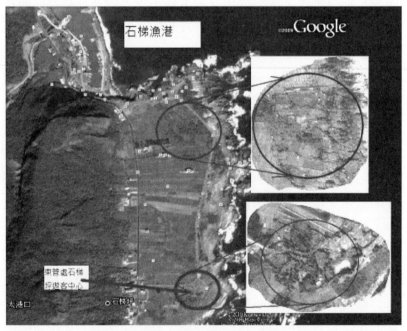

圖來源：Google map 抓取時間 2010/4。舊空照圖擷取自 2009/6/19 廖國棟立委
　　　在花蓮縣議會會議室舉辦的協調會，由陳情部落提供準備的資料。

圖 4-11：花蓮縣石梯坪（馬庫達愛）部落爭取傳統土地與耕作歷
　　　　史紀錄

這部分可以參考花蓮縣石梯坪（馬庫達愛）部落質疑交通部觀光局東管處 1993 年取得花蓮縣壽豐鄉石門段 823 地號的撥用案例。交通部在公文陳述 1990 年撥用會勘時的調查，阿美族使用該傳統土地的狀況：

> 查所陳情花蓮縣壽豐鄉石門段 823 地號，本部...基於風景特定區之完整性與自然景觀維護及資源開發管理，爰依國有財產法第 38 條、土地法第 26 條申請撥用，並奉行政院....核准撥用在案。『惟請撥用當時，該區礁岩遍佈，呈無耕作之原野地狀態』。（文見圖 4-12，說明二）

石梯坪（馬庫達愛）部落陳情人申請歸還傳統土地的資料之中沒有土地清查簿冊，既土地耕作證明可以引用，但只擁有公有土地繳納代金地租聯單，且 1990 年申請增劃編原住民保留地的申請資料也宣告遺失。到底原住民自 1970 年使用到 1993 年撥用給東管處時，原住民使用這些土地的狀況是否如交通部函示一樣：『惟請撥用當時，該區礁岩遍佈，呈無耕作之原野地狀態』呢？除了耆老痛哭陳述當年工寮被拆除及傳統土地被排除耕作使用的口述歷史外，我們藉由 Google 網路上的空照圖與之前的空照圖做比較判斷，如圖 4-11 所示。

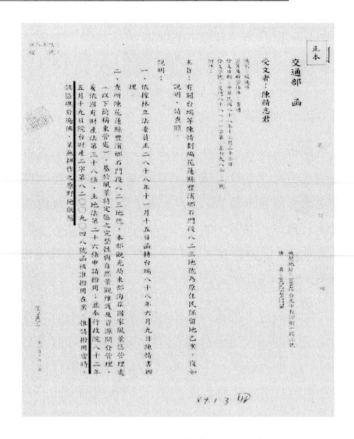

資料來源：同圖 4-11，由陳情部落準備的資料。

圖 4-12：交通部 1999 年 12 月交總八十八(一)字第 057982-1 號函

　　在舊的空照圖呈現土地雖然是海邊礁岩石區域，但有原住民使用礁石堆疊圍牆以及種植作物的土地改良過程，甚至現在東管處石梯坪遊客中心的建物其實原先也有工寮建物的存在。這樣的情形何以會被交通部描述為『區礁岩遍佈，呈無耕作之原野地狀態』呢？這呈現國家與管理機關始終認知未登錄的原

住民族傳統土地是屬於國有土地，並且認知原住民族的土地使用技術並不文明，還保留在游耕而沒有水稻定耕農業技術的刻板印象，並認爲不符合洛克式「有意義勞動」的標準，「擬制」爲法律政策，並呈現在交通部 1999 年 12 月 22 日交總八十八(一)字第 057982-1 號函（參考圖 4-12，說明二）中，並轉撥該土地作爲東部海岸國家風景區管理處之國家公園管理機關用地。本案呈現 1993 年國家因應發展國家公園之「公益」，否定將進行公有地劃編原住民保留地之「私益」，還藉由否定原住民使用土地方式，認定現代法律沒有保障原住民傳統土地權利的空間。

肆、總登記前公營事業或公務機關租用保留地規定：無人使用原則

　　馬庫達愛部落的石梯坪傳統土地流失是 1990 年代、公有土地的原住民族土地權利之案例。在 1950 年代山地保留地剛設立之時，管理機關對於保留地提供平地人民、公務機關或公營事業的標準，可以參考同一個時期、1953 年「臺電公司銅門工程處租用銅門村保留地案」中省政府民政廳增訂明確函示命令。

　　花蓮縣政府 1953 年以 (42) 府山經字第 18481 號函復臺灣省政府民政廳，轉附「臺電公司銅門工程處租用銅門村保留地案」之 1025 坪保留地租用申請，作爲臨時辦公室及工寮；同時回報未租用時原住民上未予以利用之現地會勘調查。臺灣省政府民政廳 42 民丁字第 6176 號函（1953.7.3），依據花蓮縣政府調查回復函，該地是「日據時代清水發電廠之舊地，村民均未予於利用，且對山胞一切鈞無妨礙」，故省政府回復「准予同意」，並依「令」繳納租金（附錄十一）。

1948 年管理辦法在安排土地總登記之前的保留地是否准予租用標準，在本案公文有明確的指示：依據通過的山地保留地管理辦法第二條：「山地保留地，係指本府（草案本為『日治時代』）因『維護山地人民生計』及『推行山地行政』所保留之『國有』土地及其地上產物而言」。保留地設置目的以維繫原住民生計、本「地盡其利」主旨供原住民依計畫自行開墾（第19 條）、並提供原住民定耕使用土地的技術，待原住民有生活改善及有自營能力時解除之（第28 條）。所以，管理機關要求公營事業或公務機關要租用/撥用保留地，必須限制在原住民「均未予於利用，且對山胞一切鈞無妨礙」的生計維護下，才推行山地開發行政。

同時，臺灣省政府民政廳在本案公函也規範需要使用公有保留地的公營事業或公務機關，應依據函示命令(四一)府民丁字第一二三五五三號令（1952.12.25 之回復函），應參考當時管理辦法第 22 條（註：依據傅寶玉等編輯（1998：582），應是第23 條），平地人民租用保留地之規定，向管理機關申請租用、並取得省政府民政廳同意通過，才可以使用。而公務機關則依土地法第 26 條規定申請撥用，而公營事業機關則依據管辦法申請租用，並建立租用契約與繳納租金後使用。上述公函與命令參考附錄十一。所以，台電公司作為公營事業機關，應依法先確認是否有原住民使用，對於沒有原住民使用的保留地才可以依法申請租用，並待民政廳同意租用且依租約繳納租金，才可以使用。至於已經是原住民「既存占用」的傳統土地，依法是沒有租用或撥用程序，更不可以強制排除原住民使用。

前述台電舊立霧溪發電廠宿舍案例核心牽涉到：在土地清查（1950 年代末期）及總登記完成（1970 年）之前，公營事業或公務機關是否可以在土地總登記之前，強制排除原住民持續使用已經世代耕作且開墾完竣的傳統土地，侵犯原住民族「既存占有」的土地權，推行開發山地行政之「公益」呢？以上述當初保留地設置目標及管理辦法的規定，公營事業或公務機關是不可以租用、撥用或強制排除使用。但以當時「蕃地國有」的行政邏輯及實際案例，答案竟是肯定的，且政府不需要與原開墾耕作的原住民進行協商、徵收補償，即可強制進行並不用文字記錄。但從當初管理辦法及現在的原基法，這些乃需要糾正的「歷史之惡」。

本案保留地既經花蓮縣政府查明確為前日據時代清水發電場所之舊地，村民均未予利用，且對山胞一切無妨礙…輿情，本局原則上同意。

　　唯查山地保留地出租，於法無據。是否可將是項保留地另行劃出，交由當地縣政府代管，不擬委託鄉公所辦理。

　　為何之處，於應復請查照，乃請卓裁為荷。

　　　　此致
　　第四科

　　　　　　　　　　地政局

資料來源：國史館臺灣文獻館　數位資料庫 http://www.th.gov.tw/

圖 4-13：1953 年臺灣省政府民政廳 42 民丁字第 6176 號函之地政局簽註意見

　　本案在管理機關臺灣省政府民政廳內部簽核過程中，地政局（圖 4-13）對於保留地是否可以租用給山地同胞之外的個人或法人，提出法律疑問。在 1960 年修訂之前，管理辦法的確沒有明確的出租規定，可以說是「制度欠缺」的；只明確規範政府爲山胞生計而設置保留地，平地人民依法需在「未妨礙山胞生計」才得考慮出租（第 22 條）。地政局才會對「公益需要」，建議該地劃出保留地並擬縣政府託管，既撥用出保留地的意義。另外，省民政廳在 1952.12.25 函示命令(四一)府民丁字第一二三五五三號令，重新訂立公營事業或公務機關在無原住民使用的保留地，才可以經過申請、同意、租用/撥用的程序，使用保留地。對於原住民「既存占有」傳統土地，則不可任意剝奪、也無租/撥用法令規定，但可以「換地」保障原住民既有耕作土地權的案例（參考附錄十二）。而此種保障不是原基法規範政府的承認，也不保證機關不會強制排除原住民使用既有土地。

伍、小結：多元文化下我國現行保留地制度是「制度欠缺」的

　　以參考案例回溯我國保留地制度 1948 年法制化之後，到 1966 年完成土地清查、總登記工作之前，這段時間的原住民族「既存占有」傳統土地權利的法制保障成爲本研究核心議題。1950 年代，臺灣省政府民政廳主管山地保留地，依據當時管理辦法地 22 條規範平地人民租用保留地。而在台電租用銅門部落保留地之參考案例呈現當時政府對於平地人民、公營企業租用山地保留地的基本原則：在「村民未使用的土地」、「未妨礙

山胞生計」的前提下，向管理機關申請租用、並取得省政府民政廳的同意，才可以依相關辦法與命令確立租約、繳納租金來使用。而公務機關在上述相同條件下，必須在申請使用並取得民政廳同意，才可以依照土地法撥用程序完備之後使用。相關公文資料參考附錄十一。

　　本章整理國家觀點之原住民(族)土地權利的概念，其基礎在殖民歷史脈絡下殘留的保留地制度以及公有土地增劃編保留地的管理辦法與行政函釋之行政命令。本節幾個原住民申請土地權利的案例觀察，發現此保留地制度忽略殖民歷史裏否定原住民族人格權之事實，以建立間接否定原住民族固有土地權利的法制，根本地否認原住民族土地權，只是救濟式分配的特殊權利（privilege），沒有請求權（no right），並與 2005 年通過的原基法要求政府承認原住民族土地權相違背。

　　行政命令原先是立法機關未完成立法前，制度不完整時，行政機關自我規範以避免侵害人權的權宜。行政命令是約束行政機關作為，不應技術限縮人民權利。若跳脫以行政命令或函示限縮原住民族土地權背景，我國政府宣稱是「人權立國」的「多元文化」現代國家，但政府保障其所承認的原住民族土地權利，是依據跟《原住民族基本法》與《聯合國原住民族權利宣言》相衝突的保留地制度之行政命令，來規範原住民族土地權利，並殘害原住民族文化延續與族群發展的契機；而更難想像地是，這樣的情況自 2005 年通過原基法之後至今已經五年以上，在法令與制度都還無法修正，處在新制度經濟學所稱之「制度欠缺」的狀態。

　　本節以兩個申請分配保留地通過的案例與兩件被拒絕通過分配的傳統土地申請案例作比較，更能呈現國家觀點的原住民土地權利是屬於殖民歷史脈絡下的特殊救濟，而不是居於承認原住民(族)傳統土地財產權而建立的法令制度。本節提出的原住民向國家爭取傳統土地權利案例的來往公文內容，可以知道國家雖已宣稱原基法規範政府「承認」原住民族土地權利；但實際法令制度執行狀況是「否定」土地總登記之前原住民族依據傳統土地習慣與規範「既存占有」之土地權利。雖然原基法有新的原住民族土地權利概念，但是政府還是維持殖民歷史脈絡之保留地制度概念，處理原住民的傳統土地主張。這些呈現本章各節解釋國家現行原住民土地制度擬制了「蕃地國有」、文明的定耕農業技術、服從國家主權、創造法律解釋並重新賦予土地權利、依法清查與文字登記以建立耕作的文字證明與時間確認等等的法律政策與西方社會價值。這也呈現目前國家對原住民傳統土地權利的概念，是不存在對固有傳統土地權利的承認、只有依現代西方財產權概念，創新分配模式的法令解釋，才取得殖民政府認知的原住民土地，也就是公有荒地招墾的救濟式分配。這與第三章介紹到的原住民族傳統土地權利相違背，與憲法增修條文多元文化原則、原基法承認原則、尊重態度與司法實踐有很大的差異。

　　第五章將進一步探討原住民族與國家在土地財產權制度差異，藉由原住民向國家爭取原住民傳統土地權利的兩個太魯閣族案例，進一步探討此種土地糾紛中呈現的「原住民族土地權」的實際概念，並反思國家原住民族土地政策的發展。